南开大学农业保险研究中心·农业保险系列教材

农业保险科技概论

张 峭 赵思健 等 编著

南开大学出版社
NANKAI UNIVERSITY PRESS

天 津

图书在版编目(CIP)数据

农业保险科技概论 / 张峭等编著. -- 天津 ：南开大学出版社，2025.5. --（南开大学农业保险研究中心·农业保险系列教材）. -- ISBN 978-7-310-06682-7

Ⅰ. F842.66

中国国家版本馆 CIP 数据核字第 20256CS235 号

版权所有　侵权必究

农业保险科技概论
NONGYE BAOXIAN KEJI GAILUN

南开大学出版社出版发行

出版人：王　康

地址：天津市南开区卫津路 94 号　　邮政编码：300071

营销部电话：(022)23508339　营销部传真：(022)23508542

https://nkup.nankai.edu.cn

天津创先河普业印刷有限公司印刷　全国各地新华书店经销

2025 年 5 月第 1 版　2025 年 5 月第 1 次印刷

260×185 毫米　16 开本　24.5 印张　1 插页　534 千字

定价：98.00 元

如遇图书印装质量问题，请与本社营销部联系调换，电话：(022)23508339

编委会名单

主　任：庹国柱

委　员：（排名不分先后）

牛国芬　　石　践　　卢一鸣　　冯文丽

朱　航　　江生忠　　江炳忠　　李连芬

李勇权　　邱　杨　　沈光斌　　张　峭

张仁江　　张海军　　陈元良　　周县华

单　鹏　　赵　明　　段应元　　施　辉

姜　华　　郭　红

总　序

经南开大学农业保险研究中心（以下简称南开农研中心）将近两年的精心策划、筹备、招标、研讨，以及各位专家学者的艰苦写作，我国农业保险界第一套专业丛书陆续问世了。这是一件值得农业保险界和保险界高兴和庆贺的事。

从20世纪40年代的商业性试验算起，中国的农业保险到现在已有70多年的历史了，但是真正的制度化农业保险的启动、试验和发展，只不过12年时间。在这12年时间里，农业保险学界和业界，在中国农业现代化发展和乡村振兴的背景下，借鉴和吸收了不同国家发展农业保险的实践和经验，努力设计出一套有我们自己特色的制度模式和经营方式，开发出丰富多彩的产品体系，在这个领域创造出中国的经验和中国速度。这可能是我们的农业保险界前辈和国际农业保险界做梦也没有想到的。

实践是理论和政策的先导，理论和政策又进一步指导着实践。近年来，农业保险的实践不断给农业保险研究提出新课题，推动着农业保险理论的不断探索。同时，我们的实践经验也在一点一滴地积累和总结。这套教材就是政、产、学、研在这几十年里实践和研究成果的结晶，这些成果必定会为农险制度和政策的完善、业务经营和管理的改进提供指导和规范。

几十年来，特别是近12年来，我国农业保险的发展走过了一条循序渐进之路。在业务性质层面，从开始的单一的商业化农业保险的试验，到后来的政策性农业保险和商业性农业保险并行试验和全面实施的阶段。当然，在目前的农业保险领域，政策性业务已经占到农业保险业务95%以上的份额。在农业保险的内容层面，也从最初的种植业和养殖业保险，扩大到涉农财产保险的广阔领域。在农业保险产品类别和作业方式层面，我们从最初的以承保少数风险责任的生产成本损失，扩大到承保大多数风险责任的产量和收入。承保方式也从传统的一家一户的承保理赔方式，扩展到按照区域天气指数和区域产量承保和理赔的方式。在农业保险制度构建的层面，我们从商业性保险领域分离出来，建立了专门的农业保险制度。这个发展和建设过程虽然不短，但相比其他国家，特别是其他发展中国家，速度是最快的，而且从2008年以来我们的农业保险市场规模已经稳居亚洲第一、全球第二了。

随着农险业务和制度的发展变化，我们遇到越来越多的法律、政策问题，以及上述所有业务拓展领域的理论和实践问题。在商业性农业保险试验屡战屡败的背景下，最早被提出的是"农业保险有什么特殊性质"的问题。随着理论方面的认识深化和逐步统一，制度和法律建设问题被随之提出。2007年，政府采纳了农业保险界的意见，开始对农业保险给予保险费补贴。随着这类有财政补贴的政策性农业保险的试验和扩大，业务经营和扩展的问题也逐渐被提上议事日程。《农业保险条例》出台之后，随着全国普遍实施政策性农业保险和广大小农户的参保遭遇承保理赔的困境，天气指数保险、区域产量保险等经营方式和产品形态受到广泛关注和开发。随着国家出台针对大宗农产品定价机制改革的政策，作为配套政策的农业收入保险和其他与价格风险相关的保险产品的研究也变得迫切起来。近年来，特别是近十几年中，制度创新、经营模式创新、组织创新、产品创新等我们需要面对和探讨的课题，一个一个被提出，我们的农险研究在逐步形成的政、产、学、研体制下，广泛地开展起来，参与研究的专家、学者、研究生和相关领域的从业者越来越多，各类成果呈现几何级数式增长的态势。我们有关农业保险的法律和政策就是在这样的基础上产生并不断完善，促进了我国农业保险的制度建设、业务规模和服务质量的快速推进和发展。

本套丛书既是为适应业界业务发展的需要，也是为适应学校教学的需要，在保险监管部门的充分肯定和大力支持下，集行业之力，由众多学者、业界专家和研究生共同努力，一边调研一边讨论，共同撰写出来的。从该创意的提出，到题目征集、选题招标、提纲拟定和交流、初稿的讨论，再到审议、修改和定稿，历时较长，但功夫不负有心人，现在丛书终于陆续出版，与读者见面了。我想，所有参与研讨和写作的专家、学者和研究生，在本套丛书付梓的过程中都经受了调研和写作的艰苦，也享受到了获得成果的喜悦。我们相信，本套丛书会为我们的农险实践提供帮助和支持。

本套丛书是我国第一套农业保险专业图书，也是我所知道的第一套全方位讨论农业保险的图书，虽然不敢说具有多么高的理论水平和实践价值，但这是一个很好的开头，是我们这些农业保险的热心人对我国农业保险的促进，为世界农业保险发展做出的一点贡献。当然，我们的实践经验有所不足，理论概括能力也有限，无论观点、论证和叙述都会有很多不足甚至谬误，需要今后进一步修正、提高和完善。我们欢迎业界和学界广大同仁和朋友在阅读这套作品后多加批评和指正。

南开农研中心要感谢本套丛书的所有参与者、支持者和关注者，特别是各位主编及其团队，感谢大家对农业保险"基建工程"的热爱及付出的巨大热情和辛劳，感谢诸多外审专家不辞辛劳悉心审稿。也要感谢南开农研中心所有理事单位对本套丛书的鼎力支持和帮助。南开农研中心也会在总结组织编写这套丛书经验的基础上，继续推出其他系列的农业保险图书，更好地为所有理事单位服务，更好地为整个农业保险界服务，为推动我国农业保险事业的蓬勃发展做出更多的贡献。

南开大学出版社的各位编辑们加紧审稿，精心设计，付出诸多心血，在此表达我们的深深谢意。

庹国柱

2019 年 5 月于南开大学

前　言

我国农业保险自 2007 年财政提供保费补贴以来，经过十多年的发展，业务规模快速增长，覆盖范围不断拓展，保障能力显著增强，在促进我国现代农业发展、保障国家粮食安全和稳定农民收入方面发挥了重要作用，在国家农业支持保护政策体系中的地位愈发重要。与此同时，在新一轮科技革命和产业变革的背景下，我国农业保险科技也悄然兴起，大数据、移动互联、3S（RS、GPS 和 GIS 的简称）、人工智能、区块链、物联网等信息科技在农业保险领域得到了一定程度的应用，为农业保险发展提供了创新活力并发挥了重要作用。但总的来说，现阶段我国农业保险与现代科技深度融合还不足，还处于应用的初级阶段，农业保险发展仍面临着许多制度和技术层面的问题，这严重制约着我国农业保险持续健康发展。为此，2019 年经中央深化改革委员会批准并由财政部等四部委联合印发了《关于加快农业保险高质量发展的指导意见》，标志着我国农业保险进入了高质量发展的新时期。可以预期，新时期农业保险科技将会由支撑和保障的从属地位，向引领和重塑的主动地位转变，现代科技将成为农业保险高质量发展的驱动力和核心竞争力。坚持创新驱动发展，加快农业保险科技的战略部署与深度应用，将成为农业保险深化改革、加快农业保险高质量发展、增强农业保险服务现代农业和乡村振兴的内在需要和重要选择，农业保险高质量发展必将走科技化的发展之路。

为了更好地促进我国农业保险科技的发展，为农业保险行业的科技应用提供较为全面、系统的理论与实践指导，受南开大学农业保险研究中心委托，中国农业科学院农业信息研究所农业风险管理研究中心组织编写了本书。本书共分为八个章节，采取"总—分"的编写框架。第一章是农业保险科技的总论，先从现代信息科技和保险科技的介绍中引出农业保险科技，再详细论述农业保险科技的兴起与意义、框架与关键技术、进展与成效、问题与挑战、发展路径与建议等，全面总括农业保险科技现阶段进展和未来发展路径。第二章至第八章则是农业保险科技的分论，从专项科技视角分别论述各专项科技与农业保险融合的理论与实践状况，具体包括大数据、移动互联、3S、风险模型、人工智能、区块链和物联网七个专项科技。各专项科技章节均采用"专项科技基础知识"到"专项科技与农业保险融合理论"再到"专项科技在农业保险中的应用案例"的构架来组织编写，将为读者全面阐述各专项科技的基本原理，论述专项科技在农业保险中的应用现状、潜在价值、应用路径、存在问题和发展建议，最后介绍专项科技应用的代表性真实案例。综上，本书是我国首部较为全面系统论述农业保险科技的专业教材，力求从理论和实践两个层面为农业保险政府主管人员、从业人员和高校师生提供内容完整、通俗易懂的指导性和实用性知识。

本书是研究团队多年来的研究积累和集体智慧的结晶。张峭研究员主要负责全书的总体设计、逻辑构架和主要观点，赵思健研究员负责书稿的章节设计、关键内容撰写、内容审核、观点把控和最终通稿。各章节的具体内容则由团队主要成员分别撰写，孙伟副研究员负责第二章的撰写，研究生徐洋和张峭研究员负责第三章的撰写，陈爱莲副研究员负责第四章的撰写，李越副研究员负责第五章的撰写，研究生王卫和赵思健研究员负责第六章的撰写，朱玉霞助理研究员负责第七章的撰写，张夏助理研究员负责第八章的撰写。团队的其他成员，如赵俊晔研究员、陶莎助理研究员、聂谦助理研究员等，也参与了编写过程各阶段的研究和交流讨论，本书成果也有他们的贡献。此外，本书在写作过程中得到了北京市农业农村局、中国人民财产保险股份有限公司、中华联合财产保险股份有限公司、中国太平洋财产保险股份有限公司、中国人寿财产保险股份有限公司、阳光农业相互保险公司、安华农业保险股份有限公司、中国平安财产保险股份有限公司、中航安盟财产保险有限公司、太平财产保险有限公司、阳光财产保险股份有限公司、华农财产保险股份有限公司、瑞士再保险公司、中国银行保险信息技术管理有限公司、鼎信农业保险公估有限公司、美国威瑞斯克分析（Verisk Analytics）公司、北京佳格天地科技有限公司和中联智科高新技术有限公司等众多保险公司和科技公司的大力支持，为本书提供了宝贵的应用案例，庹国柱教授、江生忠教授、王和总经理、戴维序总经理等也提出了一些宝贵的书稿修改建议，在此表示衷心的感谢。

近年来，随着信息科技日新月异，政府主管部门、国内外专家学者、农业保险机构对农业保险科技创新的意识显著增强，关注度也日渐增多，但仍缺乏系统性的梳理和总结，更缺乏具有较强实践指导意义的教材。本书只是抛砖引玉，加上作者水平有限，书中肯定存在许多不妥和不完善之处，敬请广大读者批评指正。

张　峭，赵思健

2022 年 12 月 31 日于北京

目　录

第一章　农业保险科技总论

第一节　现代信息科技的发展

纵观人类历史，每一次技术革命都极大地推动了社会生产力的发展。自 20 世纪 50 年代以来，以计算机技术和网络技术为代表的信息科技革命，广泛且深入地改变了人类的生产方式和生活方式，带来了一场前所未有的社会变革。人类在跨过几千年的农业文明，历经了约三百年的工业文明后，乘着信息革命的浪潮，进入了一个以信息化、网络化、智能化为特征的知识文明时代。信息科技已经渗透到传统生产领域，引起了社会经济发展模式的变化，数字经济发展模式逐渐成为社会经济的主导模式。新的经济发展模式，以及新的生产、生活方式促使人类社会向信息化发展道路迈进。

一、现代信息科技的内涵

（一）信息

最早对信息（Information）进行科学定义的是哈特利（Hartley），他在 1928 年发表的《信息传输》一文中，首先提出了"信息"这一概念，并将信息定义为"选择通信符号的方式，是包含在消息中的抽象量"。这一思想，不但抓住了信息的本质，而且为定性与定量相结合科学研究信息提供了宝贵的思路。时至今日，信息已成为许多科学家研究的对象，他们从不同的角度研究信息和定义信息。

通俗地说，信息泛指通过各种方式传播的、可被感受的声音、文字、图像、符号等所表征的某一特定事物的消息、情报或知识。换句话说，信息是对客观事物的反映，包括：自然信息（自然界的事物及事物之间的内在联系的表征）、人工信息（人们依据物质运动，利用一定手段人为的描述）和综合信息（自然信息和人工信息的合成）。

信息是一种资源，可以被利用并直接影响人们的行为动作。对信息的认识越透彻，对信息的利用就会越充分。信息是决策的基础和依据，也是决策的先导和前提。信息可以减少决策中的不确定性，提高决策的科学性，使决策更加优化。信息必须基于某种媒介来表达，如语言、文字、图像、符号等，才可实现记录、传输、综合、分析，获得对客观事物发展趋向的认识，指导人们的社会实践。

（二）现代信息科技

信息科技（Information Technology，IT），也可以称为 ICT（Information and Communications Technology）。信息科技可以从广义和狭义两个角度来定义，从广义上来说，信息科技是运用各种对所需要的信息需求进行处理的方法总和。从狭义上来说，信息科技是指运用无线电、光电、编码等技术，对信息进行采集、储存、传输、处理等技术的总和。

现代信息科技源于信息科技，是信息科技的一种，但又有其特性。现代信息科技（Modern Information Technology，MIT），是以微电子、通信、计算机等技术为基础对信息进行采集、存储、传输、处理等技术的总和。现代信息科技的主要技术载体有计算机技术、互联网技术、通信技术、多媒体技术、数据库技术等。现代信息科技的主要实物载体有计算机、互联网、移动通信设备、智能机器人、服务器等。现代信息科技的主要应用载体有电子商务、人工智能、云计算、大数据等。

二、现代信息科技的主要特征

（一）微型化与集成化特征

由于现代信息科技具有微型化和集成化的特点，人们使用信息科技非常便捷。以计算机为代表的信息科技载体在进行复杂的运算过程中往往需要用到不同设备的相应功能，各个设备在分工处理各自的任务时可能会产生不顺畅等问题。集成化的实现有效解决了计算机各硬件在处理数据过程中的协调问题，显著提升了计算机的运算效率。随着半导体等技术的不断提升，计算机的集成性更强，同时各个元件体积也将不断缩小。计算机各部件的体积虽然不断缩小，但是计算性能却在不断提升。随着计算性能的不断提升，计算机等信息科技载体更趋向微型化和集成化。

（二）数字化与网络化特征

现代信息科技具有数字化和网络化的特征。信息在传输过程中往往受到距离等条件的影响，产生传输信号不稳定甚至丢失等问题。数字技术的出现使信息在传输过程中的稳定性等方面得到了良好的提升，大大地提高了数字传输的效率。随着互联网技术的出现，各个电子设备的客户端通过网络产生连接，使客户端之间可以进行实时的信息传输。由于数字化技术解决了信息在长距离传送方面的稳定性问题，数字化为网络化的发展提供了保障。无线互联网技术的出现，就是数字技术和网络技术不断融合的良好体现。手机、平板电脑等设备的出现使人们工作、生活的通信更加便捷；数字互联网技术的发展，不断打破时间、距离等对信息传输的限制，大大提升了人们在社会、生活中方方面面的效率。

（三）自动化与智能化特征

计算机发展的初期，信息科技主要体现在人机交互的半自动模式运转中。随着信息科技的发展，计算机的数据处理逐渐从半自动向全自动方向转变。虽然计算机的出现大大提升了信息处理的效率，但在信息处理过程中，还是对手工输入的依赖程度较高。随着自动化技术的出现，计算机逐渐开始独立处理信息，这样不但大大提升了处理信息的效率，而且把人从繁重的体力劳动中解放了出来。尽管自动化有效提升了信息处理的独立性，但是运算器始终是独立处理信息数据的个体。随着数字网络化技术的出现和不断发展，计算机不但可以高效独立处理信息数据，还可以通过数字网络技术和其他客户端进行实时交互，这样一来，信息实时分享、技术更新等功能变得十分便利。因此，信息科技的发展促进了信息处理从半自动向自动化转变，而人工智能技术应用又进一步促进了从自动化向智能化的方式转变。

（四）产业行业融合性特征

现代信息科技的发展加速了传统行业的升级，一方面，它将供应链中的管理、设计、生产、销售、服务等环节组成一个信息透明的体系，从而较大程度地减少了过去由信息不畅造成的中间环节过多、中间成本过高等问题。另一方面，目前，物联网、大数据、云计算及人工智能等为代表的现代信息科技加速了信息服务业的发展。信息服务业的快速发展，不但增加了产业的信息化需求，同时加速了产业间的融合。信息化的特性可以加强产业间的互补，使得产业边界更加模糊。信息科技发展下，互联网与金融、交通、医疗和教育等多种新业态，并不是简单地相加，而是利用信息科技搭建的平台，使之与传统行业进行深度融合，创造出新的发展生态。以物联网、云计算、大数据等为代表的现代信息科技正在与我国三大产业中的各个行业深度融合，发展出更多新的业态，使得各个产业、行业之间形成优势互补，从而进一步提升我国经济发展中的资源配置效率。

三、我国现代信息科技应用的现状

信息科技的发展经历了三个时期，包括萌芽期、成长期和成熟期。信息科技出现以前，人们已经开始了对电磁技术的研究和应用。在 19 世纪，电报、电话、无线电等技术的发明创造推动了人类对电磁技术的应用。19 世纪开始，人类科学进入快速发展期，天文、物理、生物等科学在研究过程中都对数字计算提出了很高的要求，这些都成为推动计算机发明的重要动力。1946 年，随着第一台电子计算机问世，信息科技开始进入人类社会，但当时的计算机只能满足一般的数字运算。从第一台电子计算机出现，到后来的晶体管电子计算机、集成电路计算机、超大规模集成电路计算机的不断出现，使得人类对计算机的应用从科学研究逐渐迈向了普及。如今，笔记本、手机、互联网等移动通信技术的出现使得信息科技逐渐成为人类社会生活的重要组成部分。现代信息科技的不断发展，不但改变着人们的工作和生活方式，还对我国经济发展产生了深刻的影响。当前，现代信息科技正在与我国三大产业进行着深度融合，不仅大大提升了三大产业的生产效能，同时还创造出更多的市场需求，为我国经济发展增添了新的动能。

（一）第一产业信息化规模

随着现代信息科技的发展，我国第一产业的信息化程度在不断提升（如图1-1所示）。据相关数据统计，2020年我国第一产业的数字经济平均占比达到了7.3%。在不同种类产品中，林产品的数字经济占比最大，达到了10.6%。畜牧产品的数字经济占比最小，仅有3.9%。其他产品的数字经济占比分别是渔产品的8.2%和农产品的6.4%。可以看出，第一产业的数字经济规模近些年在持续扩大，但较第二产业和第三产业的数字经济规模还是有较大的差距。造成这种情况的原因较多，首先是我国幅员辽阔，发展农业的地理条件具有很大的差异性。尤其是中西部山区较多，实现农业机械化、信息化等先进生产方式的难度较大。其次，我国中西部地区的经济发展水平整体上较为落后，基础设施投入不及东部发达地区力度大，这限制了农业机械化、信息化等先进生产方式的发展。再次，即便是在地理条件相对较好的东部平原地区，也存在制约农业向机械化、信息化等现代化生产方式转变的因素，包括计算机技术、通信技术及遥感技术等多种信息科技的农业生产装备费用较高，以小规模农户生产为主要生产方式的农业生产依然较多，加上很多农户的收入偏低，难以支撑现代信息科技生产装备的使用。最后，我国农业人口较多，人力成本相对较低，以小规模农户生产为主要生产方式合理利用了我国人口红利这一优势，引进先进的、现代化的生产方式往往会和以农村较低人力资本进行生产的生产方式产生矛盾。虽然，第一产业信息发展存在一定的现实难度，但农业农村信息化的潜力依然是巨大的，建议通过优惠政策吸引较大经营规模的农业生产企业、组织或个人，通过加大信息科技生产设备的投入和开展规模化、机械化农业生产，来稳步推动第一产业信息化进程。

（二）第二产业信息化规模

在现代信息科技的快速发展下，我国第二产业的信息化程度也得到了很大提升（如图1-2所示）。根据相关数据统计，2020年我国第二产业的数字经济平均占比接近28%。在不同种类产品中，文化、办公用机械行业和仪器仪表的数字经济占比最高，分别达到了58.8%和47.3%。数字经济占比相对较低的行业为电机行业和船舶及相关装置行业，分别为21.7%和21.3%。可以看出，通过几十年的努力，我国已成为全球制造业大国。随着信息化的不断深入，信息科技与制造业不断融合，呈现出了从下游的消费行业产业链到上游原材料等行业产业链"自下而上"的延伸，以及从销售、服务等外部环节向产品研发等内部环节延伸的"由外到内"的发展模式。信息科技的不断提升加速了智能化生产、网络化协同及个性化定制等新融合模式的快速发展。信息科技和第二产业的不断融合，在大大提升第二产业生产效率的同时，还催生了新的市场需求，为我国经济发展增加了新的活力。

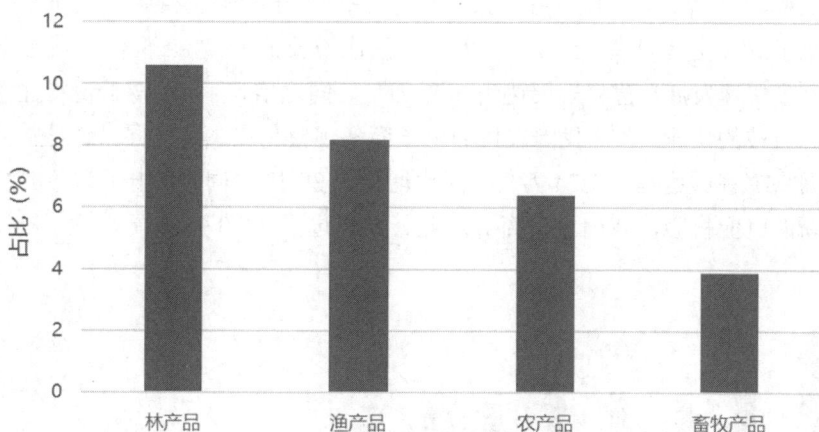

图 1-1　2020 年我国第一产业各行业的数字经济占比

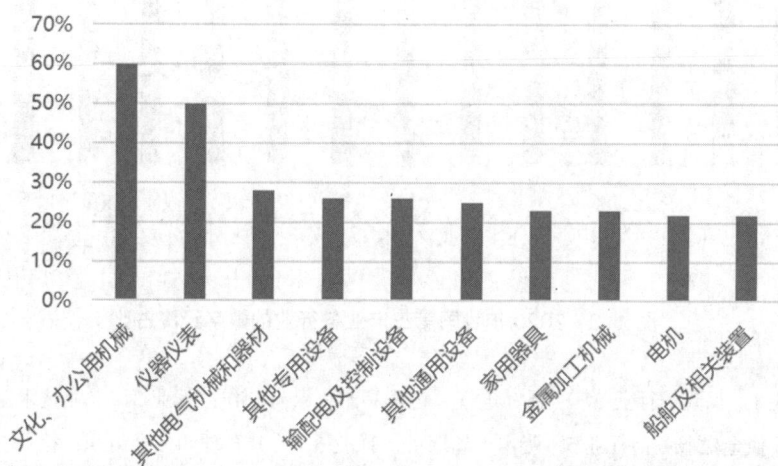

图 1-2　2020 年我国第二产业各行业的数字经济占比

（三）第三产业信息化规模

近年来，我国第三产业的信息化程度也得到了较大幅度的提升（如图 1-3 所示）。据相关数据统计，2020 年我国第三产业的数字经济平均占比达到 35.3%。在数据显示的 15 个行业中，有 11 个行业占比超过了 30%。其中，占比最高的行业为保险行业和广播、电视、电影和影视录音制作行业，占比分别为 46.2% 和 45.4%。数字化比重最低的为科技推广和应用服务行业，占比也达到了 26.6%。由此可见，信息科技发展对我国服务业的推动效果更为显著。在信息服务业的发展下，出现了分享经济、电子商务等新的经济形态。统计数据显示，2020 年，我国分享经济的市场交易额达到 34 520 亿，同比增幅达到 103%。同时，分享经济也带动了我国的就业需求，2020 年我国已有超过 6 亿人参与分享经济，较上年增长将近 1 亿。在信息科技的助力下，我国电子商务也得到了飞速发展。数据显示，我国电子商务交易规模达到 29.16 万亿，同比增长了 11.7%。同时，我国电子商务服务业也得到了快速发展，营收规模达到 2.92 万亿，同比增长了 19.3%。值得注意的是，随着现代信息科技的快速发展，我国农村的电子商务规模也在飞速发展。数据显示，2020 年我国农村网络零售额达到了 1.24 万亿，同比增长了 39.1%。同时，电子商务的发展也为我国提供了新的就业机会，我国电子商务从业人数超过了 4200 万人。

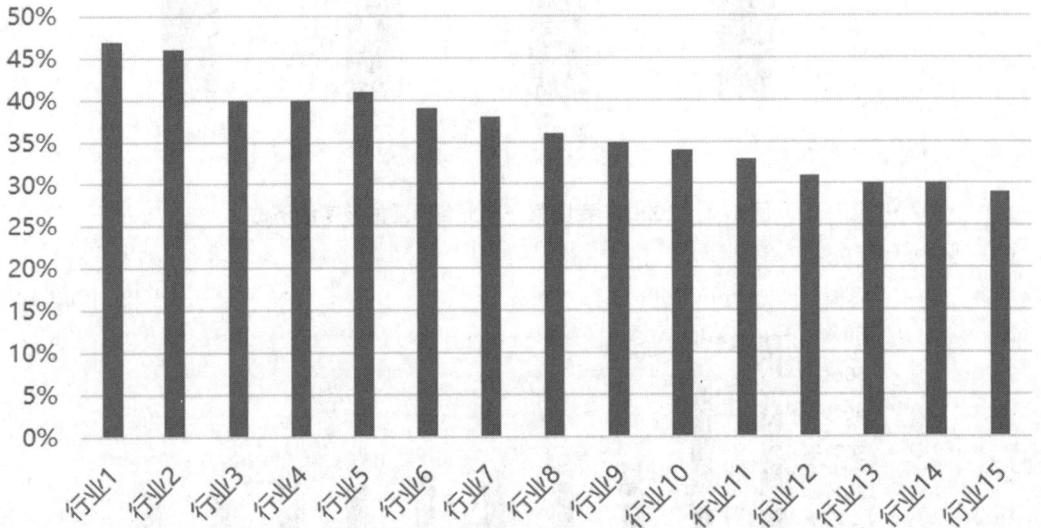

图 1-3　2020 年我国第三产业各行业的数字经济占比

注：行业 1，保险；行业 2，广播、电视、电影和影视录音制作；行业 3，专业技术服务；行业 4，货币金融和其他金融服务；行业 5，资本市场服务；行业 6，公共管理和社会组织；行业 7，邮政；行业 8，其他服务；行业 9，教育；行业 10，社会保障；行业 11，租赁；行业 12，水上运输；行业 13，铁路运输；行业 14，文化艺术；行业 15，科技推广和应用服务。

第二节　保险科技的发展

随着大数据、人工智能、区块链等现代信息科技的应用，保险科技给传统保险业带来了从技术、理念、服务到风控等全方位的冲击。保险科技的出现与发展为全球保险市场带来了前所未有的活力，引领着保险行业发生深刻变革，积极打造科技赋能保险健康发展新生态。

一、保险科技的内涵

（一）保险科技的定义

保险科技泛指保险行业所涉及的相关新技术和现代科技。保险科技的范围相当广，它并非只针对保险公司，也涵盖了许多初创企业、科技公司和其他行业龙头企业结合自身优势所展开的各类保险业务。保险科技广泛应用于保险产品创新、保险营销和保险公司内部管理等诸多方面，既包括平台创新，也包括新技术运用。保险科技强调价值的对接和提升，在新技术、创新科技的基础上成就保险产品创新，以及数据智能分析、运营和服务模式创新。

综合现有国际保险科技发展业态和中长期的发展趋势，本书中的保险科技是指综合运用人工智能、区块链、大数据、物联网等创新科技，通过产品创新、保险营销、保险企业管理、信息咨询等渠道改良保险生态，克服行业痛点，借助信息验证、核保核赔、医疗健康等应用场景提升保险行业相关生态主体的价值（如图1-4所示）。短期保险科技的业态表现为在"互联网+"基础上的产品、营运和管理等相关创新，中长期保险科技更多涉及新科技在保险行业的深度应用，以及对保险业态的优化改良甚至颠覆。

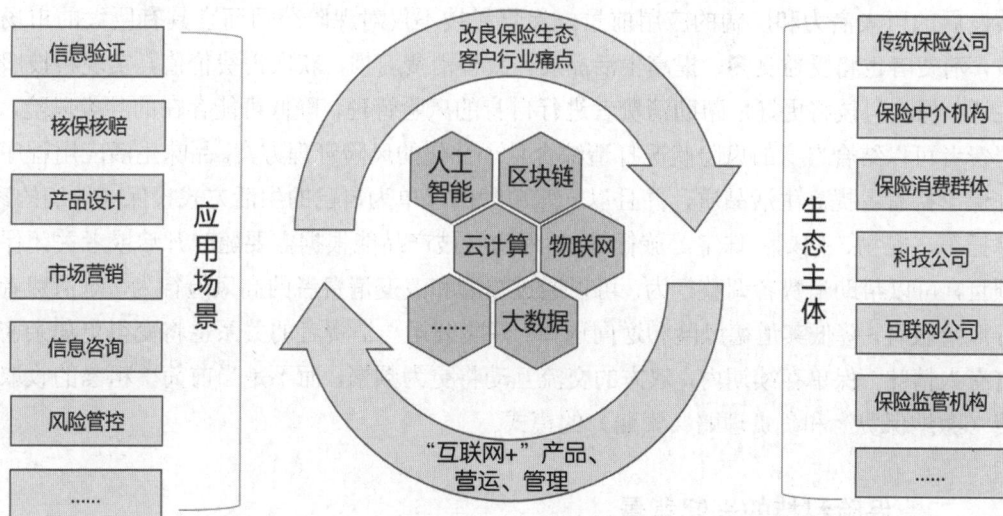

图1-4　保险科技结构图

（二）保险科技的几个重要认知

第一，保险科技并非科技保险。提到保险科技，保险行业的专家和精英们首先将其和科技保险挂钩。科技保险是指当研发机构或科技企业在经营管理活动中（包括开发、生产销售和售后等环节），因各类风险导致财产利润损失，以及对公司雇员或者其他相关第三方担负赔偿责任时，由保险公司给付保险金的保险保障形式，用来分散其整体风险水平。在我国推动科技强国战略和各地科创中心建设进程中，科技保险被保险行业赋予了推动社会发展的使命，也被写入了各类国家文件。目前许多学者研究和关注科技保险，但是科技保险是一种保险产品，它与保险科技截然不同，保险科技的内涵和外延远不止保险产品。

第二，保险科技首先是科技，其次才是保险。保险科技指运用创新科技手段，服务保险业的发展和创新，包括保险产品研发、市场营销及客户关系维护、核保理赔、保险资金运用、保险公司内部管理等方面。因此，保险科技利用科技发展提升，甚至颠覆了保险的价值链，融合了物联网、区块链、大数据、情景化营销、共享经济等热门话题和发展趋势。

第三，保险科技是现有保险生态的改良和拓展。保险科技改变了人们对保险的偏好和需求，并创造出新的市场。微信、脸书（Facebook）等社交媒体、移动设备及实时交易的发展使许多新的保险需求更容易被激发，一场婚礼、一次旅行、一台手术，都可能形成一份特殊的且备受欢迎的保险。保险费率的计算也将更多样化，更符合投保人自身的风险特征，保险合同的有效期也变得更为灵活，给消费者更多的自主权。大型保险公司所提供的产品和服务将进一步叠加，利用大数据为消费者提供综合保险服务。保险市场也将进一步细化，存在许多针对某类风险的专门服务和风险解决方案（实际上现有保险市场上相对成功的保险科技模式也是针对某类特定风险提供的保险服务）。

第四，保险科技将深度融入生活，并影响消费者的行为。这个特征决定了未来保险科技发展的巨大潜力和广阔的应用前景。保险科技不仅对保险公司而言具有巨大的市场前景，消费者也将受益良多，提高生活品质，改善消费习惯，获取消费价值，实现科技服务生活。保险科技将更好地帮助消费者进行自身的风险管理，降低可能存在的各类风险，使消费者可以结合自身的风险状况打造综合且个性化的风险管理方案。品味生活应用程序允许保单持有者提高生活品质，并且以一张单独的保单为自己的生活方式投保（他们的家、摩托车、宠物、假期、珠宝、旅行等）。保险科技产品能根据需要随时开启或者关闭保险项目，可以帮助消费者调整行为，可以通过提醒和改变消费者的高风险行为，对消费者进行风险教育，降低其道德风险和逆向选择。保险公司与消费者的关系也将变得更加亲密和富有人情味，保单存续期内，双方的交流互动将更为频繁，而不是当前简单粗暴的收取保费（缴纳保费）和负责理赔（索赔）的模式。

二、保险科技的兴起背景

（一）金融科技广泛应用

从 20 世纪七八十年代起，科技因素逐渐渗入金融领域，金融科技通过技术化、场景化、平台化、数据化、模块化的路径，不断实现更高的技能服务效率和更低的金融服务成本。表 1-1 列出了主要金融科技领域的部分早期成立公司。目前，大数据、人工智能、区块链三项技术已经成为了金融科技发展的三大核心技术基础。其中，大数据技术的贡献在于提供数据架构、信息整合、初步的分析和决策；人工智能在金融科技的应用主要包括金融搜索引擎、自动报告生成、智能投顾、人工智能辅助等；区块链技术更多以"智能合约"形式建立"强制信任"关系，应用于支付结算、登记确权、保险定价、快速审计等领域。在我国，2008 年起，中国人民银行、证监会、银监会等部门介入互联网金融行业监管，借贷、财富管理、征信、众筹、支付、数字货币、互联网保险服务在我国不断涌现。

表 1-1　主要金融科技领域部分早期成立公司列表

公司名称	公司主营业务	国家	成立年份
Paypal	电子支付	美国	1998 年
支付宝	电子支付	中国	2004 年
Directline	互联网保险	英国	1985 年
INSWEB	互联网保险	美国	1995 年
众安保险	互联网保险	中国	2013 年
Angellist	股权众筹	美国	2010 年
天使汇	股权众筹	中国	2011 年
Wefunder	股权众筹	美国	2012 年
SFNB	网络银行	美国	1995 年
Egg	网络银行	英国	1998 年
乐天银行	网络银行	日本	2009 年
Zopa	P2P	美国	2005 年
Lending Club	P2P	美国	2006 年
拍拍贷	P2P	中国	2007 年

资料来源：消费者和商业智能（CB sights），平安证券研究所。

（二）传统保险经营有待改善

传统保险行业发展至今，许多方面得到了改善，但对大多数保险公司而言，仍存在众多发展瓶颈尚待突破，主要体现在以下方面。第一，业务模式，传统保险公司虽大多重视线上平台，但实际营销战略仍习惯性依赖线下渠道，行业信息化程度较低，投保流程冗长烦琐，产品和业务模式同质化严重，与客户互动不足。第二，精算定价，除行业领先公司和创新型公司外，大多数保险公司定价因子更新缓慢，定价方法持续停留 GLM 模型（即广义线性模型），定价体系封闭不透明，缺少与外界沟通。第三，理赔环节，大多数公司理赔工作环节人工干预占主导，技术含量不高，与承保环节缺少联动。第四，组织架构，传统保险公司组织架构层级多，部门冗杂，不够灵活；前后台衔接不畅，脱节严重；仍采用人海战术的劳动密集型发展道路等。第五，费用成本，日益增长的业务量带来庞大业务数据，传统险企信息处理能力跟进难度增大，运营维护成本升高；加之部分保险公司恶性竞争，违规厘定费率，给予被保险人合同外利益等行为，致使传统保险公司，尤其是中小财产保险公司的费用难以摊薄，经营存在严重亏损。上述这些问题的改善与解决都亟需保险科技的赋能。

（三）政府鼓励发展保险科技

我国保险科技的发展并没有迟滞于国际进度，这在很大程度上得益于政府尤其是监管部门的大力支持。近年来，我国政府围绕建设科技强国的战略目标，陆续发布一系列鼓励科技创新的政策。2015年3月，《政府工作报告》中首次提出"'互联网+'行动计划"，推动移动互联网、云计算、大数据、物联网等与现代制造业的结合，促进电子商务、工业互联网、互联网金融健康发展，引导互联网产业拓展国际市场。2017年8月，原中国保监会在其新闻发布会上特意提到"保险科技"的发展，这是中国保险监管部门首次正式提出这一概念，表明我国保险监管部门对保险科技发展的关注与支持，有利于保险科技借助中国这一广阔市场积累数据，优化发展。从2018年开始，国家陆续出台一系列政策鼓励支持科技在保险行业内创新发展。2018年6月，保险业在《中国保险服务标准体系监管制度框架》（征求意见稿）中提出：推进保险服务数字化转型升级，加快数字保险建设，构建以数据为关键要素的数字保险，推动保险服务供给侧改革，更好服务我国经济社会发展和人民生活改善。2019年12月，中国银保监会下发的《关于推动银行业和保险业高质量发展的指导意见》指出：银行保险机构要夯实信息科技基础，建立适应金融科技发展的组织架构、激励机制、运营模式，做好相关技术、数据和人才储备。充分运用人工智能、大数据、云计算、区块链、生物识别等新兴技术，改进服务质量，降低服务成本，强化业务管理。2020年6月，中国银保监会财险部向各财险公司下发的《关于推进财产保险业务线上化发展的指导意见》中提出：到2022年，车险、农险、意外险、短期意外健康险、家财险等业务领域线上化率达到80%以上，其他领域线上化水平显著提高，鼓励具备条件的公司探索保险服务全流程线上化，鼓励财产保险公司加快线下服务的数字化转型。2020年7月，中国银保监会发布的《推动财产保险业高质量发展三年行动方案（2020—2022年）》明确提出：支持财产保险公司制定数字化转型战略，加大科技投入和智力支持，打造具备科技赋能优势的现代保险企业。鼓励财产保险公司利用大数据、云计算、区块链、人工智能等科技手段，对传统保险操作流程进行更新再造，提高数字化、线上化、智能化建设水平。鼓励财产保险公司通过数字化升级风险管控能力，提升风险定价、细分客户及反欺诈等核心竞争力。2022年11月，中国保险行业协会正式发布了《保险科技"十四五"发展规划》并指出：要推动先进技术应用，赋能保险行业高质量发展，推动数字化转型，增强保险价值链创新的科技支撑，夯实信息科技建设基础，提升科技应用风险管控，建立适应保险科技中长期发展的组织架构、激励机制、运营模式，引导行业企业做好相关技术、数据储备和人才培养。上述一系列政策的发布无不体现出政府对保险科技创新与发展的支持与推动。

三、保险科技的发展历程

保险科技发展之初，众多保险科技的应用以营销为主，比如常见的互联网第三方销售平台和比价平台。但随着科技赋能的层次不断深入，保险科技的重点从营销层面转移至产品和服务层面，产品和服务逐渐成为保险业转型发展的核心环节。

从其发展历程来看，保险科技大致经历了三个阶段：传统保险线上化、互联网保险创新、重构保险价值链，即保险科技从最初只是帮助保险公司将线下销售转移至线上销售到如今对保险产品和服务进行全方位的改造，定价精算、核保核赔、运营服务都离不开保险科技的赋能，如图 1-5 所示。

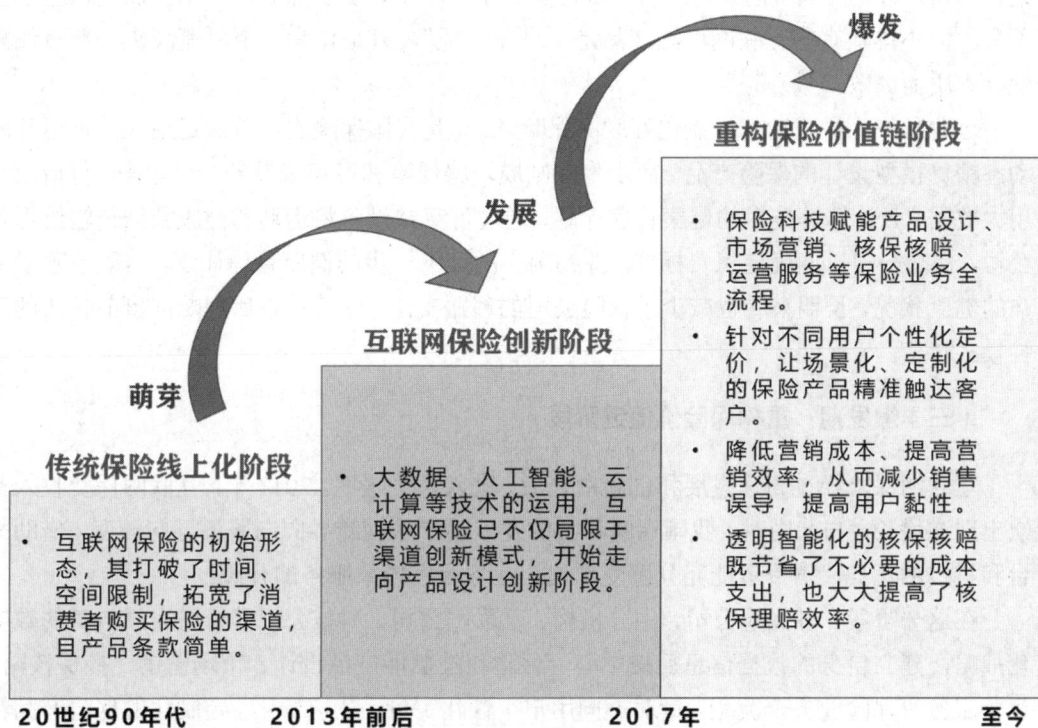

图 1-5 保险科技的发展历程

（一）萌芽期：传统保险线上化阶段

从 1997 年我国第一家保险网站——中国保险信息网[1]成立，到 2000 年国内首家个人综合理财服务网站——平安 PA18 上线服务，我国传统保险业务迈向线上化。2009—2012 年，开展网销业务的保险公司从 32 家增长至 39 家，同时，由第三方中介机构建立的网销平台也纷纷上线，如大童网[2]、新一站[3]等，这些平台拥有多家保险公司产品的在线投保服务。

这一阶段的传统保险线上化就是互联网保险的初始形态，其打破了时间、空间限制，

---

[1] 1997 年 11 月，中国保险信息网由中国保险学会和北京维信投资股份有限公司联合成立。

[2] 大童网由北京大童保险经纪有限公司于 2011 年创立，是一家提供综合保险服务的网上交易平台。

[3] 新一站保险代理股份有限公司（简称"新一站"）为焦点科技全资子公司，成立于 2010 年，2016 年完成新三板挂牌。

拓宽了消费者购买保险的渠道，且产品条款简单，能够减少保险公司对第三方的依赖，有利于其加强内部管理，其种种优势使得互联网保险逐步成为我国保险业发展的重要布局。

（二）发展期：互联网保险创新阶段

随着消费者需求升级，传统保险产品已经无法满足个性化设计的需求。通过对大数据、人工智能、云计算等技术的运用，互联网保险已不仅局限于渠道创新模式，开始走向产品设计创新阶段，如运费险、碎屏险、赏月险、尊享 E 生、步步保等创新型互联网保险层出不穷。但不排除有些互联网保险产品是"昙花一现"，只是作为一个引流噱头，严重偏离保险本质而失败。

运费险作为最成功的场景化互联网保险之一，是我国保险史上首次运用大数据运算的动态精算模型设计的保险产品。而步步保则成功将保险和可穿戴设备结合起来，打造出运用大数据、云计算等技术的健康管理计划，通过可穿戴设备将运动和健康数据传输给保险公司，保险公司以此确定保费标准，并为用户制订下一步的健康管理计划。这既改善了用户的健康状况，长期来看也减少了保险公司的理赔支出，使其从事后理赔向事前预防的风控模式转变。

（三）爆发期：重构保险价值链阶段

互联网保险经过高速发展和创新潮之后，进入了平缓期。2017 年，互联网保费收入首次出现逆增长，与此同时，我国保险科技的发展逐步从创新导向向服务导向转变，借助平台和科技的优势，消费者能充分感受到这个业务流程体系服务的升级。

在这一阶段，各保险公司、中介机构、互联网公司、科技公司等纷纷布局自身的数字化战略，建立自身的数据信息后援中心，保险科技赋能产品设计、市场营销、核保核赔、运营服务等保险业务全流程。针对不同用户个性化定价，让场景化、定制化的保险产品精准触达客户；降低营销成本、提高营销效率，从而减少销售误导，提高用户黏性；透明智能化的核保核赔既节省了不必要的成本支出，也能大大提高核保理赔效率，更好地保护消费者隐私。在为消费者带来更好服务体验的同时，保险科技还催生了保险生态新模式，形成了新的保险产业生态圈。

四、保险科技的生态主体

保险公司、保险中介机构、互联网公司、科技公司、保险监管机构和保险消费者共同组成保险科技的生态圈，并发挥着积极的作用。

（一）保险公司

传统的保险公司依旧是保险科技的生态主体之一。目前保险公司或者通过部门内部的机构重组建立保险科技公司或研发部门，或者通过投资的形式参与保险科技公司或相关的初创企业。我国许多保险公司已经相继成立了自己的科技公司，如太平保险成立了太平金服，平安保险成立了平安科技，泰康保险成立了泰康在线，中国人寿成立了中国人寿电子商务有限公司等。传统公司的跨界合作也逐渐增多，如众安保险与复旦大学计算机科学技术学院联合成立了"区块链与信息安全联合实验室"，太平洋产险完成了对美国 UBI（Usage-based Insurance，基于使用量定价的保险）车险服务商 Metromile 的 5000 万美元投资，成为 Metromile 的战略投资者和战略合作伙伴。

传统保险公司在成为保险科技生态圈重要组成部分的同时，也面临着一些挑战。传统保险公司转型可能要面临机构庞大、人员结构老化、人员知识储备不够、机制体制不灵活等弊端。从这个意义上讲，传统保险公司未必是保险科技的践行者，也未必是新趋势下的赢家，反而中小保险公司或者新设立的互联网保险公司有望实现"弯道超车"或赢取新的发展机遇。

（二）保险中介机构

保险中介机构也积极参与保险科技生态圈。一方面，保险科技的发展对保险中介的存在价值（智能投顾、产品比价等保险科技的运用）形成了挑战。以互联网为例，随着互联网与保险的融合程度加深，部分保险业务开始绕开中介机构，中介机构在一些传统保险中逐渐失去优势。另一方面，保险产品的复杂性和对服务的特殊要求又使保险中介机构的服务变得尤其重要。保险中介机构或主动或被动地参与保险科技的生态圈。目前部分保险中介机构为逐步适应保险科技时代的到来，开始积极进行改革。盛世大联打造"车险代理+车后综合服务+O2O"发展模式（O2O 是"Online To Offline"的缩写，即"线上到线下"），搭建汽车后市场服务体系；中衡股成立电子商务部，以"互联网+保险公估"为核心实现线下客户信息线上化，并利用该平台分析客户需求，对接线下服务；万舜股份发展电话呼叫中心、网络销售等业务模式；盛世华诚融合车管家服务与保险代理服务；鼎宏保险组建个人计算机（Personal Computer，PC）、App（应用程序）、微信服务号、无线应用协议（Wireless Application Protocol，WAP）微站四大网络媒介，对接保险公司、线下服务供应商及车主；华凯保险通过 App 打造 O2O 销售模式；同昌保险将特有的"及时赔"服务互联网化，等等。

（三）互联网公司

保险科技的运用和推广离不开互联网技术的迅猛发展，互联网公司利用其庞大的用户资源和互联网科技的先天优势，成为助力保险业转型的重要力量，以 BATJ（"百度、阿里巴巴、腾讯和京东"四大互联网公司的简称）为代表的互联网公司纷纷进军保险科技领域。

阿里旗下的蚂蚁金服[①]和京东旗下的京东金融[②]积极探索科技赋能保险业的新模式，开

---

① 蚂蚁金服成立于 2014 年，前身为支付宝，是我国发展普惠和小微金融的重要实践。

② 京东金融是一家创立于京东集团内部的数字科技公司，于 2013 年起独立运营。

发车险分、定损宝等一系列针对保险业痛点的保险科技产品；蚂蚁金服、腾讯、平安共同设立我国第一家互联网保险公司——众安保险，其以技术创新带动保险业的发展；多家互联网巨头还进军保险中介市场，如 2017 年蚂蚁金服全资收购杭州保进保险代理有限公司，百度金融收购黑龙江联保龙江保险经纪有限责任公司等，持牌的互联网公司可以开发相应保险产品，并与场景相结合，实现对既有资源的挖掘。

（四）科技公司

尽管科技公司是保险行业的外来者，但在保险科技方面却是专属领域的领路人。由于保险监管的限制及对未来发展的探索，科技公司或开展保险领域供应链上下游领域的业务，或与保险公司、保险中介机构联手，共同打造保险科技下的新型保险业态。

科技公司目前在诸多传统领域开启了对保险科技的探索。拥有手机车联网或车载诊断系统（On-Board Diagnostic，OBD）技术的 Zendrive 正尝试通过采集的数据为车主制定个性化定价的车险；以天气建模为核心技术的 Climate Corporation 试着改造农业保险；Cape Analytics 利用无人机与卫星采集房屋结构信息，帮助产险提高查勘效率、降低成本；Oscar Health 通过可穿戴设备鼓励用户培养良好的健康习惯，结合健康保险为用户提供医疗服务；CXA Group 打造基于软件即服务（Software as a Service，SaaS）的人事管理系统，为其他企业的雇主管理雇员的健康问题；国内的金融壹账通[①]利用其在人工智能、生物识别、区块链等领域的大量客户资源和场景，帮助其他金融保险机构实现增收提效、优化服务、控制风险的目标；众安保险旗下的众安科技[②]也向保险、健康医疗等领域输出技术产品和行业解决方案。

（五）保险监管机构

保险科技作为可能颠覆保险业的创新手段，给各国的保险监管机构带来了严峻的挑战。保险监管机构一方面意识到保险科技是未来引领保险行业发展的重要增长点，另一方面也面临着由科技创新所带来的监管盲区和新的监管问题。

对于保险科技的发展，各国政府都能认识到科技创新带来的潜在风险及机遇，普遍采取积极支持的态度。各国政府监管机构都推出了一系列监管政策刺激保险科技创新，如英国陆续通过"项目革新"计划与"监管沙盒"制度，德国政府通过企业资源计划（Enterprise Resource Planning，ERP）专项基金，欧盟为保险科技初创企业提供了创业支持计划，美国则更强调保险科技产品与消费者的契合度，提出以消费者为核心。

（六）保险消费者

保险科技在影响保险行业发展的同时，也对保险生态中的另一大群体保险消费者产生冲击。多样化产品和创新险种，将为保险消费者提供更多的市场选择。消费者将通过场景

---

① 金融壹账通是平安旗下金融科技服务公司，平安孵化的四家独角兽企业之一，2019 年在纽约证券交易所上市。

② 众安科技成立于 2016 年，是众安保险的全资科技子公司。

化体验产生风险认知，主动寻找相应的保险产品，成为积极的保险消费需求者，将被动的保险需求转为积极主动的保险消费。保险比价平台、精准化保险营销，以及云计算和大数据等技术更容易激发消费者的潜在保险需求，情景化模式的险种推送更能打动消费者，进而产生实际的保险购买行为。

保险消费者和保险公司之间的联系将更加密切，借助物联网、可穿戴设备等，消费者从计划购买保险到保险合同的签订、承保期间及保险理赔整个过程将和保险公司产生更密切的联系，与传统模式相比，保险公司与消费者之间能够更有效地交流与互动。保险公司和保险消费者的关系将更加密切，保险公司也将参与消费者的风险意识、行为管理、风险预警等相关活动，通过帮助消费者降低保险风险来提高自己的承保利润。

保险科技也会通过技术手段进一步保障消费者权益。区块链、大数据使保险公司的经营、管理更加公开透明，保险消费者的权益可以借助新的科学技术得到保障，消费者维权也能够得到快速处理；消费者和保险公司、监管者的沟通也将变得更加及时、有效。

五、保险科技的应用进展

保险科技作为保险行业发展的"新风口"正在步入高速的发展阶段，各种核心创新技术的应用场景已深入产品设计、市场营销、核保核赔、风险管控和信息资讯等一整条保险价值链（如图 1-6 所示）。保险科技的应用不仅是对保险渠道的创新，更是对保险产品的创新和业务流程的创新，最终实现保险流程的再造。

图 1-6 保险科技的应用

（一）产品设计

传统保险产品单一、同质化问题严重，同类产品定价相近，盈利能力有限，难以促成产品创新。保险行业目前大部分产品定价主要依据经验数据进行费率厘定，忽略了与合同密切相关的投保人自身行为的风险状况，且保险人与风险标的的交互也十分有限，保险公司无法掌握个体风险水平。以车险为例，国内大多数车险公司根据新车购置价进行费率厘定，忽略了"车"和"人"的差异，健康险因无法细分某一群体的风险数据，而无法做到精准定价与长期监控。因此，保险公司很难针对不同的客户需求提供个性化产品并提供相关的增值服务，更难以针对客户不同的风险水平进行差异化定价。此外，由上述问题导致的逆向选择与道德风险问题，也是传统保险产品的一大痛点。

而科技赋能背景下，利用物联网交互技术，保险公司可通过可穿戴设备、手机 App 等对被保险人的行为数据和保险标的的风险数据进行充分挖掘，通过人工智能系统对这些数据进行二次分析与计算，不断评估被保险人或保险标的在各个方面的风险水平，以此对不同消费者进行差异化定价，并为其提供定制化增值服务。同时根据这些数据，还可以为投保人提供个性化意见，对高风险行为进行警示，帮助投保人降低风险，并把控道德风险。保险科技在产品设计环节的综合运用突破了传统保险产品在技术、成本等方面的限制，打破了以往只服务"头部"客户需求的界限，精准定位小众客户的需求，并为其推出量身定制的产品，大大拓宽了保险的覆盖面与服务范围，形成了"小而美"的市场格局。

（二）市场营销

1. 智能投顾

目前保险行业内主要的销售渠道还是个人代理，这种传统销售模式有很多弊端：首先，代理人从业门槛低、专业性不足，服务质量无法保证，且其服务受到时间、空间的限制；其次，规模庞大的代理人队伍佣金高，造成保险公司成本居高不下；最后，代理人流动性较强，以佣金为导向，抽成期过后，代理人就会逐渐退出投保人视野，后续服务得不到延续。这些固有弊病导致营销服务不专业、不到位、不持续，消费者体验差，品牌忠诚度低，退保率居高不下等问题。

通过建设智能客服机器人系统，可以实现"7×24"问答服务，打破代理人服务的时间、空间限制。且智能机器人比普通代理人更专业，能为客户提供保单查询、条款解读、保费计算等一站式服务，并通过自身不断学习优化与升级迭代，提高问题识别率与回答准确率。此外，智能投顾系统不仅能大大降低保险公司展业成本，还可以避免佣金制度带来的弊端，使普通大众也可以获得个性化保险服务，实现普惠金融。并且全流程的服务闭环，能使客户自身效用得到显著提高，良好专业的客户体验能提升客户忠诚度，降低退保率。

2. 一站式比价

保险产品专业性强、产品条款复杂是保险产品难以大范围推广的一大原因，而且市场上保险公司众多、类别繁多，仅一个基础保险产品就可以衍生出数十个相关保险产品。想在这样的保险市场上找到满意的产品需要耗费大量的时间和精力，进行多方比对，这就在一定程度上降低了消费者购买保险产品的热情和满意度，而"一站式比价"则克服了这一痛点。

构建"一站式比价"平台，充分发挥保险科技优势，搭建供给端和需求端之间的沟通渠道。平台通过与十几家大中型财险公司合作，进行网销保险的精准报价，服务范围可覆盖全国，而且能解决保险报价难、结算难、价格透明度低等痛点。甚至，还可以为客户打造一站式比价 App，用户可以通过 App 了解当前市场上有关保险产品的详细费率及条款。并且，App 能自动更新，一旦有新款保险产品上线，App 就会自动更新，并第一时间向用户推送。

3. 精准营销

保险拥有庞大的潜在客户群，但是传统的营销手段却难以有针对性地向客户推介产品。以往广撒网式的营销模式不仅浪费资源大量，还容易引起消费者的反感，长此以往会对公司形象造成负面影响。

通过大数据、人工智能等技术，可以准确把握市场规律，掌握客户动态的消费需求。人工智能通过大数据分析和机器学习算法对用户进行画像，自主识别高意向潜在客户，针对用户的不同需求精选保险产品进行推送。此外，人工智能可以利用大数据从上网习惯、关键词检索、浏览网页等信息中寻找信息关联性及其内在规律，有针对性进行广告推送，提高交叉销售和追加销售的成功率，实现精准营销。

（三）核保核赔

1. 智能核保

传统的核保流程通常是由核保员收集整理投保信息，同时向投保人了解情况，以决定是否进行承保。整个流程耗费的时间长、过程不透明，成本高、效率低，投保人难以直接了解投保进度，且很有可能存在人为操作风险。而对于一些频次高、保额小、碎片化的保险产品，更是不环保、不便利。

线上智能核保系统的搭建可以解决这些人工承保过程中出现的问题，其可以积累人工核保的案例经验，深度学习各种核保知识，通过人机交互的方式与客户进行在线交流，了解客户的风险特征，最终自动出具是否承保的决定。在此过程中，消费者只需在线自助填单并上传各种单据，通过光学字符识别（Optical Character Recognition，OCR）技术进行处理，核保通过即可在线缴费，最快几分钟便可以完成线上承保，极大地简化了投保人的投保流程，并且实现了全程无纸化，低碳环保。

2. 智能核赔

"理赔难"一直是困扰保险消费者的一大难题。事故发生后，获得赔偿金需经过出险报案、立案查勘、审核材料、复核、给付等环节。整个理赔流程烦琐且耗费保险公司大量人力、物力。公开资料显示，国内财险公司综合成本率在 95% 以上，理赔成本高大大制约了保险公司的发展。并且，人工定损还可能存在人为技术经验有限、主观判断存在偏差甚至失误等弊病，使消费者体验差，影响保险公司声誉。

智能合约由区块链编写的代码定义并自动强制执行，理赔的进行和支付全部实现自动化且无需双方彼此信任，每一环节都记录在案并可追溯，索赔手续和管理全部公开透明。通过图片识别技术，将投保人提供的理赔图像在互联网及数据库中进行比对，智能理赔能减少甚至避免由核赔人员主观判断失误导致的赔付金不足或拒赔问题，加深客户对保险公司的信任，增强客户黏性。

（四）风险管控

1. 反欺诈

保险欺诈是保险自诞生以来就难以根除的顽疾，严重威胁着保险公司的发展与保险行业的稳定和繁荣。博弈双方的信息不对称和保险本身的射幸性是保险欺诈难以根除的重要原因。尽可能减少保险合同双方的信息不对称是防范保险欺诈的重要途径，传统方式一般是通过商业调查来尽可能获取详尽的信息，但投入大、耗时长、成本高，而且保险公司面临两年的抗辩期，不宜作为一种普遍方式应用于每一种业务。而保险科技的发展给保险公司带来了高效低廉的方式，能对保险业务进行全方位、全流程的欺诈风险识别。

近年来，随着"大数据+人工智能"形成的现实生产力逐步渗透进保险行业，人工智能、大数据建模技术越来越多地应用到保险反欺诈领域。其通过整合同一客户的交易信息、交易文件及外部市场信息等，识别高欺诈风险的交易及客户，从而显著提升反欺诈的准确性和及时性。图计算技术适用于跨地区、线索分散串案的风险识别工作，擅长处理关联的、动态的、不确定的问题，为减少保险欺诈信息不对称问题提供了新途径，尤其是在车险领域。

2. 防灾减损

在产险领域，保险科技可助力保险公司采取事前的防灾减损措施。"偿二代"以来，大数据、云计算等新兴技术有效帮助保险公司提高了风险管理能力，同时也带动了保险公司由事后理赔向事前防控转型升级。这不但从根源上把控了风险的来源，遏制了事故的发生，从而降低理赔支出，还更好地保护了投保人的利益，提升了用户体验，有利于提高客户忠诚度。

保险业界已经开始建立大数据风险管理的系统（以平安鹰眼系统为代表），该系统融合了地理学、灾害学、保险学、气象学，装载了近百万条工商、地址、经营信息等企业数据，同时内嵌了中华人民共和国成立以来70余年的历史灾害数据（地震数据始于公元800年）、承保理赔数据，数据总量超过百亿条，可支持中国十几亿个物理空间单元的各等级灾害模拟。其能根据中央气象台发布的灾害预警信息，找出灾害范围内的客户并分级，提前帮助客户进行防灾部署。以台风为例，可提前96小时部署防灾减损行动，预警上万个客户，使核心受灾地区的损失额远低于历史水平。

3. 健康管理

在健康领域，保险公司同样可以利用科技手段对投保人进行科学的健康管理，引导其形成良好的运动、生活习惯，提前对可能发生的潜在疾病和风险进行干预，形成健康险领域的双赢局面，基因检测和可穿戴技术是其中的代表。

我国首款基因保险"知因保"由众安和华大基因联合推出，这是保险公司第一次推出与基因检测相关的保险服务。即众安提供 1 年期乳腺癌重疾险，华大基因提供乳腺癌基因检测，如检测出中等风险，众安提供未来两年（每年 1 次）的乳腺癌专项体检；如检测出高等风险，众安提供未来两年（每年 2 次）的乳腺癌专项体检。

可穿戴设备具有心跳监测、体温监测和血压监测功能，可记录用户各项生命体征与生活习惯。可穿戴设备与保险公司的 App 连接，在监测到心律不齐、窦性心律、血压异常等问题后，App 将信息发送到合作的医疗单位，医疗单位进行排查，在确认可能引起紧急问题后，系统自动为投保人进行 120 呼叫急救操作。在此过程中，投保人还可以享受合作医疗单位的免押金入院就诊、专家或特需专家诊断、特需药品优先供应等一系列高效便捷的增值服务。

（五）信息资讯

随着保险行业的发展，保险信息资讯对有效保险需求的激发、保险行业正能量的传播及保险消费者权益保护等都有非常重要的意义。尤其是信息科技、新媒体等技术的发展，使保险行业的神秘面纱被慢慢揭开，加之保险科技下新生态主体的加入，与保险行业相关的教育培训、信息披露、社会监督等逐渐形成了一个新兴的分支领域。

微信公众号成为中国保险行业颇具影响力的新媒体平台，被诸多保险高管所关注。新媒体传播平台由传统媒体人、网络媒体人、传播营销人士、保险专业人士及 IT 团队联手打造，以内容为基础，深度垂直于保险业，是针对保险管理层的互动平台。不同于传统媒介的单向传播模式，新媒体平台可以凭借智能移动终端等新型传播介质，借势移动内容热潮，打造以微信公众号、头条号、传统门户网站移动端、App、网站为矩阵的多向传播模式，聚拢以话题和关键词为主的庞大内容数据库，为内容流水线式生产提供数据支撑和研究基础。

第三节　农业保险科技的发展

一、农业保险发展的现状与成效

农业是我国的第一产业，也是弱质性产业，风险高是该产业的一个重要特征。保险作为一种风险分散与管理工具，可以在规避农业风险、稳定农民收入、促进农业可持续发展等方面发挥重要的"稳定器"和"助推器"作用，成效相当显著。

（一）保费规模持续增长

我国高度重视政策性农业保险的发展，2007 年中央财政启动了农业保险保费补贴试点，首先在内蒙古、吉林、江苏、湖南、新疆和四川六省（自治区）启动，并逐步推向全国。2012 年，国务院颁布了《农业保险条例》，进一步规范了农业保险活动，提高了农业生产抗风险能力，促进了农业保险事业的健康发展。中国银保监会的统计数据显示，2007年以来农业保险保费保持较快的增长速度，年平均增长速率达到 21% 左右。2020 年，我国农业保险保费规模达到 815 亿元，同比增长了 21.32%，首次超越了美国（保费 103.7 亿美元，折合人民币 715 亿元），成为全球农业保险保费收入第一大国。2021 年，我国农业保险保费收入 976 亿元，同比增长了近 19.8%，为 1.8 亿户次农户提供了风险保障超 4.7万亿元，继续保持农业保险保费规模全球第一。2022 年，我国农业保险保费规模首次突破了千亿，达到了 1192 亿元，同比增长了 22.1%。

（二）保障能力显著提升

我国农业保险保额从 2008 年的 0.24 万亿元增长到了 2021 年的 4.7 万亿元，增长了17.58 倍。农业保险保障水平从 2008 年的 4.18% 增长到了 2020 年的 23.54%，年均复合增长率为 18.65%，为农业产业发展提供了坚实的保障。农业保险的覆盖面不断提升，三大粮食作物保险覆盖率均超过 70%，小麦和水稻保险覆盖率更是达到 80% 左右，棉花、甜菜、甘蔗等重要农产品的保险覆盖率也超过了 75%。在养殖业方面，一半以上的生猪被纳入农业保险保障范围，奶牛保险覆盖率更是超过了 70%。同时农业保险保障范围也从传统的保自然风险向保市场风险拓展，保障水平逐步从保成本的初级阶段向保收入的高级阶段推进。2022 年，全国 13 个粮食主产省的 826 个产粮大县全面推行三大主粮完全成本保险和收入保险，大部分产粮大县承保覆盖率超过 70%，甚至达到 90%。

（三）政策支持持续给力

政策性农业保险持续高速发展的关键在于有力的政策扶持。连续多年中央一号文件都做出加快农业保险发展的相关指导意见。特别是支持农业保险的财政预算保持持续较高增速，农业保险财政支持力度连续 15 年均超过了财政收入的增长速度。分产业而言，种植业保险财政资金杠杆率为 21.8 倍，养殖业保险为 25.9 倍，即各级财政每支出 1 元保费补贴，分别为种植业、养殖业提供了 21.8 元、25.9 元的风险保障。这在一定程度上弥补了财政救灾资金的不足，提高了财政资金的使用效率，也充分体现了农业保险"四两拨千斤"的倍增作用。

（四）服务能力明显增强

从服务机构上看，农业保险经营主体蓬勃发展。自政策性农业保险实施以来，农业保险的市场空间被迅速打开，农业保险经营机构数量逐渐增多，服务覆盖范围不断扩大。农险经营机构由最初的"4+2"格局（4 家专业性农业保险公司和 2 家经营性农业保险业务的综合性保险公司）增加到如今的近 40 家，包括 5 家专业性农业保险公司和 33 家经营性农业保险业务的综合性保险公司。从服务产品上看，农业保险产品创新层出不穷。农险经营机构在产品创新上投入力度越来越大，天气指数、价格指数、保险+期货、叶面积指数、碳汇指数等农业保险产品创新层出不穷，不仅丰富与完善了农业保险产品体系，还为不同类型农业生产经营主体提供了多元化、层次化、优质化的产品服务。此外，银行机构、担保机构和期货公司都纷纷与农业保险机构合作，多方参与共同为农户提供保险和金融服务。保险机构为农户提供的贷款保证保险产品，通过"保险+信贷"的模式，既为农户获得银行贷款提供了便利，也将银行和担保机构纳入了保险经营的风险管理体系。

（五）科技赋能日益显著

各地政府（监管部门）纷纷建立农业保险综合服务信息平台，保险机构农业保险经营的电子化、线上化、智能化程度大大提升，大数据、人工智能、3S 技术、物联网、区块链等科技应用显著增加，跨部门、跨平台合作共享渠道逐渐增多，农业保险在科技推动下不断拓展防灾减损、农业贷款、智慧养殖等相关服务。科技创新和应用为农业保险发展提供了创新驱动力，有效增强了农业保险服务能力，大幅提升了农业保险运营效率。

2019 年，财政部、农业农村部、银保监会和林草局四部委联合下发了由中央全面深化改革委员会第八次会议审议通过的《关于加快农业保险高质量发展的指导意见》（以下简称"《指导意见》"），《指导意见》提出："到 2030 年，农业保险持续提质增效、转型升级，总体发展基本达到国际先进水平，实现补贴有效率、产业有保障、农民得实惠、机构可持续的多赢格局。"《指导意见》是继《农业保险条例》颁布实施之后，我国发展政策性农业保险的又一份重要的纲领性文件，也标志着我国的农业保险逐渐步入高质量发展阶段。

二、农业保险发展中存在的问题

我国农业保险在高速发展、取得诸多成效的同时不可避免地暴露出产品单一、虚假承保和虚假理赔频发、出现道德风险和逆向选择、政府监管效率低、农户满意度不高等一系列问题，经营管理存在"粗放性"、补贴监管存在"效率低"和为农服务存在"体验差"的问题，这制约了农业保险的高质量发展和惠农功能的进一步发挥。

（一）经营存在"粗放性"的问题

现阶段，我国农业保险经营管理的"粗放性"突出表现在产品粗放、定价粗放、承保粗放和理赔粗放四个方面，如图 1-7 所示。

产品粗放
- 产品种类少、保障水平低、保障水平单一、补贴标准缺乏弹性。

定价粗放
- 保险产品定价不科学，一省一费率，出现逆向选择，道德风险严重。

"粗放性"的四个突出方面

承保粗放
- 无法确定投保标的位置、面积和数量，存在严重多重投保和骗保现象。

理赔粗放
- 查勘定损手段落后，效率低，成本高，协议赔付多有发生，有违保险本质。

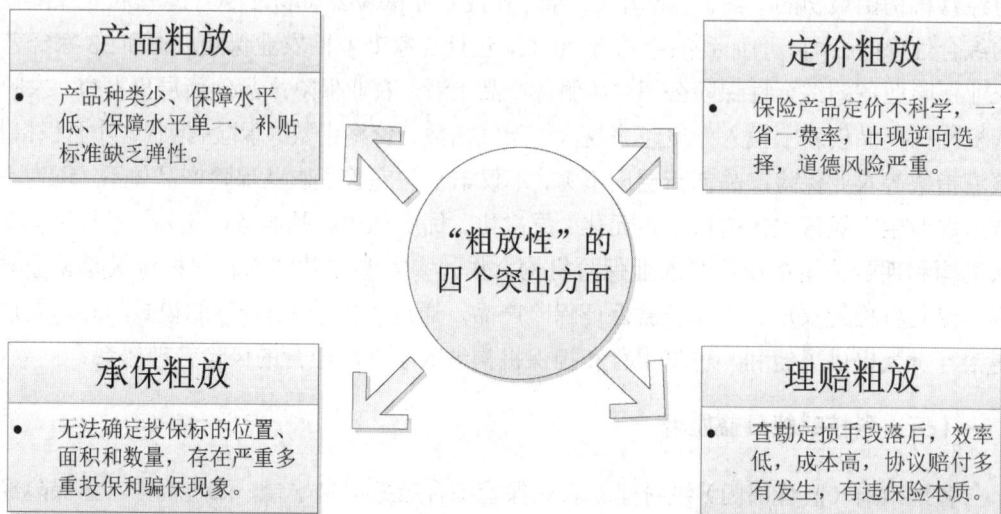

图 1-7 农业保险经营存在粗放性问题

1. 产品粗放

经过近几年的快速发展，农业保险虽然在覆盖面上取得较大突破，但却存在保险产品种类少、保障水平低、保障水平单一、补贴标准缺乏弹性等"产品粗放"的突出问题。目前，我国主要农业保险产品集中在成本保险上，保障的仅仅是农业生产的物化成本，远不能弥补灾害事件给农民带来的收入损失。此外，当前的保险产品责任大多集中在自然灾害风险上，而对广大农户所关注的和市场风险、信贷风险有关的保险产品却相当有限。对照世界上的主要国家，美国、印度、加拿大等陆续推出了天气指数保险、价格指数保险、收益保险、区域产量保险、收入保险、农产品质量保险、农村小额信贷保证保险等新型的保险产品，我国农业保险产品体系还有待进一步完善。

2. 定价粗放

除了"产品粗放"外，我国农业保险产品在产品定价方面（特别是费率厘定方面）也相当粗放。目前，绝大多数保险公司在给产品的费率定价时并没有组织开展风险的评估工作，没有根据参保标的的实际风险水平科学厘定保险费率，而是依据经验判断或政府部门协商实行统一费率，费率厘定的专业化程度和精细化程度十分有限。此外，各省在经营农业保险时普遍未实行费率分区，一种农作物险种实行一省（自治区、直辖市）一个费率，致使那些风险较高地区的农户投保热情很高，而低风险地区的农户缺乏投保积极性，出现严重的逆向选择。

3. 承保粗放

农业保险中的道德风险在很大程度上来自农业保险的承保环节。公开的调查和调研发现，部分地区存在被保险人虚假投保、骗保等行为，还有部分地区出现保险公司业务人员与协保员合谋通过虚假承保共同骗取国家财政补贴的行为，严重地影响了农业保险的声誉。承保的粗放性问题在很大程度上与目前农业保险无法有效确定保险标的数量和位置存在一定关系。一些保险公司介绍，大部分农险保单因承保户数过多、工作量过大而无法全面现场验标，保单到底承保了多少亩①地、多少头猪，地在什么位置、猪舍在哪里等关键信息并不清楚，甚至出现了种植业保险中承保数量远超该村实际种植面积、养殖业承保中承保母猪数量不足该养殖企业实际母猪头数一半，直接导致后续理赔中"超赔"、赔付率"居高不下"等一系列连锁反应。

4. 理赔粗放

与承保粗放相对应，我国农业保险的理赔环节也相当粗放，具体表现在：一是查勘定损的手段成本高，通常需要耗费大量的人力、物力，理赔周期较长；二是理赔查勘定损不到位，无法真实反映农户的受灾面积及受损程度；三是个别地区对灾害不进行查勘定损，出现协议赔付、平均赔付，甚至虚假理赔等情况。面对这样的问题，许多保险公司对"理赔难"束手无策，原因在于农业保险不同于普通商业保险，农业的特殊情况决定了查勘理赔的复杂性。我国部分农村地处偏远，交通极其不便，由于点多面广，一旦出现灾情，保险公司不可能一家一户核灾定损，目前只能采取镇村干部及相关部门出面层层把关审核、保险公司抽样查勘等方式，很容易出现造假、滥报和虚报等问题。

（二）监管存在"效率低"的问题

从农业保险监管的角度上看，信息不对称、缺乏有效校验手段、缺乏定量评价、决策水平低等导致了农业保险的监督与管理效率较低，如图1-8所示。

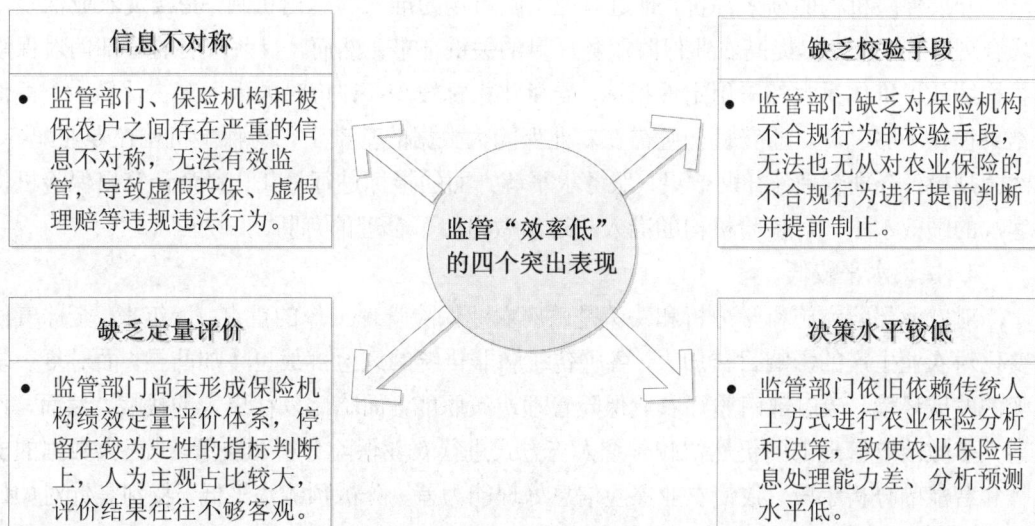

信息不对称

- 监管部门、保险机构和被保农户之间存在严重的信息不对称，无法有效监管，导致虚假投保、虚假理赔等违规违法行为。

缺乏校验手段

- 监管部门缺乏对保险机构不合规行为的校验手段，无法也无从对农业保险的不合规行为进行提前判断并提前制止。

监管"效率低"的四个突出表现

缺乏定量评价

- 监管部门尚未形成保险机构绩效定量评价体系，停留在较为定性的指标判断上，人为主观占比较大，评价结果往往不够客观。

决策水平较低

- 监管部门依旧依赖传统人工方式进行农业保险分析和决策，致使农业保险信息处理能力差、分析预测水平低。

图1-8　农业保险监管存在"效率低"的问题

---

① 1亩=0.000667平方千米。全书同。

1. 信息不对称

所谓信息不对称，是指在市场经济活动中，各类人员对有关信息的了解是有差异的。掌握信息比较充分的人员，往往处于比较有利的地位，而信息匮乏的人员，则处于比较不利的地位。在现阶段的农业保险中，政府、保险机构和被保农户之间存在严重的信息不对称。一方面，政府作为农业保险的管理机构，无法全面、详细掌握保险机构的承保和理赔信息，特别是对农业保险实施财政补贴时无从判断承保和理赔的真实性，导致财政补贴中存在错补、漏补和重复补等问题。另一方面，被保农户与保险机构之间也存在信息不对称，农户对自己是否投保、投保哪家机构、保了多少、保期多长等信息无从知晓，这无形中给虚假投保、夸大投保、虚假理赔等违规行为创造了条件。

2. 缺乏校验手段

现阶段，面对农业保险中频繁出现的违规、违法行为，通常是"后发现、严处罚"。这种"事后处罚"的机制往往"治标不治本"，违规、违法行为人常存在侥幸心理，只要事后没被发现就能"万事大吉"。这种现象出现的一个重要原因是行业内缺乏行之有效的校验识别手段，以提前发现、有效制止农业保险业务经营过程中隐藏的不合规行为。目前，在保险机构的内部风险管控系统中，缺乏一套能对本机构业务不合规行为进行有效筛选的规则与工具，以致于出现了同一公司内部不同分支机构之间查勘影像资料相互套用来虚设赔案等违规行为；而在政府监管部门内部，同样缺乏对保险机构不合规行为的校验手段，所以无法对农业保险的不合规行为进行预先判断并提前制止，只能加大事后审查和处罚力度，而这往往收效甚微。

3. 缺乏定量评价

开展保险机构的绩效评价，推进农业保险市场的准入与退出机制，是实现农业保险市场合理、有序竞争，提高农业保险服务质量的关键环节。然而，目前政府监管部门对保险机构绩效评价体系大都采用定性指标，定量化指标较少，评价时人为主观占比较大，评价结果往往不够客观。监管机构亟需在农业保险大数据的基础上，对保险机构在专业配备、经营规模、合规管理、补贴效果、服务水平等方面的指标进行量化，科学计算出保险机构客观的绩效水平，对保险机构的准入与退出做出公平合理的判断。

4. 决策水平较低

对农业保险实施科学分析和决策是政府农业保险管理工作的重点。近年来，全球气候变化对农业生产的影响日益加大，各种传统和非传统的风险挑战也叠加凸显。面对复杂多变的发展环境，政府部门履行农业保险管理决策职能，面临比以往更大的挑战。然而，目前大多数政府管理部门仍然依赖传统人工方式进行农业保险分析和决策，缺乏大数据的支撑和智能的分析手段，致使农业保险信息处理能力差、分析预测水平低，特别是针对如何提高农业保险的保障水平、如何优化农业保险的补贴效率、如何进行农业保险的风险区划和费率动态调整等一系列影响农业保险持续健康发展的重大问题难以提出决策性意见，严重制约了政府部门相关农业保险政策措施的制定。

（三）服务存在"体验差"的问题

从农业保险为广大农民服务的角度上看，农业保险服务存在"体验差"的问题，主要表现为缺乏保险知情渠道和保险保障水平不足，如图1-9所示。

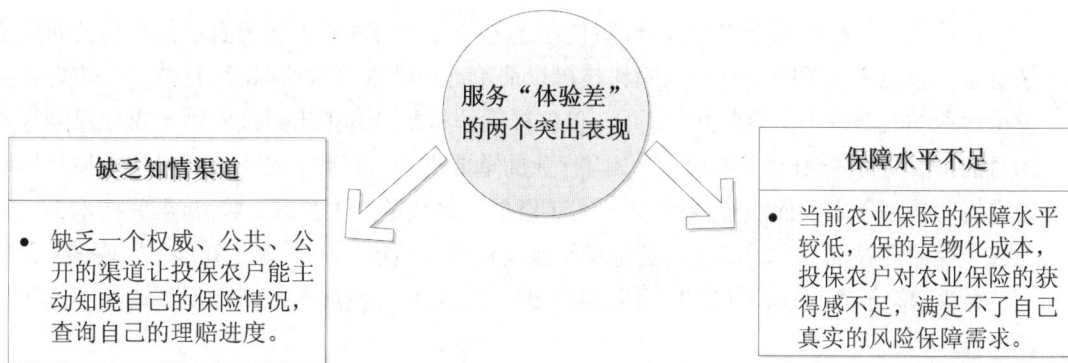

服务"体验差"的两个突出表现

缺乏知情渠道
- 缺乏一个权威、公共、公开的渠道让投保农户能主动知晓自己的保险情况，查询自己的理赔进度。

保障水平不足
- 当前农业保险的保障水平较低，保的是物化成本，投保农户对农业保险的获得感不足，满足不了自己真实的风险保障需求。

图 1-9　农业保险服务存在"体验差"的问题

1. 缺乏知情渠道

《农业保险条例》明确规定，保险业要不断提高服务质量与服务水平，遵守"惠农政策公开、承保情况公开、理赔结果公开、服务标准公开、监管要求公开"和"承保到户、定损到户、理赔到户"的"五公开、三到户"服务规范。根据《农业保险条例》的要求，保险机构主要通过在村头和村委会等明显的位置、以张贴的方式进行承保和理赔公示，告知广大农户投保和理赔的情况。然而这种公示由于时间短，效果比较有限，错过了公示期的农户很难有其他途径获取保险信息。目前，依旧缺乏一个权威、公共、公开的渠道能让投保农户（特别是新型农业经营主体）知晓自己的保险情况，查询自己的理赔进度。

2. 保障水平不足

农户的保险需求是多层次的，有的需要保障物化成本，有的则需要保障完全成本，甚至保障收入。然而，我国现行的农业保险基本上是物化成本保险，主要覆盖了种子、化肥、地膜等成本，但对于农户普遍关注的地租、人工等占很大比重的其他成本，大部分险种还是无法覆盖。农业保险对广大农户来说是"不解渴"的，甚至很大一部分农户对农业保险没有获得感，觉得这样的低保障可有可无。随着我国农业规模化程度的不断提升，涌现出大量的新型农业经营主体，他们从事着规模化的农业生产，非常担心风险发生，对风险的高水平保障需求尤为突出，然而现行农业保险产品的保障水平还无法满足他们的需求。

面对农业保险经营存在的"粗放性"问题、监管存在的"效率低"问题和服务存在的"体验差"问题，一方面需要在农业保险理论与制度上创新，另一方面还需要数据科技赋能农业保险。通过数据科技的赋能，农业保险将在高效、精准、科学、创新和智能方面获得大幅度提升，进而实现转型与升级。

三、农业保险科技的兴起与发展

（一）农业保险科技的定义

农业保险科技衍生于保险科技，目前学术界与行业内部尚未给出农业保险科技的规范性定义。按照字义解释，农业保险科技可以简单地理解为"农业保险+科技"，即为农业保险行业的发展提供支持的科技手段。但这样的解释既没有指出科技应用于农业保险行业的目的，也没有体现出科技对农业保险行业的重要贡献。如果将农业保险科技更加具体地定义为"应用于农业保险行业的'3S、人工智能、区块链、大数据、物联网等'技术"，则忽视了保险科技的历史沿革性，当前农业保险科技应当包括3S、人工智能、区块链、大数据、物联网等创新科技，但是并不能仅仅依照当前的科技发展形势就将保险科技的范围局限于此。

因此，农业保险科技的定义应当包括两方面的信息：一是要体现科技赋能保险，促进农业保险行业的升级转型；二是要体现保险科技的历史沿革性，不将保险科技局限于现阶段的技术水平。为此，本书将农业保险科技定义为：农业保险科技是为提高农业保险的经营效率、增强监管水平和提升服务质量，推动农业保险行业转型升级而应用的创新技术，现阶段包括但不限于3S、人工智能、大数据、区块链、物联网等。

（二）农业保险科技的发展历程

随着科学技术的发展与行业模式的升级，农业保险科技经历了信息化、科技化、智能化三个阶段的发展变迁，如图1-10所示。

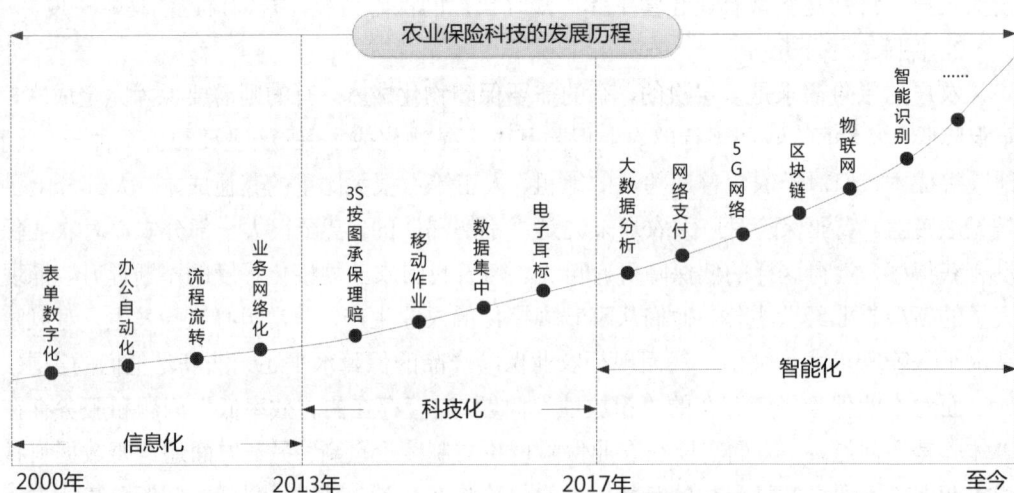

图1-10　农业保险科技的发展阶段

1. 信息化（2000—2013 年）

全球范围保险科技发展经历了从互联网保险到保险科技的过渡。2000 年开始有行业先驱者将展业、保费试算、投保、申请理赔等保险传统业务流程迁移至网络平台上，2001 年中国人保、太平洋保险等国内传统保险公司开始了线上产品销售业务，越来越多的保险公司开始利用管理信息系统进行经营管理，由此保险科技信息化时代到来。农业保险在这一阶段，主要是实现信息化办公、表单数据化、业务流程审批线上化，并基于互联网技术建立联通总公司、分公司、支公司内部网络，实现公司内部数据共享互通，远程业务线上办理。更多的早期农业保险科技，如物联网、3S 技术等，在此阶段仍处于孵化期，直到下一阶段才开始落地普及并发挥作用。

2. 科技化（2013—2017 年）

2013 年 4G 网络的推广普及提升了数据传输的速度与稳定性，改变了移动终端与用户之间的交互生态，基于数据传输实现功能的物联网、3S、无人机等技术得到了极大发展，此阶段农业保险科技发展呈现移动化、科技化趋势。2014 年市场上开始出现基于手机移动终端进行保险分销的初创公司，开启了保险营销的全新模式，各大互联网巨头也纷纷在此时期进入保险业。在此阶段，农业保险行业开始尝试利用除信息管理系统外的更多保险科技，以解决行业痛点问题。例如，利用 3S 技术开展按图承保、按图理赔的尝试，通过地块边界勾画精确计算承保面积，规避道德风险，利用电子耳标技术对标的牲畜进行识别，避免理赔时可能出现的使用其他死亡牲畜进行骗保等行为。在全行业层面上建立全国农业保险信息平台，实现了农业保险业务数据的大集中。

3. 智能化（2017 年至今）

智能化阶段又被称为农业保险科技的爆发期。2017 年被称为保险行业的保险科技元年，5G 移动网络、大数据、云服务、区块链、AI 生物识别等各种科技应用呈井喷式爆发。作为我国生猪价格指数保险先驱者的安华农业保险公司，在 2017 年推出了结合互联网+的生猪价格指数保险 4.0，通过智能移动终端实现投保、理赔线上化，同时为保户提供猪粮比价等增值服务；中国平安财产保险公司于 2018 年推出了"AI+农险"服务新模式，结合多模态生物识别、牲畜识别、光学字符识别票证通等黑科技，升级了认证识别方式，利用卷积神经网络学习与大数据机器学习，提升了识别精度与速度，节约了人力成本，提升了文字与生物信息的识别与录入效率；众安科技联合国元农业保险等多家企业推出了基于区块链的"步步鸡"品牌，等等。保险科技不仅在农业保险场景得到了广泛的尝试与应用，还催生了一批提供农业保险科技服务的第三方科技公司。例如，为保险公司提供了农业地理大数据平台与保险系统的北京世纪国源科技股份有限公司，为保险公司提供了遥感技术服务的航天信德智图（北京）科技有限公司，为保险公司提供了气象灾害风险管理与预警服务的华丰气象传媒集团有限责任公司，等等。

四、农业保险科技发展的必要性

农业保险科技指利用科技来驱动农业保险,旨在运用现代科技来改造或创新农业保险的产品形态、业务流程、经营模式、服务渠道和监管方式等,推动农业保险提质增效和高质量发展。

(一)提高服务能力的客观需求

服务"三农"是农业保险的基本定位,服务能力是农业保险高质量发展的核心要义,服务能力强弱是评价农业保险高质量发展的基本标准,因此加快农业保险高质量发展,必须不断提高农业保险服务能力。提高农业保险服务能力就是要不断满足国家对农业农村发展政策目标和导向要求,满足农业生产经营主体日益增长的风险保障需求。发展农业保险科技,能够快速捕捉数字经济时代市场需求变化,有效感知、识别、监测和评估农业生产经营者面临的各类风险,及时增加和完善农业保险产品供给,满足不同农业生产经营主体多元化和多层次的风险保障需求;运用农业保险科技手段,构建"线上+线下"农业保险网络服务体系,能够延长网络服务渠道,扩大网络服务范围,并通过"线上"远程服务方式,开辟服务触达农户的全新途径,使服务下沉到村舍和分散的农户,提高农业保险服务可得性和及时性;通过大数据和人工智能技术,能够分析挖掘用户消费偏好、生产习惯和行为特征,为用户精准画像,提供与其相配的服务场景和工具,提升用户良好体验。

(二)提升运营效率的迫切需要

农业保险高效运营是农业保险高质量发展的本质要求和主要特征,也是农业保险机构市场竞争力的重要体现。目前我国农业保险经营管理还很粗放,运营成本高而效率低,存在着虚假承保理赔、道德风险和逆向选择等问题,严重制约了农业保险高质量发展,这需要通过科技创新和应用,促进传统农业保险经营模式全面转型升级,不断降低运营成本和提升运营效率。要知道,人们的所有业务活动和决策行为都有赖于掌控的信息,但信息的获取受成本制约,现实中很多行为和决策都是在信息并不全面的情形下做出的,"信息不对称"和"信息不充分"已成为人们行为和决策的常态,而现代信息科技最大的优势是在成本可控的前提下,可以获得更多更全面的信息,使行为更合理,决策更科学。通过互联网、大数据等科技应用,能够缓解农业保险机构对农业生产经营过程及其风险环境的"信息不对称"和"信息不充分"问题,从而降低保险机构为获得有效信息和实施业务监督而付出的较高信息收集的成本。农业保险科技的核心是能够利用现代科技成果来优化或创新农业保险产品形态、组织架构、业务流程、经营模式等,推动农业保险机构简化交易环节、开辟业务渠道、降低经营成本、优化盈利模式,使得农业保险经营管理更加精准和智能化,农业保险运营效率大大提升。

（三）加强有效监管的现实要求

我国农业保险实行的是政府与市场合作的运行机制，加强政府支持和监管是遵循政府引导和市场运作的原则要求，也是农业保险高质量发展的重要保障，因此政府必须对农业保险发展进行有效的政策支持和监督管理。政府的政策支持不仅体现在政府对农业保险的规划引导和营造良好发展环境上，更体现在财政补贴、税收优惠等一系列支持政策与制度上。政府对农业保险的监督管理不仅体现在对农业保险机构、业务和市场的合规合法和公平有序的监管上，而且体现在对各种支持政策和财政补贴资金的监管上，保障农业保险市场规范有序，政府指导支持有力。运用现代信息技术建立政府农业保险监管大数据平台，能够汇集农业保险业务和农情灾情等大数据，远程智能监控农业保险业务流程操作，开展各类数据相互校验、大数据分析挖掘和服务效果评价，提供方便、快捷、及时查询和公示等信息服务，有利于推动农业保险监管模式由事后监管向事前、事中监管转变，有效解决信息不对称问题，消除信息壁垒，缓解监管时滞，从而保障政府保费补贴的真实性和可靠性，提高政府监管的及时性和有效性，增强政府决策指导的科学性和正确性，提升政府农业保险治理能力的现代化。

（四）保障持续发展的支撑条件

可持续性是农业保险高质量发展的重要特征和基本要求。农业保险行业发展不能大起大落，更不能因巨灾风险和金融或经济危机的冲击出现大批企业倒闭甚至行业整体瘫痪的现象，这就需要在保险机构内部建立风险防控机制，加强公司治理，完善内控体系，强化偿付能力管理，提高公司风险识别、预警和管控能力；更重要的是建立全国性农业巨灾风险分散体系，通过落实农业保险大灾风险准备金、增加农业再保险供给、完善巨灾分散和应急融资制度，提升应对和防控农业巨灾风险能力，实现农业保险持续、稳定发展。发展农业保险科技，运用大数据、人工智能等技术建立农业保险机构风控模型，能有效甄别高风险交易，智能感知异常交易，实现风险早识别、早预警、早处置，提升农业保险机构风险内控能力；运用现代信息技术手段，能够推动农业农村重大风险防控领域的信息化和数字化，构建农业农村重大风险的识别、监测、评估、预警等智能化管理信息系统和平台，加快提升农业巨灾风险转移和分散的能力及水平，保障农业保险长期持续、稳定发展。

五、农业保险科技应用的整体框架与关键技术

（一）整体框架

农业保险科技应用的整体框架如图 1-11 所示，包括但不限于制度标准层、数据资源层、关键技术层、业务流程层、应用体系层、应用表现层、服务对象层和应用目标层 8 个层次。

（1）制度标准层。农业保险科技应用的整体框架建立在农业保险相关政策与标准的基础之上，包括《农业保险条例》《农业保险高质量发展指导意见》《农业保险承保理赔管理办法》《农业保险保费补贴管理办法》《农业保险精确承保精准理赔技术规范》等，为农业保险科技应用提供正确的政策、理论和规范支撑。

（2）数据资源层。汇集农业保险相关数据，构建大数据中心是农业保险科技应用的重要基石。从来源上看，农业保险的数据资源可以分为行业内与行业外数据。行业内数据是指农业保险业务相关数据，行业外数据是指农业生产数据、农产品市场数据、农业物联网数据、气象数据、遥感数据等非农业保险行业的外部数据。

（3）关键技术层。在数据资源层基础上，需要集成各类科技手段，才能实现顶层的农业保险科技应用。这些关键技术包括但不限于大数据（Big Data）、移动互联（Mobile Internet）、3S（RS、GIS 和 GPS）、风险模型（Risk Model）、人工智能（Artificial Intelligence）、互联网（Internet）、物联网（Internet of Things）和区块链（Block Chain）。同时随着科技的不断创新与发展，未来很有可能涌现出新的科技手段并被应用于农业保险领域。

图 1-11　农业保险科技应用的整体框架

（4）业务流程层。农业保险的科技应用需要贯穿到农业保险服务的核心业务流程。在补贴与监管层面上，科技应用需贯穿监管、补贴、绩效和决策等关键业务流程；在经营与管理层面上，科技应用需贯穿产品、售前、承保、理赔和售后等关键业务流程；在为农服务层面上，科技应用需贯穿公示、防损、宣教等关键业务流程。

（5）应用体系层。通过数据与科技融合，结合农业保险的业务流程，科技应用在底层可被归结成各类应用体系。面向农业保险的监管业务流程，科技应用可被归结为违规监控体系、补贴管理体系、绩效考核体系等；面向农业保险的经营管理的业务流程，科技应用可被归结为移动作业体系、精确承保体系、精准理赔体系、产品创新体系、风险管控体系等；面向农业保险的为农服务业务流程，科技应用则可归结为客户服务体系、增值服务体系等。每一种应用体系都要确定包括数据资源、场景描述、业务流程、关键技术、目的效果等在内的各关键环节。

（6）应用表现层。在数据资源、业务流程和应用体系相融合的基础上，针对不同用户，农业保险科技表现为系统、平台、App、微信小程序、微信公众号、物联设备等多种形式。每种表现形式将以为用户提供友好与可视化的应用界面、便捷的用户操作和优良的用户使用体验为原则，同时还要能满足农业保险复杂多变的应用环境，如养殖业保险员在无法进入场舍时可开展远程验标和查勘。

（7）服务对象层。农业保险科技的应用服务对象是参与农业保险的三大主体，即农业保险政府管理部门和行业监管机构、农业保险经营机构和广大投保户（包括一般农户、经营组织与新型生产经营主体）。

（8）应用目标层。在科技手段的助力下，农业保险将会迎来重大的转型升级，以推进高质量发展目标的实现，即监管补贴高质量、经营管理高质量和为农服务高质量。

（二）关键核心技术

（1）大数据（Big Data，BD）。通俗来讲就是海量资料的集合，具体说是一个巨大且复杂的、无法短时间内进行管理和分析的数据集合，具有大量性（Volume）、多样性（Variety）、高速性（Velocity）、真实性（Veracity）和价值性（Value）五大特征。大数据技术是一种从各种各样类型的大数据中快速获取有价值信息的技术。构建农业保险大数据共享平台、开展大数据挖掘与分析，能在农业保险的产品创新、科学定价、风险控制及业务监管等方面发挥重要作用。有关农业保险大数据科技应用的详细内容参见第二章。

（2）移动互联（Mobile Internet，MI）。其是"移动互联网"的简称，是指互联网的技术、平台、商业模式和应用与移动通信技术相结合并实践的活动总称。其工作原理为用户通过移动终端对因特网上的信息进行访问，并获取一些需要的信息。随着5G通信技术的发展，移动互联的应用深度和广度将被进一步提高。目前，农业保险业务操作随着移动互联技术的发展逐渐从"桌面端"转移到"移动端"，极大程度地降低了业务办理成本，提升了效率。有关农业保险移动互联科技应用的详细内容参见第三章。

（3）3S（RS、GIS 和 GPS，统称 3S）。其是遥感（Remote Sensing，RS）、地理信息

系统（Geography Information Systems，GIS）和全球卫星定位系统（Global Positioning Systems，GPS）三种技术的统称。RS 是一门对地观测技术，它通过搭载在一定平台上的传感器来记录地球上的物体所具有的光谱特性，再通过一定的反演技术、特征提取技术等，达到识别地物、获取不同行业所需专题应用信息的技术；GIS 是在计算机硬件、软件系统支持下，对整个或部分地球表层（包括大气层）空间中的有关地理分布数据进行采集、储存、管理、运算、分析、显示和描述的技术系统；GPS 是一种以空中卫星为基础的高精度无线电导航的定位系统，在全球任意区域及近地空间都能够提供准确的地理位置、速度及精确的时间信息。目前，3S 技术已被广泛应用于种植业保险的精确承保和精准理赔中，成效显著。有关农业保险的 3S 科技应用的详细内容参见第四章。

（4）风险模型（Risk Model，RM）：风险模型是针对参照某种事物系统的特征或数量依存关系，采用数学语言，概括地或近似地表述出来的一种风险结构，这种风险结构是借助风险符号刻画出来的某种系统的纯关系结构。从广义上理解，风险模型包括风险中的各种概念、各种公式和各种理论；从狭义上理解，风险模型只指那些反映了特定问题或特定的具体事物系统的风险关系结构。当前，专业化的风险识别评估和保险精算模型被系统化集成后应用在农业保险的风险评估、费率厘定和产品创新开发上。有关农业保险的风险模型系统应用的详细内容参见第五章。

（5）人工智能（Artificial Intelligence，AI）。这是研究、开发用于模拟、延伸和扩展人的智能的理论、方法、技术及应用系统的一门新的技术。它是计算机科学的一个分支，它企图了解智能的实质，并生产出一种新的、能以与人类智能相似的方式做出反应的智能机器，包括机器人、语言识别、图像识别、自然语言处理和专家系统等。近年来，人工智能技术在养殖业牲畜数量识别、个体识别和测长测重方面展开了广泛应用，推动了养殖业保险的精确承保和精准理赔。有关农业保险人工智能科技应用的详细内容参见第六章。

（6）物联网（Internet of Things，IoT）。其代表能够通过互联网相互通信的连接设备、传感器及其他对象的网络。它通过智能感知、识别技术与普适计算等通信感知技术，把传感器、控制器、机器、人和物等连接在一起，形成人与物、物与物之间的联系，实现信息交互、通信和智能管理。近年来，以植入式电子耳标、佩戴式电子项圈等为代表的养殖业物联网技术应用，在养殖业保险的精确承保和精准理赔方面发挥了积极作用。有关农业保险物联网科技的详细内容参见第七章。

（7）区块链（Block Chain，BC）。这是一种分布式账本技术，用于存储分布在同步复制的数据库网络中的静态记录和动态交易数据。区块链具有去中心化、不可篡改性、公开透明与可追溯性等特点，目前初步应用在养殖业保险的精确承保、精准勘损和快速智能理赔中，并确保了承保理赔信息真实不可篡改。有关农业保险区块链科技应用的详细内容参见第八章。

六、农业保险科技应用的进展与成效

随着科技与农业保险的交汇与融合，科技已经在服务"三农"、农业保险经营管理和监管决策等方面取得了显著的应用成效，初步实现了用户服务优质化、业务办理精准化、内部管控高效化和监管决策科学化，为农业保险的高质量发展提供了强有力的支撑。

（一）服务能力稳步增强

1. 保险产品供给不断丰富

对于农业农村微观生产经营主体来说，最关心的是农业保险产品与农业产品的适配度。在气象、价格、产量、遥感等大数据技术的支持下，农业保险产品创新层出不穷，保险品种不断丰富、保险覆盖面日益扩大、保障程度显著提高，不仅丰富与完善了农业保险产品体系，还为不同类型农业生产经营主体提供了多元化、多层次、优质化的产品服务。

在气象和农业生产大数据的支持下，利用现代数据分析和挖掘技术，各地纷纷开展特色农产品的天气指数保险创新，如海水养殖风力指数保险、草原牧区牛羊天气指数保险、棚内作物寡照指数保险、高山茶叶低温指数保险、花椒气象指数保险、区域谷子天气指数综合保险等，为特色农业生产经营者应对气象灾害风险提供了充分的保障；在价格大数据和分析模型的支持下，各家保险机构积极开展农产品价格（或收益）保险的创新，如牛奶价格指数保险、生猪收益指数保险、苹果价格指数保险、西红柿价格指数保险、核桃价格指数保险等，满足了农业生产经营者对市场风险的保障需求。为分散市场价格波动的系统性风险、最大限度地稳定生产者收益，各保险机构还积极开展"保险+期货"试点、探索"订单+保险+期货（权）"试点；在遥感大数据和技术的支持下，遥感植被指数保险、遥感雪灾指数保险等成为草原保险积极推广的创新产品，为牧草生产与草原畜牧业提供了综合性的风险保障。此外，遥感技术应用于农产品收入保险的理赔测产，有助于提高收入保险中单产测定的科学性、客观性和及时性，为我国未来农业保险主流险种发展提供强有力的技术支撑，如基于遥感技术的山西省区域马铃薯收入保险试点，基于遥感技术的山东省区域繁种大豆收入保险试点等。

为缓解农户"贷款难、贷款贵"问题，保险机构利用大数据分析技术，对农业生产经营者面临的风险进行分解，再配置相适应风险管理工具组合，建立多主体风险共担和利益共享机制，开展了"保险+期货+担保+信贷"等模式，提高农户信用等级，满足农户的生产经营全方位金融需求。例如，太平洋财险公司2018年创新的"政银企户保"金融扶贫模式，采取了市场化运作，以财政资金撬动银行授信，以银行贷款助推农民脱贫致富，以保险有效控制信贷风险，建立起"政府、银行、企业、农户、保险"五位一体的合作贷款模式。

2. 服务覆盖面逐步扩大

提供优质的客户服务，增强农民的获得感、安全感和幸福感，是实施农业保险的根本，也是农业保险高质量发展的一个重要目标。借助移动互联、大数据等科技手段，保险机构积极开展了自助投保、自助理赔、自助查询、网络公示、气象预警、防灾减灾、宣传教育、金融服务等各种助农服务项目，不仅提升了农业生产经营主体的保险服务体验，还能让农业生产经营主体从中获得与之相关的增值服务。

在移动互联网的大环境下，自助服务成为保险机构助农服务的一种重要方式。利用微信公众号、微信小程序、手机 App、短信等各种移动互联渠道开通保险查询服务，农业生产经营主体可以在手机上随时随地查询自己的保单信息和理赔进度，这充分保障了农业生产经营主体对农业保险信息的知情权；生产经营主体，特别是新型经营主体，还能主动登录保险机构开设的互联网自助投保和自助理赔服务，自行完成投保和发起理赔业务，承保效率得到了大幅度提升，理赔体验也得到了显著提升。目前，人保财险、太保产险、国寿财险、平安财险、安华农险等大部分农业保险公司都开设了农业保险服务的微信公众号或小程序，给保险农户提供了简易、便捷的自助服务，得到了农户的一致认可。为了更好地落实"五公开、三到户"的工作要求，保险机构还积极通过互联网对农业保险承保理赔信息进行在线公开和公示，还通过发送短信链接、验证码和电子保单的方式确保农户的农业保险投保知情权，如中国银行保险信息技术管理有限公司在北京、四川、宁夏等地区支持保险机构推行电子保单服务。

在气象、价格等大数据的支持下，保险机构通过微信公众号、微信小程序、手机 App、短信等各种移动互联渠道，向广大投保农户主动推送气象信息（如气象预报信息、中长期气候预测信息、气象灾害预警信息和气象灾害灾情信息等）和农产品市场价格信息（如价格行情信息、价格对比信息、价格短期预测信息和价格涨跌预警信息等），提前发布气象灾害和价格波动等预警信息，提醒投保农户做好灾害防御和农产品售卖计划，降低投保农户的因灾损失。譬如在平安财险的"平安爱农宝"微信小程序中开设了"价格中心"，向投保农户在线公布生猪行情和蛋禽行情信息等。

利用互联网进行农业保险的宣传教育已经成为保险机构推广普及农业保险知识和政策的一条有效途径。通过互联网平台，以卡通、网页动画（Flash）、视频等易接受的方式，保险机构将农业保险知识、农业保险产品条款、投保理赔流程、农业保险创新性产品、惠农支农政策、保险监管要求、农业生产技能等相关的信息和知识，主动推送给每个投保农户，以提高广大投保农户对农业保险的认识。"太保 e 农险"微信小程序便推出了"农险常识"模块，为广大投保农户提供农业技术知识、农险监管条例等各类知识。

（二）业务精准化程度显著提升

1. 精确承保快速应用

保险标的的真实数量是多少、标的坐落在什么位置、标的的权属如何，一直是困扰农业保险承保的一大难题，也是造成农业保险承保中普遍存在虚设标的、夸大数量、张冠李戴等严重违规行为的关键所在。在 3S（RS、GIS 和 GPS）、物联网（电子耳标、电子项圈等）和 AI 等技术的支撑下，开展"按图承保"和"数量（个体）识别"的精准承保模式，从根本上解决了标的数量、位置和权属问题，能有效规避甚至彻底消除保险机构虚假承保的违规风险。

在种植业保险中，利用 3S 技术采集投保区域的地块与承保作物信息，实现地块与保单信息的关联，自动生成地块及保单四至经纬空间坐标图，确保标的的唯一性，同时可利用富含位置信息的水印相机拍摄影像资料。信息快速上传后，保险公司的核保人员便可直观查看保单信息、标的位置及数量，浏览位置信息的影像资料，轻松实现核保。在保险标的验标工作中，通过遥感自动提取投保区域的地块边界，识别出作物种类及生长情况，与承保地块、承保面积及作物种类进行比对、核验，准确测算投保标的种植面积，避免出现因实地验标不便及抽样验标带来的虚假投保的道德风险。为了进一步增强保险标的的真实性和权威性，通过共享土地确权、国土三调等官方数据，不仅能对保险地块边界进行精准定位，还能确定地块的真实权属，避免出现虚设标的承保等违规行为。作为业务的首要环节，保险机构非常重视农业保险承保的精准化，基于 3S 技术的"按图承保"逐渐成为保险机构承保的必要环节。例如，人保财险早在 2009 年就开始开展农险标的的落图工作，基层人员通过采集地块和权属信息，建立具有准确耕地数量、空间分布位置和权属信息的农险地块空间数据库，实现农户个人信息、标的属性信息和耕地地块空间位置信息三个维度信息的整合与关联，在地图上直观展示每个地块上有多少农户、每个农户有多少耕地、耕地空间分布在哪里，解决了农险信息不对称问题，提供了业务前端承保合规管控手段；太保产险的"e 农险"在 2015 年推出的 1.0 版本中提出了 3S 精准承保的技术应用，承保业务员不仅能在高清卫星遥感影像的支持下对承保农户的地块进行精准采集，还可利用卫星遥感和无人机遥感实现对承保区域的精准验标，解决了"采集难、验标难"的行业难题。

以"人工智能"和"物联网"技术为支撑的养殖牲畜精准识别是解决当前养殖业保险中因无法区分养殖牲畜而带来的虚假投保和虚假理赔问题的一大"利器"。基于 AI 的智能点数技术，保险业务人员（协保员甚至养殖户）只需手持移动设备拍摄场舍中牲畜养殖视频，便可自动、精准地识别出养殖牲畜的数量，解决了养殖业保险中承保数量不实的问题。电子耳标、电子项圈等物联网技术是早年养殖牲畜个体精准识别的常用方法，通过植入或佩戴的方式嵌入牲畜身体的某个部位，再扫描电子芯片，以实现承保牲畜与电子标签码的唯一关联，形成承保牲畜标的的唯一身份信息库。近年来，人工智能支持下的"猪脸识别"和"牛脸识别"成为养殖业牲畜个体精准识别的热门技术，通过深度学习人工智能技术，承保牲畜（主要指能繁母猪、奶牛、肉牛、牦牛等）时只需要手持移动终端设备扫描牲畜的面部，便可建立投保个体与面部特征的唯一关联，形成承保牲畜标的的唯一身份信息库，为养殖业的精准承保提供重要的技术支撑。安信农业保险公司在 2015 年便推出了电子耳标技术并在生猪和能繁母猪中应用，有效降低了虚假承保和理赔风险；2017年，平安财险公司推出牲畜识别等多项 AI 应用"黑科技"，助推养殖业保险业务精准化；2018 年，太保产险突破了牛脸识别的关键技术，实现了奶牛面部扫描识别的精准承保；2019 年，国寿财险公司陆续推了出多项 AI 养殖识别技术，其中智能点数和猪脸识别在养殖业精准承保方面发挥了重要的作用。

2. 精准理赔稳步推进

"理赔难"一直是困扰农业保险业务精细化的一大难题。在种植业保险中，灾后查勘定损工作量大、成本高、效率低。如若发生重大自然灾害（气象灾害和病虫害），灾害影响范围往往较大，而种植业分布较为分散，保险公司灾后查勘定损需要投入大量的人力、物力和财力支持，成本较高；而且种植业保险灾后查勘定损的手段单一，通常是运用目视判别和照片取证的方式来进行灾害查勘定损，效率较低，农户获得赔款的时效性差。在养殖业保险中，查勘定损普遍存在非保险标的理赔、重复理赔、尸重造假等严重的虚假理赔违规行为。面对上述问题，基于 3S、物联网和 AI 技术，建立种植业"天空地"一体化的定损体系和养殖业死亡个体智能识别体系，实现按图理赔和识别理赔的精准理赔模式，不仅能提升保险机构定损的客观性、可靠性和科学性，还能规避保险机构虚假理赔和协议赔付等违规风险。

经过近几年的实践，基于 3S 的"天空地"一体化查勘定损体系已经成为当前种植业保险精准理赔的一项重要支撑技术。"天"，即卫星遥感勘损技术，具有覆盖面广、高分辨率、多时相的优势，能实现省、县等大范围的灾害损失快速查勘，使保险机构对灾害损失有全局性把握，有助于快速识别重灾，为进一步的查勘调度提供指导；"空"，即无人机勘损技术，拥有机动性强、分辨率高的特点，能够在灾害发生后，对重灾区域和人力无法到达的区域进行灾情的精细化查勘定损；"地"，即移动设备勘损技术，具有受灾区域定位、受灾面积测量、高清图片拍摄、信息快速传递等优点，能实现以户为单位的灾害损失实地查勘和远程辅助查勘、专家定损等。通过"天空地"的组合，保险公司能在灾后及时、客观、全面地掌握灾情的实际情况，并按图实施勘损理赔，有效规避了虚假赔付和协议赔付问题。目前，大部分保险公司都在尝试"天空地"勘损模式。其中，中华财险公司设立了"农业保险地理信息技术联合实验室"，成功搭建了以互联网运用、卫星遥感、无人机航拍及手持移动设备为核心的种植险"天空地"多遥感协同采集及辅助决策平台，实现了多层次、立体化、全覆盖的高效勘损能力；阳光农业互助保险公司搭建了"3S 承保理赔平台"，实现了承保和理赔的 3S 应用，特别是在理赔环节，综合遥感查勘、无人机近地面航拍查勘和手持 App 辅助查勘，解决了查勘定损工作速度慢、难度大和争议多的问题，取得了较好的成效。

早些年，电子标签、电子项圈等物联网技术一度成为实现养殖业保险的精准理赔的重要技术支撑。牲畜死亡后，通过承保时预先植入或佩戴的电子标签，查勘员只需使用电子扫描设备对死亡牲畜进行电子标签探测，通过探测获得的电子标签来确认死亡标的的身份，避免了非保险标的理赔的虚假理赔行为；面对承保数量较多的生猪养殖保险，由于承保时无法为逐头生猪注入电子标签，理赔时则采用死猪注射电子标签的办法，通过扫描电子标签判断死亡标的的理赔情况，避免了死亡牲畜重复理赔的违规行为。2014 年安华农险公司在北京市农村工作委员会的支持下，在北京市房山区开展了生猪植入式电子标签的应用试点，通过电子标签验证避免了死亡标的的重复利用，不仅保证了赔付的真实性，还能确保病死猪无法流入餐桌，保障了食品安全。近年来，AI 技术推出的"识别理赔"和

"智能测长（重）"等技术成为养殖业保险精准理赔的热门技术。凭借承保时建立的牲畜标的唯一身份信息库，理赔时查勘员只需再次采集死亡标的的脸部影像，发送到标的身份信息库中进行智能比对，便可快速、精准地确定死亡标的的身份，避免了虚假理赔、重复理赔等违规行为。面对理赔时需要根据牲畜尸重或尸长进行理赔的问题，查勘员通过拍照死亡牲畜并启动 AI 测量便可快速、精准地获得尸重或尸长，彻底避免了人为操作带来的重量造假行为。2017 年以来，太保产险、平安财险、国寿财险、中航安盟财险等保险机构推出了猪脸识别、牛脸识别、智能测长（重）等 AI 技术的应用，大大降低了养殖业的赔付率，虚假理赔的行为得到了较好遏制。

（三）经营管理智能化不断提高

1. 移动化作业迅速推广

农业保险的承保理赔业务流程长且复杂，涉及展业、资料收集、投保、现场验标、签字确认、核保、出单等承保环节，报案、现场查勘、定损、核损、理赔通知、支付等理赔环节。传统模式下，开展农业保险业务不仅工作量大、成本高、效率低，且极易出现敷衍了事、弄虚作假的行为，让农业保险业务办理成为保险业内达成普遍共识的一件"难"事。

随着移动互联网和智能终端的快速发展，以往只能靠人工手动记录、在电脑旁才能完成的承保理赔工作，逐渐转移到了移动终端上，实现了农业保险业务的移动办理，包括移动展业、移动承保、移动协保、移动核保、移动出单、移动查勘、移动核赔、移动支付、移动视频协作等，大大减少了保险机构的人力成本和工作量，极大程度地提升了农业保险的运营效率。在承保阶段，保险机构的业务人员（甚至协保人员）只需手持移动终端来到田间地头，通过采集农户基本信息、OCR 扫描识别农户身份证和银行卡、绘制保险标的地理位置、拍摄水印的验标照片、电子签名等，在数分钟内便可完成农户的投保工作。经移动支付保费和移动核保后，移动终端便可生成电子保单，当即交到农户手中。出险后，保险机构的业务人员（甚至协保人员）同样可以利用移动终端快速完成查勘信息和无害化处理信息的采集。经移动核赔后，业务人员便可利用移动支付功能将赔款交付到农户手中。针对小额赔付与信誉较好的农户，保险机构还开设了"移动闪赔"功能，在移动查勘完毕后便可直接向农户支付，使农户获得了很好的用户体验。此外，移动作业体系还推进了农业保险业务办理的数字化，利用 App 数字化采集的承保、理赔资料直接进入保险机构的核心系统，很好地规避了保险资料被人为篡改、违规多重使用的道德风险。

在农业保险行业内，太平洋财险公司在 2015 年推出的"e 农险 1.0"，首次提出了打造数字农业保险移动运营体系，并将移动平台搭建、终端功能开发、相关前沿新技术应用和业务流程再造等方面工作有机结合，彻底改变了传统农业保险经营管理与服务模式；人保财险公司、平安财险公司、国寿财险公司等保险机构也陆续研发了"人保耘智宝""平安爱农宝""国寿 i 农保"等移动 App，积极运用移动作业来提升农业保险的服务效率。

2. 智能风控手段初步应用

农业是弱质产业，面临着较大的自然和市场风险。农业保险作为分散农业风险的重要工具，自身也面临着很大的经营风险。正确认识农业风险、积极采用有效的风险管控措施、规避农业保险经营过程中的风险，是保险机构内部风险管控的重要环节。

基于气象、灾情、遥感等大数据资源，保险机构纷纷开始构建风险智能分析与防控体系，并在简化风控流程、降低风险隐患、提升风控效率等方面发挥着重要的作用。具体而言，农业生产受气象灾害的影响最大，在气象和灾害大数据的支持下，保险机构研发了农业气象灾害分析与防控平台，接入台风实时演进数据、气象实况数据等，实现了各种重大气象灾害的灾前预警、灾中防控、灾后估损等功能，为农业生产的防灾减灾和保险的快速理赔提供了技术支撑。基于人工智能技术，通过对理赔大数据的智能分析，精准识别欺诈行为、判别高风险客户、筛查重复影像资料等，为保险机构降低经营风险提供了重要保障。

2017 年，平安财险公司首推数字化风险分析和风控服务的鹰眼系统。该系统融合了地理学、灾害学、保险学、气象学等多学科，基于 140 亿自然灾害、承保理赔等数据，打造了智能风险管理系统，实现了承保客户快速筛选和精准预警、防灾减灾和救援力量精准投放。2019 年，太平洋财险公司推出了农业保险风控系统，即暴风系统。该系统包括对养殖险赔付率进行实时监控的"风险试剂"、对台风灾害预警和灾损评估的"曝光引擎"以及对承保理赔影像资料进行查重核验的"火眼金睛"，能全方位抵御和控制农业保险的业务经营风险。

（四）监管效能稳步提升

1. 业务监管效率提高

对农业保险业实施有效监管是政策性农业保险管理工作的核心。随着农业保险机构数量的不断增多，农业保险业务种类和业务范围不断扩大，农业保险监管的任务日趋繁重。倘若管理部门采用传统方式对农业保险进行监管，不仅效率低下，还容易造成农业保险监管滞后，也很难鉴别农业保险重复投保、骗保、骗赔等行为。运用大数据技术，建立农业保险数字化管理平台，充分汇集保险机构的承保理赔数据、土地确权数据、土地资源调查数据、土地流转数据、粮食直补数据、畜牧养殖数据、防疫检疫数据、气象数据等大数据资源，利用信息技术自动、快速、高效、准确的优势，对保险公司每一笔农业保险业务进行实时监控，不仅能确保承保和理赔过程更为公开、公平、透明，还能从源头上遏制违规行为的发生，帮助政府部门实现农业保险监管目标，提高其监管效率。

2013 年，北京市农业保险领导小组率先搭建的"北京市农村金融与风险管理信息平台"（以下简称"北京市农金平台"），成为全国首个利用数字化技术开展政策性农业保险监管与服务的政府平台。迄今为止，北京市农金平台已正式运行了 11 年多的时间，通过运用智能化手段，能对农业保险每一单业务实施动态监控、数据比对和规则校验，及时识别和防止违规业务发生；对保险机构的服务状况和服务效果进行追踪和评价，为政府经营管理费补贴和招投标提供依据；对农业保险业务进展和保费补贴进行分时、分类、分区和分公司自动统计核算，为各级政府保费补贴可靠性和及时性提供支撑。总之，北京市农金平台在及时监管保险业务、有效考评保险服务状况和保障财政补贴资金真实可靠等方面发挥着重要的作用。2015 年，在中国银保监会的统一部署下，全国农业保险信息管理平台（以下简称"全国农险平台"）正式上线，所有经营农业保险业务的保险公司全部接入，实现了全国范围内农业保险业务数据的集中管理。在业务数据基础上，全国农险平台向国家及地方银保监部门提供了农业保险业务监管、风险监测、数据统计及信息查询等各类服务，发挥了应有作用。据调研，近两年，许多省市，如天津市、贵州省、山东省、湖北省、湖南省等已经和正在建设符合各自农业保险发展特点和要求的农业保险管理信息平台，希望运用现代信息科技手段，对农业保险进行有效管理。

2. 决策支持能力增强

对农业保险服务业实施科学分析和决策是政府农业保险管理工作的重点。近年来，随着农业保险规模的逐年扩大，政府管理部门要履行好农业保险管理决策职能，面临比以往更大的挑战。政府管理部门依赖传统人工方式进行农业保险分析和决策，缺乏数字化、智能化分析手段，会使农业保险信息处理能力差、分析预测水平低，难以帮助政府在农业保险发展方面实现科学、有效决策。基于农业保险大数据资源，借助数字化、智能化分析手段，通过嵌入各种分析及决策支持模型，全面分析农业保险业务的相关指标，进而监测农业保险机构的发展状况，把握农业保险发展轨迹，评估农业保险经营风险，评价农业保险实施效果，能为政府相关管理部门制定农业保险发展政策规划，促进农业保险的快速、持续、稳定发展提供有力支撑。

北京市农金平台通过对北京市农业保险业务数据和农业产业数据的融合挖掘，每年制作《北京市政策性农业保险年度发展分析报告》，从业务状况、区域状况、保障水平、均值状况、规模程度、社会效果、政府支持、风险状况、典型个体和服务能力等多个维度对全北京市农业保险年度发展状况进行全面的统计分析，为北京市农业保险领导小组评价当前的农业保险发展状况、规划农业保险的未来发展提供数字化的决策依据。同样，全国农险平台在全国农业保险业务数据的基础上，从业务发展、保险保障、均值统计、业务分级、业务质量、财政补贴及赔案统计等多个维度对全国农业保险发展状况进行深度分析，并以年报的方式为银保监部门提供重要的决策支持。

七、农业保险科技面临的问题与挑战

（一）数据共享难且数据获取成本高

数据共享难是当前农业保险科技发展的一大困境，导致政府管理部门、保险机构和被保险人之间存在信息鸿沟。首先，保险机构将农业保险信息和农业相关数据作为商业秘密和核心竞争力之一，对其严格保护并禁止共享；其次，由于体制与机制原因，大部分珍贵的农业数据资源被保存在政府机构内部，部分数据还被定为涉密数据，共享难度大；再次，政府各管理机构、保险机构之间缺乏统一的信息共享平台，缺少农业保险数据信息交换和共享的机制和配套制度；最后，数据获取成本高也是制约农业保险科技发展的一大障碍。

虽然遥感、人工智能、物联网、移动互联、云计算、区块链等科技的发展让农业保险的相关数据越来越丰富，部分数据也能够在市场上购买获得，但由于市场不规范且缺乏统一的定价标准，数据价格昂贵，使用的保险机构成本与收益不相匹配，这在一定程度上限制和影响了农业保险科技的应用广度和深度。

（二）科技熟化不充分且集成应用不充足

农业保险科技进步具有长期性，从技术的科研投入到取得科技成果，再到商业化应用具有较长的周期。而我国农业保险科技的发展只有短短几年，虽然已经取得了较为显著的成效，但受限于政策、市场、经费、平台及人才等各方面的因素，农业保险科技的创新能力、熟化程度和集成应用水平仍有待提高，具体体现在以下三个方面。第一，农业保险专有科技成果数量少。我国信息科技发展迅速，科技成果大量涌现，但大多是作为专有科技基础支撑的共性科技成果，而真正能够与农业保险领域融合并适合农业保险行业应用的专有科技成果不多，如基于深度学习的人工智能视觉识别共性技术在人脸识别专有科技上应用广泛，但在动物识别专有科技方面进展缓慢，成果匮乏。第二，农业保险科技成果熟化程度低。科技成果转化或产业化只有经过初创技术试验、技术熟化示范和技术商品化应用等环节，才能大范围推广应用，我国农业保险科技发展时间短，还处于试验技术和示范技术阶段，其适用性、可靠性和稳定性还需要优化、完善，技术成熟度和商品化程度还需要进一步提高，如利用人工智能技术开展农作物识别和动物"智能测长""智能点数"还不够精准和稳定，无人机只适合应用于种植业规模较大的平原地区而在山区地区应用效果不佳，等等。第三，农业保险科技系统集成应用滞后。农业生产涉及的生产要素多，农业保险涉及各方利益主体，许多功能实现不是靠单一技术能够解决的，需要技术集成和相互支撑，需要一套优化的技术组合体系，而现阶段农业保险科技的发展更注重单项技术、单个产品，旨在解决单一或单项业务问题，缺少全流程、整业务、综合服务的技术体系集成应用，无法满足农业保险行业整体高质量发展要求，如农业保险精确承保、精准理赔业务发展，需要运用3S、移动互联、物联网、大数据、人工智能等多项现代科技，只有将这些技术与农业保险业务融合并优化组合、系统集成，才能真正实现综合科技的倍增价值。

（三）科技创新激励政策尚未落到实处

新产品、新技术、新模式的农业保险科技创新发展离不开科技成果转化的政策支持。目前国家和地方政府虽然出台了许多鼓励科技公司科技创新和成果转化应用的财政支持和税收优惠政策，但作为保险金融机构开展的科技创新和新技术应用如何认定并纳入政策支持范畴，还缺乏实施细则，也未设立农业保险科技创新针对性支持项目，科技支持政策未落到实处。在财政政策方面，国家和地方政府尚未将农业保险科技研发平台列为优先建设项目，未将农业保险科技的转化和推广划入专项的优惠政策和财政政策支持范畴，也未列入优先争取上级资金支持的项目类别，在用地、基础建设、人才引进和成果转化等方面未予以特殊的政策和资金支持，财政投入普遍不足，因此农业保险科技发展的速度与农业保险高质量发展的步伐不一致。在税收政策方面，国家和地方政府相关部门对农业保险科技投入的重视程度不够，未出台专门针对保险公司的高新技术应用所得税减免、企业研发费用税前加计扣除、固定资产加速折旧、技术成果转让税收减免等优惠政策，这在一定程度上限制了保险公司持续加大研发投入。

（四）监管条例和管理手段滞后于科技应用水平

现行的一些农业保险监管条例已滞后于当前科技发展应用水平，制约了农业保险科技应用的推广与扩展。随着现代科技的快速发展，一些较成熟的技术手段，如地块采集、电子公示、电子签名、人工智能识别、遥感验标、远程视频查勘、线上支付等，已经应用在保险机构中，实现了投保、承保、验标、查勘、定损、理赔、公示、查询等服务线上化和数字化，极大地提升了保险服务效率，减少了违规违法行为，效果非常显著。然而，现行的农业保险监管条例却相对滞后，难以匹配当前农业保险科技发展现实，甚至某些条款已限制了农业保险科技创新和发展，导致保险机构为了合规，只能传统和创新两套工作方案并用，不仅效率大打折扣，还间接导致新技术无法全面普及。此外，农业保险政府管理部门采用新科技意识不强，动力不足，管理手段严重滞后于当前科技发展水平。农业保险政府管理部门，特别是地方政府农业保险管理部门（财政、农业、畜牧、林业和银保监等），认为科技应用是保险机构单方面的行为，依旧运用相当原始的手段开展农业保险监管和保费补贴管理工作，如手动收集和统计保险信息、人工抽查保险业务、手动筛查违规行为、事后查处保险违规行为等，耗时费力，时效性和准确性受到质疑，导致农业保险管理的整体效率和水平低下。

（五）农村农民对农业保险科技的接受程度还有限

农业保险科技提供的服务离不开农业农村的信息化。虽然近年来随着信息进村入户工程的开展，农村信息化服务普及加快、网络基础设施建设也得到推进，但相比较而言，农村信息化尚处在起步阶段，基础还很薄弱，发展相对滞后，总体水平不高。尤其是农村网络基础设施建设落后，互联网普及率和接入能力还较低，数据采集、传输、存储、共享的手段和方式落后。除了信息化基础设施外，大部分留在农村务农的农民是中老年人，这部分人群基数大、居住地分散、受教育程度低、接受新事物意愿和动力不足，主动利用手机等移动终端获取相关信息的能力较弱，对农业保险信息服务的接受程度还十分有限。而在一些偏远或贫困农村，一些农民不会使用甚至没有智能手机，更无法接受保险机构提供的保险信息服务。由此可见，农业农村信息化程度低和农民接受新科技能力弱是制约我国农业保险科技应用和发展的一个重要因素。

（六）复合型人才稀缺制约农业保险科技创新与发展

从事农业保险科技创新和应用的技术人员不仅需要精通信息技术，还需要精通农业保险业务，二者缺一不可。缺乏农业保险专业知识的信息技术人员还无法准确把握农业保险科技的需求，无法联想农业保险科技的应用场景，无法提出更多农业保险科技应用的创新思路；缺乏对信息技术的掌握，单纯的农业保险业务人员也无法有效将保险业务需求转化为科技需求，更无法将一些最新的科技手段引入农业保险。现阶段，既懂农业保险业务又精通信息科技的复合型人才还相当匮乏，能够培养农业保险科技创新复合型人才的基地和机构也相当有限，这在一定程度上制约了农业保险科技的进一步创新和发展。

八、农业保险科技发展的路径与建议

（一）加强农业保险科技规划和部署

深刻认识发展农业保险科技的重要性和迫切性，研究把握农业保险科技发展趋势，加强顶层设计，强化规划标准，完善体制机制，为农业保险科技发展提供保障。

（1）加强统筹规划。将农业保险科技发展作为农业保险高质量发展的重要内容和驱动引擎，结合市场需求及科技发展趋向，从战略高度进行谋划，开展农业保险科技发展顶层设计与规划，明确发展方向，转变发展方式，制定时间表和路线图，加大科技投入力度，加快科技创新步伐，补齐旧短板，重塑新业务，促进科技与农业保险融合，提升竞争力，打造新动能。

（2）优化体制机制。创新农业保险科技发展的体制机制，明确和理顺相关部门职责，处理好规范与创新间关系，提高跨条线和跨部门协同协作能力，切实发挥科技在农业保险高质量发展中引领驱动作用，构建起系统完备、科学规范、运行有效的制度体系和机制。加强管理制度创新和优化，梳理、改革和完善农业保险科技相关制度和监管条例，鼓励保险机构内部科技创新与外部科技合作并举，加强农业保险行业与科技产业对接，推动科技成果转化应用和产品服务创新，促进农业保险科技转化为现实生产力。

（3）制定标准规范。研究制定农业保险科技应用的行业技术标准与工作规程，用标准规范来治理科技应用中的摩擦和乱象，提升农业保险科技应用效率和效果。研究制定农业保险大数据共享标准和数据融合应用标准，突破部门障碍，促进跨部门信息规范共享，打通数据融合应用通道，破除不同业态的数据壁垒，化解信息孤岛，为农业保险的大数据共享、集聚和增值提供保障；制定农业保险科技支撑下精确承保和精准理赔的业务标准、技术规范和工作规程，为规范、推广种植业、养殖业承保、理赔精细化管理和服务提供重要支撑。

（4）加强人才队伍建设。依据农业保险科技发展规划与现实需要，研究制定人才需求目录、团队建设规划、人才激励保障政策等，制定农业保险科技人才培养计划，深化校企合作，建立共建创新基地和共同培养人才机制，注重从业人员科技创新意识与创新能力培养，培养既懂农业保险又懂科技的复合型人才，为农业保险科技发展提供智力支持。

（二）推进"线上+线下"一体化网络服务

运用农业保险科技手段构建"线上+线下"一体化网络服务体系，拓宽服务渠道，完善服务产品，降低服务成本，提升服务能力。

（1）拓宽服务渠道。在支持保险机构建立健全基层农业保险服务机构，发挥线下资源优势的同时，充分运用信息技术与互联网资源加强线上服务，构筑线上线下一体化的经营服务模式，加快制定线上线下渠道布局规划和全渠道服务实施方案，实现线上电子渠道与线下实体网点、自助设备等的信息共享和服务整合，为农户提供线上线下全方位、多层次和综合性的保险服务。

（2）完善服务产品。以需求为导向，积极适应数字经济环境下市场需求的快速变化，利用大数据、物联网等技术分析农户保险需求，依据农户面临不同种类、不同性质风险及差异化风险偏好，开发满足不同农业生产经营主体多元化和多层次风险保障需求的系列化保险产品，提供差异化、场景化、创新性的保险产品。

（3）降低服务成本。利用移动互联网、人工智能、大数据、智能识别等技术，推动传统实体网点向智能化服务网点转变，优化服务流程，缩短业务办理时间，降低网点服务成本；探索跨行业数据资源共享和校验，提升保险服务用户识别效率；利用云存储和云计算等技术实现资源高度复用、灵活调度和有效供给，探索构建跨层级、跨区域的自动化、智能化业务处理中心，降低服务成本，提升服务效率。

（4）提升服务能力。依托新型电信基础设施，发挥移动互联网泛在优势，延伸服务半径，下沉服务重心，突破服务"最后一公里"制约，面向农村偏远地区，尤其是深度贫困地区提供安全、便捷、高效的农业保险服务，提升农业保险服务可得性、及时性和便利化。

（三）构建农险大数据管理与服务平台

研究运用新一代信息技术构建地方和全国两级"先分布、后集中"的农业保险大数据管理与服务平台，实现从地方到全国农业保险大数据资源分布式管理、有序集中、有机整合与深度利用，实现政府对农业保险的有力支持、有效监管和有为服务。平台主要具备如下功能：数据共享、监管支撑、服务提升和决策支持。

（1）数据共享。加强大数据战略规划和统筹部署，加快完善数据治理机制，先行构建省级农业保险大数据平台，汇集农业保险业务数据和财政、农业农村、保险监管、林业草原等相关部门涉农数据和信息，再逐步实现全国农业保险大数据集中，建立健全跨地区、跨部门、跨层级的数据整合、共享和应用机制，实现大数据资源有机整合与深度利用，为农业保险监管和服务提供基础性的数据支撑。

（2）监管支撑。基于农业保险大数据资源，运用现代科技手段，通过设定规则分析、多源数据交叉校验、智能化监测检验，识别并遏制重复投保、虚假承保和协议理赔等违规行为；运用数据挖掘和区块链等技术优化风险防控指标、分析模型和追溯系统，有效甄别高风险区域和交易，追踪农业保费补贴状况，提高农业保险监管的及时性和准确性，确保农业保险业务规范、补贴真实和风险可控。

（3）服务提升。借助农业保险大数据资源，依据农业保险服务规程要求，政府监管部门对农业保险经办机构的服务基础条件、服务及时性、服务有效性、业务合规性和用户满意度等进行动态监测、量化分析和精准评价，为农业保险服务考评和市场招投标提供依据，增强农业保险业整体服务能力。

（4）决策支持。依托农业保险大数据资源，通过嵌入各种挖掘分析及决策支持模型，全面分析农业保险业务的相关指标，监测农业保险机构的发展状况，把握农业保险发展的轨迹，评估农业保险经营风险，评价农业保险实施效果，从而为政府优化农业保险支持政策和加大农业保险支持力度提供决策支持。

（四）推动建立农业保险科技创新联盟

为加快农业保险科技发展，促进产学研深度融合，推动建立"国家农业保险科技创新联盟"，联盟将由农业保险科研机构、高等院校、保险机构、科技公司和龙头企业共同参与组成，通过优势科技资源的集聚，产学研用的有效融合和协同创新，紧紧围绕农业保险行业亟需解决但单个机构又难以解决的重大和共性问题，通过科技创新，推动我国农业保险高质量发展。主要任务如下。

（1）搭建农业保险大数据平台，提供相关数据信息服务。针对农业保险行业面临的突出问题：保险标的（农产品）生产数据不准、权属数据不清、位置信息不明、灾情信息不畅等问题，联盟将充分发挥第三方科研机构的优势，集成整合农业农村、财政、气象、林业草原局等政府相关部门和农业保险行业的生产基础数据、土地确权数据、农情灾情数据、气象数据、行业经营数据等各类信息，搭建数据信息共享平台，为数据驱动农业保险研究和行业发展提供支撑服务。

（2）组织优势科研力量，开展协同科技创新和转化服务。聚焦农业保险行业的重大共性问题，凝练农业保险创新的重点任务，以任务组织实施为抓手，集中力量，明确分工，重点突破，提升农业保险科技创新和转化的效率；重点利用创新科技和农业保险大数据资源开展分市县、分品种的农业风险评估和保险费率厘定，发布农业风险地图。

（3）加强农业保险科技标准研究，提供灾损评价认定服务。针对农业保险行业精确承保、精准理赔缺乏科学权威标准的现状，为满足行业发展需求，联盟将组织高校科研单位、保险公司、保险科技公司等优势资源，分产品、分地区开展农业保险承保查勘理赔的科技应用标准研究，组织申报国家和行业标准；作为第三方独立机构，利用现代科技手段，为政府、保险机构和农业生产经营者提供科学、客观和公正的受灾损失分析和评估，提供农业保险灾损评价结果的鉴定和认定服务。

（4）对接市场发展需求，提供农业保险产品研发服务。针对当前农险产品数量有限、特色性不明显、创新性不足的问题，为满足现代农业发展和乡村振兴战略多元化、多层次风险保障需求，联盟将全面对接不同地区不同行业的农业产业部门，组织联盟内外优势资源，提供农业保险产品创新和产品研发服务，推动农业保险增品提标扩面。

（五）营造农业保险科技发展的良好氛围

营造有利于农业保险科技发展的环境和氛围，构建农业保险科技产业发展良好生态。

（1）营造社会舆论环境。推进农业保险科技相关政策措施公开透明，正面引导社会舆论，确保政策准确传导并有效实施。政府、保险机构等要积极运用多种形式广泛进行宣传培训，普及农业保险科技应用与发展相关知识，增强农民爱科技、学科技和用科技的意识和能力，提升农民科技素养，为农业保险科技应用营造良好的社会和舆论环境。

（2）营造机构创新氛围。农业保险机构和科技企业要强化科技创新意识，制定科技创新制度和激励政策，编制企业科技创新规划，激发内生创新动力，加大科技创新投入，推进科技应用落地，营造良好企业内部科技创新氛围。

（3）构建产业发展生态。探索保险资源与科技资源对接的新机制，发展农业保险科技法律法规咨询、知识产权保护、风险投资、股权融资、创业孵化、市场推广等专业服务机构，强化国际合作，加快农业农村信息化和数字乡村建设，构建农业保险科技产业整链条全方位发展的良好生态。

第二章　农业保险科技分论：大数据科技

第一节　大数据

一、大数据概念及特点

（一）大数据概念

在当今世界，随着各项技术不断发展，特别是互联网不断壮大，各种数据都在呈现指数型增长，甚至渗透到各行各业中，我们处在一个数据爆炸的大数据（Big Data）时代。在过去的 20 多年间，各领域中的数据都在急剧增长，国际数据公司的统计显示，在 10 多年前，就有约 1.8ZB（十万亿亿字节，即泽字节）的数据在流转产生。时至今日，数据的产生与流转早已超过人们的预期。根据国际数据公司（IDC）的预测，到 2025 年，全球数据就可以达到 49.1ZB 的规模。

大数据到底是什么？全球领先的管理咨询公司麦肯锡最早给出了大数据的定义：大数据是一个巨大且复杂的、无法短时间内进行管理和分析的数据集合。维基百科概括大数据为"能够帮助企业经营决策的且数据量大到无法在短时间内进行处理的信息，处理这一数据集异常耗费时间"。这一定义简明扼要，被广泛传播。也有许多学者认为，大数据指的是一种模式，即利用云计算对数据集合的处理和应用。

虽然目前没有形成统一的定义，但学术界对大数据的核心理念和意义达成了共识：大数据是工业传感器、互联网、移动数码等固定与移动设备产生的结构化数据、半结构化数据与非结构化数据的总和，通过大数据技术完成数据的实时处理与应用，以获取所需要的信息，实现商业价值或公共服务价值。

（二）大数据特点

与传统数据概念相比，大数据有以下特征：其在规模上具有区别于传统数据的"海量"和"大"的特征；大数据不再局限于单个的企业或组织，更多通过互联网形成多主体共享数据，更具开放性、共享性、复杂性；大数据的范围非常广泛，不仅涵盖海量历史存储数据，也涵盖爆发式增长的增量数据，不仅包括静态数据，也包括不断更新的动态数据，而且更新和传播的速度快、范围广、内容庞杂。目前。大部分学者认为大数据有"5V"特征，即大量性（Volume）、多样性（Variety）、高速性（Velocity）、真实性（Veracity）、价值性（Value），如图 2-1 所示。

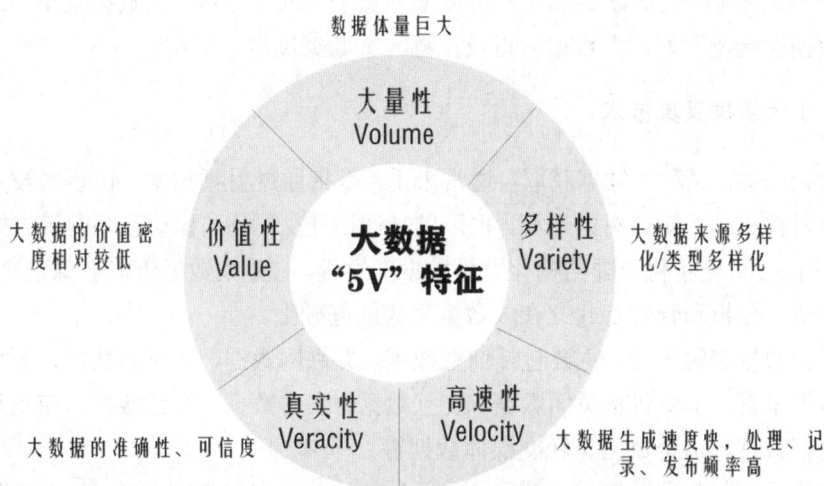

图 2-1　大数据的 5V 特征

第一，大量性，即数据体量巨大。互联网的发展使得每天产生的数据与日俱增，生成和存储的数据量从 TB（太字节）级跃升到 PB（拍字节）级、EB（艾字节）级、ZB 级乃至 YB（尧字节）级，对于我们日常使用的笔记本来说，最大容量也就在 TB 这个级别，但是对大数据而言，最小的数据也得从 10TB 起。数据体量的大小决定了数据本身的潜在价值大小及是否可以将其视为大数据。

第二，多样性，既指来源多样化，也指类型多样化。数据来源多样化是指数据采集来自不同的渠道、不同的平台，如传感器、互联网等途径。数据类型多样化是指各种各样的数据都可以是大数据的一部分，如数字、文字、图片、视频、音频、地理位置信息等。大数据的多样性主要是由新技术不断进步带来的新型多结构数据造成的。

第三，高速性，一是指数据生成速度快，二是指处理、记录、发布频率高。大数据通常是实时可用的，具备一定时效性，并且在时间和空间上是不断变化的。与常规数据相比，大数据的产生更加连续，数据粒度小、分辨率高。从数据的生成到消耗，时间窗口非常小，可用于生成决策的时间非常少。

第四，真实性，指大数据的准确性、可信度。这一特点不仅涉及大数据的质量问题，还涉及数据资料的来源、类型及处理方法，还有我们可以在多大程度上依赖大数据所提供的信息。

第五，价值性，是大数据的核心特征，但在现实世界所产生的数据中，有价值的数据所占比例很小。换句话说，大数据的价值密度相对较低。以视频为例，连续不间断的监控过程中，可能有用的数据仅有一两秒，但却具有极高的商业价值。

二、大数据技术原理

大数据侧重海量数据的采集、存储、分析与管理，从海量数据中发现价值，服务生产和生活，因此对应的大数据关键技术可以分为五个方面，包括：大数据采集、大数据预处理、大数据存储及管理、大数据分析及挖掘、大数据展现与应用。

（一）大数据采集技术

大数据采集，又称大数据获取，通常来说，是指通过射频技术、传感器技术等模拟信道和数字器件自动采集信息的过程，也可以是通过社交网络、移动互联网等方式获得各种类型，结构化、半结构化及非结构化海量数据的过程。它是大数据价值挖掘最重要的一环，其后的集成、分析和管理都建立在大数据采集的基础上。

由于大数据来源各异，主要包括商业数据、互联网数据、传感器数据，其数据类型也比传统数据丰富，主要包括页面数据、交互数据、表单数据、会话数据、应用日志、电子文档、机器数据、语音数据、社交媒体数据等。

大数据采集与数据采集的主要区别在于，传统的数据采集来源单一，且存储、管理和分析数据量也相对较小，大多采用关系型数据库和并行数据仓库进行处理。而大数据采集主要采用分布式架构，能满足每秒数百 MB（一百万字节，即兆字节）的日志数据采集和传输需求。在现实生活中，数据产生的种类很多，并且不同种类的数据产生的方式不同。目前大数据采集系统主要分为以下三类系统。

（1）系统日志采集系统。许多公司的业务平台每天都会产生大量的日志数据。通过这些日志信息，我们可以得到很多有价值的数据。通过对这些日志信息进行日志采集、收集，然后进行数据分析，挖掘公司业务平台日志数据中的潜在价值，可以为公司决策和公司后台服务器平台性能评估提供可靠的数据保证。系统日志采集系统的任务就是收集日志数据，提供离线和在线的实时分析使用。目前常用的开源日志收集系统有 Flume、Scribe 等。Apache Flume 是一个分布式、可靠、可用的服务系统，用于高效收集、聚合和移动大量的日志数据，它具有基于流式数据流的简单灵活架构。其可靠性机制和故障转移恢复机制，使 Flume 具有强大的容错能力。Scribe 是脸书开源的日志采集系统。Scribe 实际上是一个分布式共享队列，它可以从各种数据源上收集日志数据，然后放入其共享队列中，Scribe 可以接受 Thrift Client 发送过来的数据，将其放入其消息队列中，然后通过消息队列将数据 Push 到分布式存储系统中，并且由分布式存储系统提供可靠的容错性能。如果最后的分布式存储系统崩溃，Scribe 中的消息队列还具有容错能力，它会将日志数据写到本地磁盘中。Scribe 还支持持久化的消息队列，来提供日志收集系统的容错能力。

（2）网络数据采集系统。通过网络爬虫和一些网站平台提供的公共应用程序编程接口（API，如 Twitter 和新浪微博）等方式从网站上获取数据，这样就可以将非结构化数据和半结构化数据的网页数据从网页中提取出来，并将其提取、清洗、转换成结构化的数据，并存储到统一的本地文件中。目前常用的网页爬虫系统有 Apache Nutch、Crawler4j、Scrapy 等框架。Apache Nutch 是一个高度可扩展和可伸缩的分布式爬虫框架，它通过分布式抓取网页数据，并且由 Hadoop（分布式系统基础架构）支持，通过提交 MapReduce 任务来抓取网页数据，并可以将网页数据存储在 HDFS 分布式文件系统中。Nutch 可以进行分布式多任务的数据爬取、存储和索引。由于多个机器并行做爬取任务，Nutch 利用多个机器充分使用机器计算资源和存储能力，大大提高了系统爬取数据能力。Crawler4j、Scrapy 也都是爬虫框架，为开发人员提供了便利的爬虫 API 接口。开发人员只需要关心爬虫 API 接口的实现，不需要关心具体框架怎么爬取数据。Crawler4j、Scrapy 框架大大提升了开发人员的开发速度，让开发人员可以很快完成一个爬虫系统的开发。

（3）数据库采集系统。一些企业会使用传统的关系型数据库 MySQL 和 Oracle 等来存储数据。除此之外，Redis 和 MongoDB 这样的 NoSQL 数据库也常用于数据的采集。企业每时每刻产生的业务数据，以数据库一行行记录的形式被直接写入数据库。数据库采集系统可直接与企业业务后台服务器结合，将企业业务后台每时每刻产生大量的业务记录写入数据库，最后由特定的处理分析系统进行系统分析。

（二）大数据预处理技术

大数据的预处理技术就是完成对已接收数据的抽取、清洗等操作。第一步是抽取，因为获取的数据可能具有多种结构和类型，数据抽取过程可以将这些复杂的数据转化为单一的或者便于处理的构型，以达到快速分析处理的目的。第二步是清洗，因为对大数据来说，数据并不全是有价值的，有些数据并不是我们所关注的内容，而另一些数据则可能是完全错误的干扰项，因此要对获取的数据进行过滤，从而提取出有效数据。

（三）大数据存储与管理技术

大数据存储与管理要用存储器把采集到的数据存储起来，建立相应的数据库，并进行管理和调用。大数据的存储与管理重点要解决复杂结构化、半结构化和非结构化数据源的统一管理与存储，主要侧重以下几方面内容。

第一，解决大数据的可存储、可表示、可处理、可靠性及有效传输问题。第二，开发可靠的分布式文件系统（DFS）、能效优化的存储、计算融入存储、大数据的去冗余及高效低成本的大数据存储技术。第三，突破分布式非关系型大数据管理与处理技术，异构数据的数据融合技术、数据组织技术，研究大数据建模技术。第四，突破大数据索引技术。第五，突破大数据移动、备份、复制技术。第六，开发大数据安全技术。改进数据销毁、透明加解密、分布式访问控制、数据审计等技术。第七，突破隐私保护和推理控制、数据真伪识别和取证、数据持有完整性验证等技术。

大数据应用的一个主要特点是实时性或者近实时性。数据通常以每年增长 50% 的速度快速激增，尤其是非结构化数据。随着科技进步，出现了越来越多的物联网传感器、移动设备、社交多媒体等，数据只可能保持持续增长，因此大数据需要高性能、高吞吐率、大容量的基础设备。大数据存储技术有三种典型路线。

一是采用 MPP 架构的新型数据库集群。重点面向行业大数据，采用 Shared Nothing 架构，通过列存储、粗粒度索引等多项大数据处理技术，再结合大规模并行处理（Massively Parallel Processing，MPP）架构高效的分布式计算模式，完成对分析类应用的支撑，运行环境多为低成本电脑（PC）服务器。这一路线可以支撑 PB 级别的优化结构数据分析，最显著的优点就是高性能和高扩展性。

二是采用大数据一体机。这是一种专为大数据的分析处理而设计的软、硬件结合的产品，由一组集成的服务器、存储设备、操作系统、数据库管理系统，以及为数据查询、处理、分析用途而特别预先安装及优化的软件组成。最显著的优点是稳定性和扩展性好。

三是采用基于 Hadoop 的技术扩展和封装。围绕 Hadoop 衍生出相关的大数据技术，应对传统关系型数据库较难处理的数据和场景，目前最为典型的应用场景就是通过扩展和封装 Hadoop 来实现对互联网大数据存储、分析的支撑。基于 Hadoop 的技术扩展和封装的存储路线有一些存储技巧，可以帮助我们更好地处理数据。存储技巧包括分布式存储、避免控制器瓶颈、合并 Hadoop 发行版、创建弹性数据湖、整合分析、虚拟化 Hadoop、删重和压缩、超融合方案。

（四）大数据分析与挖掘技术

大数据分析与挖掘就是从大量的、不完全的、有噪声的、模糊的、随机的实际应用数据中，提取出隐含其中的、人们事先不知道的但又潜在的、有用的信息和知识的过程。数据挖掘涉及的技术方法有很多，也有多种分类法。

根据挖掘任务可分为：分类或预测模型发现、数据总结、聚类、关联规则发现、序列模式发现、依赖关系或依赖模型发现、异常和趋势发现等。

根据挖掘方法可粗分为：机器学习方法、统计方法、神经网络方法和数据库方法。机器学习方法又可细分为：归纳学习方法（决策树、规则归纳等）、基于范例学习和遗传算法等。统计方法又可细分为：回归分析（多元回归、自回归等）、判别分析（贝叶斯判别、费歇尔判别、非参数判别等）、聚类分析（系统聚类、动态聚类等）、探索性分析（主元分析法、相关分析法等）等。神经网络方法可细分为：前向神经网络（BP 算法等）、自组织神经网络（自组织特征映射、竞争学习等）等。

从挖掘任务和挖掘方法的角度来看，大数据挖掘应着重从以下几方面进行突破。

第一，可视化分析。无论对于普通用户或是数据分析专家，数据可视化都是最基本的功能。数据图像化是让数据自己"说话"，让用户直观地感受到结果。

第二，数据挖掘算法。图像化是将机器语言翻译给人看，而数据挖掘就是机器的母语。分割、集群、孤立点分析还有各种各样的算法帮助精炼数据，挖掘价值。这些算法能应对海量的大数据，同时还具有很快的处理速度。

第三，预测性分析。预测性分析有助于分析师根据图像化分析和数据挖掘的结果做出一些前瞻性判断。

第四，语义引擎。语言处理技术包括机器翻译、情感分析、舆情分析、智能输入、问答系统等。

第五，数据质量管理。数据质量管理是大数据挖掘的重要环节，透过标准化流程和规则对数据进行处理可以确保获得一个预设质量的分析结果。

（五）大数据展现与应用技术

信息化时代到来，将大数据转化成视觉信息，通过直观的可视化图表解析数据，帮助人们解决问题，是大数据最终的展现与应用方式，也可称为大数据可视化。大数据可视化技术可以定义为：运用计算机图形学和图像处理技术，以图表、地图、标签云、动画或任何使内容更容易理解的图形方式来呈现数据，使海量数据中所蕴含的规则或信息更容易被人们理解。

大数据展现与应用是进行大数据分析解决的重要组成部分之一。从技术上讲，大数据可视化的实现主要有四个步骤：明确定义需求，建立数据仓库模型，数据抽取、清洗、转换，可视化分析场景搭建。一旦原始数据流被以图形图像等形式表现出来，以此为依据做决策就变得容易多了。

为了实现上述目标，展现大数据的可视化工具应该具备如下特征。

第一，能够处理不同类型的输入数据。第二，能够应用不同类型的过滤器来调整结果。第三，能够在分析过程中与数据集进行交互。第四，能够接受第三方软件的输入数据或能为第三方软件提供数据结果。第五，能够为用户提供协作选项。

区别于传统图表的静态数据展示，大数据可视化图表数据是动态展示的，能够进行人机交互式分析。目前市面上可提供大数据展示与应用的可视化工具较多，有一部分为开源工具，可免费使用，进行简单的二次开发即可创建满足用户需求的大数据展示平台，如Echarts、D3 等；也有较为成熟的可视化软件，能够对图形图表进行渲染，展示效果更好，如 Tableau、Qliksense、Highcharts 等。

三、大数据的行业应用

相比传统的小数据，大数据最大的价值在于能通过大量不相关的各种类型的数据信息资源，挖掘出对未来趋势与模式预测分析有价值的数据，发现新的规律和新的知识，并运用于各个领域，推动科学研究，提高生产效率。在现实生活中，大数据技术已经渗透到我们生活的方方面面，包括金融、汽车、零售、餐饮、能源、政务、医疗、体育、娱乐等在内的社会各行各业，都已经融入了大数据的印迹。

（一）大数据应用案例之：医疗行业

Seton School Healthcare 是采用 IBM（国际商业机器公司）最新沃森技术进行医疗保

健内容分析预测的首个客户。该技术能帮助企业找到大量患者的临床医疗信息，以便通过大数据处理，更好地分析患者的病情。

在加拿大多伦多的一家医院，针对早产婴儿，每秒钟有超过 3000 次的数据读取。通过这些数据分析，医院能够提前知道哪些早产儿出现问题并且有针对性地采取措施，避免早产婴儿夭折。

大数据让更多的创业者更方便地开发产品，比如通过社交网络来收集数据的健康类 App。也许未来数年后，它们搜集的数据能让医生做出的诊断变得更为精确，比如检测到患者血液中的药剂已经代谢完成，自动提醒患者再次服药。

（二）大数据应用案例之：能源行业

智能电网在欧洲已经做到了终端，也就是所谓的智能电表。德国为了鼓励民众使用太阳能，要求在家庭安装太阳能设备，当用户的太阳能有剩余的时候政府还可以回购。

通过每隔 5 分钟或 10 分钟收集一次用电数据，可以预测用户的用电习惯，从而推断出在未来 2~3 个月时间内，整个电网用户大概需要多少电。

根据该预测，用户就可以向发电或者供电企业购买一定数量的电，因为如果提前购买用电价格就会比较便宜。通过预测，用户可以降低购买成本。

（三）大数据应用案例之：通信行业

法国电信 Orange 集团旗下的波兰电信公司 Telekomunikacja Polska 是波兰最大的语音和宽带固网供应商，其希望通过有效的途径来准确预测并解决客户流失问题。

公司决定进行客户细分，方法是构建一张"社交图谱"，分析客户数百万个电话的数据记录，特别关注"谁给谁打了电话"及"打电话的频率"两个方面。

"社交图谱"把用户分成几大类，如"联网型""桥梁型""领导型"及"跟随型"。这样的关系数据有助于电信服务供应商深入洞悉一系列问题，如哪些用户群体会对可能"弃用"公司服务的客户产生较大的影响？挽留最有价值客户的难度有多大？运用这一方法，公司客户流失预测模型的准确率提升了 47%。

（四）大数据应用案例之：零售行业

北美零售商百思买在北美的销售活动非常活跃，产品销售品种数超过 3 万，产品的价格也随地区和市场条件而异。由于产品种类繁多，成本价格变化比较频繁，每年的调价次数高达 12 万。对于定价促销策略，公司组成了一个 11 人的团队，希望通过分析消费者的购买记录和相关信息，提高定价的准确度和响应速度。

定价团队的分析围绕着三个关键维度。

第一，数量。团队需要分析海量信息。其收集了上千万名消费者的购买记录，从不同维度分析、了解客户对每种产品种类的接受能力，从而为产品定出合适价位。

第二，多样性。团队除了分析购买记录这种结构化的数据外，也利用社交媒体发帖这种新型的非结构化数据收集方式。消费者需要在零售商专页上点赞或留言以获得优惠券，团队则利用情感分析公式来分析专页上消费者的情绪，从而判断他们对公司的促销活动的满意度，并微调促销策略。

第三，速度。为了实现价值最大化，团队对数据进行实时或近似实时的处理。他们成功地根据一个消费者既往的麦片购买记录，为身处超市麦片专柜的客户发送优惠券，为客户带来便利和惊喜。

透过这一系列的活动，团队提高了定价的准确度和响应速度，为零售商增加了数千万美元销售额和利润。

（五）大数据应用案例之：网络营销行业

很多企业在基于搜索引擎平台的网络营销（SEM）过程中，都有这样的感触：每年都会花费大量的预算在 SEM 推广上，但是因为关键词投入产出无法可视化，常常花了很多钱却不见具体的回报。

在竞争如此激烈的 SEM 市场中，企业需要一个高效的数据分析工具来尽可能地帮助企业优化 SEM 推广，以便节省不必要的支出，提升整体的经营绩效。企业可借助数据平台提供的网络营销整合解决方案，打通搜索引擎营销、在线客服系统。营销竞价人员无需掌握复杂的编程技术，简单拖拽即可生成报表，进而观察每一个关键词的投入和产出，分析每一个页面的转化，有效降低投放成本。

通过实况数据分析，企业可以快速洞悉对手关键词的投放时段、地域及排名，并对其进行可视化分析，实时监测自己和竞争对手的投放情况，了解对手的投放策略，且分析支持自定义设置数据更新的时间点、监测频次和时段，及时调整策略。

（六）大数据应用案例之：娱乐行业

微软大数据成功预测了奥斯卡 21 项大奖。2013 年，微软纽约研究院的经济学家大卫·罗斯柴尔德（David Rothschild）利用大数据成功预测了 24 个奥斯卡奖项中的 19 个，成为人们津津乐道的话题。2019 年，罗斯柴尔德再接再厉，利用大数据成功预测了第 86 届奥斯卡金像奖颁奖典礼 24 个奖项中的 21 个，再次向人们展示了现代科技的神奇魔力。

（七）大数据应用案例之：保险行业

大数据可计算浮动费率。Metromile 公司的汽车保险费用分为两部分：固定费用和按里程变动的费用，其计算公式为：每月保费总额=每月固定保费+每月行车里程×单位里程保费。其中固定保费和单位里程保费根据不同车主情况，有所不同。如车主年龄、驾驶记录、车辆类型、信用不同，则保费不同。举例说明，假如某车主当月固定费用为 30 美元，驾驶里程保费单价为 3.2 美分/英里[①]，他在一个月内驾驶了 500 英里，则他当月保费计算

---

① 1 英里=1.6093 平方千米。全书同。

为 46 美元（即 30 美元固定费用+3.2 美分×500 英里）。Metromile 还设置了保费上限，当日里程数超过 150 英里（华盛顿地区是 250 英里）时，超过的部分不再多收保费。Metromile 提供的数据显示，如果一位客户每年驾车里程少于 10 000 英里或每星期里程数少于 200 英里，则按里程收费的新车险定价模式将为这位客户每年节约大约 500 美元的保费。尽管用户每年所缴的保费减少了，但是 Metromile 公司承诺用户还可以享受之前的车险服务，比如车上财产损失补偿、第三者责任险、车祸造成的人身意外伤害医疗保障、紧急道路救援等。

四、大数据应用价值与意义

被誉为"大数据时代预言家"的维克托·迈尔-舍恩伯格在其《大数据时代》一书中分析预测了大数据的发展现状和未来趋势，提出了很多重要的观点和发展思路。他认为"大数据开启了一次重大的时代转型"，大数据将改变我们的生活、工作和思维方式，改变商业组织和社会组织的运行方式，影响我们的经济、政治、社会和国防等各个层面。

（一）提供人类认识复杂系统的新思维和新手段

大数据转变了人类传统的思维方式，其由样本分析向总体把握转变，从对因果关系的渴求向关注事物间相关性转变，人们逐渐善于用大数据思维对现实世界进行数字化构建，通过对数字虚拟映像的深度分析，理解和发现现实复杂系统的运行行为、状态和规律。应该说，大数据为人类提供了全新的思维方式和探知客观规律、改造自然和社会的新手段，这也是大数据能引发经济社会变革最根本的原因。

（二）成为促进经济转型增长的一种新引擎

数字经济时代的到来使得数据成为重要的生产要素，是经济主体赖以生存的核心资源之一，数据（信息）技术不仅是行业发展的"倍增器"和"催化器"，甚至会成为行业的颠覆者。大数据与实体经济的深度融合，将大幅度推动传统产业提质增效，促进经济转型，催生新业态，与大数据相关的数据采集、管理、交易分析等业务也正在成长为未来巨大的新兴市场，大数据已成为促进经济转型增长的新引擎。

（三）成为提升国家综合国力和保障国家安全的新利器

当前数据（信息）已成为继物质、能源之后的又一种重要战略资源，是新的国家基础设施。农业时代最重要的资源是物质和材料，工业时代最重要的资源是能源，当时的战争都与石油资源紧密相关。如今，信息时代重要的资源就是数据，未来智能化战争的重要基础就是对大数据的挖掘与利用。大数据是蕴含着巨大价值的战略资源，直接影响着国家发展战略、政府管理与服务能力、经济文化进步、国防安全等方面，是提升国家综合国力和保障国家安全的新利器。

（四）成为提高政府治理能力的新途径

大数据时代带给我们的不仅是深刻的思维转变，影响着每个人的日常生活和工作方式，影响着商业组织和社会组织的运行方式，更将从根本上奠定国家和社会治理的数据基础，为政府提供一个通过数据融合提升自身治理能力的新途径，彻底改变长期以来国家与社会诸多领域存在的"不可治理"的痛点，使得国家和社会治理更加透明、有效和智慧。

第二节　农业保险大数据

一、农业保险大数据定义与分类

（一）农业保险大数据定义

随着大数据技术在各行各业的广泛研究，农业保险大数据也逐渐成为当前农业保险业界与学界的热点。本书认为农业保险大数据不是脱离现有保险信息技术体系的新技术，而是通过快速的数据处理、综合的数据分析，发现数据之间潜在的价值关系，对现有农业保险进行提升和完善的一种数据应用新模式。

迄今为止，对农业保险大数据尚未有统一的定义。参考大数据的相关定义，本书将农业保险大数据定义为贯穿于农业保险风险分析、产品开发、经营管理、市场拓展、客户服务、财政补贴、决策支持、效果评价等环节的跨行业、跨专业、跨地域、跨时间，结构化、半结构化、非结构化，多维度、多粒度、多模型、多形态的海量农业保险相关数据的大集中，是一种吸取数据价值、促进农业保险创新发展、加快农业保险转型升级的重要手段。

（二）农业保险大数据分类

从不同的视角出发，农业保险大数据可以有不同的分类方式。从保险机构数据来源视角出发，本书将农业保险大数据分成农业保险内部的业务数据和农业保险外部的支撑数据，如图 2-2 所示。

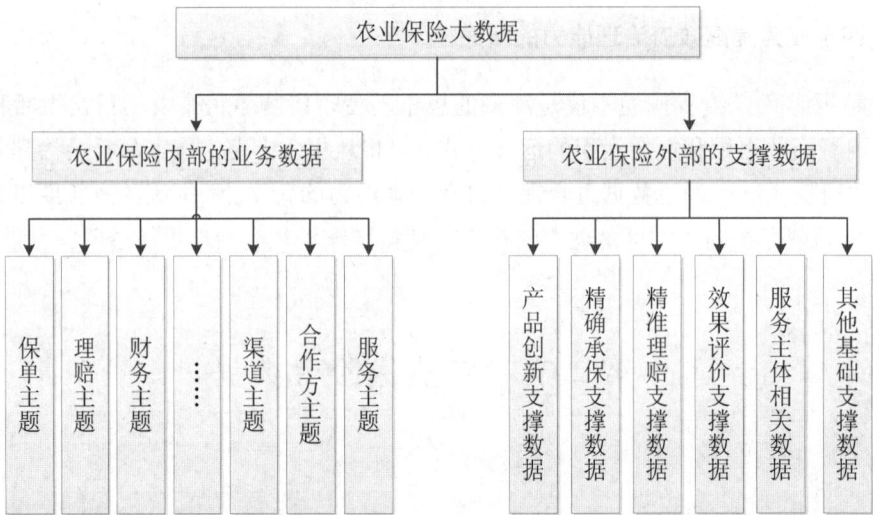

图 2-2　农业保险大数据的分类

1. 农业保险内部的业务数据

农业保险内部的业务数据是指保险机构内部经营农业保险业务时，由保险机构核心业务系统办理保险业务过程中产生的各类数据，其覆盖了产品投保、验标、承保出单、批单、退保、出险报案、查勘、定损、立案、撤案、理算、理赔、收付、分保、再保等各业务环节产生的业务数据，它是农业保险最主要、最基础的数据资源。根据中国银行保险监督管理委员会 2017 年 7 月发布的《农业保险业务要素专项数据规范》，农业保险的业务要素专项数据分为：保单、理赔、财务、再保、产品、机构、客户、渠道、合作方和服务十大主题。

①保单主题：是指投保人与保险人约定保险权利和义务关系的协议。本主题除详细定义承保保单的基础信息之外，也包含了保单产生之前的投保单和保单生效之后的保全或批单信息。②理赔主题：是指保险公司依据保险合同履行保险义务，并承担保险责任。本主题依据保险理赔活动流程，定义了报案、立案、赔案各大业务环节的相关信息。③财务主题：是指保险机构为达到既定目标所进行的筹集资金和运用资金的活动，包括财务活动和财务关系。本主题描述保险经营管理活动中与保单和理赔给付相关的账户、收付费及财务会计信息等。④再保主题：是指保险人将其承担的保险业务，部分转移给其他保险人的经营行为。本主题描述保险经营活动中涉及再保险的相关信息。保单要素信息标准化一期只关注财产险的比例，再保分出部分的基础的业务数据，二期项目再考虑再保分入、非比例再保分出、再保账单、再保合约等的相关标准制定。⑤产品主题：是指由保险人提供给保险市场的，能够引起人们注意、购买，从而满足人们减少风险和转移风险，必要时能得到一定的经济补偿需要的承诺性组合需求。本主题既包含对外销售的产品，也包含组成销售产品的条款或险种、保险责任的定义。⑥机构主题：是指经保险监管机构批准设立，并依法登记注册经营保险业务的保险公司及其分支机构。本主题既体现各机构的基础信息，又体现不同机构间的层次隶属关系。⑦客户主题：是指保险合同的主体，即在保险合同中享

有权利，履行义务的个人或组织。本主题既包含签订合同的投保人，也包含被保险人、受益人。签订合同的保险人，在机构主题中统一定义和管理。⑧渠道主题：是指保险机构向客户提供保险产品和服务的途径。本主题包含直销、代理和经纪等销售渠道的相关信息。⑨合作方主题：是指保险机构在业务开展的售前、售中、售后过程中进行相关合作的第三方机构。本主题描述除销售渠道外的合作方信息。保单要素信息标准化一期未展开此主题内容。⑩服务主题：是指在与潜在客户和存量客户接触的阶段，保险机构通过畅通有效的服务渠道，为客户提供业务咨询、投诉处理等类型的服务内容。保单要素信息标准化一期未展开此主题内容。

2. 农业保险外部的支撑数据

农业保险外部的支撑数据是指源于非保险公司的外部机构，对农业保险发展与提升起支撑作用的数据。根据数据在农业保险中发挥的支撑作用，可以将农业保险外部支撑数据分成（但不限于）：产品创新支撑数据、精确承保支撑数据、精准理赔支撑数据、效果评价支撑数据、服务主体相关数据和其他基础支撑数据等。

①产品创新支撑数据：是对农业保险保障潜力评价、农业保险产品设计与定价提供支撑的数据，通过对数据挖掘与分析来设计保险产品并确定产品的费率、保障水平、保险期限、承保数量、赔付指标、保险金额和赔付等相关内容。②精确承保支撑数据：是支撑种植业、养殖业、林业和渔业等农业保险开展精确承保的相关数据。③精准理赔支撑数据：是支撑种植业、养殖业、林业和渔业等开展精准理赔的相关数据。④效果评价支撑数据：是对评价农业保险实施效果、农业保险保障水平，为拓展农业保险深度与密度、创新保险产品和提高农业保险参保率提供支撑的数据。⑤服务主体相关数据：是指农业保险服务主体的相关数据信息，该主体主要有两类，一类是种养规模较小的普通农户，俗称"散户"；另一类则是以专业大户、家庭农场、农民合作社、龙头企业为代表的新型农业经营主体。⑥其他基础支撑数据：是指对农业保险经营、管理与服务提供基础支撑作用的数据，如行政区划、地形地貌等地理信息数据等。

二、农业保险大数据的分布状况

现阶段，农业保险大数据分散分布在不同机构和部门。根据农业保险大数据的分类，当前各类数据的分布状况如图 2-3 所示。

（一）政府与保险行业已在汇集业务大数据，效果明显

现阶段，政府部门已经非常重视农业保险业务大数据的汇集。首先，中国银行保险监督管理委员会信统部作为保险信息统计部门，要求地方银保监局每年上报农业保险的经营情况，最终汇集全国农业保险行业的统计数据。其次，2014 年 3 月国务院召开了农业保险专题会议，提出要建立全国农业保险信息管理平台，中国银行保险信息技术管理有限公司于当年的 7 月进行了平台建设规划论证并于 10 月正式开始了平台建设，2015 年种植险

业务数据上线，2016 年全险种业务数据上线，2019 年开始推行保单电子化，进而汇集了全国所有从事农业保险的保险公司全险种全流程的保险业务数据。最后，随着地方农业保险管理部门信息化手段的逐步提高，地方财政、农业农村等政府部门也积极开展地方性农业保险信息平台的建设，以实现地方农业保险业务数据的汇集。其中北京市农村工作委员会（今北京市农业农村局）从 2011 年起就开始规划、设计、筹建北京市农业保险数据管理平台建设，2013 年正式启动实施并于 2014 年正式建成运行，截至 2021 年已经运行了 8 年的时间，汇集了北京市 7 家保险公司近 9 年北京市政策性农业保险的承保、立案、赔案、支付等环节的保险业务数据。近年来，贵州、天津、山东、湖北、湖南、广西、内蒙古等省市自治区也纷纷开展省级农业保险管理信息平台建设，成效相当显著。

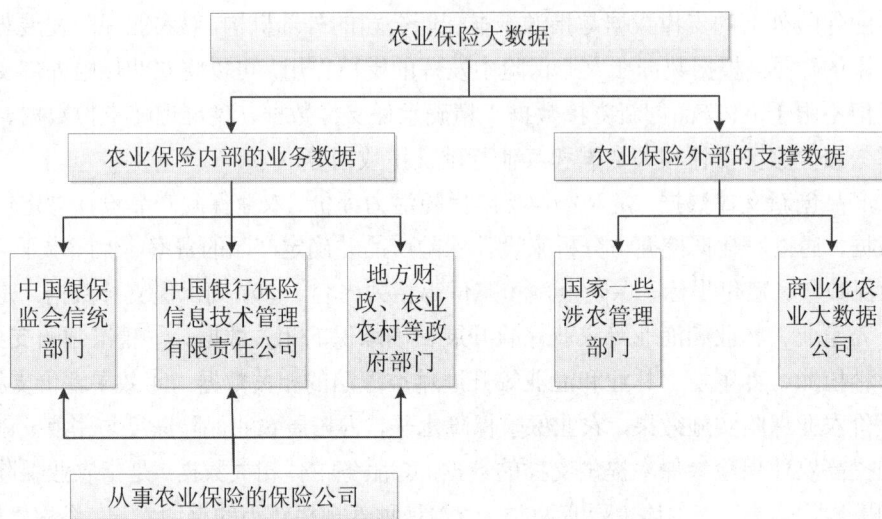

图 2-3　农业保险大数据分布状况

（二）外部支撑数据分散在各涉农政府部门，共享难度大

大量农业保险相关的数据资源分布在国家一些涉农的部委，包括但不限于：农业农村部、国家统计局、国家发改委、商务部、粮食局、林业局、国家海关总署、全国供销总社（中储粮）、民政部、环保部、水利部和国家气象局等。其中，农业农村部对农业综合、种植业、畜牧业、渔业、农村经营管理、农产品价格、农产品加工及农业资源和农村能源环境等进行统计调查，全面覆盖生产、消费、贸易、库存、价格和成本的农业生产经营活动 6 个主要环节；国家统计局每年编制出版《中国统计年鉴》，对我国农村经济运行情况、农户经济生活状况和农业生产经营状况的数据进行统计；国家发改委作为全国总体经济体制改革和宏观调控部门，已经形成了全国农产品价格数据、农产品成本收益数据和农产品物流数据三类农业数据的监测与统计；商务部负责国内主要城市生活必需农产品的零售价格、销售额、交易量、库存量等市场数据的监测统计；国家林业局负责全国林业资源、病虫害防治和森林火灾等方面数据的监测统计；民政部负责对全国农业自然灾害灾情数据的

收集、整理、分析与评估；国家气象局则对地面观测站气象数据、农业气象观测站气象和土壤湿度数据、农业生态气象数据等进行监测和统计，等等。由于各个部委的数据存在保密要求，农业保险行业数据开放共享的难度较大。

（三）涌现大批农业大数据公司，与农险融合应用较少

近年来，随着大数据技术的深化，国内涌现了大批农业相关领域的商业化大数据公司，包括但不限于农业产业链服务领域（奥科美、猪联网等）、农业遥感服务领域（佳格、伽和、世纪国源、航天信德等）、农业物联网领域（旗硕科技、慧云信息等）、农业电子商务领域（阿里、京东、苏宁、本来生活、供销 e 家等）、农业供应链服务领域（生鲜 O2O、链农等），等等。这些大数据公司凭借自身的优势，一方面开展各自领域的应用及服务，另一方面也在汇集相关领域的大数据，具体包括但不限于农业资源、农业生产、农产品加工、农产品存储、农产品运输、农产品销售、农产品消费等方面的数据。这些企业大数据大都分散在各公司企业内部，并服务于该企业的主营业务，仅有少部分数据能与农业保险进行融合应用。

三、农业保险内部的业务数据情况

农业保险内部的业务数据主要来自各家经营农业保险的保险机构通过核心业务系统办理农业保险业务时产生的数据，包括数字化和纸质化数据。根据中国银行保险监督管理委员会发布的《农业保险业务要素专项数据规范》（2017 年 7 月 18 日发布），农业保险的业务要素专项数据被分为：保单、理赔、财务、再保、产品、机构、客户、渠道、合作方和服务十大主题。

（一）保单主题

保单主题是指投保人与保险人约定保险权利和义务关系的协议。本主题除详细定义承保保单的基础信息之外，也包含了保单产生之前的投保单和保单生效之后的保全或批单信息。该主题的基本数据要素概括如表 2-1 所示。

表 2-1　保单主题的信息分类与主要信息字段

一级分类	二级分类	主要信息字段
投保	投保单信息	投保单编号、投保单申请日期、投保单客户编号、产品编号、管理机构编号、销售渠道编号、保险金额、保费等
承保	保单信息	保单编号、投保单编号、产品编号、出单机构编号、管理机构编号、监管辖区代码、保单生成时间、起保时间、终保时间、保单终止时间、保险金额、保险费率、保费、不含税保费、税额、被保险人数量、约定分期次数、核保结论时间、销售渠道代码、保单状态代码、核保类型代码、收款方式代码、销售渠道代码、保单被保险人、保单受益人、保单标的责任、特别约定等

一级分类	二级分类	主要信息字段
承保	保单被保险人	保单编号、被保险人客户编号、主被保险人客户编号、被保险人与主保险人关系代码、被保险人与投保人关系代码等
	保单标的责任	保单编号、保单标的责任编号、产品编号、条款编号、责任编号、标的编号、被保险人客户编号、标的项目类别名称、项目标的名称、保险价值、单位保险价值、单位保险金额、标的数量、免费额等
	联共保信息	保单编号、联共保序号、主方保单编号、从方保单编号、货币代码、联共保方机构编号、联共保类型代码、联共保比例、联共保保额、联共保保费
	特别约定	保单编号、特别约定序号、特别约定名称、特别约定内容
	保单缴费计划	保单编号、缴费次数序号、缴费通知单编号、缴费期次、缴费原因描述、计划缴费日期、货币代码、应缴费金额、收付款方式代码、计划交费截止时间等
	财产险标的	保单编号、标的编号、标的项目类别名称、种植险标的、养殖险标的、林业险标的
	农险保单信息	保单编号、中央财政补贴系数、省财政补贴系数、市财政补贴系数、县财政补贴系数、个人自缴系数、其他补贴系数、中央财政补贴签单保费、省财政补贴签单保费、市财政补贴签单保费、县财政补贴签单保费、个人自缴签单保费、其他补贴签单保费、见费出单标志、农险投保方式代码、投保行政区划代码、农险经营模式代码、联办比例、参保农户户次等
	农险保单被保险人	保单编号、被保险人客户、农业主体类型代码
	农险保单标的责任	保单编号、保单标的责任编号、农户编号、农户姓名、个人自缴保费、保费计算方式代码、单位保费
	种植险标的	保单编号、标的编号、农险保险标的的代码、农户编号、地块编号、地块名称、地块面积、农业用地分类代码、起始经度、终止经度、起始纬度、终止纬度、投保行政区划代码、茬次、标的年龄、标的年龄单位代码、历史产量、保险产量
	养殖险标的	保单编号、标的编号、农户编号、农险保险标的的代码、标的年龄单位代码、畜龄、胎次、标的品种、起始耳标编号、终止耳标编号、动物肤色、动物毛色、动物性别代码、防疫码、养殖用途代码、受孕期、产犊期、饲养成本、饲养数量、防疫员姓名、防疫员身份证号、养殖方式代码、养殖场名称、起始经度、终止经度、起始纬度、终止纬度
	林业险标的	保单编号、保单标的责任编号、农户编号、林地编号、林权证号、林地地址、林班号、树龄、标的年龄单位代码、林木实有密度、林地面积、林木用途代码、起始经度、终止经度、起始纬度、终止纬度
批改	批单	批单编号、保单编号、批改申请编号、批改原因描述、批改申请时间、批改时间、核批结论时间、核批方式代码、核保结论说明、批单生成时间、批单生效时间、货币代码、保险金额变化量、保费变化量等

一级分类	二级分类	主要信息字段
批改	批改项目	批单编号、批改类型代码
	批单标的责任	批单编号、批单标的责任编号、产品编号、条款编号、责任编号、标的编号、被保险人客户编号、标的项目类别名称、标的项目名称、货币代码、责任起保时间、责任终保时间、标的数量变化、保费变化量、保险金额变化量
	农险批单	批单编号、参保农户户次变化量
分户清单	农险农户信息	农户编号、农户姓名、农户主体类型代码、证件类型代码、证件号码、联系电话区号、联系电话号码、联系电话分机号码、银行代码、开户行名称
	农险保单分户清单	农户编号、标的编号、保单编号、财产数量单位代码、标的数量、保费、个人自缴保费、保险金额
	农险批单分户清单	农户编号、标的编号、批单编号、财产险数量单位代码、标的数量变化量、保费变化量、个人自缴保费变化量、保险金额变化量

（二）理赔主题

理赔主题是指保险公司依据保险合同履行保险义务，并承担保险责任。本主题依据保险理赔活动流程，定义了报案、立案、赔案各大业务环节下的相关信息。该主题的基本数据要素概括如表2-2所示。

表2-2　理赔主题的信息分类与主要信息字段

一级分类	二级分类	主要信息字段
报案	报案信息	报案编号、保单编号、报案时间、报案人姓名、报案人电话、报案人手机、联系人、联系人电话、联系人手机、与被保险人关系代码、出险时间、出险起始时间、出险终止时间、出险原因代码、出险原因名称、出险地区代码、出险地点、立案状态代码、报案处理信息
	报案信息处理	报案编号、报案处理类型代码、报案处理时间、未立案原因、报案注销恢复日期、报案注销恢复次数、受理机构编码
立案	立案信息	立案编号、报案编号、保单编号、立案人姓名、立案意见、立案时间、出险日期、出险时间、出险原因代码、出险原因名称、出险过程描述、出险地区代码、预估损失金额、诉讼案件标志、出险起始时间、出险终止时间、出险地点、巨灾代码、巨灾描述、未决农户户次、立案注销日期、拒赔日期、拒赔原因描述、立案处理信息
	立案处理信息	立案编号、立案处理类型代码、立案处理时间、立案注销原因、立案零结原因、立案注销恢复时间、立案注销恢复次数、立案处理机构编号、种植险标的信息、养殖险标的信息、林业险标的信息、农险预赔案信息

一级分类	二级分类	主要信息字段
立案	种植险标的信息	受损标的代码、立案编号、估损数量、计量单位、估损金额、受灾面积/亩、成灾面积/亩、绝产面积/亩
	养殖险标的信息	受损标的代码、立案编号、死亡数量、扑杀数量、计量单位、估损金额
	林业险标的信息	受损标的代码、立案编号、估损数量、计量单位、估损金额、受灾面积/亩、成灾面积/亩、绝产面积/亩
	农险预赔案信息	预赔案编号、立案编号、预付赔款、预付直接理赔费用、农险分户预赔付信息
	农险分户预赔案信息	预赔案编号、立案编号、农户编号、农户证件类型代码、农户证件号码、农户姓名、农户联系电话、预付赔款
赔案	赔案信息	赔案编号、立案编号、保单编号、核赔责任赔付金额、预付总金额、拒赔金额、直接理赔费用金额、责任理赔费用金额、通融给付金额、协议金额、结算金额、总赔付金额、理赔结论代码、结案时间、重开赔案标志、核赔日期、案件重开时间、案件重开次数、再保摊回赔款标志、追偿案件标志、受理机构编号、公估机构编码、公估机构名称、结案处理机构编码、农险赔案信息、赔款计算书、受益人信息、追偿信息
	农险赔案信息	赔案编号、保单编号、受益农户户次、是否理赔公示、是否诉讼、是否无公害化处理、理赔金额、农险分户赔付清单
	赔款计算书	赔款计算书编号、赔付标的序号、赔案编号、条款编号、责任编号、立案编号、案件紧急程度代码、保单标的责任序号、标的项目类别代码、标的项目类别名称、受损标的名称、受损标的数量、损失计算公式、核定损金额、理算报告、理算赔付金额、已预付赔款、核赔完成日期、核赔完成标志、币种代码、追偿案件标志、诉讼案件标志、判决书/调解书编号、赔付结论代码、核赔机构编号、直接理赔费用、理赔费用信息
	理赔费用信息	赔款计算书编号、理赔费用序号、保单标的责任序号、费用归属类型代码、费用类型代码、费用类型名称、费用币种代码、费用金额、汇率、费用金额（人民币）
	追偿信息	赔案编号、追偿序号、追偿类型代码、被追偿方类型代码、被追偿方名称、被追偿方证件类型代码、被追偿方证件号码、追偿日期、追回日期、追偿途径代码、追偿总费用、追偿金额、追回金额
分户清单	农险分户赔付信息	赔案编号、农户编号、标的编号、保险标的代码、农户证件代码、农户证件号码、农户姓名、农户联系电话、地块编号、承保数量、计量单位、损失程度、受灾面积/亩、成灾面积/亩、绝产面积/亩、理赔金额、预付赔款、起受损耳标号（序号）、止受损耳标号（序号）、林地编号、林权证号、林地位置（俗称）、林班号

（三）财务主题

财务主题是指保险机构为达到既定目标所进行的筹集资金和资金运用的活动，包括财务活动和财务关系。本主题描述保险经营管理活动中与保单和理赔给付相关的账户、收付费及财务会计信息等。该主题的基本数据要素概括如表2-3所示。

表2-3 财务主题的信息分类与主要信息字段

一级分类	二级分类	主要信息字段
财务	付费流水	付费流水号、机构编号、单证编号、单证类型、实付凭证编号、财产险付费类型代码、付费方式代码、货币代码、实付金额、支付时间、实付时间、核销日期、领款人客户编号、领款人姓名、领款人证件类型代码、领款人证件号码、领款人银行编号、领款人银行账号、农户分户编号、农户分户编号、农险退票类型代码、退票金额、退票日期
	收费流水	收费流水号、机构编号、单证编号、单证类型、缴费通知单编号、缴费原因、计划缴费日期、应缴费金额、实收金额、缴费方式代码、计划缴费截止日期、收费类型代码、货币代码、到账时间、核销日期、保费期次、付款人客户编号、付款人姓名、付款人证件类型代码、付款人证件号码、付款人银行编号、付款人银行账号、缴费主体代码、补贴比率、补贴金额

（四）再保主题

再保险主题是保险人将其承担的保险业务，部分转移给其他保险人的经营行为。本主题描述保险经营活动中涉及再保险的相关信息。保单要素信息标准化一期只关注财产险的比例，再保分出部分的基础的业务数据，二期项目再考虑再保分入、非比例再保分出、再保账单、再保合约等的相关标准制定。该主题的基本数据要素概括如表2-4所示。

表2-4 再保主题的信息分类与主要信息字段

一级分类	二级分类	主要信息字段
再保保单	比例再保分出信息	分保保单编号、危险单位编号、再保分出方式代码、接受人机构编码、货币代码、分出比例、分出保额、分出保费、保单危险单位
	保单危险单位	保单编号、危险单位编号、危险单位描述
再保理赔	比例再保摊回信息	分保赔案编号、赔案编号、分保保单编号、摊回比例、货币代码、摊回赔款、接受人机构编号

（五）产品主题

产品主题是指由保险人提供给保险市场的，能够引起人们注意、购买，从而满足人们减少风险和转移风险，必要时能得到一定的经济补偿需要的承诺性组合。本主题既包含对外销售的产品，也包含组成销售产品的条款或险种、保险责任的定义。该主题的基本数据要素概括如表2-5所示。

表 2-5　产品主题的信息分类与主要信息字段

一级分类	二级分类	主要信息字段
产品	产品	产品编号、产品名称、起售时间、停售时间
条款	条款	条款编号、条款名称、条款报备机构编号、险类代码、农险产品创新类型代码、条款内容、条款使用区域、个团标志、主附险性质代码、涉税标志、政策性保险标志、起售时间、停售时间、保险期限类型代码、保险期间类型、保险期间、标的项目中文描述、责任
	责任	条款编号、责任编号、责任中文描述

（六）机构主题

机构主题指经保险监管机构批准设立，并依法登记注册经营保险业务的保险公司及其分支机构。本主题既体现各机构的基础信息，又体现不同机构间的层次隶属关系。该主题的基本数据要素概括如表 2-6 所示。

表 2-6　机构主题的信息分类与主要信息字段

一级分类	二级分类	主要信息字段
机构	保险机构	机构编号、机构中文全称、上级机构编号、业务范围、企业性质代码、业务许可有效起期、业务许可有效止期、注册资本、注册资本币种、统一社会信用代码、组织机构代码、税务登记号码、营业执照号码、营业执照有效起期、营业执照有效止期、监管辖区代码、注册地、经营场所、经营场所邮编、联系电话、传真

（七）客户主题

客户主题是指保险合同的主体，即在保险合同中享有权利、履行义务的个人或组织。本主题既包含签订合同的投保人，也包含被保险人、受益人。签订合同的保险人，在机构主题中统一定义和管理。该主题的基本数据要素概括如表 2-7 所示。

表 2-7　客户主题的信息分类与主要信息字段

一级分类	二级分类	主要信息字段
客户	客户基本信息	客户编号、客户分类代码、中文名称、英文名称、黑名单类型代码、进入黑名单原因代码、进入黑名单原因描述、进入黑名单日期、黑名单状态代码、黑名单失效原因、客户地址信息、客户其他识别信息、个人客户信息、企业客户信息、非企业组织客户信息
	客户地址信息	客户编号、地址类型代码、地址序号、地址所在省代码、地址所在市代码、地址所在县代码、地址行、邮政编码
	客户其他识别信息	客户编号、其他证件类型代码、其他证件序号、其他证件号码、证件生效日期、证件失效日期
	个人客户信息	客户编号、性别代码、出生日期、身份证号码、国籍代码、移动电话、办公电话、住宅电话、传真号码、电子邮箱

一级分类	二级分类	主要信息字段
客户	企业客户信息	客户编号、法定代表人、统一社会信用代码、组织机构代码、税务登记号码、营业执照号码、营业执照有效起期、营业执照有效止期、企业成立日期、单位性质代码、行业分类代码、主营业务、注册资本、资产总额、净资产收益率、注册地址、企业电话号码、企业传真号码、企业电子邮箱地址、企业联系人姓名、企业联系人手机号码、企业联系人固话号码
	非企业组织客户信息	客户编号、联系人姓名、联系人身份证号码、联系人电话、成员数量

（八）渠道主题

渠道主题是指保险机构向客户提供保险产品和服务的途径。本主题包含直销、代理和经纪等销售渠道的相关信息。该主题的基本数据要素概括如表2-8所示。

表2-8　渠道主题的信息分类与主要信息字段

一级分类	二级分类	主要信息字段
渠道	销售渠道	渠道编号、渠道类型代码、上级渠道编号、直销人员、个人代理、代理经纪机构
	直销人员	渠道编号、直销人员名称、性别代码、出生日期、证件类型代码、证件号码、职业证号码、执业证开始日期、执业证结束日期、所属机构编码、入司日期、离司日期、内勤标志、劳动关系代码、业务职级代码、业务职级名称
	个人代理人	渠道编号、个人代理人名称、性别代码、出生日期、证件类型代码、证件号码、职业证号码、所属保险机构编码、入司日期、离司日期、学历代码、签署代理合同标志、专职标志
	代理经纪机构	渠道编号、代理经纪机构名称、业务范围、企业性质代码、所在局辖区、注册资本、统一社会信用代码、组织机构代码、税务登记号码、营业执照号码、营业执照有效起期、营业执照有效止期、注册地址、机构邮编、联系电话、传真、签署代理合同标志、保险代理经纪业务许可证号、业务许可有效起期、业务许可有效止期

（九）合作方主题

合作方主题是指保险机构在业务开展的售前、售中、售后过程中进行相关合作的第三方机构信息。《农业保险业务要素专项数据规范》（2017年7月18日发布）中未展开此主题内容。

（十）服务主题

服务主题是指在与潜在客户和存量客户接触的阶段，保险机构通过畅通有效的服务渠道，为客户提供业务咨询、投诉处理等类型的服务内容。《农业保险业务要素专项数据规范》（2017年7月18日发布）中未展开此主题内容。

四、农业保险外部的支撑数据情况

（一）我国农业数据的分布情况

《中华人民共和国统计法》规定，我国统计调查项目包括国家统计、部门统计和地方统计三种。其中，国家统计调查项目是指全国性基本情况的统计调查项目，由国家统计局制定或者由国家统计局和国务院有关部门共同制定；部门统计调查项目是指国务院有关部门的专业性统计调查项目，由国务院有关部门根据其工作职责制定；地方统计调查项目是指县级以上地方人民政府及其部门的地方性统计调查项目，由县级以上地方人民政府统计机构和有关部门分别制定或共同制定。国家统计局是组织、领导和协调我国统计工作的专职机构，是我国统计数据的官方发布机构，代表国务院管理和协调国家一级部门制定的统计调查。

当前，我国农业数据的调查统计由农业农村部、国家统计局、国家林草局、国家发展和改革委员会、商务部、应急管理部、水利部、国家粮食局等有关部委局分别调查统计。其中，国家统计局负责农业综合统计，其他部委则根据各自职责负责其职责范围内的涉农业务数据调查统计。

经归纳，我国农业数据的基本情况如表 2-9 所示。

表 2-9 我国农业数据的基本情况（不限于）

涉农部门	数据内容	数据来源	数据采集方式
农业农村部	农业生产、消费、贸易、库存、价格和成本六大板块数据	农业农村部 21 套统计报表制度	全面统计、抽样调查和典型调查
	农业整体运行状况、农村经济环境、农民经济生活数据		
	分县农业农村社会经济统计等方面的指标		
	农垦系统数据		
国家发展和改革委员会	价格数据、成本收益数据、企业物流数据	价格监测中心监测；农产品成本收益调查报表制度；社会物流统计报表	抽样调查、固定点监测、行政填报
商务部	国内市场数据：全国主要城市生活必需品的市场监测、重点农业行业的市场数据	城市生活必需品市场监测统计报表；重点流通企业监测统计报表；重要生产资料市场监测统计报表；全国蚕丝绸行业市场监测报表；大宗农产品进口报告统计	典型调查、全面统计
	国际市场数据：国际主要农产品进口数据		

续表

涉农部门	数据内容	数据来源	数据采集方式
应急管理部	自然灾害数据	国家自然灾害数据库、全国灾情管理信息系统	典型调查、全面统计
环保部	环境质量、污染防治、自然生态数据	大气、地表水、辐射环境动态数据表；重点企业、上市公司环保情况；重点流域污水治理表；全国自然保护区、生态乡镇情况	典型调查、全面统计
水利部	防汛抗旱、水资源管理、水土保持、全国农村水电建设、经营和管理情况	全国农村水电统计报表制度	全面统计、典型调查
国家统计局	主要农业统计指标	农业普查、农林牧渔业统计报表、县域社会经济基本情况统计报表制度、住户收支和生活状况调查、农业产值和价格综合统计报表制度	全面统计；抽样调查；抽样调查和被抽中单位记账、现场访问相结合
	县域农村社会经济基本情况		
	农户收支、就业、消费、投资等		
	农产品生产者价格与指数编报、农产品集贸市场价格调查		
国家粮食局	粮食收购、销售、库存、仓储、加工；粮食行业从业人员	粮食流通统计制度	全面统计、抽样调查
国家林草局	全国林业资源、病虫害防治和森林火灾等方面的数据	林业统计综合报表、全国森林火灾统计报表等林业局部门统计	全面统计、抽样调查、定点监测
中国气象局	基础气象数据、农业气象、土壤数据	气象部门综合统计报表	全面统计、抽样调查、定点监测
海关总署	主要农产品的贸易数据	《海关统计》出口主要商品量值表；进口主要商品量值表	全面统计
全国供销总社，中国储备粮管理总公司	粮食和棉花库存量数据、收购、销售和竞拍数据	供销合作社统计报表；中央储备粮统计报表	全面统计、行政填表
农业农村部遥感应用中心	大宗农作物种植面积监测、单产预测、长势遥感监测、全国土壤墒情监测、全国草原长势及产草量监测、全国农业灾情数据监测等	遥感监测	遥感监测、抽样调查

（二）各部门农业数据的详细情况

1. 农业农村部

目前，农业农村部内有 21 套统计报表制度，包括农业综合统计、种植业、畜牧业、渔业、农村经营管理、农产品价格统计、农产品加工及农业资源和农村能源环境等，共计报表 300 张，指标 5 万个（次），并已经建设了面向分析主题的 14 个数据集，包括农业宏观经济及主要农产品产量、价格、进出口、成本收益等，平均每天更新量约 30 万条，现有数据仓库存量信息近 9 亿条。

2012 年以来，农业农村部加快农产品市场信息采集体系建设，加大便携式农产品市场信息采集器推广应用范围（如图 2-4 所示），先后在天津、湖北、山东、新疆、海南、黑龙江、辽宁、内蒙古、吉林等 11 个省（区、市）示范应用，涵盖粮食、油料、棉花、食糖、水果、蔬菜、水产品等 10 大类 100 多个品种，覆盖田头市场、批发市场、集贸市场、摊点零售等 4 种类型 270 多个市场，日均采集近 2000 条市场信息，重要农产品市场信息采集的及时性、便捷性和准确性持续提高，为农业全产业链信息分析预警工作开展奠定了坚实基础。

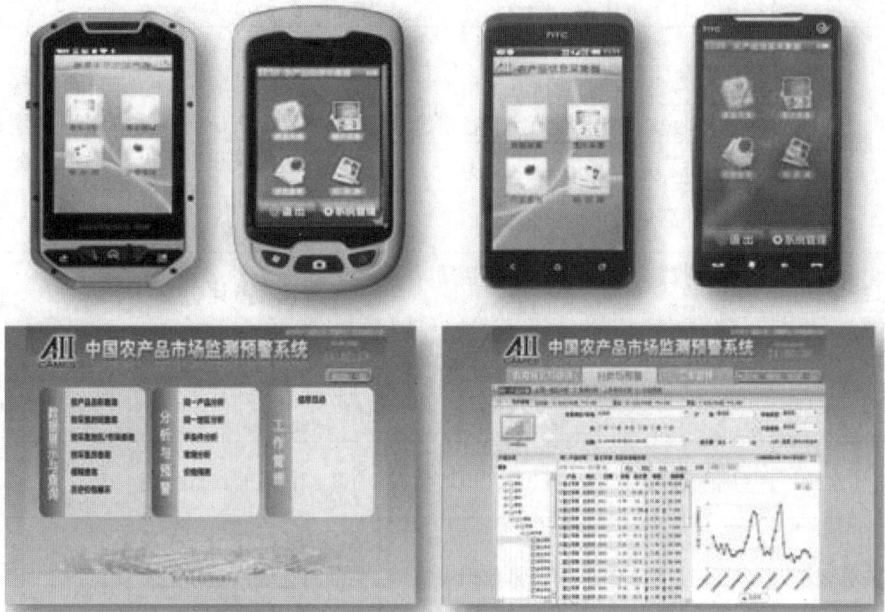

图 2-4　便携式农产品市场信息采集器

以下按照生产、消费、贸易、库存、价格和成本的生产经营活动六个主要环节，对农业农村部现有数据进行汇总和梳理，主要包括农业生产数据，即全国种子行业统计数据、畜牧业统计监测数据、生猪等畜禽屠宰统计数据、渔业统计数据、花卉产业统计数据；农产品消费数据，即全国饲料工业统计数据、全国农产品加工统计数据；农业生产成本和价格数据，即农产品成本调查数据、主要农产品及农业生产资料价格数据、农业机械化管理数据、全国土壤肥料专业统计数据。

此外，农业农村部还对全国农业整体状况、农村经济环境运行情况和农民的经济生活状况进行了监测并获取了相关数据，主要包括农业综合统计数据、全国植保专业统计数据、全国农业资源环境信息统计数据、农村综合调查数据、农村经营管理情况统计数据、全国分县农业农村经济基础资料统计数据、全国固定观察点农户调查数据。对于农垦系统和农业从业人员，农业农村部还专门编制了农垦综合统计数据、农业系统国有单位人事劳动统计数据。

2. 国家发展和改革委员会

国家发展和改革委员会（以下简称"国家发改委"）作为总体经济体制改革和宏观调控部门，目前主要形成了三类农业数据的监测和统计，主要包括农产品价格数据、全国农产品成本收益数据和企业物流数据。

国家发改委下属价格监测中心负责农产品收购价格数据的监测、统计工作，目前按照月度编制的数据表主要是农产品收购价格监测表和主要农产品加工品的零售价格监测表，具体包括：部分主产区小麦收购价格监测表，部分主产区稻谷收购价格监测表，玉米收购价格监测表，大豆收购价格监测表，主要城市食用油零售价格监测表，主要城市大米、面粉零售价格监测表，大中城市蔬菜、水果水产、副食品月报表，实现了对主要农产品收购价格和农产品，以及加工品零售价格的实时监测统计。2014 年目标价格补贴政策实施后，国家发改委开始监测大豆、棉花目标价格试点地区的收购价格数据。国家发改委定期公布新疆的棉花收购价格数据，并对黑龙江、吉林、辽宁、内蒙古三省一区的大豆收购价格数据进行监测和统计，以保障目标价格政策的有效实施。

在农作物收获后，编制全国农产品成本收益数据并及时共享。国家发改委编制的成本收益数据表，包括全国和各地区稻谷、小麦、玉米、大豆、油料作物、烤烟、棉花、甘蔗、甜菜、水果、桑蚕成本收益情况、费用和用工情况；全国和各地区大中小养殖规模和散养生猪、肉羊、肉牛、肉鸡、蛋鸡、奶牛等畜禽产品养殖的成本收益情况、费用和用工情况；省份、自治区、直辖市蔬菜成本收益、费用和用工情况。

此外，国家发改委还对企业的物流运行状况进行监测，包括对农产品物流企业的经营情况和企业物流状况的相关数据进行监测和发布等。

3. 商务部

商务部是主管商业经济和贸易的部门，为适应中国加入世界贸易组织后的经济发展需求，商务部掌握了中国市场与全球市场的相关监测数据。

国内市场部分，商务部负责对全国主要城市生活必需品的市场监测统计，包括全国 36 个大中城市粮食、食用油、禽类、肉类、水产品、鸡蛋、蔬菜、水果等 11 大类 82 个品种的零售价格、销售额、交易量、库存量等指标。此外，农业重点行业的市场数据也在其监测的范围内，如蚕丝绸行业市场监测数据、重点流通企业监测统计数据、重要生产资料市场监测数据，其中包括涉及农业生产的化肥价格、销售量、销售额、库存量、库存额等相关数据。

国际市场部分，商务部掌握了国际主要农产品市场数据，包括大宗农产品进口统计数据，主要指标有大宗农产品的预计进口数量、预计货物到港时间、实际装船时间、实际装船数量、装运港、原产地国（地区）、主要口岸进口情况等。此外，商务部定期编制国外农产品期货价格波动情况分析报告并向社会公布。

4. 国家统计局

国家统计局每年会编制《中国统计年鉴》，综合监测我国农业、农村和农民的基础数据并按年度发布。

《中国统计年鉴》从人口、就业和工资、人民生活、居民消费和投资等指标对农户的经济生活状况进行监测；从县域农村社会经济基本情况、资源和环境、文化和教育等方面对我国农村经济运行状况进行全面监测；从农业的生产、农产品产值、产量、集贸市场价格、生产者价格和指数、进出口对我国农业生产经营状况的影响进行统计并按年度公布。

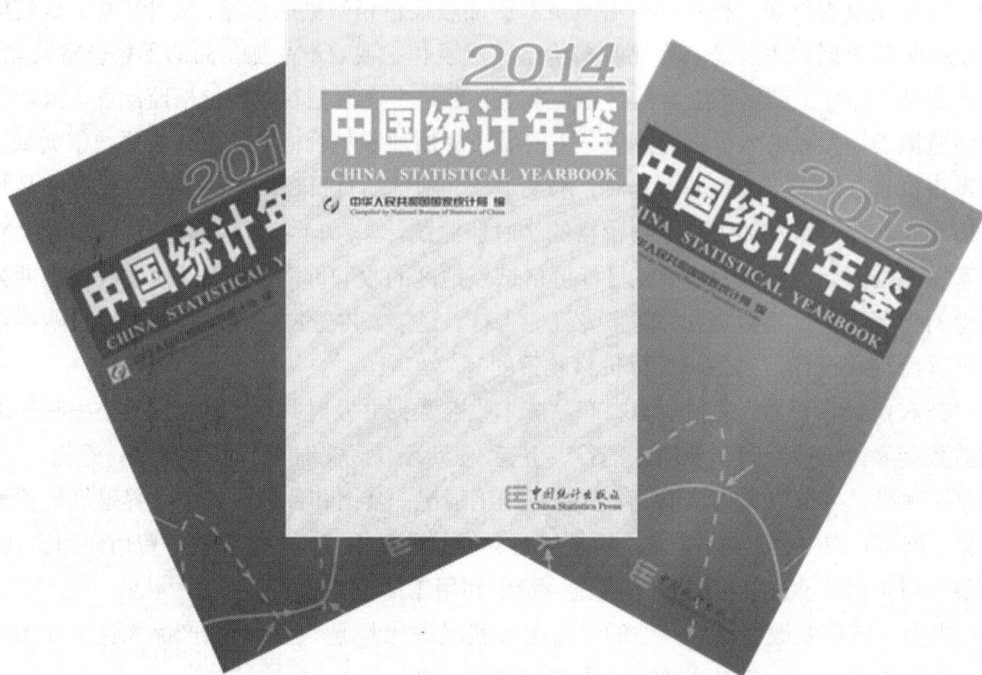

图 2-5　国家统计局发布《中国统计年鉴》

5. 应急管理部、环保部、水利部、国家气象局

应急管理部、环保部、水利部和国家气象局承担了农业灾害和自然资源数据的收集、整理、分析工作，担负着农业灾害预警和应急处置的责任，形成了比较完整的农业灾害数据库和自然资源数据体系。

应急管理部（原民政部国家减灾中心）的"国家自然灾害数据库"和"全国灾情管理信息系统"，负责灾情的收集、整理、分析，对自然灾害风险进行评估和灾情预警，承担国内外多星资源调度、各级各类遥感数据获取与重大自然灾害遥感应急协调工作。目前已经形成包含受灾和成灾面积、水旱灾害面积、各地区雨涝干旱情况、土地荒漠化、除涝治碱、水土流失治理等方面内容的自然灾害数据系统。

环保部承担环境质量、污染防治（尤其是水污染防治）、自然生态等数据收集、整理、分析工作。目前环保部数据中心的数据包括：大气、地表水、辐射环境动态数据，重点企业、上市公司环保情况数据，重点流域污水治理数据，全国自然保护区、国家级生态乡镇数据等。

水利部主要对水利业务数据进行集中采集、存储、管理和使用，包括防汛抗旱数据、水资源管理、水土保持，以及农业水利设施及农村水电资源的数据。

此外，中国气象局除对地面观测资料、区域气象数据、高空探测数据等基础数据进行监测和统计外，还涉及农业的生态气象数据、农气观测点数据、日照数据和土壤湿度数据等农业气象数据的监测和统计。

6. 国家粮食局、海关总署、全国供销总社等部门

国家粮食局负责国家粮食流通企业相关数据的监测统计，对从事粮食收购、销售、储存、加工进出口的粮食经营企业、养殖企业和以粮食为生产原料的饲料企业和加工企业的生产经营状况进行监测。

国家海关总署每月发布我国主要农产品的贸易数据，每月出版《海关统计》，公布我国粮食、谷物，以及谷物粉、稻谷和大米、玉米、畜产品、油脂油料、棉花、食糖等主要农产品及其加工品的进出口数据。

全国供销总社、中储粮主要负责粮食、棉花等作物的收储和流通，掌握了我国粮食和棉花的库存量数据，以及各时期收购和竞拍价格的相关数据，由于涉及库存和拍卖数据，通常不能向社会公开发布。

7. 农业农村部遥感应用中心

农业农村部遥感应用中心归口农业农村部规划司，负责全国农业遥感监测工作。农业农村部遥感应用中心下设 2 个分部（应用部和研究部）、11 个分中心和 200 个国家级地面样方监测网点县为基础的国家、区域、县三级监测网络。其中农业农村部遥感应用中心应用部现并入农业农村部大数据发展中心，研究部挂靠中国农业科学院农业资源与农业区划研究所，分别负责体系运行和技术研发；11 个分中心负责区域范围内各种农业遥感监测任务；200 个国家级地面监测网点县负责定期提供实测的土壤墒情、作物长势及其他农业参数，用于修正和验证遥感数据。

（三）农业数据公开与共享的情况

尽管国务院在 2015 年 8 月 31 日印发的《促进大数据发展行动纲要》中明确要求加大政府数据公开力度，在全社会范围内互联开放共享的政府信息和数据资源，但当前我国在政府统计数据的公开和共享方面还很有限，国家对数据公开，以及数据保密的范围和程度缺乏明确的规定。加之我国涉农数据分散在国家统计局、农业农村部、发展改革委、商务部等十余个部委，每一个部委内涉农数据的统计工作又分散在各个业务司局手中，不同的部委和司局，在不同的时间段，对不同类型涉农数据的公开和共享有不同的理解，因此要对各部门涉农数据的获取情况进行详细和准确分类几乎是不可能的。

但总的来讲，按照各涉农部门数据获取的难易程度，可将国家层面的数据资源分为公开数据、共享数据及专有数据三类，现就不同类别数据资源类型及获取渠道做概括描述。

1. 公开数据

公开数据，是指任何个人或组织都可以通过公开渠道获得的数据和资源。在现阶段，公开数据主要是指国家统计局或有关部委以统计年鉴或统计公报/快报等方式公开发布的

数据。未来随着国务院大数据行动纲要的实施，数据公开的范围可能会越来越大，届时任何人都可以通过政府大数据发布平台获取数据。

现阶段，农业公开数据主要包括：①农业资源要素数据，如我国农业耕地、草原、林地、水利设施、水资源、农业设施设备、新型经营主体、农业劳动力、金融资本等资源要素数据；②省级及省级以上主要农产品的面积、产量和单产等生产数据、市场价格数据、成本收益数据及进出口数据；③政府农业补贴、农业项目，以及农业管理、农业科研及农业推广方面的数据；④国家级气象站点/农气站点的农业气象数据、中低分辨率农业遥感数据及省级以上的农业灾害和灾情数据；⑤农产品质量安全数据，如农产品生产的生态环境、市场流通、加工储藏、检验检测数据。

2. 共享数据

共享数据是指不能公开获取，但可以通过某种方式在一定的范围内共享的数据资源。与公开数据相比，共享数据内容更多，范围更大，时效性更强。共享数据可以通过部委合作，协商建立共享的制度和保密原则，实现数据共享。

现阶段，可共享获取的数据资源主要包括：①省级和县级气象站点的农业气象数据和农业灾情数据；②高分辨率的农业遥感数据和农业地理信息数据；③县级农业经济和农业生产经营统计数据、农户固定观察点数据；④粒度更小的农产品市场价格数据；⑤省级及市县级农业生产经营管理数据等。

3. 专有数据

专有数据是指根据国家保密规定禁止或限制流通的数据及某些涉农部门独有但不对外发布的数据。

现阶段的涉农专有数据，包括但不限于：①粮食库存数据；②统计局农户家庭调查数据；③农业耕地质量及农地污染等方面的细颗粒度数据；④土地确权登记数据。

（四）农业保险外部支撑数据的内容

根据我国农业数据的分布情况，结合农业保险的业务需求，农业保险的外部支撑数据包括但不限于：农业保险产品创新支撑数据、农业保险精确承保支撑数据、农业保险精准理赔数据、农业保险效果评价数据、农业保险服务主体相关数据和其他支撑数据，具体内容如下。

1. 农业保险产品创新支撑数据

农业保险产品设计相关数据是对农业保险保障潜力评价、农业保险产品创新、设计与定价提供支撑的数据，通过对数据挖掘与分析来设计保险产品并确定产品的费率、保障水平、保险期限、承保数量、赔付指标、保险金额和赔付等内容，具体包括：①种植业历史生产数据，包括种植面积、产量和单产；②畜牧业畜禽历史生产数据，包括出栏量、存栏量、畜产品产量等；③渔业历史生产数据，包括捕捞与养殖规模等；④林业资源数据，包括林业分类、面积等；⑤种植业历史灾情数据，包括灾害类型、作物受灾面积、承灾面积和绝收面积；⑥畜牧业死亡率数据，包括疾病类型、死亡头数、扑杀头数等；⑦渔业灾情数据，包括台风、洪水等受灾数量等；⑧林业灾情数据，包括火灾过火面积、病虫害受灾面积等；⑨气象数据，包括气象站点不同时间尺度（年、旬、月、日）的降水、日照、温度、风速和农气站点不同时间尺度（年、旬、月、日）的土壤含水量、作物生育期等方面数据；⑩农产品市场价格数据，包括农作物收购价格、批发价格和期货价格，畜产品出售价、批发价格和期货价格等；⑪农产品成本数据，包括物化成本、人工成本和土地成本等。农业保险产品设计相关数据主要来自农业农村部、商务部、应急管理部、国家发改委、国家林草局、国家气象局等相关部门拥有的数据资源。

2. 农业保险精确承保支撑数据

农业保险承保理赔相关数据是支持农业保险开展精确承保的支撑数据，具体包括：①土地资源数据，包括耕地、林地、水资源总面积、人均面积、分布情况等；②种植业地块数据，包括遥感识别提取的作物地块数据、第二次农业普查的作物地块数据等；③土地权属数据，包括农村农业土地确权数据；④农村土地流转数据，包括农村农业土地流转合同、承保合同和租赁合同数据等；⑤粮食直补数据，包括农村农业粮食直补面积和综补面积等数据；⑥畜牧养殖数据，包括养殖品种、养殖企业和农户、出栏和存栏等养殖规模、耳标号、防疫检疫数据等。农业保险精确承保支撑数据主要来自自然资源部、农业农村部等相关部门拥有的数据资源。

3. 农业保险精准理赔支撑数据

农业保险精准理赔支撑数据是支撑农业保险开展精准理赔的支撑数据，具体包括：①种植业灾情遥感监测分析数据，是指利用卫星遥感识别解译的重大灾害的影响范围，不同作物的受灾面积、受灾比例和受灾程度等；②种植业无人机灾情提取数据，是指利用无人机遥感技术识别的重点区域灾害的影响范围，不同作物受灾面积、受灾比例和受灾程度等；③农业灾情统计上报数据，是指由官方机构统计调查获得的区域作物受灾面积和受灾程度；④农业灾情抽样调查数据，是指由保险机构或其他第三方机构灾后实地抽样调查的作物受灾面积和受灾程度；⑤灾害相关的气象信息，是指灾害发生时基础气象站点、自动气象站或人工气象站采集的受灾区域相关的气象信息；⑥养殖业防疫检疫数据，是指由动物防疫检疫部门登记的畜禽疫病死亡信息、畜禽无害化处理信息等。

4. 农业保险效果评价支撑数据

农业保险效果潜力相关数据是对评价农业保险实施效果、农业保险保障水平，为拓展农业保险深度与密度、创新保险产品和提高农业保险参保率提供支撑的数据，具体包括：①农业产值、增加值数据，包括分品种、分区域的农产品产值与增加值、副产品产值与增加值等；②种养规模数据，包括分品种、分区域的种植业种植面积和养殖业养殖规模；③农民生产成本、收益数据，包括生产成本、土地成本、净利润、现金成本、现金收益等；④农业灾害损失和救济，包括自然灾害、疫病损失和补偿；⑤农业补贴数据，包括三合一补贴、目标价格补贴等；⑥农业保险财政补贴数据，包括中央补贴、省级补贴、市级补贴、县级补贴等数据。

5. 农业保险服务主体相关数据

农业保险服务主体相关数据是指农业保险服务与受益主体的相关数据信息，该主体主要有两类，一类是种养规模较小的普通农户，俗称"散户"；另一类是以专业大户、家庭农场、农民合作社、龙头企业为代表的新型农业经营主体。针对前一类主体，主要的数据信息包括：农户身份信息、健康状况、联系方式、家庭成员构成、种养数量、保险状况、赔付情况、银行卡信息等；针对新型经营主体，主要的数据信息包括：机构/企业基本信息、种养规模、农资等生产资料购买信息、生产信息、销售信息、财务状况、贷款信息、信用信息、保险信息等。

6. 其他支撑数据

其他支撑数据是指对农业保险经营与服务起支撑作用的数据，具体包括：①行政区划数据，包括省级、直辖市、市级、县级、乡镇级乃至村级行政区划相关的数据；②基础地理信息数据，包括城镇分布数、水文数据、地形地貌数据、土地利用数据、植被分布数据、土壤分类数据等；③政策文件和法律法规数据，指农业保险涉及的相关政策文件、条例、法规、政府公文、操作规程、技术标准、技术规范等。

（五）支撑数据引入农业保险的思路与方式

国务院发布的《促进大数据发展行动纲要》明确提出，要"大力推动政府信息系统和公共数据互联开放共享，加快政府信息平台整合，消除信息孤岛，推进数据资源向社会开放，增强政府公信力，引导社会发展，服务公众企业"。因此，如何归集农业保险所需农业支撑数据，关键是按照部委合作、公共数据公开的要求，实现数据共享和数据增值服务。

第一，通过部委合作、数据增值服务实现农业数据共享，数据粒度越细越好。

为了最大限度地利用现有的农业数据，避免重复采集，可以按照《促进大数据发展的行动纲要》的要求直接实现涉农部门农业数据的共享。

共享的主要数据包括：农业农村部的生产、消费、贸易、库存、价格和成本等生产经营数据，农业遥感监测统计数据，农业整体状况，农村经济环境运行情况，农民的经济生活状况数据；国家发改委的农产品收购价格数据和主要农产品成本收益数据；商务部全国农产品市场监测统计数据；海关总署的主要农产品贸易数据及企业级主要农产品贸易数据；全国供销总社、中储粮的库存和销售数据；国家气象局的地面观测资料、日照数据和土壤湿度数据；国土资源部、水利部的我国农业水利设施及水电资源数据；林业局的退耕还林数据；人力资源和社会保障部的农业劳动力数据；交通运输部的农产品运价数据；教育部的我国农业院校统计数据及农民受教育程度数据；卫生部的农村基础医疗统计数据；国家工商局的涉农企业法人主体数据等。

第二，完善法规制度和标准体系，建立数据共享机制，科学规范利用部门间农业数据，确保数据共享的粒度越细越好。

首先，建立农业数据共享协商机制，如图 2-6 所示。通过供需双方协商，规定农业数据共享和交换的内容、范围、用途和方式。其次，建立部门数据分析与共享规则。部门间互相留出可以即时访问的接口，规定数据上传和整理的一般步骤，实现数据的及时共享。再次，开发相关涉农数据获取工具，实现部门数据的及时、安全、有效获取。最后，建立信息安全保密协议机制。各部门、各单位在涉农数据资源共享过程中应当加强涉农数据资源管理，统筹考虑信息安全，通过加强内部管理，健全涉农数据安全监管机制，妥善保管涉农数据资源，确保共享信息资源的安全保密。

图2-6　引入农业数据的共享机制

第三，实现农业保险所需农业数据的分阶段收集。

农业保险相关的农业数据分布范围广，品类复杂，涉及多个相关部门，不可能在短时间内收集完成。因此，研究要分阶段、分产业、分尺度收集，如图2-7所示。

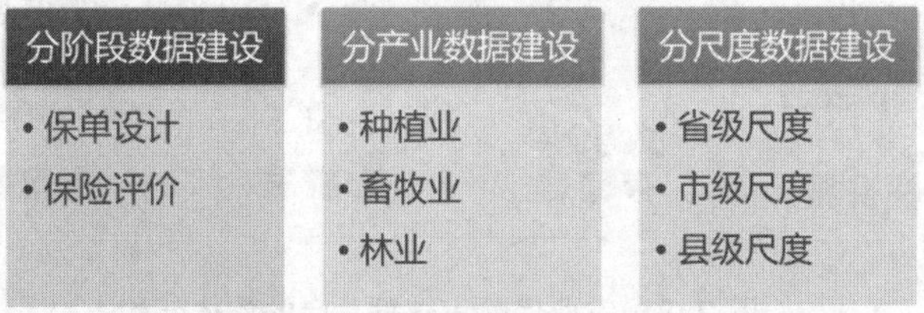

分阶段数据建设	分产业数据建设	分尺度数据建设
• 保单设计 • 保险评价	• 种植业 • 畜牧业 • 林业	• 省级尺度 • 市级尺度 • 县级尺度

图2-7　分阶段收集农业数据

首先，分阶段的农业数据建设。在共享各个涉农部门数据的同时，先期着力收集与保单设计和保险评价相关的数据。按照保险方案设计的需要，保单设计是保险方案能否顺利实施的核心内容，应对与赔付指标、保障水平、保险期限、承保数量、保险金额和赔付标准等内容相关的数据进行先期收集和建设。

其次，分产业的农业数据建设。目前我国的农业保险主要针对种植业、畜牧业和林业产品。在引入农业数据时，可以先从开展农业保险较多和发展比较成熟的农产品保险数据开始收集，以降低数据收集的难度。因此，初期可以先从种植业入手，建设各类农产品保险的数据库，并逐步丰富和完善，扩展到其他产品。

最后，分尺度的农业数据建设。农业保险涉及的数据分布在不同的层面，有全国尺度的数据，有市级尺度的数据，也有县级尺度的数据。为尽量细化数据的采集粒度，数据收集层级可以最终定位在采集县级尺度上的农业数据，以满足农险平台对各类农业数据的需求。但在收集数据时，可以根据数据收集的难易程度，先收集全国尺度的数据，再收集市级尺度的数据，最后收集颗粒度最小的县级数据。

五、农业保险大数据平台架构与关键技术

（一）农业保险大数据平台整体架构

大数据的最大价值在于数据的挖掘与增值服务，搭建大数据平台，以实现数据的采集、管理、分析与应用是大数据产生价值的必经过程。根据农业保险大数据的特点，农业保险大数据平台建设的整体架构包括采集层、标准层、存储层、分析层、应用层、用户层六大部分，如图 2-8 所示。

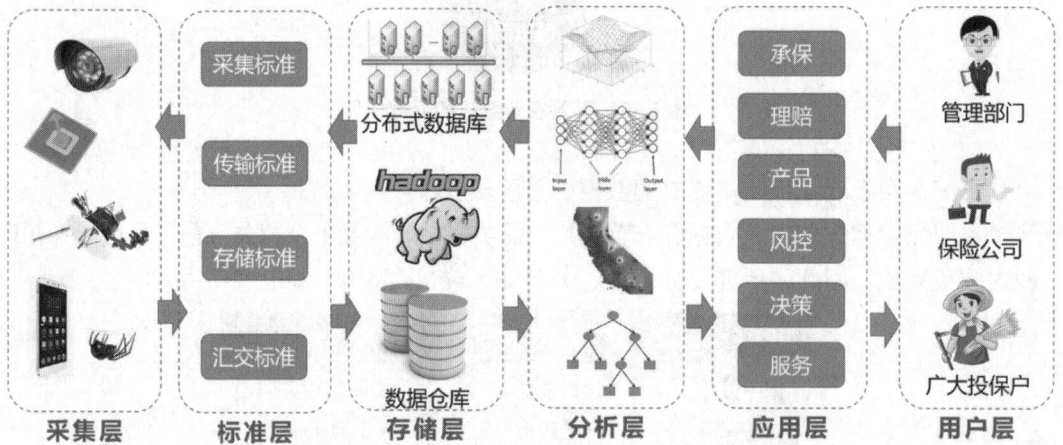

图 2-8　农业保险大数据平台的整体架构

（1）采集层。大数据采集是产生数据的过程，是所有大数据的源头。大数据平台的采集层是指利用信息技术将农业保险相关数据数字化并进行有效采集和传输的过程。相较电信、金融等行业，农业保险的数据积累尚处在初级阶段，相当部分的数据采集工作仍采用数据统计上报的传统方式。但随着大数据技术的发展，农业保险数据的采集技术也会逐步更新，关键技术包括物联网采集技术、移动互联采集技术、遥感采集技术和物联网数据抓取技术等。

（2）标准层。大数据产生价值的一个重要前提是数据有效整合，而数据整合的前提则是数据标准的统一。针对通过各种方式收集、采集的农业保险大数据，需在标准层上建立一套农业保险大数据标准化体系，以便对数据的采集、传输、存储和汇交进行标准化。

（3）存储层。大数据的核心技术为基于存储的计算，从本质上来说，大数据主要解决的是海量数据搜索、计算、挖掘、展现和应用等问题，而这一切都离不开高效的数据存储技术。从存储层的逻辑结构上看，大数据存储主要包括分布式数据库、Hadoop 平台和数据仓库三项关键技术。

（4）分析层。大数据的最大价值就在于大数据分析再应用，因此分析层是整个大数据平台顶层的关键部件。面向多源异构的海量数据，农业保险大数据分析是以农业保险应用为需求，通过各种分析手段、算法、工具等对源数据进行处理与加工，形成与农业保险应用价值有关的新技术、新知识、新结论等，实现数据的再增值过程。大数据分析的技术有很多，如可视化分析、语义分析、预测分析等，但结合农业保险应用，农业保险大数据特色的分析技术包括模型分析、时空分析、数据挖掘和人工智能。

（5）应用层。大数据所做的分析只有在农业保险中应用，才能真正将大数据的价值体现出来。因此，大数据平台的应用层是在分析层的基础上，根据实际的农业保险应用需求，实现大数据在农业保险承保、理赔、产品、风控、决策、服务等方面的应用，并促进农业保险的提升与创新。针对当前农业保险的难点及痛点，大数据技术带来的提升与创新包括但不限于精确承保、精准理赔、科学定价、产品创新、服务升级等。

（6）用户层。大数据平台的应用与服务对象包括保险管理部门、保险公司和广大投保农户。针对管理部门，利用大数据应用提升保险监管与决策的及时性、有效性和科学性；针对保险公司，利用大数据应用提升保险经营与管理的合规性和高效性，并更好地进行风险管控和产品创新；针对广大投保农户，利用大数据应用提升农户的保险意识，增强保险服务体验并挖掘保险服务需求。

（二）农业保险大数据平台的关键技术

农业保险大数据平台的关键技术包括但不限于农业保险大数据采集技术、农业保险大数据标准化技术、农业保险大数据存储技术和农业保险大数据分析技术等，具体内容如下。

1. 农业保险大数据采集技术

（1）物联网采集技术，是指各种信息传感设备通过接入互联网形成一个巨大网络，实现实时采集物体或过程等各种信息的技术。根据传感设备的部署方式不同，物联网采集技术又可分为穿戴式采集技术、植入嵌入式采集技术和架设式采集技术。穿戴式采集技术是通过为牲畜佩戴传感设备实现对个体信息的采集，如奶牛保险通过给奶牛佩戴电子项圈，实现对奶牛疾病、产奶、死亡等信息的采集。植入嵌入式采集技术通过为牲畜植入或嵌入传感设备实现对个体信息的采集，如能繁母猪保险通过在猪耳朵上植入电子芯片，实现对其身份、妊娠、产仔、死亡等信息的采集。架设式采集技术则是通过架设传感设备实现对农业生产环境信息的采集，如温度、湿度、土壤墒情、病虫害等信息。

（2）移动互联采集技术，是指利用手机、笔记本电脑、平板电脑等移动智能终端，结合高速的移动互联网技术进行数据采集。随着移动智能终端的日益普及，人们已经习惯利用终端设备开展各类采集工作，实现随时随地数据采集，如保险公司业务员使用移动终端采集保险标的、被保险人信息、承保理赔影像资料等。利用移动互联技术采集的数据具有数据多、非结构化的特点，尤其是图片和视频资料数量激增。

（3）遥感采集技术，是指利用卫星、无人机、飞行器等对地面目标进行大范围监测、远程获取数据的技术。遥感技术是一种空间信息采集技术，具有采集数据范围大、采集信息速度快、多空间分辨率、多时间分辨率、信息量大等特点。在农业保险大数据采集上，遥感技术可以客观、准确、及时地提供农业保险标的的空间位置识别监测、保险作物长势动态监测、保险标的气象灾害监测、农作物产量监测等方面的采集工作。随着遥感技术，特别是高时空分辨率、高光谱传感器的应用等的飞速发展，遥感采集技术的采集和识别精度将逐渐提高。

（4）互联网数据抓取技术，是指利用爬虫等技术对涉及网站、论坛、微博、博客、微信中农业保险大数据进行动态监测、定向采集的过程。网络爬虫（网页蜘蛛）是一种按照一定的规则自动抓取互联网信息的程序或者脚本，有广度优先、深度优先两种策略，能够实现每个月爬取几十亿网页，数据量巨大。目前，有一些机构通过网站、微信公众号开展农业保险相关信息（数据、政策、新闻等）的传播，通过爬虫技术实现自动化的数据采集工作。

2. 农业保险大数据标准化技术

（1）数据采集标准，是标准化农业保险数据的采集，具体需要标准化的内容包括但不限于数据采集流程、采集数据分类、数据采集对象、数据采集指标、数据采集指标内容、数据采集方式、数据采集工具、数据采集时间、数据采集地点、数据采集时空范围、数据采集频率、数据采集精度、数据采集粒度、数据采集误差，等等。

（2）数据传输标准，是标准化农业保险数据采集后的传输，具体需要标准化的内容包括但不限于数据传输方式、传输数据格式、数据编码标准、数据传输速率、数据传输安全、数据传输频率、数据传输时间、数据传输冗余，等等。

（3）数据存储标准，是标准化农业保险大数据的存储，具体需要标准化的内容包括但不限于数据存储方式、数据存储结构、数据存储效率、数据校验规则、数据质量控制、数据元数据标准、数据更新策略、数据存储安全、数据备份策略、数据容灾策略，等等。

（4）数据汇交标准，是对各类农业保险数据汇交使用的标准，具体需要标准化的内容包括但不限于数据汇交方式、数据汇交内容、数据汇交分类、数据汇交范围、数据汇交分析工具、数据汇交成果形式，等等。

3. 农业保险大数据存储技术

（1）分布式数据库，是指利用高速计算机网络将物理上分散的多个数据存储单元连接起来组成的一个逻辑上统一的数据库，它能获取更大的存储容量和更高的并发访问量。在大数据存储结构中，分布式数据库主要负责海量农业保险相关数据的分布式存储、加工、关联和汇总，提供并行计算、数据深度分析和挖掘能力，并向数据仓库输出高度汇总的数据。

（2）Hadoop 平台，是一种分布式系统平台，通过它可以轻松搭建一个高效、高质量的分布系统，包括分布式文件系统（HDFS）和分布式计算模型（MapReduce）两个部分。

在大数据存储结构中，Hadoop 平台通常负责存储海量的流量单据数据，提供并行的计算和非结构化数据的处理，实现低成本的存储和低时延、高并发的查询功能。

（3）数据仓库，是在原有分散的数据库里进行数据抽取、清理的基础上，面向主题进行系统加工、汇总和整理得到的数据库。在大数据存储结构中，数据仓库主要负责存储指标性数据、高度汇总性数据、决策性数据、专题性数据等，可直接提供面向大数据平台访问层的应用。

4. 农业保险大数据分析技术

（1）模型分析，是一种利用专业模型计算获得农业保险或农业风险相关规律的技术。农业保险经营管理中有农业风险，因此大量的专业风险分析模型将成为农业保险大数据分析的一个重要组成部分，包括种植业生产风险评估模型、种植业费率厘定与区划模型、气象灾害风险识别与监测模型、畜牧业死亡风险评估模型，农产品市场价格风险评估模型，等等。

（2）时空分析，是一种专门用于时空数据，揭示时空规律的分析技术。农业保险大数据中不乏利用遥感、地理信息、全球定位（3S 技术）获得的大量时空数据，通过对这些大量的时空数据进行分析，揭示农业保险或风险在时间、空间上的分布规律，如农业保险区域保险深度、农业保险区域经营发展状况、农业气象灾害的时空分布规律，等等。

（3）数据挖掘，是一种从大量数据中通过算法揭示隐藏于其中的信息或规律的技术。数据挖掘的应用可以从传统的统计，扩展到分类、聚类、关联、估计、预测等方面。在农业保险大数据分析中，通过数据挖掘可以发现农业保险的风险规律、被保险农户行为、农业保险产品缺陷、道德风险与逆向选择根源等潜在的信息。

（4）人工智能，是一种模拟人脑意识、思维、智力的技术方法，包括弱人工智能、强人工智能和超人工智能。目前大部分人工智能技术都属于弱人工智能，包括人工神经网络、深度学习等，在农业保险大数据分析上的应用可以包括畜牧业保险个体识别、畜牧业理赔影像资料识别、种植业损失遥感数据的分类监测、农业风险精算模型精度优化，等等。

第三节　农业保险大数据监管平台案例

一、全国农业保险信息管理平台案例

（一）建设背景

2007 年政策性农业保险试点启动以来，我国农业保险服务"三农"的能力显著提升，在业务规模、功能作用、政策设计、监管体系、服务网络、产品种类及新技术应用等方面

均取得重大进展，实现了历史性的突破。但是我国农业保险起步晚、底子薄，在快速发展的同时也暴露出服务能力不强、操作风险和经营成本较高等问题，尤其是数据积累不足，成为制约农业保险持续健康发展的重要因素。以下将进行详细介绍。

一是费率厘定缺乏数据基础。中央财政补贴品种、比例和范围确定后，各省每年都制定农业保险实施方案，其中一项核心内容就是调整费率。由于没有基础性的历史风险数据支持，保险费率和责任实施"一刀切"，费率厘定缺乏科学性。二是风险区划缺乏科学性。目前农业保险没有按照自然地域分异规律进行风险区划，而是以省为单位统一实施，风险单位划分不科学且过于庞大。三是标的信息缺乏真实性。由于农业保险点多面广、分散流动的特点，保险公司在承保过程中，难以准确确认标的信息，如投保地块的位置、面积、权属及养殖业标的数量等。四是协议赔付多有发生。在实际经营中，存在不严格执行理赔规程，以协议赔付、平均赔付等方式简化赔案处理等现象，以及实际赔款不能反映损失的真实情况。五是风险分散机制不健全。农业保险因干旱、洪水等灾害造成系统性风险的概率远大于普通保险，目前经办机构主要通过自身的再保险和大灾风险准备金安排来转移分散风险，一旦发生重大灾害，现有的农业保险运行机制将受到重大影响。

由此可见，我国农业保险的基础信息不成体系、不够完善，是农业保险监管难、经营难、服务难的一个重要原因。因此，建设全国农业保险信息管理平台，加强农业保险基础信息管理，提高行业信息化管理水平，是当前做好农业保险最根本、最基础和最紧迫的工作。

（二）建设历程

全国农险平台的建设经历了三个重要阶段。

1. 研究设立阶段

早在 2012 年出台的《农业保险条例》便提出了要建立农业保险信息共享机制。2014年 3 月 6 日，国务院召开农业保险专题会，将建设全国农业保险信息管理平台列为加强农业保险的一项专项工作，并成立以原保监会副主席为组长，原保监会统计信息部、财政部金融司、原农业部财务司、原中国保信公司为成员的专项工作组。2015 年 3 月，原保监会分管副主席主持召开专题会，正式启动农险平台建设工作。

2. 启动建设阶段

（1）一期试点工作。2015 年 7 月 1 日，原保监会办公厅下发了《关于开展全国农业保险信息管理平台一期试点工作的通知》，明确由原保监会牵头启动全国农业保险信息管理平台建设工作，包括人保、中华、国寿、太保、平安、国元等 11 家保险公司开展试点工作。2015 年 7 月 29 日，原保监会财险部下发了《关于开展农险平台一期试点联调测试工作的通知》，要求各保险公司开展联调测试工作。2015 年 8 月 26 日，原保监会财险部下发了《关于全国农险平台一期试点上线有关事宜的通知》，全国农业保险信息管理平台一期功能于 2015 年 9 月 1 日试点上线。2015 年 9 月 15 日，原保监会财险部下发了《关于开展全国农业保险信息管理平台一期试点推广工作的通知》，要求所有具备农业保险经营资质的公司参与农险平台的对接。农险平台于 2015 年底完成与国内经营种植业保险业务的全部 24 家保险公司的对接工作。

（2）二期全面建设。在农险平台稳定运行后，2016 年 8 月 9 日，原保监会办公厅下发了《关于开展全国农业保险信息管理平台二期建设相关工作的通知》，要求在一期农险平台收集中央财政补贴型种植险数据的基础之上，增加养殖险、林业险，以及地方补贴类和商业类农业保险业务数据，并要求各公司上传 2007 年以来的历史数据。2016 年 10 月 28 日，原保监会财险部下发了《关于全国农险平台二期试点上线有关事宜的通知》，各保险公司于当年 11 月完成上线。自此，农险平台实现了对农业保险数据的集中管理。各保险公司全面按照统一的数据规范，上传了种植业、养殖业、林业保险的承保、理赔、收付数据。

3. 稳定运行阶段

通过几年来全国农险平台不断优化数据汇集标准，完善数据汇集机制，全国农险平台的数据汇集工作已渐趋稳定。2020 年 6 月 3 日，银保监会办公厅下发了《关于进一步明确农业保险业务经营条件的通知》，取消了农业保险资质审批，将完整、及时、准确向农险平台报送数据作为保险公司经营农业保险的必要条件。全国农险平台进一步扩大了与保险公司对接数量，截至 2020 年 12 月底，农险平台已经对接了 32 家经营农业保险机构，累计更新了 500 多个产品标的类型，已入库保单 1600 多万件，承保农户户次超过 19 亿，赔案 4300 多万件，涉及受益农户户次 3.2 亿。在标准规范方面，结合农业保险实际，农险平台建立并完善了一整套覆盖承保、理赔和收付全流程各环节的业务数据标准规范，实现了行业内所有农业保险公司数据的"车同轨、书同文"，该标准也被纳入了《保险业务要素数据系列规范》，成为了行业数据标准化管理的重要依据。

（三）农业保险大数据

全国农险平台汇集了农业保险业务生产环节中承保、理赔、收付三个核心环节的保单级、清单级数据，数据字段涉及保单、理赔、收付、产品、客户、机构、渠道等十个主题，如图 2-9 所示。同时，积极引入涉农外部数据，包括气象、遥感、灾害等多源数据，并与保险数据进行充分融合。在汇集数据的同时，形成了三种数据维度。一是以农户为中心。农户信息是关联保险承保理赔数据、标的数据、银行账号数据、灾害风险数据和财政补贴数据的基础，农险平台通过农户身份唯一性识别，形成以农户为中心的数据模型。二是以行政区划为主线。保险行业及各类外部数据的基本联系是行政区划信息，农险平台按照国家有关规范，形成省、市、县（区）、乡（镇）、村的标准代码，在统一行政区划下开展数据管理和应用。三是支持多维度数据展示。支持产品类型（成本保险、产量保险、价格保险等），补贴方式（中央政策性、地方政策性、商业性），农业主体（普通农户、专业大户、家庭农场、合作社等），经营模式（共保、联办等）等多维度、多视角的数据展示。

保单主题　理赔主题　收付主题　再保主题　产品主题

客户主题　机构主题　渠道主题　合作方主题　服务主题

图 2-9　全国农险平台农业保险数据的十大主题

（四）架构与功能

全国农险平台通过整合行业内的农业保险经营数据和行业外的气象、遥感等相关基础信息，面向保险公司、监管机构、政府部门和投保农户，打造集基础数据、业务支撑、监管辅助、公众服务和创新孵化于一体的综合性平台（如图 2-10 所示），提供精准承保、快速理赔、风险区划、经营分析、市场监测、业务创新、信息公开、基础研究等丰富的数据和应用服务。

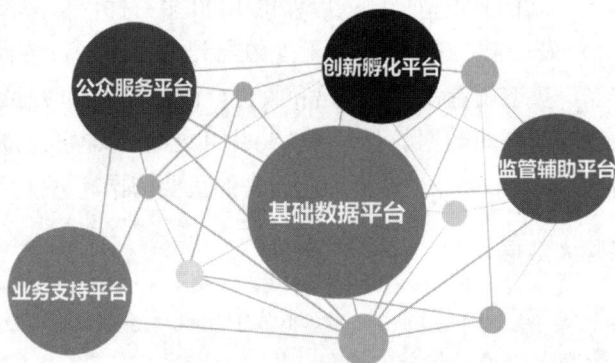

图 2-10　全国农险平台的架构

目前全国农险平台依托农业保险承保理赔电子化，构建了农险平台与保险公司核心业务系统的生产交互机制，实现了平台业务数据的 T+0 汇集。以保险业务数据为基础，从农村普惠金融、业务风险管理、数据分析及应用、创新科技应用四个业务方向，为保险公司、监管部门、政府部门、参保农户等提供线上公共服务，同时向涉农金融机构、保险公司提供增值服务。

全国农险平台已建成了农险平台数据汇集系统、农险平台核心 Web 系统、农险报表分析系统，支撑农险平台核心业务生产与数据展示。同时，不断发挥数据价值，陆续建成农险风险管理系统、农户公示查询系统等。此外，全国农险平台还通过引入基础地理信息、农业、气象、遥感、灾害等领域外部数据，实现了与保险业务数据的融合，建立了保险精准扶贫信息监测系统、农险 GIS 系统等。

1. 农险平台数据汇集系统

农险平台数据汇集系统与保险公司的核心业务系统通过接口方式实现了 T+0、T+1 的保单级和清单级信息交互。系统信息交互涵盖种植险、养殖险、林业险全险种信息及保险公司农险业务生产的主要环节，包括承保、批改、立案、预赔案、理赔、注销拒赔、保费收付、赔案支付，以及承保电子化专有的投保告知与确认、投保公示、生成电子保单等 20 多个业务流程的信息交互。陕西、河南等 10 多个地区已实现了农险承保理赔电子化服务，目前正逐步在全国其他地区推广，预计不久将完成全国性覆盖。

2. 农险平台核心 Web 系统

农险平台核心 Web 系统目前主要包括统计数据展示、基础数据维护、日志查询等功能，如图 2-11 所示。一是按照辖区范围或保险公司对应权限分别向监管机构、保险公司展示相应承保、理赔和收付等业务环节的统计数据。二是向保险公司提供行政区划查询与申报、标的分类查询与申报等基础数据维护功能，全国农险平台审核后生效并通过系统向保险公司反馈。三是向保险公司提供异步上传日志查询和数据上传日志查询功能，便于保险公司及时了解数据汇集系统的信息交互情况。

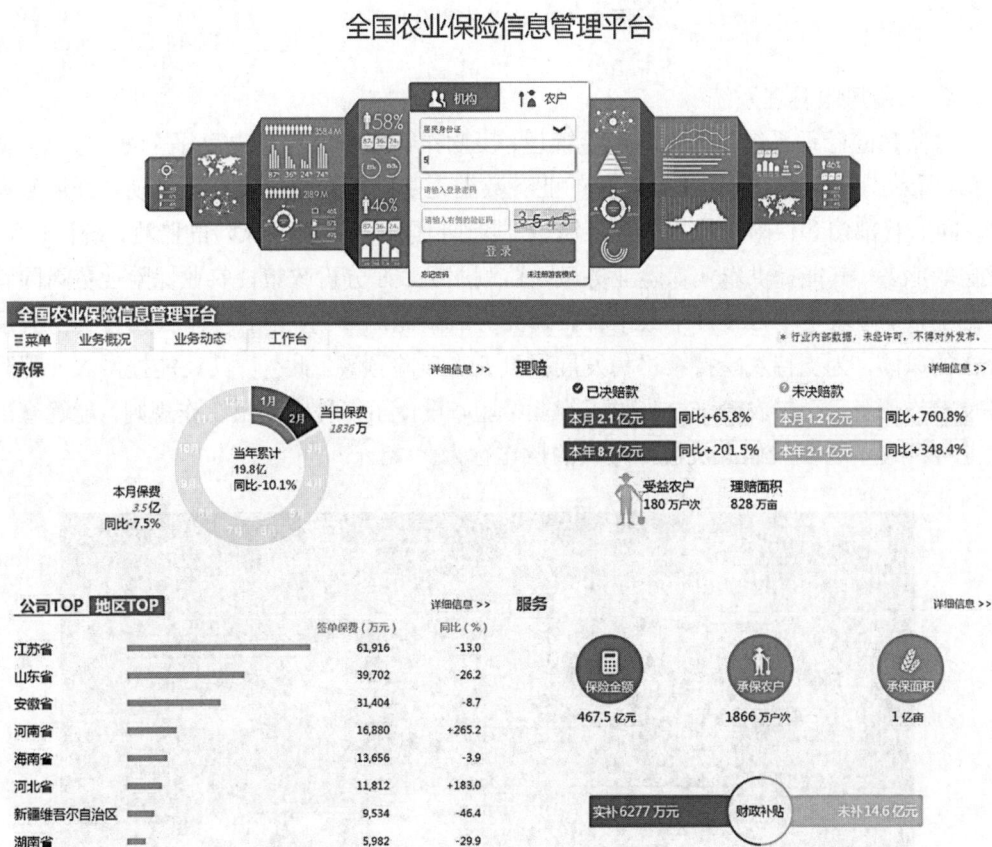

图 2-11　农险平台核心 Web 系统

3. 农险报表分析系统

农险报表分析系统按照农业保险统计制度确定业务指标口径,提供固定报表、自定义报表和业务清单查询服务,实现了农业保险承保、理赔、收付全流程业务数据的集中分析应用,如图 2-12 所示。系统包含数十种固定报表和支持多维度组合分析计算的多维分析报表,按月更新基础数据,目前系统已向各级监管部门和与全国农险平台对接的保险公司开放了使用权限。

图 2-12 农险报表分析系统

4. 农险风险管理系统

农险风险管理系统包含业务风险管理、反欺诈管理和报行合一管理等功能模块,如图 2-13 所示。它以全国农险平台汇集的业务数据为基础,通过各类高风险规则开展数据筛查,向监管部门和保险机构提供业务风险、欺诈风险、报行合一风险的监测、统计、评估、推送等服务。其能提供农业保险业务风险监测服务。在分析政策性农业保险业务风险特点基础上,全国农险平台设计了数十种农险业务风险监测规则,筛查保险公司在业务开展中存在的风险,为支持农险持续平稳发展提供业务风险预警。此外,其还能提供农业保险业务反欺诈服务。全国农险平台吸收了行业经验,设计了多种农险反欺诈规则,能筛查出农险业务开展中各类投保人及被保险人的欺诈行为。

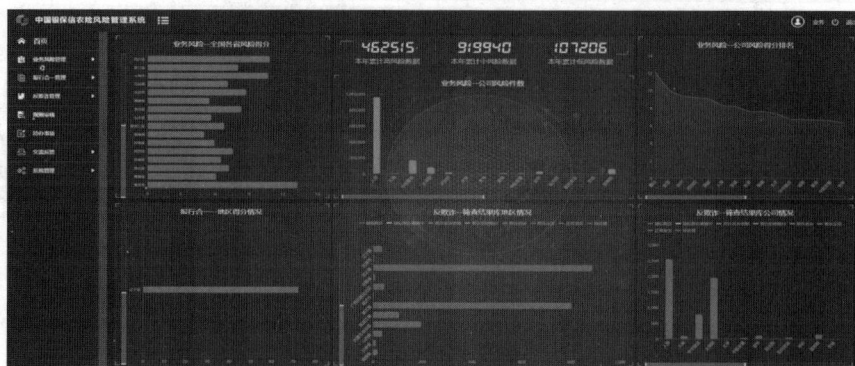

图 2-13 农险风险管理系统

5. 保险精准扶贫信息监测系统

为贯彻落实保险业助力脱贫攻坚要求，建立保险精准扶贫信息监测系统，利用自身大数据优势，从相关业务平台抽取相应保险清单数据，在对全量数据进行质量完善的基础上，以引入的建档立卡贫困人口信息，如贫困户姓名、身份证号和行政区划为基准，将建档立卡贫困人口数据和保险一一对应，精准勾画出每位建档立卡贫困人口的农业保险、健康保险、意外伤害保险和其他险类承保理赔情况，支持相关政府和监管机构开展扶贫统计监测工作，如图 2-14 所示。

图 2-14　保险精准扶贫信息监测系统

6. 农户公示查询系统

农户公示查询系统支持全国参保农户查询当期及历史的投保理赔情况和保单公示情况。农户通过选择自身所在区域，填写自身姓名、证件号等基本信息即可登录系统，查看自身所保保单的保单号、保险公司、投保农作物品种、数量、保险金额、保费等信息。在获得理赔后，农户还可登录系统查看自身赔付情况，包括赔案号、理赔状态、理赔数量、损失程度、赔款金额等信息。同时系统还支持农户查询自身所承保保单范围内其他农户的承保理赔公示信息，便于农户有效开展监督，如图 2-15 所示。

图 2-15　农户公示查询系统

7. 农险 GIS 系统

通过引入地理信息系统技术（GIS）、集成行业内外数据，全国农险平台建立了农险 GIS 系统，目前初步建成全国农险风险地图和行业内外部数据通道，包含业务分布、灾害风险、气象应用等多个功能模块，如图 2-16 所示。

图 2-16　农险 GIS 系统

（五）服务效果与成效

1. 发挥数据价值，支持风险防范，助力脱贫攻坚

全国农险平台拥有全面、完整、权威的行业数据源，建成农险统计分析系统，能实现精细化数据统计，实现按照机构、地区、险种、村镇及农户等多维度灵活汇总统计，及时监测农险市场总体运行情况，并向监管部门和行业主体提供统计数据共享服务。全国农险平台建成业务风险监测系统，能帮助梳理上百类数据质量检核规则，形成完整的风险监测体系，有助于定期开展农险业务风险筛查及业务质量评估，有效提升行业机构的业务规范性和数据真实性。依托反欺诈风险监测系统，全国农险平台积极支持行业历次反欺诈专项行动，并向监管机构和行业公司提供大量农险欺诈线索数据，为打击和防范农险欺诈行为做出贡献。全国农险平台对接建档立卡贫困人口数据，准确勾画建档立卡贫困人口农业保险情况，监测不同区域、不同保险机构农险扶贫工作实效，为国家扶贫工作的精准发力、精准监督提供有力支持。

2. 开展风险评估及区划，支撑行业科学定价

按照中国银保监会有关工作部署，全国农险平台联合中国精算师协会等相关机构，开展稻谷、小麦和玉米的保险风险区划和费率分区研究工作。通过国际主流的保险精算法构建模型，以全国农险平台汇集的约 11.6 亿条保单赔案信息为核心基础，结合已经掌握的行政区划空间矢量、耕地范围、植被长势等外部数据，运用保险+遥感的多源融合损失样

本生成、空间平滑损失估计、信息扩散风险分析、智能约束区域划分等技术，评估全国 338 个地市级单元的农业保险风险，并以灾害模型法、产量统计法的评估成果为重要补充，对保险精算法的测算结果做出修正。经过多次演算和版本迭代，于 2020 年 11 月 10 日正式发布《稻谷、小麦、玉米成本保险行业基准纯风险损失率表（2020 版）》测算结果，开启了我国农业保险产品科学精准定价的大门，具有里程碑式的意义。

3. 推进农险业务线上化，落实便民惠民举措

针对行业信息化水平不高、数据真实性差、农户信息透明度难保障等问题，2018 年起，全国农险平台联合行业开始搭建统一的标准化农险承保电子化业务支持平台，向保险公司和广大农户提供线上的投保告知、投保公示、电子单证存管、承保信息公示查询，以及保批单确认等电子化服务，并以短信和邮件方式向投保农户及时发送消息，实现承保关键环节的线上管理，运用信息技术手段打造农险平台与农业保险实务流程深度结合的新型投保模式。通过发挥全国农险平台基础设施作用，有效改善传统农险投保手续烦琐、承保周期长、业务操作不规范等问题，有效促进行业降本提效、合规化发展，成效获得多地监管及行业的认可。当前农业保险承保电子化服务分别在北京、四川、宁夏、内蒙古、陕西、广东、重庆、河南、山东、新疆、黑龙江 11 个地区上线，28 家行业主体公司、22 家公司已完成电子化改造，实现了行业内主要农险公司全覆盖。未来，将完成全国农业保险业务及地区的电子化线上运行。

4. 创新农险科技应用，推进作业精细化管理

为打造内外部数据融合的农险科技创新应用基地，避免行业重复建设，全国农险平台从 2017 年起建设农险 GIS 系统和开展农险科技创新工作，通过农险 GIS 系统整合内外部数据，其中包括全国 2000 多个站点的气象数据，开放气象灾害证明数据查询接口，为保险公司提供覆盖县级气象灾害查询服务，全面推动农业保险气象灾害证明标准化、线上化。通过汇集行政区划数据、地块矢量数据和各类遥感数据，向行业提供智能核保、长势监测、风险预警和定损评估服务。

5. 持续引入外部数据，发挥大数据功能价值

全国农险平台通过部际协调、市场引进、项目合作、课题研究、自主采集等形式积极引入农业、灾害、遥感等方面的外部数据，并与农业部门、气象部门、卫星遥感等机构建立良好的合作关系。通过各类数据融合、数据查询、数据校验等形式，全国农险平台发挥数据功能价值，为行业各保险公司产品开发、费率厘定、风险管理、业务精细化管理提供服务。

二、北京市农村金融与农业风险管理信息平台案例

（一）建设背景

2007 年以来，北京市以提高农民抵御自然风险和农业综合生产能力为目的，充分吸

收国际先进经验，制定了适合北京实际状况的政策性农业保险制度，在推动都市型现代农业健康持续发展方面发挥了重要作用，并逐渐形成了备受赞誉的"北京模式"，为探索具有中国特色的现代农业保险发展之路做出了突出贡献。虽然北京市的农业保险在险种类型、覆盖范围、服务效率、巨灾防范等方面都处于国内的前列，但在快速发展的同时，不可避免地存在着如下问题。

1. 农业保险监管任务重、难度大

"十二五"期间，随着北京市农业保险机构数量的不断增多，农业保险业务种类和业务范围不断扩大，政府农业保险监管的任务日趋繁重。由于监管农业保险机构的指标众多，倘若政府部门仍然采用传统的手工方式进行农业保险监管数据的采集、加工和分析，不仅需要花费大量的成本，而且效率低下，容易造成农业保险监管滞后，同时也很难发现或鉴别农户重复投保及骗保、骗赔等行为的发生。

2. 农业保险财政补贴发放缺乏依据

2014 年以前，北京市农业保险财政补贴发放主要依据保险机构上报的统计数据。由于不同保险机构的统计口径不完全一致，补贴的统计结果存在很大程度的差异。此外，仅仅通过统计数据发放补贴，政府部门并不清楚补贴的具体流向，保费补贴具体补给了谁？哪些机构获得了补贴？获得了多少补贴？实际得到多少赔款？得到了多少保障？更为严重的是，由于缺乏有效监管，虚假投保、虚假理赔、重复投保、重复理赔的情况依然存在，而存在上述违法违规行为的机构却仍然获得了补贴。

3. 农业保险管理决策手段落后

21 世纪以来，全球气候变化对农业生产的影响日益加大，各种传统和非传统的风险挑战叠加凸显。面对复杂多变的发展环境，政府部门需要履行好农业保险管理决策职能，但面临比以往更大的挑战。政府部门一直以来依赖传统人工方式进行农业保险分析和决策，缺乏智能分析与预警技术手段，没有系统及平台支撑，导致农业保险信息处理能力差、分析预测水平低，难以适应政府在农业保险发展方面的科学及有效决策需求。

4. 农业保险服务能力有待提高

北京农业保险管理缺乏统一便捷的信息交流和服务平台，难以实现农业保险相关主体间信息交流畅通和数据资源共享，导致农业保险服务渠道、服务手段和服务环境与广大投保农户的需求也不相匹配，无法全面、及时、高效地服务广大农户。

为此，从 2013 年开始，北京市农村工作委员会（今北京市农业农村局）筹划建设"北京市政策性农业保险管理及信息服务平台"（后更名为"北京市农村金融与农业风险管理平台"，即"北京市农金平台"），希望通过该平台的建设创新，完善北京市农业保险监管和服务体系，形成一套适用于北京市农业保险管理与服务的高效、实时、准确、智能信息化支撑技术，进而提高政府农业保险监管的效率，提高农业保险的补贴真实性，提升政府农业保险决策的水平，增强农业保险业整体服务能力。

（二）建设目标

北京市农村工作委员会（今北京市农业农村局）希望通过建立"北京市政策性农业保险管理及信息服务平台"，利用信息技术自动、智能、快速、高效、准确的优势，让信息技术与农业保险相互耦合，打造北京市农业保险的数据中心、监管中心、补贴中心、决策中心和服务中心"五个中心"，创新具有"北京特色"的农业保险管理新模式，如图 2-17 所示。

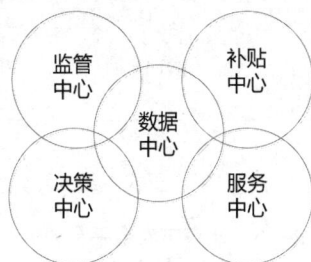

图 2-17　北京市农金平台的建设目标（五个中心）

（1）数据中心。平台汇集农业保险行业数据、其他相关委办局及行业（畜牧、气象等）数据，实现数据大集中，为农业保险发展与监管提供基础性的数据支撑。

（2）监管中心。平台依靠信息技术自动、快速、高效、准确的优势，在降低监管成本的同时，极大地提高农业保险监管的及时性和准确性，确保承保和理赔过程更为公开、公平、透明。

（3）补贴中心。平台通过智能化和自动化的校验规则，确保农业保险业务的合规性和真实性。通过建立统一农业保险的数据标准和统计口径，制作农业保险保费补贴的统一报表，并据此开展保费补贴，解决保费补贴流向不清、道德风险严重等问题。

（4）决策中心。平台将嵌入各种分析及决策支持模型，全面挖掘分析北京市农业保险业务的相关指标，监测北京市农业保险机构的发展状况，把握北京市农业保险的发展轨迹，评估北京市农业保险的经营风险，评价北京市农业保险的实施效果，进而提升政府农业保险发展的决策水平。

（5）服务中心。利用平台优化农业保险查勘定损、核灾理赔和风险控制等业务，增强农业保险业整体服务能力，满足农户多方面、多层次的需求，确保农业保险业的可持续发展。

（三）建设历程

北京市政策性农业保险管理信息平台经历了规划阶段、研究设计阶段、研发上线阶段、强化提升阶段和常态化运行阶段五个关键阶段，如图 2-18 所示。

（1）规划阶段。北京市于 2011 年颁布了《北京市"十二五"时期政策性农业保险发展规划》，规划提出"加快推进北京市农业保险管理信息平台建设，实现与有关平台的联动、集成和信息共享。积累并集成农业生产、农户信息、气象灾害、农险经营、农险服务机构队伍等基础信息，实现数据汇总、结果生成、实时管理、信息共享、自助查询、动态监测、风险预警等多种功能。充分利用农业保险管理信息平台，加强对经营主体承保理赔业务的实时监管，使得承保理赔过程更为公开、公平、公正，有效防止虚假投保或夸大损失骗保等行为"，明确了"建设农业保险管理信息平台"作为"十二五"期间北京市农业保险的一项重要任务。

规划阶段（2011年）→ 研究设计阶段（2012年）→ 研发上线阶段（2013—2014年）→ 强化提升阶段（2015—2017年）→ 常态化运行阶段（2018年至今）

截至2021年已有11年，正式上线8年，数据积累9年

图2-18　北京市农金平台的五个建设阶段

（2）研究设计阶段。2012年，北京市农村工作委员会委托中国农业科学院农业信息研究所开展"北京市农业保险管理信息平台"建设方案的研究与设计。中国农业科学院农业信息研究所在对北京市从事政策性农业保险的保险公司和保险行业协会、市经管总站、市畜牧兽疫总站和市农委信息中心调研的基础上，对平台进行了整体方案设计，包括总体架构设计、数据分析与数据库设计、系统功能与业务流程设计、运行环境设计和系统安全设计等，为正式建设平台奠定了基础。

（3）研发上线阶段。2013年，北京市农村工作委员会在原北京市经济与信息化委员会立项开展"北京市政策性农业保险管理信息平台"建设，并委托中国农业科学院农业信息研究所进行研发。经过近1年的研发，2014年"北京市政策性农业保险管理信息平台"正式建设完成，并成功上线运行，开始收集从2013年以来的北京市政策性农业保险的全量数据（承保、理赔和支付），并建立起各种校验规则，对北京市政策性农业保险数据进行校验，保证了保险数据的完整性和真实性。随着平台正式上线，"北京市政策性农业保险管理信息平台"成为全国首个地方性农业保险政府监管的信息化平台。

（4）强化提升阶段。2015年，为与北京市农村金融服务进行对接，"北京市政策性农业保险管理信息平台"更名为"北京市农村金融与农业风险管理平台"，并在持续服务农业保险的同时为北京市农村信贷、贴息等金融业务提供信息支撑服务。2016年，为了进一步强化对北京市农金平台的管理，原北京市农村工作委员会下发了《关于加强北京市农村金融与农业风险管理平台管理的通知》，指出"北京市农村金融和风险管理信息平台将作为北京市政策性农业保险监管和服务的主要支撑。保险公司开展北京市政策性农业保险业务及增加新险种必须以能与北京市农村金融和风险管理信息平台联接和顺利上传数据为先决条件，政策性农业保险的保费补贴和经营管理费补贴的核算将依照各保险公司上传北京市农村金融和风险管理信息平台的数据为准，对各保险公司的审计工作将主要依托北京市农村金融和风险管理信息平台进行"。同年，北京市农金平台在全国首次实施了保单标的地块的采集，并对保险公司标的地块重复投保进行了交叉校验。此外，北京市农村工作委员会还委托北京市二十一世纪科技有限公司开展了"农险图"应用，即通过卫星遥感技术开展农业保险承保的真实性校验，取得了很好的成效。同时北京市农村工作委员会还联合北京市气象局共享气象信息，为保险公司提供气象预报和预警信息服务。2017 年，第三方审计单位开始使用北京市农金平台数据对北京农业保险合规性进行全面审计，并对不合规的保单进行保费与补贴核减。

（5）常态化运行阶段。自 2017 年起，北京市农金平台进入了常态化运行阶段。北京市农村工作委员每两个月通过北京市农金平台与保险公司核对数据，并提取补贴表格进行保费补贴。第三方审计单位按年度对平台数据进行审计，核减不合规的保费补贴。2021 年北京市开展政策性农业保险承保机构遴选工作时，利用北京市农金平台数据对部分定量化的遴选评价指标进行了计算。截至 2021 年末，北京市农金平台已经稳定运行了近 8 年的时间，积累了从 2013 年以来近 9 年的北京市政策性农业保险全量业务数据，数据质量较高。

（四）应用场景

从应用场景的角度出发，北京市农金平台是一个多方参与的信息共享与综合服务平台，具体应用场景如图 2-19 所示。

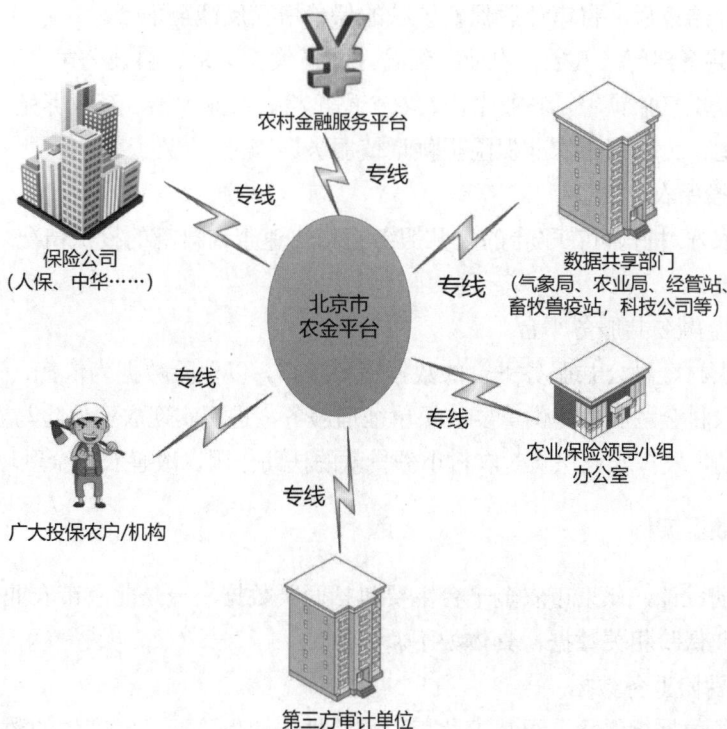

图 2-19 北京市农金平台的应用场景

1. 保险公司

（1）向平台提供北京市政策性农业保险全流程的业务数据。

（2）利用平台实现保险数据前端校验，提前规避重复投保、虚假投保或夸大损失骗保等行为。

2. 农业保险领导小组办公室（前期是由北京市农村工作委员会牵头财政、保监等相关部门组成的办公室）

（1）通过各种校验规则对农业保险全过程进行监管，及时制止保险公司经营过程中的违规行为。

（2）统一数据统计口径，定期制作补贴统计报表，严格按照报表对保险公司进行保费补贴。

（3）根据机构遴选和绩效评价的需求，依据统一的计算规则，利用平台数据客观计算出各保险公司的评价指标分值。

（4）动态统计农业保险经营发展状况，控制农业保险经营风险，实现农业保险发展的科学决策。

3. 第三方审计单位

（1）通过设定审计规则对平台中的农业保险业务数据进行检查，识别出疑似不合规的业务，为后续开展审计调查工作提供依据。

（2）通过平台的保单清单进行农户抽查工作。

（3）审计结束后，将审计后保费核减的保单情况反馈至平台。

4. 数据共享部门（气象、农业、经管站、畜牧兽医站、科技公司等）

为平台提供气象预警、农业生产、农产品价格、农业灾情、畜牧养殖、卫星遥感等数据的共享通道，为北京市农业保险提供增值服务。

5. 广大投保农户/机构

大投保农户/机构可在平台的公共服务窗口快速查询自身的投保情况，并及时跟踪自身的理赔进度。

6. 农村金融公共服务平台

打通与农村金融公共服务平台的数据服务接口，以保险数据为依托，为开展信贷、担保、贴息等农村金融服务提供重要的保单征信服务，进而实现农业保险与农村金融服务平台的有机联动，发挥农业保险对农村小额贷款的扶助作用，改善农村金融环境。

（五）数据架构

根据初期设计，北京市农金平台主要包括两类数据，一是北京市农业保险业务数据，二是其他农业保险相关数据，具体如下。

1. 农业保险业务数据

保险业务数据指保险公司从事北京市政策性农业保险业务时产生的数据，主要包括承保业务信息和理赔业务信息。该部分数据是北京市农金平台的核心数据，平台的保费补贴、统计分析、数据挖掘及决策支持功能都以业务数据为依据，并根据业务情况动态更新，数据来源为北京市所有从事政策性农业保险业务的保险公司。中国农业科学院农业信息研究所起草了《北京市农村金融与风险管理信息平台数据接口标准》（以下简称"《标准》"），并由北京市农村工作委员会向保险公司发布。《标准》约定了各保险公司向北京市农金平台传输的六大主题的数据标准，即承保、批单、立案、撤案、赔案和支付主题（如图 2-20 所示），并要求保险公司根据业务进展以 T+1 的方式向平台动态更新业务数据。

图 2-20　北京市农业保险业务数据内容

2. 其他农业保险相关数据

在北京市农金平台设立之初，其他农业保险相关数据是指由农业保险相关单位（政府部门、科技公司等）提供或共享的数据，计划包括行政区划数据、种植业生产数据、畜牧养殖和防疫数据、气象灾害预警数据、农业遥感分析数据等。行政区划数据提供的是北京市各区县、乡镇和行政村区划编号和相应的边界 GIS 图；种植业生产数据包括北京市各区县、乡镇、行政村所辖区域内的作物类别、播种面积、单产和总产等生产情况；畜牧养殖和防疫数据包括北京市各区县、乡镇、行政村所辖区域内分畜禽（母猪、种猪、奶牛、蛋鸡等）的养殖场个数、总存栏量和总出栏量等；气象灾害预警数据是北京市气象部门监测发布的气象灾害预警信息；农业遥感分析数据是指利用卫星遥感数据对北京市各区县、乡镇、行政村所辖区分作物的种植分布与种植面积进行识别提取后所得的结果数据。

在实施过程中，由于政府数据共享难，种植业生产数据、畜牧养殖和防疫数据未按计划被共享到北京市农金平台上。

（六）特色功能

经过多年的应用实践，北京市农金平台已经形成了一整套成熟、稳定的功能体系（登录页面如图 2-21 所示），其中颇具特色的功能包括：业务监控、地块管理、校验检测、统计分析、补贴报表制作、遥感比对校验、农金微服务等。

图 2-21　北京市农金平台的登录页面

1. 业务监控

业务监控实现了对保险公司上报的各业务主题数据的实时监控，并支持数据多条件的快速查询，其中包括时点监控和时段监控，如图 2-22 所示。该功能可满足农业保险管理部门快速调取各环节保险数据的需求，并对保险数据各服务时段的效率进行监控。

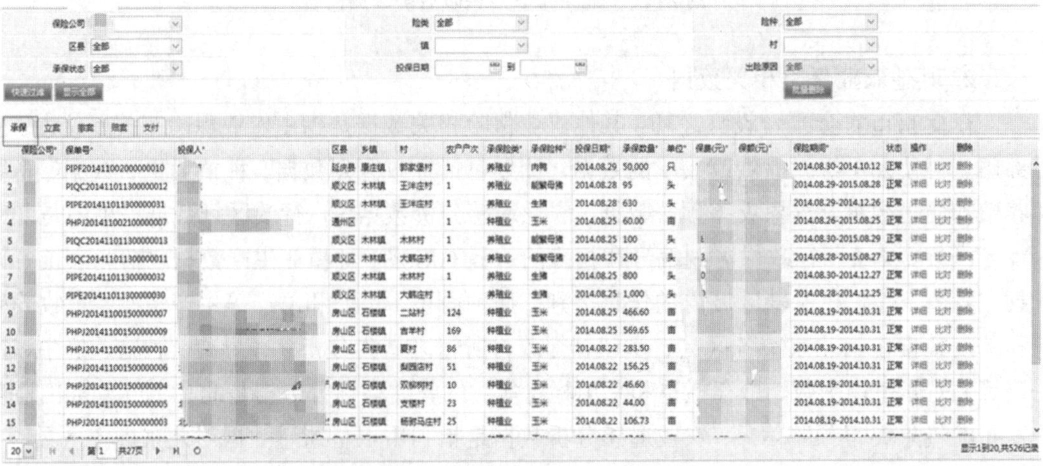

图 2-22　各业务主题数据的监控功能

2. 地块管理

北京在全国首次推行农业保险保单附带精准保险标的数字化空间信息（即地块）。北京市农金平台的地块管理功能是对农业保险分险种标的地块的统一管理，不仅形成了"保单-地块"的联动机制，还提供了地块重复投保检测的功能，为管理部门精细化管理农业保险提供了重要的支撑，如图 2-23 所示。

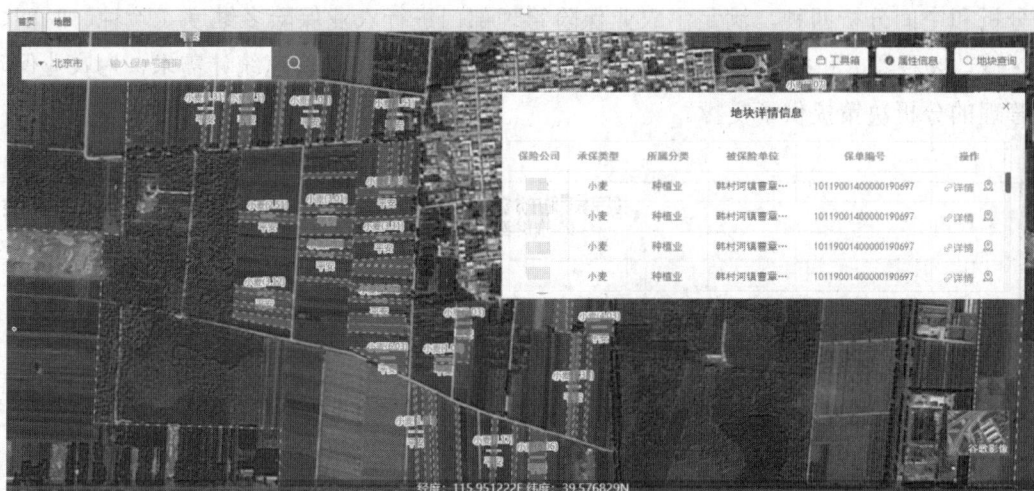

图 2-23　农业保险标的地块管理功能

3. 校验检测

校验检测功能是基于保险公司上报的农业保险承保理赔业务数据，通过设置各种校验规则，识别出重复投保、重复理赔、承保数量异常、承保理赔农户不一致、倒签单等疑似违规的保险业务，其将检验结果传回保险公司进行核实与修正，如图 2-24 所示。校验检测功能能帮助农业保险监管部门自动检测出保险业务中存在的不合规隐患，有利于预防道德风险等行为发生。

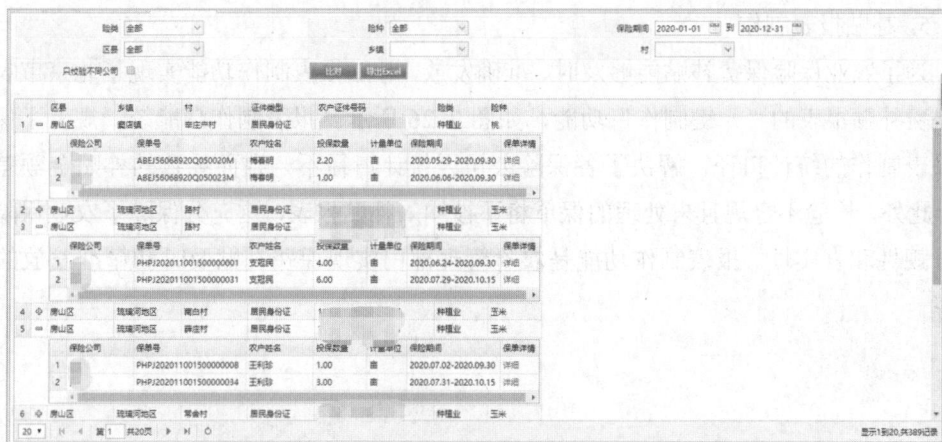

图 2-24　校验检测（农户涉嫌重复投保检测）功能

4. 统计分析

统计分析功能是基于保险公司上报的农业保险承保理赔业务数据，通过嵌入各种统计方法对农业保险承保理赔相关指标（如签单保费、保险金额、承保数量、财政补贴、未决赔付、已决赔付等）进行统计分析的业务，统计结果以表格、图表、地图等方式进行展示，如图 2-25 所示。其中最常用的统计方法包括时序分析、对比分析、结构分析和空间分析四种，满足了农业保险管理部门进行农业保险多维度（险种、时间、区域、灾种等）和多方式（时序、对比、占比、空间等）的快速统计需求，为农业保险管理的分析决策提供了支撑。

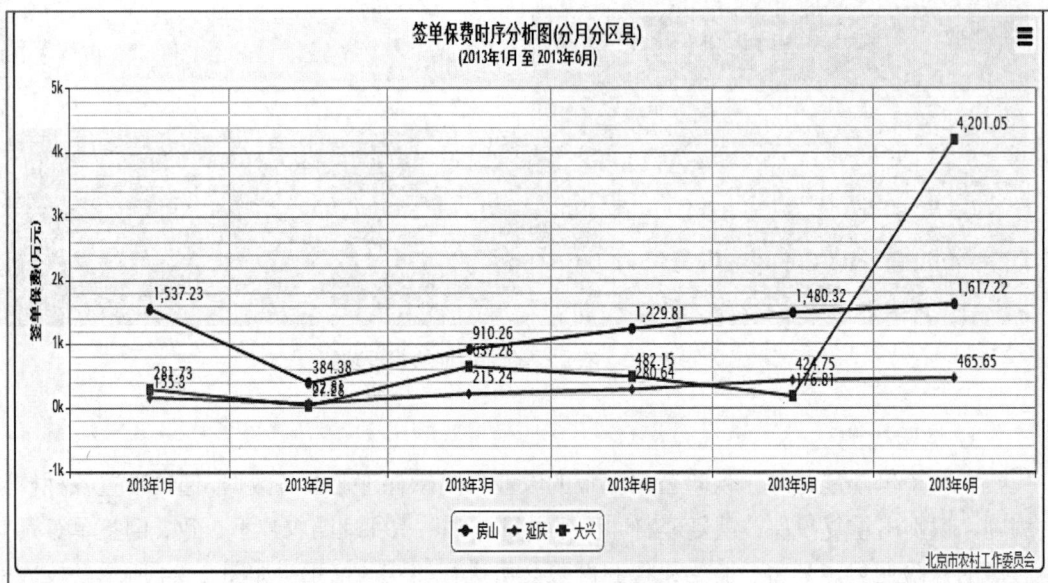

图 2-25　统计分析（时序统计）功能

5. 补贴报表制作

为了农业保险保费补贴能够及时、准确发放，补贴报表制作功能实现了北京市农业保险保费补贴报表的"一键制作"功能，如图 2-26 所示。报表制作功能统一规范了保费补贴报表制作的统计口径，解决了各保险公司因统计口径不一致而导致的补贴金额差异问题。此外，检验不合规且未处理的保单将不被纳入补贴报表，这充分保障了农业保险补贴的合规性和真实性。报表制作功能是农险管理部门实现保费补贴及时和精准发放的重要支撑。

保险公司 中▨▨▨▨▨▨▨▨▨▨▨▨ ∨　　时间 2013-03-01 至 2013-06-30　　　制作报表

分险种承保汇总　分区县承保汇总　分险种理赔汇总　分区县理赔汇总　分区县险种承保理赔汇总　分公司汇总

◁ ◁ 1 of 1 ▷ ▷▌ ⟳ □ Find | Next □▾ ⟳

北京市政策性农业保险承保汇总表(分险种)

制表日期：2013 年 12 月 14 日

填报单位：▨▨▨▨▨▨▨▨　　　　　　　　　　　　　　　　　统计期间：2013 年 3 月

项目 险种	承保数量（亩、头、只、台、人）		保险金额（万元）		参保农户（户次、台次）		签单保费（万元）						
							小计			中央补贴		市级补贴	
	本期	去年同期	本期	去年同期	本期	去年同期	本期	去年同期	环比增量	本期	去年同期	本期	去年同期
温室大棚	1,177.00	2009.50	5,917.27	13378.15	108	101	45.02	76.45	35.39	0.00	38.25	22.51	18.73
小麦	111,210.80	206557.30	6,672.65	10327.88	7234	15376	266.90	619.68	266.90	93.42	309.84	66.73	177.35
玉米	1,000.00	7227.00	60.00	361.35	1	1348	4.20	28.91	4.20	1.47	14.45	1.05	1.08
水稻	0.00	0.00	0.00	0.00	0	0	0.00	0.00	0.00	0.00	0.00	0.00	0.00
豆类	0.00	0.00	0.00	0.00	0	0	0.00	0.00	0.00	0.00	0.00	0.00	0.00
苹果	754.85	4315.11	298.34	1725.04	102	570	17.89	138.00	17.89	0.00	68.99	8.94	22.58
桃	330.43	24516.05	90.69	7370.21	16	5217	5.44	589.62	5.44	0.00	294.82	2.72	69.14
梨	7,805.37	17475.42	3,121.07	5242.631	157	1606	187.26	419.40	187.26	0.00	209.70	93.63	93.34
葡萄	28.21	1443.51	7.84	432.00	3	99	0.47	25.92	0.47	0.00	12.97	0.23	6.13
柿子	10.00	3077.50	2.00	615.50	1	158	0.12	36.93	0.12	0.00	18.47	0.06	9.96
樱桃	5,525.60	7611.32	2,657.80	3649.45	87	90	159.47	291.96	159.47	0.00	145.97	79.73	61.13

图 2-26　农业保险保费补贴报表一键制作功能

6. 遥感比对校验

北京市农金平台在 2014 年启用了"农险图"应用，是全国首次通过遥感技术对农业保险承保情况进行比对校验的尝试。借助卫星遥感识别出作物实际播种分布和面积，再与农业保险承保数据进行交叉比对，识别出面积异常承保等疑似违规行为，如图 2-27 和图 2-28 所示。

图 2-27　玉米地块遥感识别结果展示

首页　地图　遥感数据校验 ×

遥感数据年份 2013 ▼　　承保数据年份 2014 ▼　　作物 小麦 ▼
区县 全部 ▼　　乡镇 ▼　　村 ▼
统计面积 ___ 到 ___　　承保面积 ___ 到 ___　　疑似问题数据 ☐

比对　导出Excel

	区县	乡镇	村	作物	统计年份	承保年份	统计面积	承保面积	保单数量	保单详情
1	顺义区	木林镇	西沿头村	冬小麦	2013	2014	2737.66	1869.3	1	详情
2	顺义区	木林镇	东沿头村	冬小麦	2013	2014	2909.27	1483.5	1	详情
3	顺义区	木林镇	荣各庄村	冬小麦	2013	2014	1351.65	1411.7	1	详情
4	顺义区	木林镇	王泮庄村	冬小麦	2013	2014	3024	1396.5	1	详情
5	顺义区	木林镇	陈家坨村	冬小麦	2013	2014	1712.21	1334.6	1	详情
6	顺义区	木林镇	木林村	冬小麦	2013	2014	717	970.9	1	详情
7	顺义区	木林镇	蒋各庄村	冬小麦	2013	2014	1830.35	883.5	1	详情
8	顺义区	木林镇	后王各庄村	冬小麦	2013	2014	798.7	769	1	详情
9	顺义区	木林镇	大韩庄村	冬小麦	2013	2014	1132.23	761.4	1	详情
10	顺义区	木林镇	前王各庄村	冬小麦	2013	2014	1100	733.4	1	详情
11	房山区	窦店镇	普安屯村	冬小麦	2013	2014	1090	668	1	详情
12	顺义区	木林镇	陀头庙村	冬小麦	2013	2014	372.92	469.1	1	详情
13	顺义区	木林镇	上圈子村	冬小麦	2013	2014	706.19	403.6	1	详情

20 ▼ |◀ ◀ 第1 共30页 ▶ ▶| ↻　　　　　　显示1到20,共596记录

图 2-28　遥感统计数据与承保面积比对校验功能

7. 农金微服务

农金微服务是在北京市农村金融与风险管理信息平台的基础上,依托"微信"平台,面向农业保险监管部门、从事农业保险的保险公司及广大投保农户,提供北京市农业保险信息的公共服务,实现保险自助查询、每日业务看板、气象预警信息推送、数据深度挖掘、保险条款解析等功能,进而提升北京市农业保险服务"三农"的能力,如图2-29所示。

（七）成效总结

北京市农金平台是国内首个地方性农业保险监管服务平台,经过多年的应用实践取得了突出的成效,为推动北京市农业保险的高质量发展提供了重要支撑,具体表现在以下几方面。

1. 打破信息孤岛,提升农业保险的监管能力

通过平台打破保险公司的"信息孤岛",与政府共享每一笔保单数据,有效防止虚假投保或夸大损失骗保等行为的发生,从而帮助政府部门实现农业保险监管目标,提高其监管效率。

2. 厘清资金去向,建立可靠的资金补贴模式

通过平台可获得农业保险的业务数据,通过各种校验规则排除违规保单,让每一个获得财政补贴的保单更加合规、可靠,让每笔财政补贴支出去向清晰,真实有效。

3. 提升决策能力,优化农业保险的发展路径

通过平台可挖掘分析农业保险业务的相关指标,进而把握农业保险发展的轨迹,客观评价农业保险实施效果,为相关部门制定农业保险政策措施提供有效的决策支持。

农金微服务页面

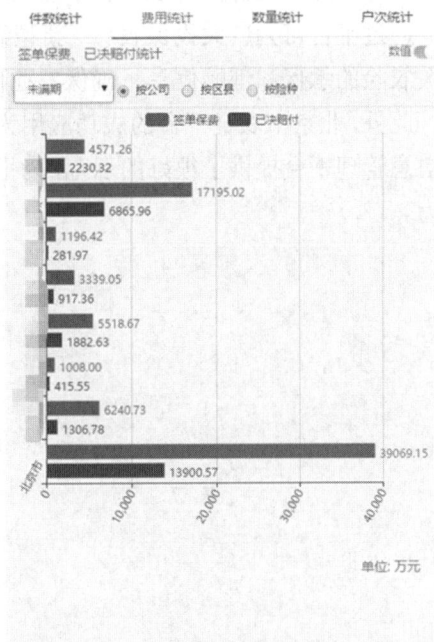

每日业务看板

农户自助查询

数据深度挖掘

图 2-29　农金微服务的部分功能

4. 巩固服务标准，增强农业保险公共服务能力

通过平台可为广大投保农户（新型经营主体）提供方便快捷的查询服务，向社会开放有关农险的承保和理赔信息，确保农业保险的承保和理赔过程更加公开、公平、透明。

此外，北京市农金平台的成功应用为开展省级农业保险监管服务信息化和全国农业保险信息管理平台提供了很好的示范，为推动省级乃至全国农业保险高质量发展提供了重要助力。

第三章 农业保险科技分论：移动互联科技

第一节 移动互联

一、移动互联

移动互联是当前信息技术领域的热门话题之一，它将移动通信和互联网这两个发展最快、创新最活跃的领域连接在一起，并凭借数十亿的用户规模，正在开辟信息通信业发展新时代。

移动互联正改变着人们的学习、生活和工作方式，移动互联使人们可以通过随身携带的移动终端（智能手机、平板电脑等）随时随地乃至在移动过程中获取互联网服务。移动互联体现了"无处不在的网络、无所不能的业务"的思想，它改变的不仅是接入手段，也不仅是对桌面互联网的简单复制，更代表着一种新的能力、思想和模式，并将不断催生新的业务形态、商业模式和产业形态。

（一）移动互联网的概念

目前，移动互联网已成为学术界和业界共同关注的热点，对其的定义可谓众说纷纭。移动互联是基于移动通信技术、广域网、局域网及各种移动终端并按照一定的通信协议组成的互联网络。从广义上讲，手持移动终端通过各种无线网络进行通信，与互联网结合就产生了移动互联网。简单而言，能让用户在移动中通过移动设备（如手机、平板电脑等移动终端）随时随地访问互联网、获取信息，进行商务、娱乐等各种网络服务的，就是典型的移动互联网。可以认为移动互联网是互联网的延伸，亦可认为移动互联网是互联网的发展方向。其他类似的定义还有中国信息通信研究院在 2011 年发布的《移动互联网白皮书》中所提出的：移动互联网是以移动网络作为接入网络的互联网及服务，包括移动终端、移动网络和应用服务三大要素。根据维基百科的定义，移动互联网是指使用移动无线无线调制解调器（Modem），或者整合在手机或独立设备（如 USB Modem 和 PCMCIA 卡等）上的无线 Modem 接入的互联网。根据无线应用协议（WAP）论坛的定义，移动互联网是指用户能够依托手机、掌上电脑（PDA）或其他手持终端通过各种无线网络进行数据交换的网络。

（二）移动互联网的特点

移动互联既继承了传统互联网开放协作的特征，也继承了移动网实时、隐私、便捷、准确和可定位等特点。其主要特点如下。

（1）精准化。主要包括用户身份精准、用户行为记录精准和用户位置精准等，因此相对于传统互联，移动互联具有可管理、可支付和可精准营销等优势。

（2）泛在化。主要包括终端形式、网络类型和用户行为等方面的泛在化。终端的突破性发展是实现移动互联网爆发式增长的前提，也是继续推动移动互联深入发展的基石。网络泛在化对运营商提出了更高的要求，蜂窝网、无线局域网（WLAN）乃至物联网的有机协调与统一成为运营商亟待解决的问题。用户在移动互联网上时常是 7×24 小时在线，这使得移动互联成为人们生活与工作的重要组成部分。

（3）社交化。社交应用现已相当成熟，并深入社会的各行各业。移动应用的最大特点是可随时进行社交，社交化决定了移动互联与现实生活连接得更紧密且更具及时性。移动互联社交将成为未来全球的大趋势。

（三）我国移动互联网的发展现状

中国的移动互联网已步入快速发展轨道，这不仅体现在用户规模持续地快速增长，也体现在移动互联网产品和应用服务类型不断丰富。随着移动互联网时代的到来，运营商、金融业、服务业，甚至工业、企业都将面临着挑战，企业的转型升级迫在眉睫。

1. 产业规模爆发式增长

随着移动互联网产业的不断扩张，市场开始出现爆发式增长。移动通信技术的高速发展和通信终端的智能化，使得手机上网的便捷性优势逐渐显现。正如微软副总裁、技术战略专家埃里克·拉德（Eric Rudder）所言："大多数人的初次互联网体验将从手机开始，手机正成为人们接触网络的最重要渠道之一。"

2. 逐渐形成完整的产业链

用户需求是市场的主宰力量，用户在使用移动互联网的同时会对该产业链上的其他产品产生巨大影响。用户需求的持续提高是移动互联网不断发展的动力源泉，移动终端是用户接入互联网所需要的基础平台。移动互联网要求终端具备强大的处理能力、足够的储存空间、大屏幕及长时间的待机能力。自从苹果公司发布苹果手机（iPhone），华为、小米、摩托罗拉、三星等手机厂商纷纷发布基于安卓（Android）操作系统的手机以来，智能手机逐渐取代传统功能的手机，成为移动终端的首选。随着平板电脑的问世，移动终端的种类得以进一步完善，手机屏幕过小的缺点得以克服。

我国的网络运营商是移动通信网络和平台的提供者，负责基础网络设施建设、移动互联平台多方融合、信息传输、信息安全监管等，在整个移动互联网产业链中处于主导地位。

但随着移动互联网商业模式的创新和发展，运营商的主导地位将逐渐向终端商、内容和服务提供商转移。

任何移动终端都需要基于统一标准的手机软件运行环境，这就需要为移动终端配备操作系统。在构建操作系统和移动终端方面，存在着以苹果（Apple）为代表的封闭应用市场模式（App Store）和以谷歌（Google）为代表的开放安卓市场模式（Android Market）之间的竞争。在苹果相对封闭的应用市场模式下，其软件、内容和服务均只能在苹果的硬件平台上运行。应用市场上的收费应用程序，由苹果和开发者按照 3 : 7 的比例进行收入分成。谷歌则打造了一个不同于应用市场的谷歌安卓商店，鼓励开发者为安卓开发应用程序；同时，谷歌向终端商免费提供安卓操作系统，谷歌则通过安卓内置的搜索服务获取搜索广告收入。

内容和服务提供商负责根据用户需求开发和提供适合手机用户使用的服务和软件平台或网站平台，是决定用户满意度和启动市场需求的关键环节，是移动通信产业链中的重要市场主体，也是未来决定整个产业链模式的重要力量。服务提供商逐渐脱离电信运营商的禁锢，寻求通过与上下游的合作关系使得自身在产业链中的话语权不断提升。

3. 产业链商业模式逐渐清晰

"终端+应用"成为产业链各参与方比较认可的一种运营模式，主要包括付费下载和"免费+广告"两种。由于中国消费者在互联网时代形成的消费理念与免费习惯，欧美国家以付费下载或付费应用为主要盈利模式的商业模式在中国本土化的进程中遭遇了困境。在这种背景下，移动应用免费下载+广告植入模式，就成为解决中国商业模式的利器。移动广告数量会在未来几年进入井喷发展阶段，并对传统互联网形成强有力的冲击。当然，移动广告面临很多挑战，包括表现形式还需要不断创新、优质媒体数量不够、核心价值与盈利模式不清晰、广告平台同质化严重等。

（四）我国移动互联网的发展趋势

移动互联网作为互联网发展的新阶段，是很重要的一个转折。移动互联网使互联网进入了一个全新的时期，具有非常广阔的前景。未来我国移动互联网将呈现以下发展趋势。

1. 政策方面：扶持政策为行业发展保驾护航

国家出台了一系列产业扶持政策，为移动互联网的发展提供了强有力的政策支撑。《国民经济和社会发展第十三个五年规划纲要》指出：实施"互联网+"行动计划，促进互联网深度广泛应用，带动生产模式和组织方式变革，形成网络化、智能化、服务化、协同化的产业发展新形态。

"十三五"战略性新兴产业发展规划指出：加快构建高速、移动、安全、泛在的新一代信息基础设施，推进信息网络技术广泛运用，形成万物互联、人机交互、天地一体的网络空间。

通信行业"十三五"规划表明：完善新一代高速光纤网络、构建先进泛在的无线宽带网、推进宽带网络提速降费、加快信息网络新技术开发应用，重点突破大数据和云计算关键技术、自主可控操作系统、高端产业和大型管理软件、新兴领域人工智能技术。

现代基础设施网络"十三五"规划要求：以云计算、物联网、移动互联网等新兴技术为基础，扩展基础设施建设空间，加快完善安全高效、绿色智能、互联互通的现代基础设施网络。

《中华人民共和国国民经济和社会发展第十四个五年规划和 2035 年远景目标纲要》指出：建设高速泛在、天地一体、集成互联、安全高效的信息基础设施，增强数据感知、传输、存储和运算能力。加快 5G 网络规模化部署，用户普及率提高到 56%，推广升级千兆光纤网络。前瞻布局 6G 网络技术储备。

以上诸多政策均为移动互联网的快速发展提供了有利的环境。

2. 市场方面：市场仍将保持快速增长趋势

在网络通信时代，互联网及手机等移动终端已深刻改变了人们的生活方式。用户对移动互联网访问的需求日趋增长，庞大的市场空间和成长前景成为移动互联网发展的客观基石。

从 2004 年开始到 2021 年，我国移动互联网用户从 350 万户增长到约 10.51 亿户，人们使用手机看直播、刷视频、登录社交网络、网络购物和地图查询，特别是微信、抖音、手机支付等正在以惊人的速度和影响力，渗透进人们生活的方方面面，移动互联网市场呈现快速发展趋势，行业竞争全面展开。移动互联网人群正向主流与高端渗透，规模将进一步加大。同时移动互联网的应用从娱乐主导向消费和电子商务转移，内容也呈现自创化趋势，整个移动互联网市场前景可观。

3. 技术方面：新通信技术标准、智能终端、云计算的不断创新及应用

在新兴通信技术的不断推动之下，随着大数据与人工智能的发展需求，5G 网络走向全面推广，这将为移动互联网的快速发展提供无所不在的基础性业务能力。

终端的支持是互联网业务推广的生命线，随着终端制造技术的提升和手机操作系统的多样化，智能手机出货量和普及率逐步提高，智能移动终端的解决方案将不断增多。移动终端呈现出宽带宽、多用途、互联化的趋势，智能终端的研发将向 4C，即计算（Computer）、通信（Communication）、消费电子（Consumer Electronics）、内容（Contents）融合化、多样化方向发展。此外，终端厂商将带动市场进一步细分和深化，传统终端/系统设备厂商、手机制造商、解决方案提供商也将通过终端整合相关应用及业务，不断加速智能手机中低端化趋势，带动产业链变迁，促进移动互联网市场总体发展。

此外，云计算与边缘计算也将在移动互联网中得到广泛应用。云计算能够在有效提升数据处理能力的同时有效降低带宽成本，边缘计算可充分利用基站甚至是终端的计算能力，提高移动互联网应用的智能化水平并降低业务的延时。各种云计算与边缘计算方案的陆续出台，为移动互联网发展提供了强大的后台支撑，推动着移动互联网朝向纵深发展。

4. 商业模式方面：多元商业模式成为移动互联网发展的必然趋势

尽管移动互联网商业模式近年来不断创新，但总体来看依然不成熟。由于用户使用移动互联网时间碎片化的限制，目前移动互联网企业还无法完全移植 PC 互联网上的广告类

盈利模式。随着移动通信技术的发展，以及产业链的相关各方对移动互联网产业的认识不断深入，多元商业模式将成为移动互联网发展的必然趋势。新的商业模式将满足人们自我实现、全业务服务的需求，社交产品（SP）合作策略从封闭、半封闭向开放式模式演进，开放、创新、融合、聚焦新媒体渠道的生态链合作模式成为主流趋势，免费增值（Freemium）成为基本盈利模式。

对比互联网和移动互联网的发展历程可以发现，当前移动互联网的发展趋势与互联网非常类似。移动互联网的发展与互联网的发展一脉相承，拥有广阔的发展空间，未来将维持快速增长的趋势。

二、移动互联网架构

（一）移动互联网的业务体系

目前来说，移动互联网的业务体系主要包括三大类，如图 3-1 所示。

图 3-1　移动互联网的业务体系

（1）桌面互联网的业务向移动终端的复制，从而实现移动互联网与固定互联网相似的业务体验，这是移动互联网业务的基础。

（2）移动通信业务的互联网化，打造移动虚拟运营商，应用互联网的人工智能、数据分析与挖掘等技术，升级传统移动通信业务。

（3）结合移动通信与互联网功能而进行的有别于固定互联网的业务创新，这是移动互联网业务的发展方向。移动互联的业务创新关键是如何将移动通信的网络能力与互联网的网络与应用能力进行聚合，从而创新移动互联网业务。

（二）移动互联网的技术体系

移动互联网作为当前的热点融合发展领域，与广泛的技术和产业相关联。纵览当前移动互联网业务和技术的发展，移动互联网的技术体系主要涵盖六个技术领域，如图 3-2 所示。

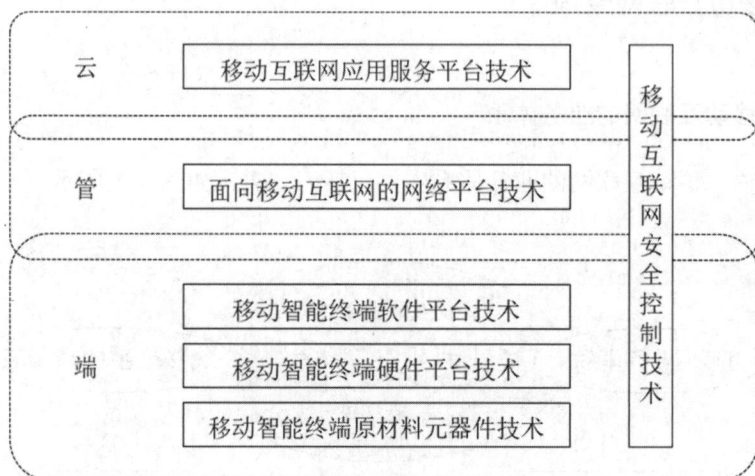

图 3-2 移动互联网的技术体系

具体包括：①移动互联网应用服务平台技术；②面向移动互联网的网络平台技术；③移动智能终端软件平台技术；④移动智能终端硬件平台技术；⑤移动智能终端原材料元器件技术；⑥移动互联网安全控制技术。

（三）移动互联网的基本架构

当移动终端作为访问互联网的主要工具时，互联网也由信息网络开始向应用网络迁移。未来，移动互联网的基本架构为 COWMALS（Connect Open Web Mobile Application Location Social）。

（1）C：Connect。互联网从"链接"向"连接"转变，应用服务之间的关系由弱转强，运营者最需要做的是在自身、用户、其他应用服务之间建立最广泛、最有效的连接。互联网内各个节点、各类要素之间正在经历连接、重新连接过程。C 是 COWMALS 的前提。

（2）O：Open。开放式分布，从网络层—数据层—终端层—OS 层—Web 层到应用层，开放正在重塑整个互联网产业体系结构，开放不仅是大平台的趋向，更是中小服务商的必然选择。O 是 COWMALS 的形态。

（3）W：Web。网站依然重要，Web 浏览依旧是基础，且未来相当多的应用程序存在通过 Web 分发的可能。Web 与 App 两翼齐飞，互相结合，是互联网服务商的基本业务格局。Website、Web App、移动 App、Software，未来网络四分天下。W 是 COWMALS 的基础。

（4）M：Mobile。移动终端手机成为互联网中心，而不再是 PC。Mobile 是 Web+App 布局的核心。互联网服务商的重心全面向 Mobile 转移，随时随地人机合一的特性使得照搬 PC 互联网的模式不一定可行，移动应用环境更加碎片化。

（5）A：Application。互联网应用化，应用程序成为应用的基本形态，未来互联网服务基本组合是 Web+App。

（6）L：Location。位置成为各类互联网服务的标配和基准，L 是 Web+App 的基准，也是虚拟与现实充分连接的关键。

（7）S：Social。社交网络向社会化网络转变，后者成为互联网的网中网，且把互联网以关系为线索组织起来，但关系不再局限于人和人的连接，而是人机信息应用的连接。

三、移动互联网网络技术

（一）第四代通信技术（4G）

4G 通信技术是第四代的移动信息系统，是在 3G 技术基础上的一次更好的改良，相比 3G 通信技术，其一个更大的优势是将无线局域网技术和 3G 通信技术进行了良好结合，使图像的传输速度更快，提高传输图像的质量，使图像看起来更加清晰。

4G 通信技术以之前的 2G、3G 通信技术为基础，在其中添加了一些新型技术，使得无线通信的信号更加稳定，还能提高数据的传输速率，而且兼容性也更好，通信质量也更高。而且 4G 通信中使用的技术也比 2G、3G 通信更先进，使得信息通信速度变快。从技术标准的角度看，按照国际电信联盟（ITU）的定义，4G 静态传输速率达到 1Gbps，高速移动状态下可以达到 100Mbps。

4G 通信技术由 3G 通信技术不断优化升级、创新发展而来，融合了 3G 通信技术的优势，并衍生出了一系列自身固有的特征，以无线局域网技术为发展重点。4G 通信技术的创新使其较 3G 通信技术具有更大的竞争优势。首先，4G 通信在图片、视频传输上能够实现原图、原视频高清传输，其传输质量与电脑画质不相上下；其次，利用 4G 通信技术，在软件、文件、图片、音视频下载方面，其速度最高可达每秒几十兆，这是 3G 通信技术无法实现的，同时也是 4G 通信技术的一个显著优势；再次，这种快捷的下载模式能够为我们带来更佳的通信体验，也便于我们日常下载学习资料；最后，在网络高速便捷的发展背景下，用户也对流量成本提出了更高的要求，当前 4G 网络通信收费价格较高，各大运营商针对不同的群体推出了对应的流量优惠政策，能够满足不同消费群体的需求。

（二）第五代通信技术（5G）

当前，移动通信技术已发展到第五代，即 5G 技术（如图 3-3 所示），其具有高速率、泛在网、低功耗、低延时等特征。相较于 4G，高速率是 5G 首要解决的问题，提升网络速率有助于大范围推广对网络速率要求很高的业务，从而更好地改善和提升用户体验。泛在网是 5G 的一个根本保证，除了要大范围覆盖 5G 网络，还需要深度覆盖，以保障各类业务能在各种复杂场景中正常开展。由于移动终端主要靠内置电池供电，信息交互过程中若需消耗大量能量，则会缩短使用时间，从而影响用户体验，因此 5G 若要被大规模应用到物联网中，就必须要降低功耗，而这可通过窄带物联网（NB-IoT）和增强型窄带物联网（eMTC）来实现。其运算都是高速运行的，为保障效率和信息的及时传递，还要降低延时，这可通过边缘计算等来实现。

5G 技术开启了万物互联新时代。在传统通信中，终端数量有限，但到了手机时代，终端数量呈井喷式增长。突破人与人之间的通信是 5G 最主要的价值之一，同时 5G 技术使得大量物联网应用得以实现，如冰箱、电视、空调、洗衣机、门窗、门锁、空气净化器、加湿器、音响等设备通过 5G 接入网络成为智能设备，使得人与机器、机器与机器之间的通信成为可能，最终引领人们进入万物互联的新时代。

2015—2016	2016—2017	2017—2018	2019至今
关键技术验证	技术方案验证	系统验证	5G产品研发、试验、商用

图 3-3　我国 5G 的发展历程

四、移动终端

（一）移动终端概述

移动终端是通过无线网络技术上网接入互联网的移动通信终端，移动性主要体现在移动通信能力和便携方面。移动终端主要分为智能型和功能型两类，智能型主要体现在：①具有开放的操作系统平台，支持程序自由开发运行和安装；②具有 PC 级处理能力，使得传统互联网的主流应用可迁移至终端运行；③具有高速的数据传输能力；④具有可进行人机交互能力。功能型则指的是传统的不可开放操作系统平台的移动通信终端。具有代表性的移动互联终端设备包括手机、平板电脑、可穿戴设备、车载设备等。

目前的终端设备在功能上相互重叠，呈现出融合的大趋势。主要体现在：①通信和内容逐渐呈现数字化；②信息处理能力逐渐增强；③移动终端存储空间逐渐增大。此外，终端设备还呈现出多网络特性和多重功能特性，除了可以接入移动网络，还要能够接入无线局域网、广播电台和 GPS 信号及可播放移动电视节目等。当然，各类移动终端基本都具有多媒体特性，如配备高像素摄像头可用于拍照、录像和可视电话等，也可进行音频、视频播放和游戏娱乐等功能。

（二）移动终端发展趋势

移动智能终端是承载移动业务的综合平台，可以供用户自行安装生活、工作等方面的服务移动应用软件，给用户的工作和生活带来了革命性的改变。随着移动互联网的飞速发展和电子商务的急剧扩张，移动终端产业也得到了相应发展，主要呈现如下几个发展趋势。

（1）硬件在充分竞争中继续快速升级。智能手机是移动终端的代表，可以为用户推送各种各样的信息。由于智能手机如今和计算机一样具有处理图片、处理信息等功能，芯片的力量促使终端能力大幅度提升，智能终端的中央处理器（CPU）都会采用 ARM 架构（一种处理器架构）作为芯片解决方案。近年来，智能终端的中央处理器正向高速多核的方向发展，很多厂商已经推出八核处理器，并将 Wi-Fi、蓝牙等功能融入芯片，使其具有高集成化和融合化的优势。此外，移动终端市场的发展推动了各厂商加快芯片、摄像模块、显示屏、电池等的迭代和升级，竞争日趋激烈。

（2）通信与交互能力进一步增强。随着终端多模多频能力的不断发展和相关技术的成熟，现阶段的 TD-LTE/LTE FDD/WCDMA/GSM 四模终端已经完全可以同时适配移动和联通的网络，单款终端适配三大运营商网络的日子也指日可待。值得一提的是，4G/5G 终端已经成为市场主流，因此目前的智能终端可同时支持测试驱动开发（TDD）和 FDDO（一种数据链路）。同时以移动终端为中心，与周围设备进行互联、共享并对其进行控制的应用模式进一步发展。例如，通过数字联盟（DLNA）技术实现移动终端与电视、PC 等多种电子设备之间跨平台的多媒体文件共享。

（3）新型 Web 应用与系统快速发展。终端应用方面，以 iOS 和 Android 等为代表的智能终端操作系统具有强大的系统平台能力。现阶段，移动互联网的主要运行模式是"智能终端+本地应用"，由此 Web 应用应运而生。当前 Web 系统的发展，主要通过操作系统 Web 化路线、平台型浏览器路线、Widget 引擎路线和 Web 操作系统路线来进行。当前，无论是用移动终端打电话还是玩游戏、上网等，都是通过超文本标记语言 HTML5 技术来实现，该技术可模糊浏览器和操作系统之间的界限，更加注重交互性能，丰富了媒体的各项功能。其市场的竞争力不断提升，成为目前互联网应用的主导技术。市面上支持 HTML5 的终端数也在大幅增加，从而为该项技术的发展奠定了设备基础。

（4）移动终端与新技术进一步融合，促进新应用发展。移动终端自身计算能力的提升使其能够更好地与一些新兴技术结合。如与人工智能（AI）技术的结合，AI 技术已被快速引入手机产业生态的芯片、操作系统、应用开发平台、终端产品等各个环节。这些新技术的融合，将进一步促进搜索技术、体感游戏、移动支付类应用的快速发展。

（5）5G 将推动移动终端服务更加人性化。未来移动终端发展的一大趋势必然要越来越考虑人们的个性化需求。当前，智能手机、智能家电的应用已越来越人性化。在 5G 时代，移动终端的服务将会更人性化、更加注重用户的体验，如根据用户的实际需求，提供更有针对性的个性化服务等。

五、移动互联网的应用案例

移动互联应用广泛，商务、社交、休闲娱乐、服务等各类应用已广泛融入人们的日常生活。

（一）社交应用

移动互联社交应用业务是指用户以一种终端为载体，以在线识别用户和交换信息技术为基础，通过移动互联网来实现的社交应用业务。移动社交网络其实就是利用移动终端设备，将社交活动媒介从传统网页版迁移至移动 App 当中。最典型的移动社交应用案例就是微信。

由于即时通信与手机通信的契合度较大，同时微信在社交关系的基础之上增加了信息分享、交流沟通、支付、金融等应用，用户黏性得到了极大提升。

（1）多维化社交。微信的社交包括两部分：一是熟人社交，二是陌生人社交。这两部分共同构成了微信的多维化社交体系。熟人社交可以通过手机通讯录来导入好友，与移动端的通信功能进行了良好的整合，将熟人好友关系从线上拓展到了线下，进一步深入用户日常的社交生活当中。陌生人社交是移动端的一种新兴交友方式，用户通过移动 App 的位置信息认识周围的陌生人，这为微信用户提供了丰富的、多层次的社交体验。

（2）朋友圈。微信自从推出了朋友圈功能，便建立了微信好友的图片社区，可分享图片和动态。朋友圈内容及评论仅双方都是好友关系的人才可以看到，使微信私密性很强。同时，微信用户的分享公开范围可以自行定义，实现了个人隐私范围的可控性。由于其对隐私的较好保护和朋友圈本身较强的关系属性，微信朋友圈的活跃度非常高，用户黏性进一步增强。

（3）开放平台。微信正式开放注册开发者资格后，第三方开发者可以在微信开放平台的官网上获取专有应用程序标识符（App ID）以上传应用，待审核通过后，即可获得微信庞大的社交关系网。开放平台目前包括分享至微信好友和分享至朋友圈，前者更具有互动性，能够带来更高的点击率和转化率；后者曝光范围更广，更有望实现信息的"病毒化"传播。微信开放平台是微信从单纯的社交应用走向平台化的革命性举措，这也意味着微信开始探索流量转化变现的道路。

（4）公共平台。可利用微信公众账号平台进行自媒体活动，简单来说就是进行一对多的媒体性行为活动，如商家通过申请微信公众服务号通过二次开发展示商家微官网、微会员、微推送、微支付、微活动、微报名、微分享、微名片等，已经形成了一种主流的线上线下微信互动营销方式。

（二）位置应用

随着第三代移动通信网络的推广商用和移动智能终端的不断普及，移动互联网应用呈现出爆炸性增长态势，位置服务在移动互联产业链中越来越重要且不可或缺。位置应用业务是基于 LBS（Location Based Service）开发的移动互联网应用业务。基于位置的服务是通过电信运营商的无线电通信网络（如 GSM 网、CDMA 网）或外部定位方式（如 GPS 和 BDS）获取移动终端用户的位置信息（地理坐标或大地坐标），在地理信息系统平台的支持下，为用户提供相应服务的一种增值业务。最典型的移动位置应用案例包括高德地图、百度地图等。

高德地图作为国内较早推出的地图应用之一，拥有导航电子地图甲级测绘资质、测绘航空摄影甲级资质和互联网地图服务甲级测绘资质，其优质的电子地图数据库成为公司的核心竞争力。据其公司披露，2021 年上半年，高德全月平均日活跃用户数超过 1 亿，地图手机端月活跃用户数超过 5.99 亿，居地图导航行业第一位。

（1）专业的地图导航。高德地图已覆盖全国 364 个城市、全国道路里程 352 万公里。支持地名信息查询、分类信息查询、公交换乘、驾车路线规划、公交线路查询、位置收藏夹等丰富的基础地理信息查询工具，支持在线导航引擎，全程语音指引提示，具备偏航判定和偏航重导功能。

（2）全面的生活信息。高德地图为用户提供了多种常用的地点类别，餐饮、住宿、优惠、演出、团购全覆盖，将线下的商家店铺及场所移动至虚拟的地图上。

（3）智能化出行指南。高德地图根据用户需求能够自动生成"换乘少""时间短""步行少"等多种路线规划，以供用户选择最优出行路线。除提供公交和驾车两种乘车方式外，还提供打车、骑行、步行等出行方式，基本上满足了用户需求。此外，高德地图还支持 2D、3D 离线地图下载，以减少使用过程中的流量消耗，功能更具人性化，在一定程度上增加了用户黏性。

（三）电商应用

电子商务业务是指将互联网、移动通信技术、短距离通信技术及其他信息处理技术相结合，使用户可在任何时间、任何地点进行各类商贸活动，随时随地可实现线上线下的购物与交易、在线电子支付，以及各类交易活动、商务活动、金融活动等相关综合服务活动。随着购物、支付、旅游、休闲娱乐、生活服务、订餐、酒店等传统互联网业务被移至移动端，用户消费习惯日益移动化，移动电商的疯狂崛起成为必然。

移动电子商务是对传统电商购物方式的延伸，与传统电商的区别之处在于购物终端和购物应用软件不同。与此相对应，衍生的移动支付终端异军突起，带来了巨大的商机和竞争。

1. 天猫商城

天猫商城是一个综合性购物网站。2020 年"双十一"期间（11 月 1 日至 11 月 11 日），天猫全球狂欢季总成交额达 4982 亿元人民币，约 25 万个品牌、500 万个商家和近 8 亿用户参与其中。

（1）主题化精品推荐。天猫商城手机客户端以主题化的形式在首页向用户推荐商品，帮助用户发现并收藏感兴趣的商品，且其主题往往与时下热点相关，极具人性化，增加了用户"逛店"的乐趣。手机终端的"关注"板块，展示近期的人气店铺、实时优惠信息，增强了商家和用户之间的互动，提高了用户"购"的可能性。

（2）方便的类目导航和精准搜索功能。天猫手机终端突出搜索和导航功能，为用户提供了便捷的类目导航和精准搜索筛选功能，便于用户在海量商品中挑选心仪商品。

（3）随心管理、随时掌控。用户可随心在购物车中管理心仪商品；随时购买和收藏浏览记录中用户中意的商品；掌握和管理订单状态和收货地址。

2. 支付宝

随着移动互联网的发展，移动支付成为中国"新四大发明"之一；随着智能手机和互联网的普及，移动支付也普及开来。支付宝是国内第三方支付平台，在国民经济体系中起到越来越重要的作用。

（1）收付款。收付款是一种基于二维码技术的当面支付方式，在首页界面中，独立集成了付款与收款功能，更清晰直观地满足了大众需求，使手机终端成为虚拟世界中的"钱包"。用户无需开通网上银行，即可线下解决收付款问题。

（2）快捷支付。快捷支付是为网络支付量身定做的网银服务，主推支付功能，由银行与支付宝直连，保障了支付的安全性和便捷性。用户可以通过在银行留下的联系方式、银行卡号、手机校验码等信息快速开通快捷支付服务，付款时输入支付宝支付密码即可。其便捷性更强，支付宝与保险公司承诺保障用户资金安全。

（3）余额宝。余额宝是支付宝推出的理财服务，通过余额宝，用户不仅能够获得一定的收益，还能随时消费支付和转出。

（4）公众服务平台。在支付宝中，用户可以根据需求添加服务号，享受服务号提供的便捷服务，如银行服务、缴费服务、保险理财、手机通信服务、交通旅行、零售百货、医疗健康、休闲娱乐、美食消费等。

第二节　农业保险移动互联应用

一、农业保险移动互联应用的发展现状

随着移动技术和互联网的飞速发展，高覆盖率的移动通信网、高速无线网络和各类移动终端拓宽了移动技术的应用领域，智能手机、平板电脑及各类移动应用程序在人们的日常生活中扮演着日趋重要的角色，并逐步改变了人们的生活及消费习惯。在这一趋势下，

越来越多从事农业保险的保险公司依托移动互联平台，在宣传、展业、承保、查勘、理赔、公示、客服等各个环节植入新技术进行流程创新改造，进而提升承保理赔的服务效率和投保农户的保险体验。

（一）现状介绍

目前，中国人保财险、中华联合财险、太平洋财险、中国国寿财险、平安财险、中航安盟财险、太平财险和阳光财险等经营农业保险的保险公司先后推出了各自的 App 应用程序（如表 3-1 所示），利用移动互联应用对传统经营与服务模式、流程进行了再造与创新，推动了各公司农业保险业务服务模式和服务形态的全面升级。

表 3-1 我国部分从事农业保险的保险公司移动 App 应用

App 名称	保险机构	推出时间	主要功能特色
耘智保	人保财险	2020 年	● 对接了农业保险核心业务系统和中国人保小程序，实现 PC、App、小程序的实时互通，实现"数据多跑路，农户少跑路" ● 支持农户、协保员、保险公司业务员三类主体登录 App，并设有农户自助查询保单、自助报案、自助查勘等一系列面向农户的便捷功能 ● 引入 3S 技术，建设承保、理赔的全流程立体式图层，打造"按图精准承保、按图快速理赔" ● 接入遥感、无人机数据，实现种植作物的全生命周期管理，实时监测作物长势。在大灾来临时，能快速高效定损，提高查勘理赔效率，实现第一时间赔付农户 ● 接入 AI 智能工具，针对不同猪种，实现"一拍知长 / 知重"；自主开发智能点数 AI 算法，实现查勘理赔的智能化极速处理，有效管控养殖业理赔风险 ● 接入气象数据，实现实时气象灾害的预警功能，帮助协保员、农户开展防灾减损工作
数字农险（前称农险一键通）	中华财险	2013 年	● 与农险核心业务系统无缝对接。在承保端，实现线上投保资料收集、承保信息确认等；在理赔端，实现线上化报案、索赔资料收集、理赔受理等，App 采集的信息直传核心业务系统 ● 打通与客户（即投保农户）间的联系，通过微信小程序实现客户自助投保、自助报案、自助查勘等 ● 引入 GIS 技术，实现按图作业，做到承保理赔一张图 ● 引入 AI 识别技术，通过拍照或摄像实现对牲畜数量、体长、体重等信息的采集
e 农险	太平洋财险	2015 年	● 融合遥感、地理信息系统、人工智能、大数据、物联网等前沿科技，开发了客户管理、标的管理、风险管理、业务运营、客户增值、咨询服务六大系统、近百个功能模块，打造太保农险线上运营管理体系 ● 外勤工具：使用 AI 承保、农易保、e 键承保、e 键理赔、验标助手、查勘助手、共保查勘、水印相机、地理信息采集、气象证明等功能打造外勤人员现场收集和核验客户信息、标的信

App 名称	保险机构	推出时间	主要功能特色
e 农险	太平洋财险	2015 年	息的强有力工具，提高工作效率和信息的真实性 ● 新技术平台：针对特定农业场景，实现无人机近地面遥感、卫星遥感、远程验标、人工智能定损、生长监测、生物识别、智能称重、种群数量清点、水质监测、增值服务等技术目标，极大提升农险服务的深度和广度、效率和质量 ● 风控工具：具备暴风系统、灾情预警、农险分、台风预警、智农瑞田等功能，是发现、预警、监控灾害风险，掌握农情的重要途径，有助于提醒被保险人采取预防措施，提前设计查勘定损方案，提高查勘效率，提升理赔质量
国寿 i 农险	国寿财险	2018 年	● 实现包含资料收集、核保、缴费、报案、查勘、理算、核赔等农业保险业务全流程移动端操作 ● 基于 GIS 技术，在移动端实现农业保险 GIS 相关数据的收集、管理、分析，从空间维度辅助农险经营决策 ● 基于生物特征识别技术，通过面部识别、猪只点数、测长估重等创新技术，实现养殖险全流程线上化智能业务处理 ● 搭建无人机智能作业系统，对全国无人机资产设备进行统一的管理和维护，通过线上化、自动化无人机调度，执行验标/查勘作业，自动化处理和拼接无人机高清影像等功能，丰富验标查勘手段，提升资料收集的准确性和时效性 ● 搭建移动端数据分析平台，实现农业保险数据多维度分析，辅助业务管理水平的提升
平安爱农宝	平安财险	2018 年	● 流程线上化：完成移动采集客户信息、电子签名、线上公示、在线缴费、远程查勘定损等操作后，智能核保生成电子保单，实现承保理赔流程的线上全覆盖 ● 作业智能化：基于 OCR、面部、体长测重等智能识别技术，简化信息录入流程，可快速科学定损 ● 经营数字化：运用无人机自动化图像拼接及遥感技术，匹配确权数据，实现承保地块的精细化风控和精准化管理，保障经营合规 ● 服务多元化：结合气象监测开展农作物生命周期长势分析，提供病虫害防治和药物建议等减灾减损措施。为农户、农企提供农产品溯源的品牌增信，天气及价格查询服务
慧农易保通	中航安盟财险	2019 年	● 贯穿于农业保险承保理赔业务全流程，实现移动投保、远程验标、在线出单、视频查勘等功能，完成农业保险线上化 ● 加强业务风险管控能力，实现猪只 AI 测长估重、承保地块勾画、大牲畜电子耳标管理、气象预警、"火易见"森林火点预警等功能 ● 建立 B to C 服务模式，提升农户保险服务体验，实现自助验标、保单管理、公示查询、一键报案、自助查勘、理赔查询等功能；为农户推送农业和农险政策信息、农情信息、气象信息、农业生产、防灾减损知识等

续表

App 名称	保险机构	推出时间	主要功能特色
慧农易保通	中航安盟财险	2019 年	● 搭建金融服务板块，与多家金融机构建立合作联系，为农业生产经营主体提供银行贷款、抵押、担保等金融服务窗口，以农业保险为农业生产经营主体增信
E 农保	太平财险	2020 年	● 与核心业务系统无缝对接，承保端实现全线上投保资料收集、承保信息确认、一键承保公示等功能；理赔端实现线上化报案、索赔资料收集、理赔受理等功能 ● 利用卫星遥感、AI 算法和大数据等技术，对近 30 种主要作物进行识别及不同阶段生长期特征分析，对标的承保面积、损失面积、损失程度等基本信息提供全面参考 ● 以 AI 识别技术为依托，通过拍照和摄像，实现主要家畜的数量、体长、体重等关键信息智能采集 ● 为新型农业经营主体、合作社等提供以小程序、公众号、App 等移动投保通道 ● 向基层机构、投保人、协保员等主动推送农事服务信息、天气预警信息、政策文件等信息
向日葵农险	阳光财险	2020 年	● 实现承保、理赔流程的线上化，实现客户管理、协保员管理、标的库管理、风险管理等线上化管理 ● 开发测亩仪功能，具备在线进行土地信息确认勾画功能。应用水印相机、OCR 技术，实现信息的实时传输 ● 开发"电子芯片"功能，在验标、查勘照片中增加耳标号水印，实现照片与植入芯片的双唯一 ● 开发生物识别、智能点数和测长估重等功能，实现农业保险业务办理智能化 ● 开发"阳光 95510"一键报案小程序，实现自助报案、自助上传、流程查询等功能，农户可以一键启动"视频理赔"，与理赔人员实时视频连线，实现远程查勘
其他未提及的 App 应用			

数据来源：根据各保险公司提供的资料整理。

（二）特点总结

通过保险公司移动端 App 的主要特色功能分析发现，当前农业保险移动互联应用具有以下突出特点。

（1）基本实现承保理赔流程线上化。农业保险移动应用已基本覆盖承保理赔全业务流程，并与保险业务核心系统对接，原来的人工办理过程通过手机等移动终端即可完成，大大提升了工作效率，降低了工作成本，规范化业务办理。

（2）嵌入 3S、人工智能等科技手段。作为创新技术，3S 和人工智能已被广泛集成到农业保险的移动应用端，并在农业保险的精确承保和精准理赔工作中发挥着重要作用，不仅让承保理赔更精准，还能有效遏制虚假承保、虚假理赔等不合规行为。

（3）逐步向农户端线上化服务扩展。为提升保险服务水平和质量，保险公司纷纷推出农户端移动应用服务，通过推行自助服务、主动推送信息和提供增值服务，提升农户对农业保险的服务体验，进一步提高农户对农业保险的知情权和获得感。

二、农业保险移动互联应用的价值分析

经总结，农业保险的移动互联应用可以在降低运营成本、提升精准水平、提高收付效率、提升农户体验和改善经营方式五个方面发挥重要的应用价值。

（一）降低运营成本

众所周知，农业保险的展业、承保、理赔都需要耗费大量的人工成本，不仅效率低下，服务效果也不尽如人意。借助移动新技术，保险公司不仅可以将前后台各服务系统功能进行充分整合，让智能系统代替人工操作，节省中间环节，将以往需要几天时间才能完成的流程缩短至几个小时，整体效率成倍提升。同时面对当前业务量逐年增长所带来的压力，保险公司不仅可充分依靠移动技术加以应对，还可通过发挥协保员移动作业和农户自助办理的方式进行。随着移动互联网技术的逐步完善和效率提速，电子签名技术、网络视频与农户回访、保单分工、续期缴费等纸质通知书电子化，无纸化作业成为移动技术的一大特征，相关数据都被储存在中心服务器中，打印纸质通知书的成本被大量节省，未来保险销售营运环节的人工作业将大量减少，保险公司的整体运营成本将持续降低。

（二）提升精准水平

虚假承保和虚假理赔是农业保险一个长期的顽固性问题，严重影响着农业保险健康可持续发展。而虚假问题往往来自保险业务办理的前端，尤其是在业务员（或协保员）办理承保理赔的业务环节。由于缺乏精细化和精准化工具和手段，业务员（或协保员）无法对虚假问题进行有效判断。3S 技术、人工智能和物联网技术被嵌入移动应用，正好为提升农业保险精准化水平提供了重要支撑。在种植业保险中，业务员（协保员）可在 3S 技术支撑下开展移动承保和验标，采集标的地块和验真标的作物，实现前端的精准承保；理赔时，根据遥感和无人机分析结果结合移动查勘，可客观反映灾损情况并呈现真实损失，实现前端的精准理赔。在养殖业保险中，人工智能和物联网技术可实现牲畜的识别与点数，保障了标的数量和权属的真实性，大大减少了虚假理赔的道德风险。有关 3S 技术、人工智能和物联网的具体应用，详见后续章节。

（三）提高收付效率

移动支付作为新兴的电子支付手段，以手机为终端扩展了互联网第三方支付渠道，对互联网第三方支付产生了深远的影响，并成为未来互联网第三方支付的发展趋势。第三方支付平台与手机 App 等结合，利用手机通信网络进入银行等金融机构线上支付系统完成第三方支付。农业保险采取的是见费出单的方式，以往通过现金或银行转账的方式缴纳自缴保费，步骤烦琐、效率低、体验也不好。通过移动支付的方式，协保员在协助保险公司

承保的时候，便可利用移动支付的方式直接向农户收取保费，甚至农户在自助投保时也可自行移动支付，这有助于大大缩短保险公司制作保单的时间，让农户更快收到保单。此外在理赔时，对于信誉较好的农户，保险机构通常会采用"闪赔"模式，在快速查勘定损和核赔通过后，便可以以移动支付的方式立即将赔款支付给农户，大大提升了农户的体验感。

（四）提升农户体验

以往农户与保险公司的关系基本上以保险公司为主导，大部分情况下，客户都只能单方面从保险公司获取信息，单凭保险公司销售人员的解说投保，农户时常对专业性较高的保险条款难以理解，无法确认自身的利益，致使误解与投诉时有发生。借助移动互联网技术，农户可以随时随地掌握保险信息，根据自己的实际情况和意愿进行自主投保，极大提高了农户投保的积极性。移动互联网还为保险公司服务农户开辟了更加多样化的渠道，农户可以通过移动互联网享受礼品兑换、价格发布、防灾减灾、农技服务、农资购买等更多附加服务。此外，保险公司还可以积极采用移动互联技术，以提高农户的黏性，邀请农户参与保险需求调查、保险满意度调查等线上互动，从而设计出更合适的保险产品，提供个性化服务，全面提升农业保险的服务水平。

（五）改善经营方式

保险公司借助移动智能系统可对投保农户信息进行快速采集与分析，更全面地了解掌握投保农户的年龄、性别、地域、受教育水平、社会层次、风险感知、保险认知度、政策知晓度、兴趣偏好等各维度的信息。同时保险公司可以将智能分析植入移动系统中，通过连接后台的大数据，进行智能的客户分析，输出农户画像，对农户的经营风险、历史保险记录和潜在保险需求进行综合描绘，生成智能化的保险方案，实现针对性的精准营销，改变传统粗放低效的营销方式。此外，通过移动互联网推广相关农业保险政策和产品，保险公司推广与展业模式可以更加多样化，可以与被保险人产生密切互动，在普及农业保险政策的同时，让投保人理解农业保险的作用，从而提高投保人自主自愿的投保体验。

三、农业保险移动互联应用的路径分析

依据农业保险业务流程和场景，结合移动互联网技术在农业保险中的价值分析，移动互联技术可以在（包括但不限于）移动承保、移动理赔和移动客服三个方面发挥作用，进而建立起全流程的农业保险线上服务体系，为广大农户提供"一站式"服务，如图3-4所示。

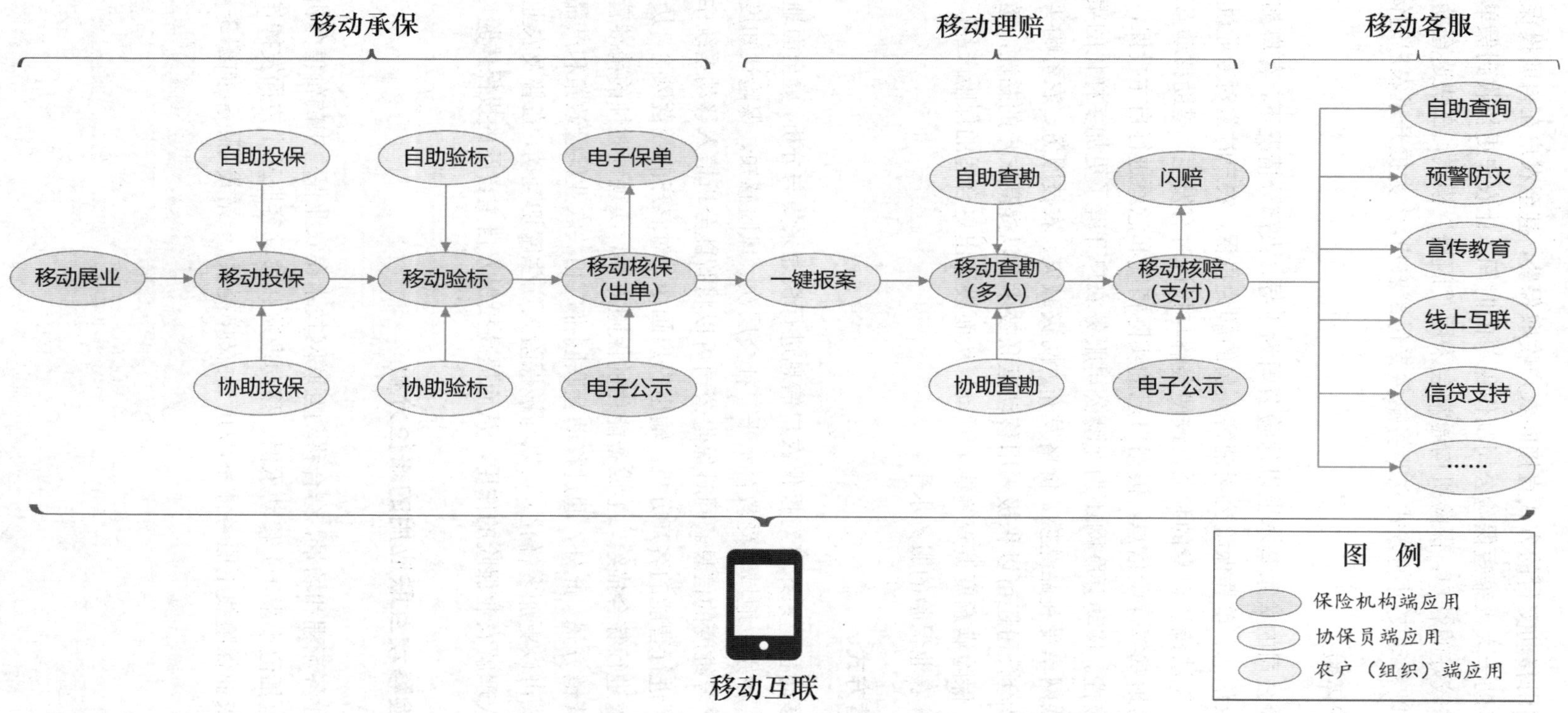

图 3-4 农业保险移动互联应用路径

（一）移动承保

移动承保是将移动互联网与智能手机、平板电脑等智能终端相结合，在智能终端上完成农业保险承保的全过程。通过移动承保技术，保险公司业务员、协保员只需携带装载着相关移动承保应用的移动终端，就能与广大农户和农业生产经营组织接触，并在移动终端上完成产品宣传和推荐、条款解释、投保信息录入、查验标的、缴纳保费、核保出单、出示电子保单和在线公示等农业保险承保全流程。按业务流程的具体阶段划分，移动承保可以包括但不限于移动展业、移动投保/协助投保/自助投保、移动验标/协助验标/自助验标、电子公示、移动核保、电子保单等功能。

1. 移动展业

可以在农业保险移动应用中开设移动展业功能，为农业保险的宣传与营销提供支持。第一，移动终端应用中可载入农业保险相关的惠农政策、各类产品和相关条款，营销人员可以方便地利用移动终端深入基层（村委会、合作社等）为农户（生产经营组织）开展农业保险的宣传，详细解释保险中政府惠农政策和相关保险条款，鼓励广大农户积极投保农业保险。第二，移动终端应用还可以与保险公司后台大数据进行连接，借助后台的客服智能分析功能，对农户（特别是新型经营主体）的生产经营风险、历史承保理赔记录、种植养殖规模变化和额外保障需求等进行智能化分析，生成综合保险方案，实现对其具有针对性的精准保险营销与服务。

2. 移动投保/协助投保/自助投保

农业保险的投保阶段需要登记大量的投保信息（尤其是要制作分户清单），传统人工记录的方式不仅烦琐，还极易出错。移动投保功能不仅能为投保信息的登记提供便利、提升投保效率，还能更好地保障信息登记的准确性和真实性。保险公司的业务员可以通过移动终端应用电子化录入投保信息（个别进行强制校验），自动调取保险方案（产品、费率、保额、保费、补贴等），在遥感影像、土地确权、耕地地块等支持下在线采集保险标的，采用光学字符识别技术自动识别农户身份证、银行卡信息并验真，采集农户的电子签名并验真，快速完成分户清单的制作，最后将投保信息通过移动互联网上传到保险公司后台。据保险公司统计，证件识别和信息上传时间仅需 0.4 秒，准确率超过 98%，较传统的人工记录方式节约 80% 的时间成本、50% 的人力成本。对于那些续保的农户，移动应用还可以从后台调取并复用该农户基本信息和历史保单信息，再与农户进行现场确认，避免信息的二次录入导致的偏差。

在农业保险实务中，保险公司除自己开展农险业务外，还可以委托村民委员会、农村集体经济组织等基层机构协助办理农险业务，这些人通常被称为协保员。为了便于协保员协助办理农业保险业务，保险公司可为协保员提供"协助投保"的移动应用，建议采用微信小程序的方式。协保员的"移动投保"移动应用应与保险公司业务员有所区别，应更注重"操作的指引性和规范性"，需要实现投保流程步骤化、保单信息录入固定化、农户信息采集规范化等。协保员根据移动应用的操作指引一步一步地进行规范性操作，不仅可以保证投保信息的准确性，还能帮助防范协保员的道德风险。

针对保险信誉较好的被保险人（尤其是新型经营主体），保险机构还可以为其提供"自助投保"的移动应用，建议采用微信小程序的方式。这类被保险人可以利用"自助投保"应用，只需遵循其操作指引自助选择保险方案、录入投保信息、扫描身份证银行卡信息、移动支付保费后，即时将信息发送给保险公司，便可完成一个完整的投保流程。自助投保不仅能降低保险公司的经营成本，还能为猪瘟等特殊情况下无接触式开展农业保险业务提供技术支撑。

3. 移动验标/协助验标/自助验标

验标是采用全检或比例抽查方式对保险标的位置、数量、权属等进行核查，它是农业保险承保流程的一个重要环节，在保障承保真实性上起了关键作用。传统人工验标方式越来越不适应农业保险高质量发展的要求，运用科技手段开展"移动验标"逐渐成为保险公司验标的"利器"。

在种植业保险上，3S 技术嵌入"移动验标"成为确认作物标的位置和数量真实性的重要技术支撑。在移动设备端上搭载遥感、无人机技术，可以对承保区域的作物种植分布和种植面积进行精准识别，再与投保地块进行交叉比对，可识别出不真实的标的。针对判断出的不真实的标的，业务员可携带移动设备进行实地查验，确定标的真实情况，采集标的影像资料，再将验标资料直接上报到保险公司后台系统。

在养殖业保险上，AI 技术嵌入"移动验标"成为确认牲畜标的数量和归属真实性的重要技术支撑。其中将生猪智能点数功能嵌入移动终端设备，验标员直接手持设备通过拍照方式便可完成对生猪数量的核实；将畜脸识别功能嵌入移动终端，验标员通过设备摄像头可逐头采集每头牲畜的面部特征，不仅可以实现对数量的核实，还能为每头牲畜建立唯一标签，明确牲畜标的的归属，为解决后续非保险标的理赔和重复理赔奠定基础。

与投保相同，保险机构可以为协保员和农户（尤其是新型经营主体）开发"协助验标"和"自助验标"移动应用，有助于降低验标成本、提升验标效率和规范验标行为，减少虚假标的等道德风险的发生频率。

4. 电子公示

根据《农业保险承保理赔管理办法》，投保清单在农业生产经营组织或者村民委员会核对并盖章确认后，保险公司应以适当方式在村级或农业生产经营组织公共区域进行不少于 3 天的公示。但这种现场公示往往覆盖面有限，无法触达每个农户，特别是遇到农户外出打工的特殊情况。如保险公司能在现场公示的基础上，增加电子公示的方式，不仅能扩大公示范围，还能进一步夯实农户知情权。保险公司可以选择在政府网站、行业信息平台、保险公司网站、村集体网站、微信公众号等平台发布农业保险投保电子公示信息，甚至以短信方式发送公示链接给每个投保农户，真正让农户知晓投保情况。

5. 移动核保

一直以来，农业保险的核保工作是由核保员利用桌面端核心业务系统对投保清单、保险标的权属及数量、实地验标、承保公示等关键要素进行严格审核确定出单来完成的。这样一来，核保工作就比较依赖核保员的在岗工作时间，一旦核保员执行外勤，投保单的核保工作就会受到延误，对出单的时效造成一些影响。"移动核保"功能可以将桌面端核保工作转移到移动端，实现移动办公。核保员可以随时随地接收核保单据任务并在线审查投保单的电子资料，最后在终端屏幕上点击"核保通过"，便可完成核保工作。"移动核保"能大大缩短核保时间，让出单效率得到提升。

6. 电子保单

互联网环境下，保单电子化已经逐渐成为保险行业的一个趋势。在农业保险中，保单电子化的工作也在稳步推进。实践发现，电子保单确能带来诸多好处：首先，农户知情权得到保障。在生成电子保单之前，保险公司会发送验证码等信息给投保农户，农户收到验证码后被强制要求阅读未生效的保单，阅读后才能将确认信息发回给保险公司制作正式的电子保单。通过这一操作，确保了农户对保险的知情权。其次，方便保存。纸质保单不易保存，容易丢失。尤其是对整村投保的保单，保单原件会保存在投保人或村集体处，农户只保留纸质版保单复印件和保险凭证，极易遗失。保单或凭证遗失会对保险理赔造成一些麻烦。保单电子化和凭证电子化后，农户则无需再保留纸质版本的保单和凭证，极大地方便了农户。再次，可以随时查询。保单电子化后，农户可以将电子保单和凭证下载到手机上（或保留链接），可以随时随地查看保单内容。最后，能帮助简化理赔流程。在出险理赔时，农户无需再提交纸质版保单，保险公司可直接调取农户的电子保单并进入理赔环节。

（二）移动理赔

与移动承保相同，移动理赔是将移动互联网与智能手机、平板电脑等智能终端相结合，在智能终端上执行农业保险理赔的全流程。根据保险理赔流程，移动理赔可以包括但不限于一键报案、移动查勘/协助查勘/自助查勘、电子公示、移动核赔、闪赔等。

1. 一键报案

出险后向保险公司报案是农业保险触发理赔的首要环节。农业保险的保险标的通常位于广大农村，灾害造成损失的情况和第一手资料通常来自被保农户或协保员。因此可以在理赔端移动应用上，为协保员和农户提供"一键报案"功能。协保员和农户不需要查找保险公司的报案电话并提供保单信息，只需要在保险公司提供的移动应用（或者微信公众号）中使用"一键报案"功能，填入出险时间、出险地点和出险原因等简单信息，录入被保险人的身份信息找出对应保单完成报案（一些保险公司还可以无保单报案）即可。此外，协保员和农户还可以在"一键报案"中附加出险现场的 GPS 定位和第一手照片资料，辅助保险公司定位出险位置和判断灾情大小，帮助其开展合理的查勘调度。

2. 移动查勘/协助查勘/自助查勘

接到报案后，保险公司原则上需要在 24 小时内进行查勘。现场查勘定损是保险理赔的关键步骤，传统的查勘方式不仅成本较高、效率较低，而且常常伴随虚假和协议理赔等道德风险的发生。在移动应用中提供"移动查勘"功能，并将 3S 技术和 AI 技术应用在查勘中，不仅可以大大提升查勘定损效率，还可以有效减少道德风险的发生。

在种植业保险中，保险公司可以采用卫星遥感、无人机等远程技术手段对保险标的的受灾面积和灾损程度进行整体评估，并将评估结果发送到移动终端设备。"移动查勘"则可以在搭载的识别评估结果基础上开展"以户为单位"的现场勘查，做出更加精准的灾损评估。

在养殖业保险中，非保险标的理赔和重复理赔的现象屡见不鲜。集成 AI 牲畜脸部识别技术，把经过扫描的死亡标的脸部与验标时采集的标识库畜脸进行比对，将成功比对且未执行过理赔的标的判定为真实理赔标的。如果出现比对成功但已执行过理赔的标的则被判定为疑似重复理赔，未比对成功的标的则被判定为疑似虚假理赔。此外，多人协作的"移动查勘"功能还被应用在"保处"联动的养殖险查勘中。保险公司查勘员通过"移动查勘"功能在出险现场勘查采集资料后，会将案件信息发送到无害化处理厂人员的"移动查勘"应用中，只有上传采集到的死亡牲畜无害化处理后的相关证明资料，才算完成完整的查勘流程。再者，将生猪尸长（尸重）AI 测量集成到"移动查勘"中可以大大提升查勘效率，降低尸长（尸重）造假等道德风险。只需把移动设备上的摄像头对准死猪"一拍"，便可获得生猪尸长（或尸重），得到计算出的理赔金额。

通过"移动查勘"应用可以快速并规范地采集查勘影像，"水印相机"功能会自动将报案信息、查勘人员、拍摄位置、拍摄 GPS 定位、拍摄日期等打印到影像资料上。"移动查勘"还能提供电子签名的功能，完成查勘后便可由农户通过电子签名进行核实确认，电子签名通过验真方式保证了真实性，避免了代签名和假签名的问题。

与验标相同，保险公司可以为协保员和农户提供"协助查勘"和"自助查勘"功能。远程视频协作的功能可以成为"协助查勘"和"自助查勘"的特色功能。报案后，保险公司业务人员可以通过移动互联网与协保员、农户进行远程视频互动，在线指导协保员和农户完成规范查勘。远程视频协作不仅可以简化协保员和农户的查勘流程，还可以大大降低虚假理赔的道德风险。

3. 电子公示

与投保公示一样，查勘定损结果也可以采用"电子公示"方式。保险公司可以在政府网站、行业信息平台、保险公司网站、村集体网站、微信公众号等平台发出定损清单的电子公示信息，并以短信方式发送公示链接告知受损农户。如受损农户对定损结果存在异议，可以通过电子公示页面中的"公示反馈"直接联系保险公司。

4. 移动核赔

与"移动核保"类似，保险公司可以将原来局限在桌面端的核赔模式扩展到移动端。在"移动核赔"的支持下，公司核赔员可以随时随地对案件进行核赔，在线查看查勘报告、损失清单、查勘影像、公示资料等理赔要件并进行严格审核，重点对 3S 灾损评估结果、AI 智能识别等辅助定损结果进行审阅，核实赔案的真实性和定损结果的科学性后，在终端屏幕上点击"核赔通过"，便可快速进入支付环节，加快理赔进度。"移动核保"与"移动核赔"被业界统称为"移动双核"。

5. 闪赔

所谓"闪赔"是指针对小额赔付提供的快速理赔服务。传统的农业保险存在着理赔流程手续烦琐、赔款到位周期长、农户服务体验差等诸多问题，尤其在养殖业保险中，出险频率高、赔付周期长、迟迟得不到赔款的问题尤为突出。在移动查勘/协助查勘/自助查勘和移动核赔的支持下，农业保险也可以实施类似车险的"闪赔"服务，即查勘员快速采集查勘资料并确定损失，将查勘定损资料快速提交给保险公司后台，启动自动核赔，便可快速进入支付。以济源市中支公司为例进行说明，2016 年闪赔模式实施之前，济源市中支公司报案支付时效 20.54 天；2017 年闪赔模式实施后，案均报案支付周期为 10 天，同比缩短案件理赔时效 10.54 天。其中采用闪赔模式的案件占比 18.36%，案均报案支付周期 3.78 天，缩短案件理赔时效为 16.76 天；特别是针对养殖大户的闪赔平均支付周期仅为 59 分钟。

（三）移动客服

"移动客服"是指保险公司为了提升广大农户（即农业生产经营者）的保险获得感，增强其对保险公司的服务黏性，特意为农业生产经营者"量身定做"的一套保险客户服务和其他增值服务，包括但不限于自助查询、预警防灾、宣传教育、线上互联服务、信贷支持等。

1. 自助查询

为了保障广大农户对农业保险的知情权，保险公司可以通过微信、短信等方式及时告知投保农户承保、理赔的情况，让农户第一时间知晓保险进度。此外，还可以通过微信公众号、移动 App、门户网站等渠道，在线公开、公示广大投保农户的承保和理赔信息。再者，还可以开通保险信息在线查询渠道，广大投保农户可通过短信、微信、移动 App、微信公众号等平台随时随地查询自己的保单信息和理赔进度。

2. 预警防灾

在气象、价格等大数据的支持下，保险公司可以通过微信公众号、移动 App、短视频、在线直播等渠道，向广大投保农户主动推送气象信息（包括但不限于气象预报信息、中长期气候预测信息、气象灾害预警信息和气象灾害灾情信息等）和农产品市场价格信息（包括但不限于价格行情信息、价格走势信息、价格对比信息、价格短期预测信息和价格涨跌预警信息等），提前发布气象灾害和价格波动等预警信息，提醒投保农户做好灾害防御和农产品售卖计划，降低投保农户的因灾损失。

3. 宣传教育

保险公司可以通过微信公众号、移动 App、短视频、在线直播等渠道，以网页动画、视频等易接受的方式，将政策性农业保险知识、农业保险产品条款、投保理赔流程、创新型保险产品、保险监管要求、农业生产技能等相关的信息与知识，主动推送给广大投保农户，对他们进行广泛的宣传教育，提高他们对农业保险的认识，使其能主动参加农业保险分散生产经营风险。

4. 线上互联服务

保险公司可以与农资、农产品电商、农业社会化服务企业合作，在为农户服务的移动应用上增加农资、农具的网购服务，农机、植保无人机的网络租赁服务，农产品的电商销售服务等，在为广大农户提供农业保险服务的同时，提供更多种类丰富的线上互联服务。农户在体验保险带来风险保障的同时，还能获得与自身农业生产经营息息相关的服务，进一步提高由保险服务带来的获得感。

5. 信贷支持

为了解决广大农业生产经营者生产资金紧缺的问题，保险公司可以联合政府、金融机构、担保机构等单位，在农服务移动应用中增设"信贷服务"功能，引导有资金需求的生产经营主体发出线上申请。保险公司在接到申请后，可将贷款需求及该生产经营主体的保险信息一同发送给金融等相关机构。相关机构则可以在保险信息的辅助下，开展该生产经营主体的信用评价，满足符合条件的生产经营者资金需求，提供资金支持和政府贴息等资助。

当然，还存在一些上文未提及到的增值服务，希望保险公司能进一步挖掘农户需求，创新出更多"移动客服"应用。

四、农业保险移动互联应用发展的制约因素

现阶段，我国农业保险的移动应用尚处在初级发展阶段，不可避免地存在如下几个问题，制约着农业保险移动应用的进一步深化发展。

（一）移动互联应用存在信息安全隐患

农业保险移动互联应用功能集成度较高，涉及承保理赔整个业务流程，且农户对保险机构后台的访问频率会大大增加，不可避免地涉及信息安全问题。移动互联应用的信息安全主要涉及如下几个方面（不限于）：第一，移动应用使用无线传输技术，这意味着在传输过程中信号存在被第三方截取的可能，进而导致保险交易过程中农户（经营组织）的敏感信息有可能被泄露，甚至被第三方篡改；第二，农业保险业务人员在开展移动应用业务时使用移动终端设备不当也可能导致保险相关交易信息遗失或泄露；第三，移动终端设备（特别是智能手机）面临着各种网络病毒的威胁，随着智能手机的普及，手机病毒有可能在全球范围内蔓延。通过病毒不自觉地窃取手机中的敏感数据也是当前移动应用存在的一个信息安全隐患。

（二）保单电子化存在法律和道德风险

第一，通过移动互联网进行保险交易时，保险公司系统会预先设定好电子化、自动化操作程序，由投保人点击投保页面"同意"按钮，依次完成投保流程，最后自动生成电子保单。不同于保险公司与投保人面对面交流的传统出单模式，移动互联使得保险公司无法使用书面文件证明向被保险人尽到对保险责任说明和提示的义务。在移动投保过程中产生的数据资料，在法律上能否有效证明保险公司向投保客户尽职尽力完成免责条款的提示和说明义务，影响着出险后保险公司责任的判定。第二，保险传统的交易方式是面对面进行

交易，保险公司可当面核查被保险人的真实身份和投保数量的真实性，而通过移动互联网进行保险交易，特别是农户自助投保（或理赔）时无法核实农户身份和保险标的，可能存在虚假投保、虚假理赔等道德风险。

（三）第三方移动支付监管法律建设滞后

农业保险的移动互联应用不可避免地要涉及第三方移动支付，然而第三方支付监管法律通常位于法律体系的底层，存在监管法律建设滞后的问题，这会给第三方支付错误或失败问题的纠纷带来法律风险隐患。例如，商务部发布的规范电子商务交易的指导意见属于政策类指导性文件，并非具有法律效力的法律法规。中国人民银行、国家工商行政管理总局颁布和制定了一些非金融机构支付服务和第三方支付机构客户备付金存管相关管理文件、网络交易管理办法等，这些规范第三方支付的法律文件位于法律体系中法律、法规、部门规章中的最低层次，法律位阶偏低给互联网第三方支付平台发展带来了一些问题，如第三方支付机构合法权益易受到违规执法侵害。

（四）移动营销与保险条款专业性不相匹配

保险是一种提供风险防范的特殊服务，提供的产品涉及多个学科领域知识，具有严肃性、严谨性，难以在产品的专业学术性和理解的通俗化之间达到平衡，这在一定程度上影响了保险合同条款的"通俗化"。由于保险产品的特殊性影响着保险条款的通俗化，而保险条款的专业性将对农业保险移动营销与展业产生诸多不利影响。第一，在传统保险展业途径，保险公司人员可当面为客户解释保单条款中的疑难点，说明保险条款的重点部分，帮助投保人解决保单理解性问题。然而，通过移动互联网途径时，投保人无法当面获得条款"人性化"的解释说明，即使某些保险公司能通过手机应用客户端对投保人进行体验良好的在线答疑，但投保人仍有很大可能会对保险条款理解出现偏差。第二，在农业保险移动互联展业中，投保人（特别是农户）需要在较小的移动设备屏幕上阅读条款中陌生的专业语句，要在线上短时间内理解保险条款的准确含义十分困难，可能使投保人的保险体验不佳。

五、农业保险移动互联应用发展的对策与建议

为推动农业保险移动应用的健康、持续发展，发挥其应有的潜力与价值，针对上述制约因素，提出如下几个方面的对策与建议。

（一）强化移动互联应用的信息安全

随着移动信息化时代到来，移动智能设备在当代生活和工作中的重要性迅速提升，移动终端中常常存储着大量个人隐私、财务数据或商业秘密等信息，一旦丢失，将给个人或企业带来巨大的精神、经济损失，因此必须强化移动互联终端的安全管理。第一，农业保

险移动应用需要与后台频繁进行信息传输，为了保障信息传输安全，可在报文信息上做特殊加密处理，报文仅在特定的解密算法下才能被解析，报文即便被窃取也无法被读取内部信息，保障了信息不被泄露。第二，为了防止个人智能移动设备因遗失、盗窃等，导致设备中的投保人、被保险人隐私信息或电子保单敏感内容被不法第三人恶意利用、故意泄漏等，可以在农业保险移动应用中内置远程控制组件，在发生丢失等意外情况下，通过远程安全功能做出删除移动存储数据的选择。第三，在业务办理的移动终端设备中嵌入防病毒的应用，实时监测移动终端设备的异常情况，一旦出现异常情况，将第一时间锁定农业保险应用（包括数据库）并提醒业务员进行切断移动网络、系统杀毒等处理。

（二）规避电子保单的道德法律风险

投保人与保险公司经过电子保险合同达成双方的合意，使用数字认证的电子签名技术来保证双方达成的结果具有不可篡改和不可否认性，这点对电子保单法律效力生效至关重要。数字认证技术允许投保人对互联网上传输和接收的数据进行数字签名和签名验证，数字证书使用者的唯一性确保了数字签名的不可否认性。此外，人脸 AI 识别技术可以被应用在电子保单生成过程中投保人（被保险人）的身份验证中，通过对投保人的活体人脸与身份证照片进行比对，进而确认投保人的真实身份。另外，为了防止通过自助投保和自助理赔生成的电子保单中存在虚假问题，可以通过标的地理信息定位和业务员远程视频协作等方式，来对投保人和投保标的的真实性进行验证，进而规避电子保单中存在的农户道德风险问题。

（三）注重第三方支付安全性和支付监管

我国立法部门应当考虑互联网第三方支付相关监管法律的过低层次无法充分保护各方利益的问题，第三方支付向移动互联网延伸的创新发展需要多个政府部门进行全方位的监管和支持，而过低的法律地位，不利于协调统一相关政府部门开展第三方支付的监管工作，更不利于第三方互联网支付发展创新。此外，移动互联下第三方支付是对传统支付方式的创新。作为一种新生事物，需要保障其发展活力和生长空间，对其监管应当兼顾市场发展的稳定和创新，建议我国对互联网第三方支付建立区别监管和协作监管相结合的监管体系。

（四）对互联网条件下保险条款进行通俗化处理

通常保险公司对互联网条件下保单条款的通俗化处理方法有两种：直接通俗化处理和间接通俗化处理。直接通俗化处理是针对条款本身，通过修订条款、加工词句、优化表述等方法使投保人无须相关专业背景即可理解保单条款。在农业保险中，投保人和被保险人大都是受教育程度不高的农民，利用文字方式使保单条款通俗化有可能达不到预期效果。建议保险机构对通过移动互联方式展业的保单条款以动画处理集合解说的方式形象化地进行解释，投保人和被保险人可随时随地通过互联网方式查看条款的动画解释，进而增强其对条款的理解。间接通俗化处理是指保险公司通过线上站点或手机应用提供在线解答或问题服务的方式，与投保人通过互联网沟通交流，使其掌握保险条款内容。建议在农业保险移动应用上嵌入在线解答功能，该功能浮动在各投保操作模块上，一旦投保人对保险条款或保险流程存在疑问，可随时点击该功能获得相应的帮助。此外，农户在咨询时常会提出大量类似提问，系统后台对提交的疑问进行收集汇总，总结常见问题，集中建立问题及解答数据库，把客户提出频率较高的问题集中在 FAQ（"经常问到的问题"）栏目，实现资源共享，提升解答效率。

第三节 农业保险移动互联应用案例

一、"e 农险"应用案例

（一）建设背景与历程

"e 农险"是中国太平洋财产保险股份有限公司（以下简称"太保"或"太保产险"）和中国农业科学院联合研发的"互联网+"数字农险移动运营体系。该体系聚焦解决农业保险经营发展中的痛点，通过移动互联、遥感测绘、大数据和云计算等高新技术应用，搭建移动平台、功能开发终端、大数据与智能化应用、数据流程再造等，实现了增效降本、科学专业、规范可控、服务能力提升和农户体验改善的目标。功能应用体系涵盖农险经营管理全流程和 30 多个具体功能应用，如图 3-5 所示。

"数字太保"下的互联网+农险运营管理体系

搭建移动平台　　终端功能开发　　大数据与智能化　　数据流程再造

增效降本　　科学专业　　规范可控　　服务能力提升　　农户体验改善

图 3-5 太保 e 农险的建设体系与目标

自 2015 年 8 月首次发布 e 农险以来，按照"在用一批、开发一批、预研一批"指导思想，太保产险先后投入了数千万元资金进行了 6 次迭代升级。2015 年，太保产险首次推出了 e 农险 1.0，推出了地理信息采集、影像资料采集、耳标编码识别、无人机航拍项目等主要功能，解决了"技术有无"的问题。2016 年，太保产险完成了 e 农险 2.0 的研发，推出了 e 键承保、e 键理赔、气象服务、风险地图、农情早知道、客户查询、卫星遥感应用等一系列全新功能，实现了增强技术应用的目标。2017 年，e 农险实现了 3.0 的升级，开发了远程标的管理系统、客户管理平台、智慧农业平台，重点探索了基于卫星遥感、大数据、人工智能、计算机深度学习等技术的综合应用，解决了技术改善服务、提升管理问题。2018 年，e 农险推出了 4.0 版本，开发了生物识别平台、暴风系统，兼顾了运营效率和风险防控，解决了业务经营痛点，降低了运营成本，打造了数字化运营管理体系。2019 年，e 农险再次推出了 5.0 版本，以 5G 技术为支撑，搭建了 e 智飞无人机自动驾驶平台，打造了融 e 养、融 e 种、价易赔等"科技+金融"服务模式，提高了客户满意度的同时，谋求行业内的技术引领（如图 3-6 所示）。2020 年，e 农险推出了全新的 FAST 版本，整合了最新科技，针对业务难点痛点，研发了"e 智飞·慧眼平台""物联网+农业应用实验室""水产养殖物联网综合平台""价格指数报价平台"等七大新技术平台，作为 e 农险新技术体系的底层技术支撑；FAST 版本打造出了客户库、标的库，购置了权威的遥感数据和气象数据，作为农险业务的底层数据支撑，正努力发展成保险科技服务农业第一品牌。

（二）体系与特色功能

e 农险数字化农险运营体系是从解放劳动力、改变劳动工具和调整劳动对象入手搭建技术体系的，主要体现在三个方面：一是使用移动终端、信息互联互通技术打破时间、空间限制，将人从传统业务流程中解放出来，提高效率；二是使用 3S 和卫星与无人机遥感等技术，实现标的的快速识别、自动定位、归属信息获取及关联档案数字化存储；三是使用图像识别、光谱分析和机器学习等技术强化数字信息分析应用，实现从人算到机器算、从人判断到人监控机器判断、从人分析到人建立模型分析的创新变革。

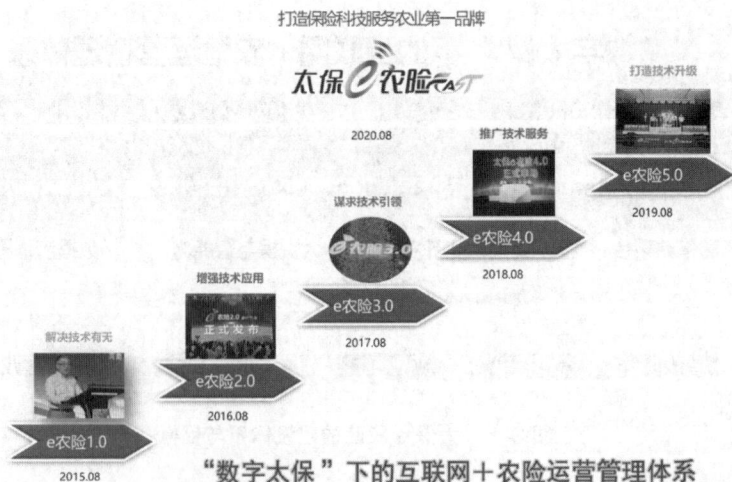

图 3-6　太保 e 农险发展历程

e 农险功能体系由业务操作、风险管理、辅助工具和咨询管理四大功能板块组成，涉及农险经营服务的全流程。业务操作板块通过"验标/查勘助手、e 键承保/理赔、移动核保/核赔、远程专家、后台辅助"等功能应用，实现了一线操作移动化、传统操作线上化、外部流程内部化、内部流程标准化，极大地提高了工作效率，确保了业务档案数字化、真实可信可跟踪。风险管理板块通过"气象证明、灾情预警、风险地图、气象服务、智农瑞田"等功能应用，可以为内外部客户提供风险数据与信息，有效协助公司加强风险管控，帮助农户开展防灾减损。咨询管理板块涵盖农业常识、农情、产品、制度等各类信息，为内外部客户提供了全面"三农"及保险咨询服务。辅助工具板块为用户提供了包括"水印相机、航拍测亩仪"等多个便捷小程序应用，工具在手，便捷高效（如图 3-7 所示）。

在 e 农险体系中，具有代表性的特色功能包括：验标/查勘助手、航拍测亩仪、农险远程标的管理、养殖业闪赔、电子公示与电子保单、风险地图与灾害预警等。

1. 验标/查勘助手

在农险经营管理过程中，收集保险资料的传统方式技术手段落后，会导致资料的真实性和完整性无法保证。此外，农业保险的承保（理赔）时段集中，农险专员任务繁重，工作流程需要简化，工作效率亟待提升；碎片化的保险资料仅能满足基本的承保（理赔）工作要求，不具备更高层次的管理、统计、分析、应用的潜力。

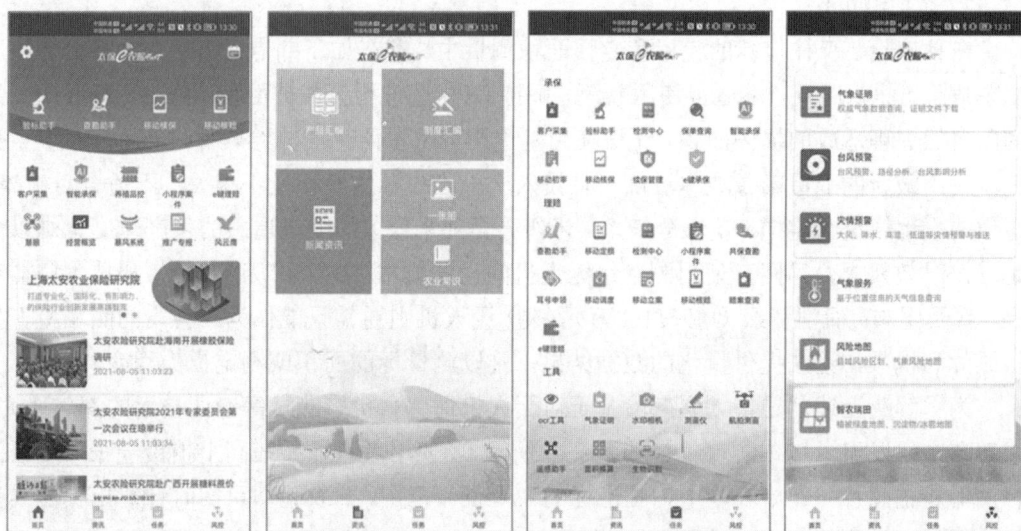

图 3-7　e 农险的数字化农险运营体系

为解决上述难点和痛点，e 农险开发了验标助手（查勘助手）功能，该功能可作为一线农险专员完成验标/查勘任务，采集与核验客户信息、标的信息的得力助手。该功能旨在借助移动互联网技术，将地理信息、空间遥感、无人机遥感、大数据、人工智能等前沿科技，以"地理信息采集""水印相机""航拍测亩仪""e 智飞""慧眼"等技术装备的形式嵌入业务流程，供一线农险专员使用。验标助手（查勘助手）将以信息化、结构化、数字化的方式采集、核验、保存保险资料，通过技术手段保障保险资料的准确性、真实性、完整性。在解决农险经营管理过程中难点、痛点的基础上，提升农险工作的效率和服务质量，如图 3-8 所示。

图 3-8　验标/查勘助手（地理信息、水印相片采集）

2. 航拍测亩仪

在种植险、森林险标的验标和定损面积测量中，存在如下痛点。第一，农田山林地形复杂危险、面积广阔，不适合使用卷尺、手持 GPS 设备测量植被面积。第二，对近期发生的因自然灾害造成的损失面积，无法使用基于历史卫星照片的测绘软件进行面积测量。第三，使用最新的卫星影像成本过高，且投入产出比与标的面积呈正相关，不适合对破碎、零散的小地块进行定损，足够分辨率（米级乃至亚米级）的卫星遥感的生产速度也难以满足理赔时效要求。第四，使用测绘级无人机的设备成本（3～30 万元/架）和技术门槛过高，普及困难；而消费级（0.6～1.2 万元/架）无人机则通常只能作为"会飞的照相机"拍摄照片和视频，无法提供量化的数据结果，难以测量标的面积或测定损失程度。

为了解决上述问题，太保产险基于对无人机遥感、摄影测量等专业技术的深入研究，成功自主研发出了航拍测亩仪（如图 3-9 所示）。使用者只需要在高空拍摄一张（受损）标的的航拍照片并在 e 农险中勾画出标的（受损）范围，e 农险即可实时计算出标的（受损）面积，做到"有图有面积"，按图承保理赔。

3. 农险远程标的管理

种植险和森林险标的的地理位置、生长环境、风险状况长期固定不变，仅权属可能发生改变。而且标的地理信息的传统记录方式信息化程度低，核验工作和重复采集导致农险运营成本高、效率低、风险管理难度大。

2015—2019 年，太保产险利用卫星遥感、深度学习和大数据分析等新技术，成功建立了"标的库"（如图 3-10 所示）。通过对目标区域多期卫星遥感照片的机器学习和大数据分析，实现了对某一区域的地块边界、农作物种类、种植面积、损失面积、损失程度的识别。识别结果关联太保产险保单信息、土地权属信息，构成了 e 农险的"标的库"。截至 2021 年 6 月 30 日，太保 e 农险"标的库"已覆盖全国 13 个省区 65 个盟市 211 个旗县 968 个乡镇 12 441 个行政村，采集耕地面积近 7600 万亩。

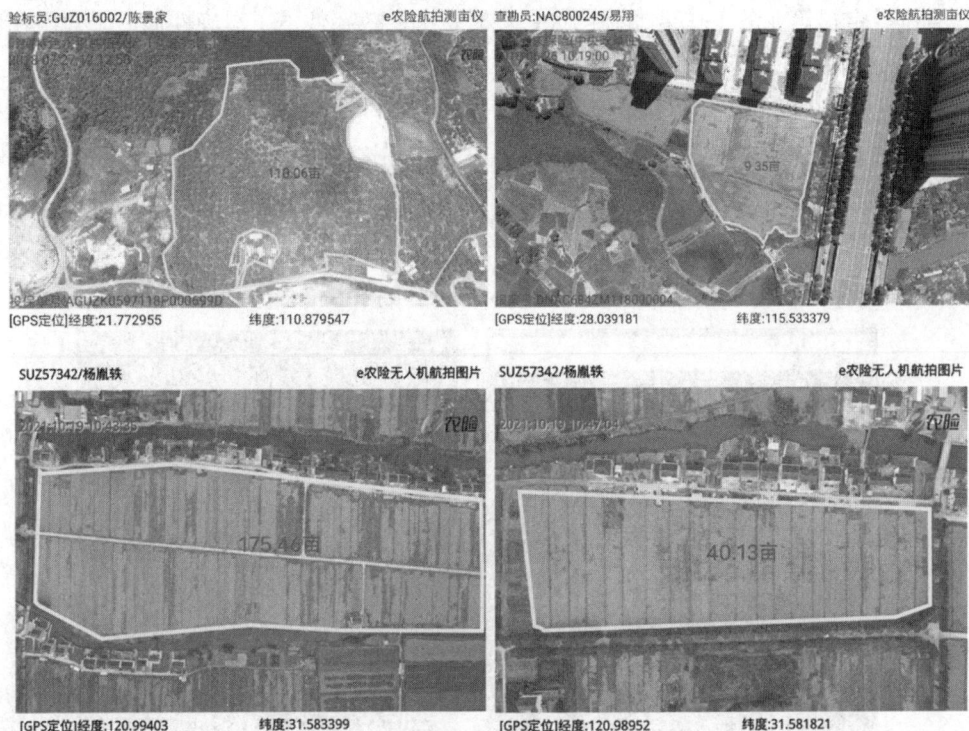

图 3-9 航拍测亩仪

图 3-10 太保 e 农险的"标的库"

2019 年，太保产险在"标的库"的基础上开发了"远程标的管理系统"，实现了对种植业和林业进行更加高效、准确的承保、验标、估损、估产等农险业务的在线移动应用。通过"远程标的管理系统"的移动应用，太保产险从技术上解决了以前线下标的确认、验标、查勘、定损等业务工作劳动强度大、耗时费力、效率低下、准确性低、无数字化服务等问题（如图 3-11 所示）。

4. 养殖业闪赔（仅生猪养殖保险）

在传统养殖保险业务中，保险参与的各方都存在诸多痛点和难点。对于农户，理赔存在流程手续烦琐、赔款到位周期长、客户服务体验差等诸多问题；对于保险公司，存在风险管理难度大、业务操作效率低、保险服务成本高等问题；对于政府部门，存在服务规范落实难、惠农政策到位难、监管风险难度大等问题。

图 3-11 太保 e 农险的"远程标的管理系统"移动应用

为解决上述难点和痛点，太保产险开发了 e 农险的"闪赔模式"，实现了畜牧、动检、保险公司联合行动，一站式完成确认死因、查勘定损、无害化处理，个人投保、法人投保农户最快 15 分钟赔款到账，集体投保农户公示 3 天后立即赔付到账。

"e 农险"闪赔的具体流程步骤如下：①畜牧动检部门官方兽医、无害化处理厂工作人员、保险公司查勘员联合赶赴现场；②官方兽医确认死亡原因；③保险公司查勘员使用 e 农险核对保单赔案信息，采集查勘资料；④无害化处理，获取电子无害化处理证明；⑤保险公司查勘员使用 e 农险进行现场核赔；⑥核赔通过后，农户将立即收到赔款（如图 3-12 所示）。

利用 e 农险"闪赔"新技术的推广应用，农险经营管理和客户服务水平大幅提升，"闪赔"的应用使得养殖险理赔更加方便、高效，得到了农户和政府的一致认可。

5. 电子公示与电子保单

投保组织者或投保人（通常为村委会）组织被保险人关注太保产险的微信公众号或使用 e 农险小程序，绑定个人信息（姓名、身份证号）后，便可以根据所在区域查看电子承保公示（分户承保情况进行不少于 3 天的公示）（如图 3-13 所示）。

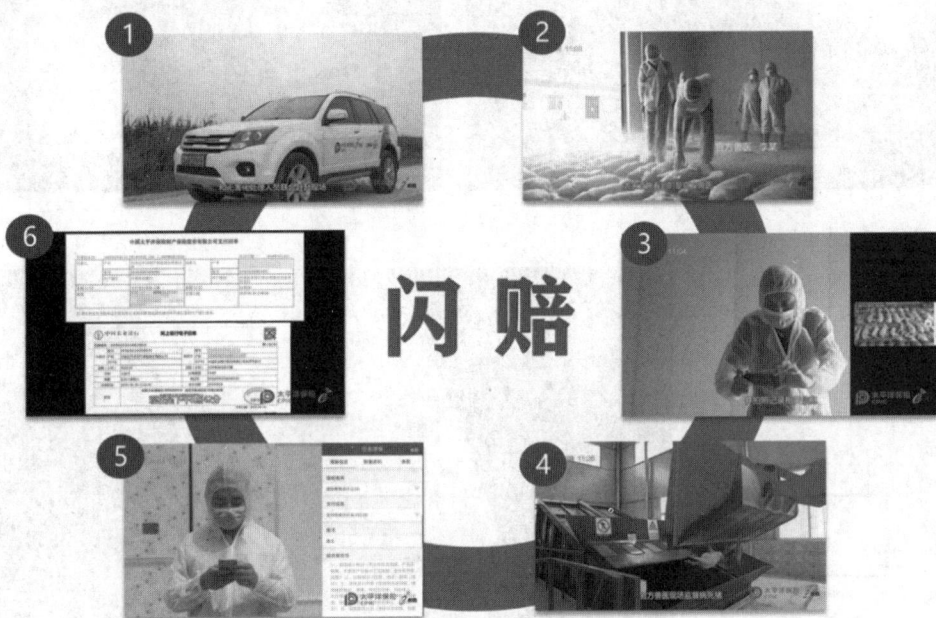

图 3-12 太保 e 农险的养殖业闪赔技术

图 3-13 太保 e 农险的电子公示功能

核保人员根据核保规则、核保流程，使用 e 农险对保单要素进行审核，确保资料信息一致性、完整性、唯一性（超过公示期）。被保险人在太平洋产险微信公众号缴纳保费后，便可以在太保产险的 e 农险微信小程序中生成并下载电子保单（如图 3-14 所示）。

6. 风险地图与灾害预警

"e农险"可在保险期限内为大客户、企业客户和村集体提供"风险地图"和"灾害预警"等增值服务，帮助被保险人管理农业资产，实施必要的防灾减损措施。通过增值服务拓展农业保险服务的内涵与边界，贯彻国家对农业保险"防重于赔"的指导方针。

图 3-14　太保 e 农险的电子保单功能

太保产险向权威气象服务机构订购了气象历史数据服务，累计了 2017—2021 年全国 34 个省级行政区、333 个地级行政区、2847 个县级行政区的 2000 万条气象数据，并经大数据分析形成了"风险地图"。风险地图为全国各分支机构提供了准确详细的区域风险分布及气象灾害分级数据，为各机构农险展业、风控、产品开发等提供了客观、坚实、全面的风险数据支持，助力太保产险农险的高质量发展。

在保险期间，由于缺乏高效的预报预警，农户在灾害来临时没有充足的准备时间与应对措施，容易发生巨灾风险，产生高额赔付案件。通过对接官方气象预警信息，通过实时气象预报和气象监控数据，理赔人员可以提前组织农户采取防灾减损措施，提前筹备大灾理赔等工作。

灾害预警模块包括大灾预警和台风预警两个模块。大灾预警可实时总览全国即将发生灾情的数量与分布，并设置重点关注区域准确接收实时的灾情预警信息；台风预警，可实时监测沿海地区台风实时路径和风力分级，及台风经过的地区灾情情况（如图 3-15 所示）。

图 3-15　太保 e 农险的大灾预警和台风预警功能

（三）推广应用情况

自从 2015 年 e 农险 1.0 发布以来，太保产险于 2018 年已完成 e 农险在农险机构使用的全覆盖。截至 2021 年 9 月 30 日，太保 e 农险已推广至 31 个省级行政单位（除港澳台外），政府农业保险相关机构、重要客户、太保产险农险专员、太保协保员注册使用人数共计 30 000 人。

在 e 农险的支持下，太保产险农险服务的水平、质量、效率都有大幅提升，农险业务保持高速发展，2015—2020 年连续 5 年业务增速超过 40%；2015—2020 年太保产险累计服务农户约 2.7 亿户次，累计提供农业风险保障 4 万亿元。

此外，太保产险还积极响应农业农村部金融支农创新试点工作，2019—2021 年太保产险依托 e 农险的技术创新优势累计立项 27 项。

（四）应用成效总结

太保产险通过深化推进 e 农险的研发和应用，致力于为农险业务经营管理提供强有力的工具，优化再造业务流程，提升验标查勘工作效率与质量，保障资料的真实性和完整性，着力防控自然风险、欺诈舞弊风险，切实解决农险经营管理中的难点和痛点，主要的应用成效总结如下。

一是实现了从粗放承保向精确验标承保和承保信息数字化的转变，保真保准。使用太保 e 农险能远程、便捷、快速地收集承保标的精确信息，包括"四至"位置、面积大小、作物长势等，有关信息可与后台核心系统无缝衔接，直接上传，这就有助于快速发现重复投保问题、核实投保面积真实性问题等，所有信息、照片资料和操作能实现全程防伪，从根源上避免虚假承保问题，为后期理赔服务提供有力的支持。

二是实现了从粗放理赔向快速精准理赔的转变。使用卫星遥感勘损技术，能实现大面积（省级/县级）灾害损失快速查勘和快速识别，有助于第一时间对损失进行全局性把握；使用无人机遥感勘损技术，能实现中尺度（乡镇/村）精确查勘与调查；通过手机、平板电脑等移动互联勘损技术，能实现小尺度（以户为单位）精确查勘。同时，借助无线网络实现勘损信息快速传输，保险机构可组织定损专家足不出户远程指挥定损，从而简化查勘程序，降低查勘成本，提高查勘定损效率，增强定损专业性。

三是实现了从提供单纯保险服务向全面风险管理服务的转变，及时便捷。太保 e 农险通过客户端随时为投保农户提供灾情预警和气象服务，可以协助农户及时开展灾害预防和科学采取减灾减损措施；通过气象证明等工具的应用，能极大地减少农户提供灾害证明等工作量，改善客户体验。通过历史大数据与即时数据的结合，太保 e 农险能够提供实时气象服务和近乎实时的灾情预警，并按照 T+1 的要求提供气象证明服务等。

四是实现了产品创新与技术创新融合，全面优化创新客户体验。太保 e 农险将新技术应用融合到天气指数保险、价格保险等产品创新中，通过风险识别、评估、分析与区划技术，实现基于多源数据（农作物单产数据、农作物灾情数据和农作物单产与灾情混合数据）的风险评估与"地（省、市、县）、物（水稻、玉米等作物）、灾（干旱、洪涝、台风等）"组合化费率厘定，并通过移动端和物联网等技术应用，对承保理赔业务流程进行再造，进而实现自助投保、自动承保和自动触发理赔等全流程自动化处理。

二、"数字农险"应用案例

（一）建设背景与目标

中华联合财产保险股份有限公司（以下简称"中华保险"）是最早从事农业保险的保险公司，其凭借深厚的经验和优质的服务，一直稳居农业保险行业第二位，行业影响较大。为更好地在乡村振兴、精准扶贫和普惠金融等国家战略中发挥作用，中华保险的农业保险必须融入现代农业发展大局，融入科技时代，构建符合农业产业规律、农险发展特点、政府政策监管需要、农户服务需求的现代农业保险高质量发展的运行机制，在深入洞悉行业发展情况的基础上，结合中华保险当前的发展现状，科学擘画中华保险农业保险科技创新发展蓝图，精心打造中华"数字农险"品牌，久久为功，再造农险新实务流程，科技赋能推动公司农险持续健康发展，夯实特色发展根基。

中华"数字农险"的总体建设目标是：紧紧把握农业保险经营规律，通过一张蓝图绘到底、持续投入、有效建设和全面应用，实现公司农业保险实务信息化、管理数据化、决策智能化，科技赋能农险实务流程再造和运作模式变革，推动中华联合的农业保险向高质量发展的转型升级。

（1）实务信息化即通过全面建设核心业务系统及移动端服务，有效打通客户、产品和标的的联系，实现线上线下高效率的交流、内外系统数据的无缝对接、空间信息和业务信息融合，达到实务操作流程电子化、平台化、扁平化、自助化和众筹化统一，把线上化贯穿业务全流程，实现客户自助便捷参与，实现主要实务操作由信息系统记录、复现、可追溯及管理，建成高效运行的全流程农险信息系统，农险全实务流程实现 100%线上运作，自助实务覆盖全流程。

（2）管理数据化即在实务信息化的基础上，结合农业精准技术及模型的应用，构建保险标的、权属和风险逻辑一致的覆盖全流程的数据采集、管理、应用和展示体系，构建完整的数据报表体系，使数据在农险承保、理赔及经营管理等环节形成闭环，实现全流程的量化管理和指标化采集，有效提高农险承保理赔的真实性。具体从两个方面展开。一是提高数据渗透率。种植险实现以 3S 技术为核心的"天空地"一体化的按图作业的精准承保理赔新模式，承保标的实现地块标的上图入库，重大灾害实现遥感评估，按图作业模式基本建立起来；养殖险实现以全流程精准标的管理为核心的承保理赔一体化的数据链管理模式，实现养殖标的承保理赔数据完整采集；林业险实现空间数据管理及遥感应用。二是实现全流程数据指标化。基于农险全流程的数据采集、管理、挖掘和应用等场景，实现全流程关键环节的报表统计及清单管理，实现业务财务数据一体化，初步实现农险全流程、全实务的可量化、可反映、可评价、可追溯。

（3）决策智能化即实现自动化风险决策管理，通过 3S 技术、移动端、云计算、物联网、区块链技术及人工智能综合应用，在风险区划、灾情管理、防灾减损、作物生长、标的识别、风险损失评估、农户管理、协同服务、质量管理、合规内控管理、反欺诈管理、公司经营等方面实现事前预警、事中校核和事后检视全风险链智能管理，支持农业风险管理、农户客户画像、服务精准到位、公司经营稳定持续、风险得到有效控制的智能决策，着力推动农业保险实现高质量发展。实现重要风险点的常态指标监控，对分支机构做到分级、分类量化风险管理及预警，规划覆盖全流程管理指标的阈值，为全面风险控制提供智能决策支持。

（二）技术体系与功能

中华"数字农险"的总体技术架构如图 3-16 所示，具体可分为支撑服务层、前端功能层和应用表现层。

（1）新核心业务系统和移动端应用延伸（如图 3-17 所示）。一是核心新功能融合建设及升级，如建设产品库、农户库和标的库，建设农网管理模块、自动两核功能，升级优化理赔模块和影像系统；构建数据中台和业务中台，做好标准接口开发与电子化保单、收付模块及创新服务相关联的外部应用，做好数据间的无缝对接。二是建设移动端功能，按照公司员工、协保员和客户等不同主体建设 App 和微信小程序，全面开展线上化功能和自组化服务，整合前中后台的数据管理应用及推送，实现便捷化的服务和管理，同时集成客户信息 OCR 识别及水印相机、移动收付、短信通知、电子单证及闪赔功能，在客户信息采集、标的信息管理、承保理赔功能，验标及报案查勘，标的空间化，AI 智能点数、比对与智能测体长及体量和电子围栏技术等方面，实现风险控制的前移和高效服务的结合。三是农险报表及数据应用体系建设。完成基于农险核心和管理模块的数据报表体系建设，对于全流程管理信息实现清单数据和统计数据的管理，在保单级和农户级层面实现精准统计，满足全流程业务分析及指标专业管理报表系统的需要。从技术层面看，农业保险要融入公司信息总体架构，利用最先进的技术架构推动农险信息系统全面升级。可以分步骤与农险需求融合，加强多元、异构、复杂的数据处理和特殊风险的管理，规范农险监管对信息管理的要求，通过架构创新、新旧系统无缝对接和双轮驱动，推动农险信息建设与公司信息战略的融合。

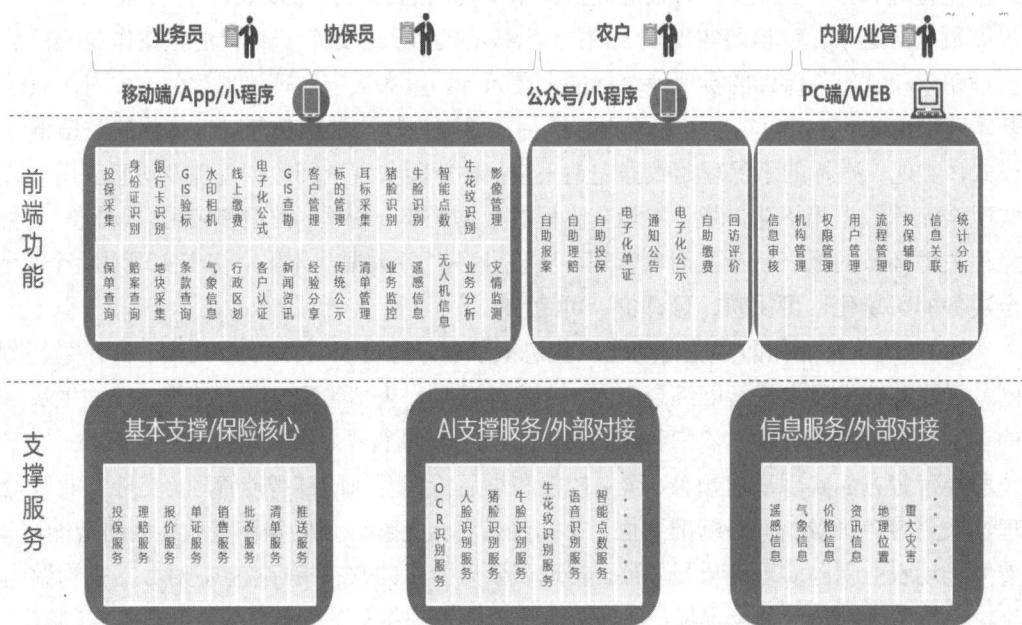

图 3-16　中华"数字农险"技术架构图

（2）建立以 3S 技术为核心的"天空地"一体化"按图作业"种植险模式（如图 3-18 和图 3-19 所示）。建成功能完善的 GIS 平台及移动端工具，构建空间数据的采集、规范、管理挖掘和展示应用的系统，使其与核心业务系统对接，实现空间基础数据、保险数据、遥感数据的融合，以便及时有效获取图表和清单等数据用于管理，提高农险服务的效率水平和质量。从种植业承保标的精准管理出发，采用 3S 技术为核心的"天空地"一体化应用方案，开展以农户为中心、地块为风险单位，按图作业回归种植业的保障本源实务流程再造。具体来说：一是采集投保标的地块信息形成承保作物地块图，按图承保实现依据空间属性唯一的标的信息（标的库）；二是利用遥感监测开展作物识别和面积估计，并与承保作物图校验，对异常数据按图验险，确保承保数据真实；三是按图公示，公开公正地准确反映承保事实；四是定期收集遥感监测作物生长监测图，用于风险趋势管理；五是利用遥感、无人机和地面移动端的采样技术的"天空地"一体化数据融合，针对重大灾害或重点地区，形成查勘定损图；六是结合量化遥感技术、产量评估模型和灾害损失模型，开展分级损失评估，运用承保图实现按图按户理赔；七是建立内外部风险数据融合的风险区划图，实现精准定价和科学风控等，这些场景全部根植于承保标的精准管理，需要实现地理信息技术在农业保险管理中的普及应用。

图 3-17　中华"数字农险"移动端承保与理赔功能

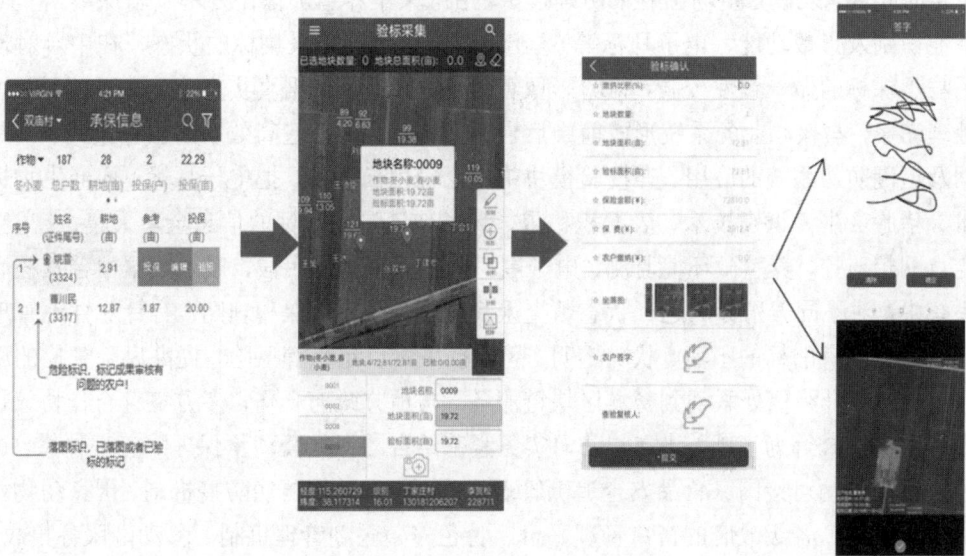

图 3-18　中华"数字农险"的"按图承保"应用

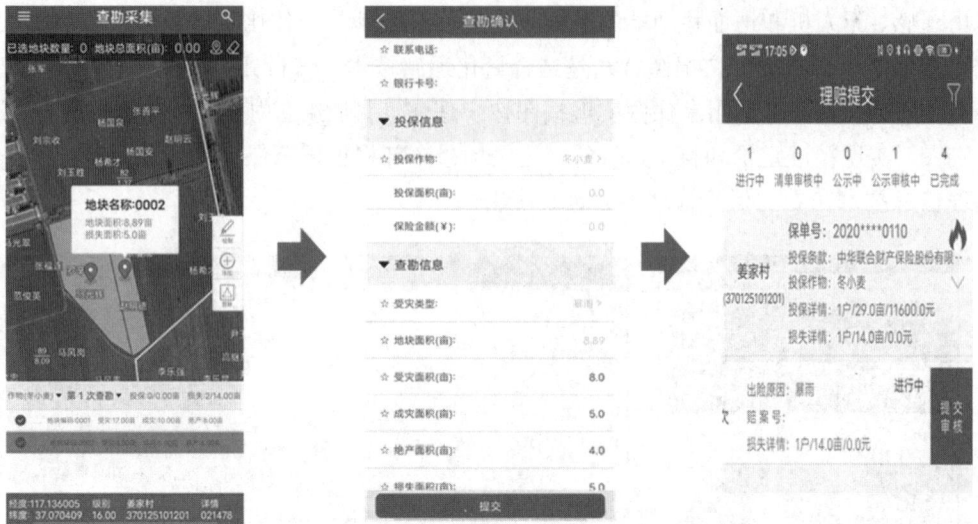

图 3-19　中华"数字农险"的"按图理赔"应用

　　（3）建立以全量精准标的承保理赔管理为内涵的养殖业保险模式（如图 3-20 所示）。建设专属的 App 和微信等移动端工具，使其广泛覆盖养殖险业务全流程。通过自助化或自动化采集数据，打通业务流程的前中后台，联动多传感器及多信息来源，实现业务流程扁平化，农户自助风控、管理决策便捷，实时跟踪过程，及时进行风险预警，实现关键环节可追溯的智能化管理；养殖业保险通过应用最新的养殖科技成果，对养殖标的、状态及结果进行精准管理，联通政府畜禽监管数据平台，确保养殖险业务承保真实、理赔有据。重点内容：一是精准承保理赔与自助化功能的全面应用。全量采集标的影像信息，影像定位定时定人，采集养殖场位置来明确投保范围，采集养殖影像作为基本承保数据（具备 AI 智能识别及点数功能、电子耳标等）；出险时通过自助化采集标的状态，在中台对理赔标的与承保标的做一致性校验，检验影像真伪，做到理赔依据真实充分，并通过闪赔等快速处理赔案，与核心业务系统形成前中后台的业务融合，打造高效率的服务模式。二是物联网及追溯防伪系统的应用。在校验模块中广泛应用云服务，把电子耳标、内嵌生物标识技术、猪脸（牛）识别技术、表面积称重、体长快速测量、标的信息全量采集、智能点数、定点网箱监控、养殖微环境监测、电子围栏等一系列技术手段，嵌入数据中台及核心业务系统中，对不同养殖标的进行状态数据采集管理，联动承保和理赔，有针对性地管理各类养殖产业固有的标的不清、状况不明、风险损失难以定量等风险，提高风险管控的质量和效率。三是升级保处联动到畜禽区块链服务。与地方政府合作，多方签订合作协议，以威海和武安模式等为基础，建立与公司实务紧密结合的保处联动承保理赔管理体系，进一步通过保处联动对接国家食品安全追溯管理机制、国家动物防病防疫机制、国家动物检疫运输屠宰机制、各级政府的畜禽管理平台、特色养殖区划管理机制、移动端服务集成方案，利用区块链技术协同及融合畜禽养殖系统、管理系统、追溯系统、无害化处理系统、检疫防疫系统、物流追溯系统和保险核心系统，建立虚拟化和实质性耳标追溯相结合的数据应用体系，实现从养殖到餐桌，从生长到无害化处理，从过程到结果的一整套养殖标的风险管理机制，实现养殖业承保理赔业务风险的量化精准管理。

图 3-20 中华"数字农险"养殖业保险应用

（三）推广应用情况

中华"数字农险"历经三个阶段的发展，逐步建成并推动实务创新应用，在业务工作中发挥了重大作用（如图 3-21 所示）。

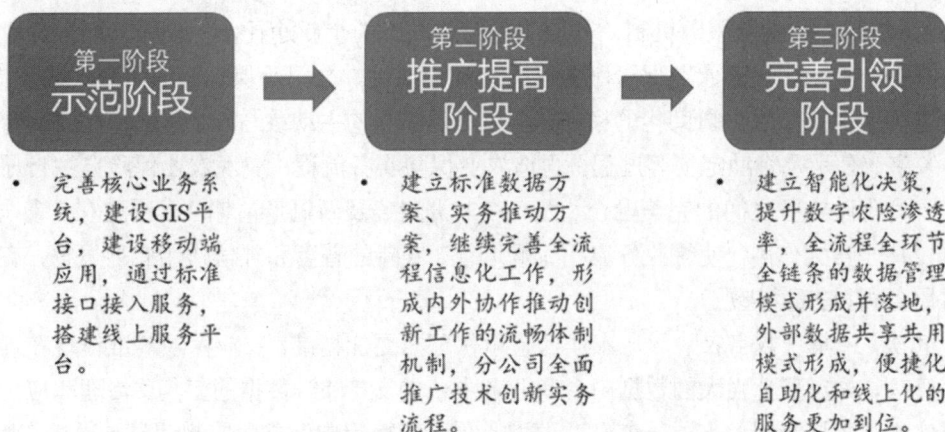

图 3-21 中华"数字农险"的推广应用步骤

（1）示范阶段。完善核心业务系统，建设 GIS 平台，建设移动端应用，通过标准接口接入服务，搭建线上服务平台。分公司重点区域、重点业务试点示范，做到流程畅通，成本可控，路径清晰，经验可复制。主要内容：精准承保理赔示范，电子化场景开展，养殖业自助服务，移动端全面开发，数据报表初步完善，流程实务再造畅通，每个分公司均开展科技示范应用工作，达成科技赋能推动高质量发展的共识。此阶段基本信息平台开始搭建，基础数据报表体系建成，科技赋能的新实务流程在分公司基本畅通。

（2）推广提高阶段。建立标准数据方案、实务推动方案，继续完善全流程信息化工作，形成内外协作推动创新工作的流畅体制机制，分公司全面推广技术创新实务流程。主要内容：新核心主要功能配置上线，信息平台逐步平移云化，数据质量全面提升，主流程信息化初步实现，移动端自主建设完成，实现风险数据、区划数据、产品创新相关数据引进，分公司主要实务流程实现信息化再造。此阶段信息平台搭建完毕，农险线上化初步达成，农险管理实现指标化。

（3）完善引领阶段。建立智能化决策，提升数字农险渗透率，全流程、全环节、全链条的数据管理模式形成并落地，外部数据共享共用模式形成，便捷化、自助化和线上化的服务更加到位，实现操作层级的电子化、信息化流程全覆盖，实务场景在采集端和管理端全面实现信息数据化，风险及决策智能管理初步实现，平台化应用、扁平化管理、协同化服务更加到位。此阶段农险实务管理的信息化、线上化、自助化、数据化全面完成，农险风险管理指标化和阈值智能化，中华农险数字品牌基本树立。

（四）应用成效总结

科技创新是农险服务能力创新的根本方式，"数字农险"能够推动中华农业保险更加精准和精细，是实现农业保险高质量发展的必由之路。

首先，中华"数字农险"让农业保险服务更加便捷、有感。通过移动端创新，实现了端对端的服务，直接连接了保险服务的两端，突破了服务的瓶颈。一方面从公司层面实现"线上+线下"相融合服务机制，开辟服务触达农户的全新途径，优化服务的全流程，感知农户的全需求，提高农业保险服务可得性和便捷性，公司承保理赔的质效大幅度提升；另一方面全面推广农户自助化的模式，全面提升农户的主动参与能力，农户全方面参与验标、签字、公示及查勘定损等过程，再造农业保险实务流程，实现农业保险自主自愿的风险管理和保险实务之间的完美融合，尤其在非洲猪瘟及新冠疫情期间，通过农户参与，移动端发挥了重大作用，使得业务流程流畅运行，农险的普惠和补偿作用有效发挥，有感和及时服务得以持续实现。

其次，中华"数字农险"让农业保险承保理赔更加精准。农业保险精准体现在对标的有效管理，如在后台强大的数据中台和业务中台的支持下，数据的汇集、治理和应用分析得以实现，各层级服务人员能够及时调取承保、理赔历史信息和监测信息，通过应用 3S、物联网和人工智能等技术，开展按图作业和数量（个体）识别的精准管理，建立"天空地"一体化的定损体系和养殖业死亡个体智能识别体系的精准理赔模式，从根本上解决承保标的数量、位置和权属问题，精准管理承保标的和标的的风险状态，应在时间、地点和采集人之间及时有效记录这些数据，使得承保有依、理赔有据，推动农业保险回归保障本源。

最后，中华"数字农险"让农险经营管理更加精细与规范。经营管理的内核是农险信息的全面准确和真实，通过"数字农险"的全面应用，形成了完整的数据流和信息流，承保理赔和收付等关键环节的信息逻辑一致，使得农业保险经营管理更加精准和智能，大大提升了农险运营效率，为创新农险实务、精细服务不同层级农户、降低经营成本、优化盈利模式提供了可能，同时数据共享也为动态量化监管提供了数据支持，保障了政府保费补贴的真实性和可靠性，提高了政府监管的及时性和有效性，推动了农业保险的高质量发展。

面对新时代的科技浪潮，农业保险创新发展永远在路上，永远不能停歇，在不断解决问题、克服困难的前提下砥砺前行。中华"数字农险"的一张蓝图已经绘制，下一步将要回归保险本源、着眼长远、正视现实、基础先行、重点突出、加快试点示范、总结经验并全面推广。

第四章 农业保险科技分论：3S 技术

第一节 3S 技术

3S 技术指的是遥感（Remote Sensing，RS）、地理信息系统（Geography Information Systems，GIS）和全球卫星定位系统（Global Positioning Systems，GPS）三种技术集成的统称，因其英文名称的缩写结尾都是 S，被人们广泛称为"3S"技术。3S 技术之间相互补充、相互融合，很难区分开来。其中，RS 是信息来源，GPS 是给所有信息附上地理参考的手段，GIS 是数据存储、分析、管理和显示的工具，其中又融合着互联网技术、物联网技术、通信技术等。3S 技术涵盖了空间技术、传感器技术、卫星定位与导航技术、计算机技术、通信技术等现代技术，是多学科高度集成的对空间信息进行采集、处理、管理、分析、表达、传播和应用的现代信息技术。

一、遥感（RS）技术原理

（一）遥感定义

地球表面上的一切物体，如土地、水体、森林、草场、农作物、空气等，因其具有不同的温度和不同的物理化学性质，处于不同状态，具有不同的波谱特性，具体地说，它们都具有不同的吸收、反射、辐射光谱的性能，不断向外界反射或发射电磁波谱。遥感技术就是通过一定的传感器来记录这些特性，并通过图像处理技术，对物体做出判断并得到应用所需信息的技术。

典型的遥感技术主要指的是手持设备、无人机、航空飞机、航天卫星等搭载的传感器（相机或成像仪）工作得到的信号和照片等，并用一定的图像处理技术提取应用信息。医学界利用显微镜无接触地拍摄病毒图片，并用图像处理技术和专家知识分析病毒有关信息，在广义上也可以称为遥感（如图 4-1 所示）。

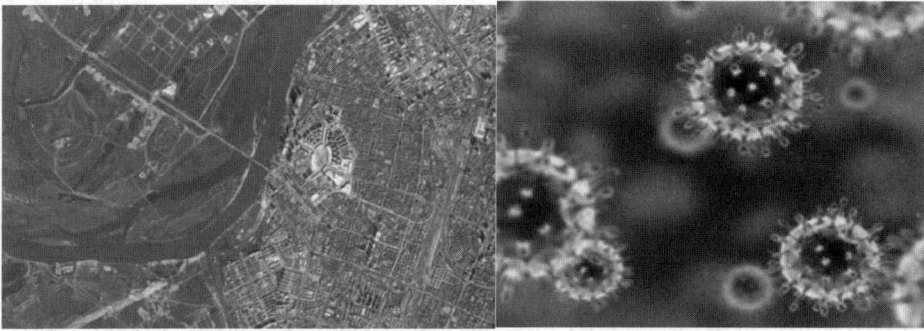

（a）典型遥感　　　　　　　　（b）广义遥感

图 4-1　遥感图像示意

（二）遥感过程

按照遥感的定义，遥感过程主要由以下七个部分组成，包括能量来源，即电磁能量（A）；辐射与大气（B）；与目标的相互作用（C）；记录电磁辐射（传感器）（D）；传输、接收与处理（E）；解译与分析（F）；应用（G）。

遥感过程的组成部分如图 4-2 所示。

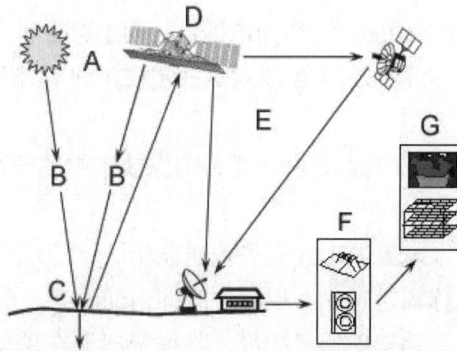

图 4-2　遥感过程示意图

注：A，能量来源，即电磁能量；B，辐射与大气；C，与目标的相互作用；D，记录电磁辐射（传感器）；E，传输、接收与处理；F，解译与分析；G，应用。

在整个遥感过程中，A 是能量来源，也可以称为信息源，是遥感探测的目标物。任何目标物都具有反射、吸收、透射及辐射电磁波的特性，当目标物与电磁波发生相互作用时会形成目标物的电磁波特性，这就为遥感探测提供了获取信息的依据。

B、C、D 是信息获取平台获取信息的过程，信息获取是指运用遥感技术装备接受、记录目标物电磁波特性的探测过程。信息获取所采用的遥感技术装备主要包括遥感平台和传感器。其中遥感平台是用来搭载传感器的运载工具，常用的有气球、飞机和人造卫星等，传感器是用来探测目标物电磁波特性的仪器设备，常用的有照相机、光谱扫描仪和成像雷达等。

E、F 是信息处理过程。信息处理是指运用光学仪器和计算机设备对所获取的遥感信息进行模数变换、图像校正、分析和解译处理的技术过程。信息处理的作用是掌握或清除遥感原始信息的误差，梳理、归纳出被探测目标物的影像特征，然后依据特征从遥感信息中识别并提取所需的有用信息。

G 代表着信息应用。信息应用是指专业人员按不同的目的将遥感信息应用到各业务领域中的过程。信息应用的基本方法是将遥感信息作为地理信息系统的数据源，供人们对其进行查询、统计和分析利用。遥感的应用领域十分广泛，最主要的应用有军事、地质矿产勘探、自然资源调查、地图测绘、环境监测，以及城市建设和管理等。

（三）遥感的理论基础

按照遥感的体系构成，遥感技术的关键原理是电磁波谱原理，即电磁波的传播特性及其与地物的相互作用原理。在系统遥感过程中，信息源是地物反射或发射的光或者波，光主要来自太阳光，指的是地物对太阳光的反射光，其中涉及光在空气中的传播，以及发生的一系列吸收、反射、散射特性；波指的是地物发射或者反射的热红外和微波。

1. 电磁波谱

在空间传播着的交变电磁场，被称为电磁波。为了对各种电磁波有全面的了解，人们按照波长或频率、波数、能量的大小顺序对这些电磁波进行排列，这就是电磁波谱（如图4-3 所示）。

电磁波谱是遥感图像的信息源，也是遥感图像技术中的一个关键元素，它涉及辐射能量相关的一系列名词。

（1）辐射能量，指以电磁波形式向外传送能量。

（2）辐射通量，又称辐射功率，指单位时间内通过某一表面的辐射能量。

（3）辐射出射度，又称辐射通量密度，指面辐射源在单位时间内，从单位面积上辐射出的辐射能量，即物体单位面积上发出的辐射通量。

（4）辐射照度，简称辐照度，指面辐射体在单位时间内，从单位面积上接收的辐射能量，即照射到物体单位面积上的辐射通量。

（5）辐射强度，指点辐射源在单位立体角、单位时间内，向某一方向发出的辐射能量，即点辐射源在单位立体角内发出的辐射通量。

（6）辐射亮度，简称辐亮度，指面辐射源在单位立体角、单位时间内，在某一垂直于辐射方向单位面积（法向面积）上辐射出的辐射能量，即辐射源在单位投影面积上、单位立体角内的辐射通量。

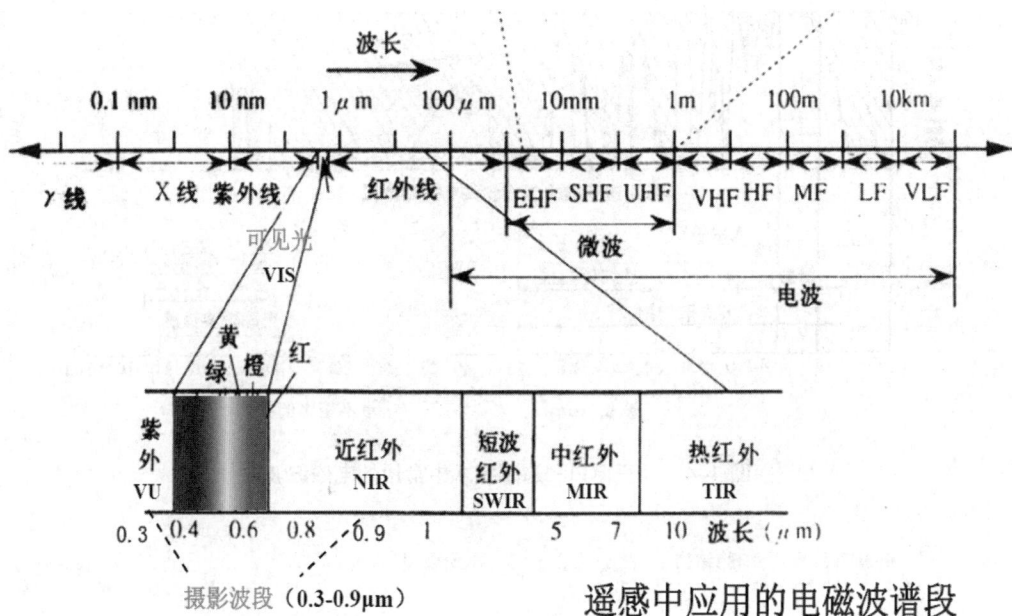

图 4-3　电磁波谱及遥感所用的电磁波谱段

2. 大气窗口

电磁波在通过大气层时较少被吸收、反射和散射，透过率较高的电磁波谱段，被称为大气窗口，它们是遥感可以利用的波段。这些大气窗口根据其所处波长位置有不同的名称，如可见光波段中，波长小于可见光的有紫外光，波长大于可见光的有近红外、中外红、远红外、热红外等，还有波长在 1mm 左右的微波等。

大气窗口的光谱段主要有：微波波段（0.3~10 GHz/0.03~1 m），热红外波段（8~14 μm），中红外波段（3.5~5.5 μm），近紫外、可见光和近红外波段（0.3~1.3 μm，1.5~1.9 μm），如图 4-4 所示。

3. 反射波谱

反射波谱指的是某物体的反射率或反射辐射能随波长变化的规律。反射波谱特性曲线是以波长为横坐标，反射率为纵坐标所得的曲线。物体的反射波谱限于紫外、可见光和近红外，尤其是后两个波段。反射波谱具有时间和空间效应。时间效应指的是同一地物的光谱特征随时间季节的一般变化。空间效应指的是同一地物的光谱特征在不同地理区域有不同响应。地物反射波谱的"时间效应"和"空间效应"可以引起"同物异谱"与"同谱异物"现象，这给遥感分类识别带来了困难。

典型植被的光谱反射特性如图 4-5 所示，植物叶绿素在 0.45 μm、0.67 μm 波长附近出现吸收带，在 0.55 μm 波长附近出现反射峰。植物含水量则在 1.45 μm、1.95 μm、2.7 μm 附近出现吸收带。

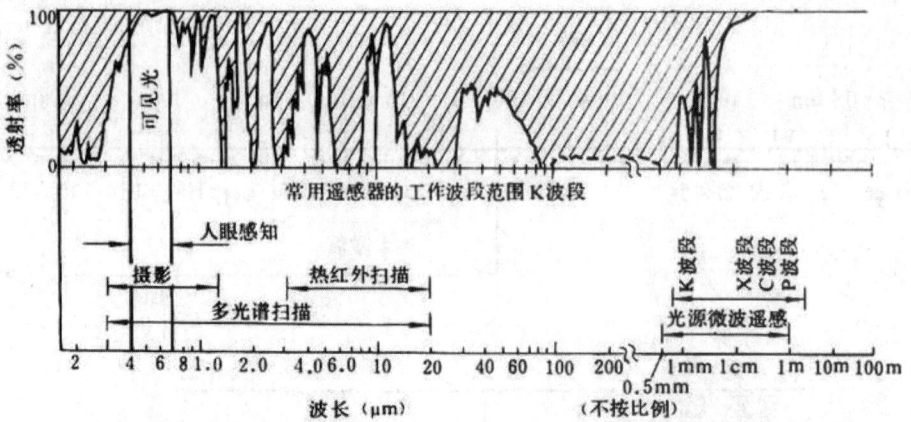

图4-4　大气窗口和遥感技术中常用的电磁波波段

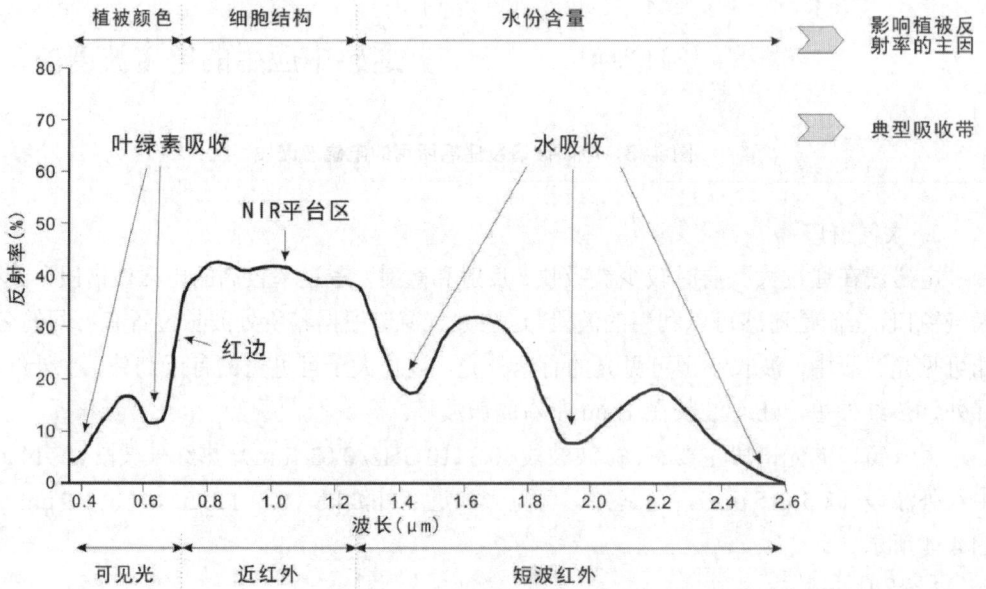

图4-5　典型植被的光谱反射特性

当植被"患病"时，叶绿素吸收带强度会减弱，同时反射率变大，特别是红光波段，所以"患病"植物总是呈淡黄色或"缺绿病"色；当植物衰老时，由于叶绿素减少，叶红素和叶黄素（黄色）在叶子的光谱响应中起主导作用，所以植物叶子在秋季变黄。

典型植被的反射波谱曲线是农业遥感的重要基础。根据其光谱特征，可以分析出农作物营养和水分胁迫情况，及长势、病虫害情况，进而估算农作物产量。

（四）遥感的分类

遥感根据其所利用的信息源、所搭载不同的平台、不同的工作模式，甚至不同的应用行业等可以分成不同类别的遥感技术（如表 4-1 所示）。根据工作平台层面可以将遥感分为地面遥感、航空遥感（气球、飞机）、航天遥感（人造卫星、飞船、空间站、火箭）；地面遥感，即把传感器设置在地面平台上，如车载、船载、手提、固定或活动高架平台等；航空遥感，即把传感器设置在航空器上，如气球、航模、飞机及其他航空器和遥感平台等；航天遥感，即把传感器设置在航天器上，如人造卫星、航天飞机、宇宙飞船、空间实验室等。

表 4-1　根据工作平台分类的遥感技术特征参数表

特点	航天遥感	航空遥感	近地遥感
遥感平台及高度	位于大气层外的卫星、宇宙飞船等，高度大于 80 千米	大气层内飞行的各类飞机、飞艇、气球等，高度小于 20 千米	三脚架、遥感塔、遥感车（船）、建筑物的顶部
成像特点	比例尺最小、覆盖率最大，概括性强，具有宏观的特性；多为波段成像	比例尺中等，画面清晰，分辨率高，可以对垂直点地物清晰成像；多为单一波段成像	比例尺最大，覆盖率最小，画面最清晰，多为单一波段成像
应用特点	动态性好，适合对某地区连续观察，周期性好	动态性差，适合长周期（几个月及更长）观测	灵活机动，费用较低，适合小范围探测

按传感器的探测范围波段可以将遥感分为紫外遥感（探测波段在 0.05～0.38 μm）、可见光遥感（探测波段在 0.38～0.76 μm）、红外遥感（0.76～1000 μm）、微波遥感（1 mm 至 1 m）、多波段遥感。多波段遥感指探测波段在可见光波段和红外波段范围内，再分成若干窄波段来探测目标。

根据探测方式的不同，可以将遥感分为主动式遥感和被动式遥感。主动式遥感，即由传感器主动地向被探测的目标物发射一定波长的电磁波，然后接受并记录从目标物反射回来的电磁波；传感器主要发射地磁波能量并接受目标物能量后散射信号。被动式遥感，即传感器不向被探测的目标物发射电磁波，而是直接接受并记录目标物反射太阳辐射或目标物自身发射的电磁波。传感器仅被动地接收目标物自身发射的和对自然辐射源反射的能量。

根据记录方式层面可以将遥感分为成像遥感、非成像遥感。成像遥感的传感器接收的目标电磁辐射信号可转换成图像，而非成像遥感的传感器接收的目标电磁辐射信号不能形成常规图像。

根据应用领域可以将遥感分为环境遥感、大气遥感、资源遥感、海洋遥感、地质遥感、农业遥感、林业遥感等。

（五）遥感的关键技术

在图像获取和传输过程中，由于受到大气、传感器等方面的影响，图像的对比度和分辨率较低，信息模糊，并且容易使影像产生几何变形，因此需要对这部分失真内容进行直接的信息恢复处理和间接的增强处理。另外，为了弥补传感器本身不能获得高波谱分辨率和高空间分辨率的缺陷，还要进行融合处理等。这些在遥感图像处理中，被称为图像预处理，其为后续的信息提取奠定了基础。遥感信息提取的关键是图像分类和信息降维。

1. 图像恢复处理

图像恢复处理是校正在成像、记录、传输或回放过程中引入的数据错误、噪声与畸变。主要指辐射校正和几何校正。

通常情况下，获取的遥感影像一般都是 2 级产品，为使其定位准确，在使用遥感图像前，必须对其进行几何精纠正，在地形起伏较大的地区，还必须对其进行正射纠正。特殊情况下，还须对遥感图像进行大气纠正。

2. 图像增强处理

图像增强处理的目的是突出数据的某些特征，以提高影像目视质量。图像增强方法可以分为空间域增强和频率域增强。其中空间增强又可以分为灰度增强和图像卷积。

（1）灰度增强

卫星图像的像元虽然用 256 个灰度等级来表示，但地物反射的电磁波强度常常只占256 个等级中的很小一部分，这使得图像平淡而难以解译，天气阴霾时更是如此。为了使图像能显示出丰富的层次，必须充分利用灰度等级范围，这种处理被称为图像的灰度增强。

常用的灰度增强方法有线性增强、分段线性增强、等概率分布增强、对数增强、指数增强和自适应灰度增强 6 种。以下展开介绍。第一，线性增强，把像元的灰度值线性地扩展到指定的最小和最大灰度值之间；第二，分段线性增强，把像元的灰度值分成几个区间，每一区间的灰度值线性地变换到另一指定的灰度区间；第三，等概率分布增强，使像元灰度的概率分布函数接近直线的变换；第四，对数增强，扩展灰度值小的像元的灰度范围，压缩灰度值大的像元的灰度范围；第五，指数增强，扩展灰度值大的和压缩灰度值小的像元的灰度范围；第六，自适应灰度增强，根据图像的局部灰度分布情况进行灰度增强，使图像的每一部分都能有尽可能丰富的层次。

（2）图像卷积

图像卷积是一种重要的图像处理方法，其基本原理是像元的灰度值等于以此像元为中心的若干个像元的灰度值分别乘以特定的系数后相加的平均值。由这些系数排列成的矩阵称为卷积核。选用不同的卷积核进行图像卷积，可以取得各种处理效果。例如，去除图像上的噪声斑点使图像显得更为平滑，增强图像上景物的边缘使图像锐化，提取图像上景物的边缘或特定方向的边缘等。常用的卷积核为 3×3 或 5×5 的系数矩阵，有时也使用 7×7 或更大的卷积核，以得到更好的处理效果，但计算时间与卷积核行列数的乘积成正比地增加。

（3）主成分分析法

主成分分析法是一个信息降维的过程。多光谱图像数据包含多个波段，数据量较大，当复合使用时，数据量更大，往往难以直接使用。实际上，各波段图像之间虽有差别，但也存在一定的相关关系。例如，明亮的物体反射的电磁波强度在各波段上虽有差别，但都比阴暗的物体反射的电磁波强度大。主成分分析法是用各波段图像数据的协方差矩阵的特征矩阵进行多波段图像数据的变换，以消除它们之间的相关关系。把大部分信息集中在第一主成分，部分信息集中在第二主成分，少量信息保留在第三主成分和以后各成分的图像上，因此前面几个主成分就包含了绝大部分信息。主成分分析法有时称为 K-L 变换。信息过分集中的主成分图像往往并不一定有利于分析应用。用计算机分类时，多光谱图像数据的波段数目越多，计算量就越大。对指定类别的分类常用各类别样区间的分离度作为指标，从已有波段中选取最佳的几个波段组合进行分类，以尽可能少的波段来获得尽可能好的分类效果，这是另一种特征提取方法。在农、林等遥感应用中，还可通过各波段图像间的算术运算或矩阵变换来得到能反映植物长势和变异的信息。多光谱图像数据的计算机分类，通常是建立在不同地物在各波段反射的电磁波强度差别的基础上的。若以各波段接收到的电磁波强度为坐标，则 n 个波段可形成 n 维波谱空间。各波段上同一像元对应 N 维空间的一个点，而同类地物可形成一个点集。

（4）频率域增强

在数字信号处理中常用离散的傅里叶变换，把信号转换成不同幅度和相位的频率分量，经滤波后再用傅里叶反变换恢复成信号，以提高信号的质量。图像是二维信息，可以用二维的离散傅里叶变换把图像的灰度分布转换成空间频率分量。图像灰度变化剧烈的部分对应高的空间频率，变化缓慢的部分对应低的空间频率。滤去部分高频分量可消除图像上的斑点条纹而显得较为平滑，增强高频分量可突出景物的细节而使图像锐化，滤去部分低频分量可使图像上被成片阴影覆盖的部分细节更清晰地显现出来。精心设计的滤波器能有效地提高图像的质量。

3. 图像融合处理

图像融合处理是指将多源信道所采集的关于同一目标的图像数据经过图像处理和计算机技术等，最大限度地提取各自信道中的有利信息，最后综合成高质量的图像，以提高图像信息的利用率，改善计算机解译精度和可靠性，提升原始图像的空间分辨率和光谱分辨率，利于监测。

一般情况下，图像融合由低到高分为信号级融合、像素级融合、特征级融合、决策级融合。

（1）信号级融合

在最低层对未经处理的传感器输出在信号域进行混合，产生一个融合后的信号。融合后的信号与源信号形式相同但品质更好，来自传感器的信号可建模为混有不同相关噪声的随机变量。此种情况下，融合可以被视为一种估计过程，信号级图像融合在很大程度上是信号的最优集中或分布检测问题，对信号时间和空间上的配准要求最高。

（2）像素级融合

像素级图像融合是三个层次中最基本的融合，经过像素级图像融合以后得到的图像具有更多的细节信息，如边缘、纹理的提取，有利于图像的进一步分析、处理与理解，还能够把潜在的目标暴露出来，有利于判断识别潜在的目标像素点，这种方法可以尽可能多地保存源图像中的信息，使得融合后的图片不论是内容还是细节都有所增加，这个优点是独一无二的,且仅存在于像素级融合中。但像素级图像融合的局限性也是不能忽视的,由于它是对像素点进行操作,计算机要对大量的数据进行处理,处理时所消耗的时间会比较长,不能够及时地将融合后图像显示出来,无法实现实时处理。另外,在进行数据通信时,信息量较大,容易受到噪声的影响,且如果没有对图片进行严格的配准就直接参加图像融合,会导致融合后的图像模糊,目标和细节不清楚、不精确。

（3）特征级增融合

特征级图像融合是从源图像中将特征信息提取出来,这些特征信息是观察者从源图像中选取的目标或感兴趣的区域,如边缘、人物、建筑或车辆等信息,然后对这些特征信息进行分析、处理与整合,从而得到融合后图像特征的过程。对融合后的特征进行目标识别的精确度明显高于原始图像的精确度。特征级融合对图像信息进行了压缩,再用计算机分析与处理,所消耗的内存、时间较像素级都会减少,所需图像的实时性相应地会有所提高。特征级图像融合对图像匹配的精确度要求没有第一层那么高,计算速度也比第一层快,可是它提取了图像特征作为融合信息,所以会丢掉很多的细节性特征。

（4）决策级融合

决策级图像融合是以认知为基础,它不仅是最高层次的图像融合方法,抽象等级也是最高的。决策级图像融合是有针对性的,根据所提问题的具体要求,将来自特征级图像所得到的特征信息加以利用,然后根据一定的准则及每个决策的可信度（目标存在的概率）直接做出最优决策。三个融合层级中,决策级图像融合的计算量是最小的,可是这种方法对前一个层级有很强的依赖性,得到的图像与前两种融合方法相比不是很清晰。将决策级图像融合实现起来比较困难,但图像传输时噪声对它的影响最小。

综上,研究和应用最多的是像素级图像融合,目前提出的绝大多数的图像融合算法均属该层次上的融合。图像融合狭义上指的就是像素级图像融合。

4. 遥感信息提取

在遥感图像的实际使用中,常常需要从大量图像数据中提取特定用途的信息,这称为专题信息提取。为了提取专题信息,在进行了上述一系列图像预处理之后,常常需要进行专题特征提取、图像分类等处理,以达到识别特定地物类型的目的。信息提取的方法按照是否有人员和训练样本的干扰分成监督分类法和非监督分类法,按照干扰程度还可以分成半监督分类、无监督分类、全监督分类等。按照所使用的算法,可以分为最大似然分类、ISO-DATA 聚类、决策树分类、CNN 神经网络分类、深度学习分类等。按照分类方法的图像基础,还可以分成面向像元和面向对象的分类。

（1）监督分类法

根据已知地物,选择各类别的训练区。计算各训练区内像元的平均灰度值,以此作为类别中心并计算其协方差矩阵。对于图像各未知像元,则计算它们和各类别中心的距离。当距某类别中心的距离最近并且不超过预先给定的距离值时,此像元即被归入这一类别。当距离超过给定值时,此像元归入未知类别,最大似然率法是常用的监督分类法。目前监督分类已经利用先进的面向对象技术和最前沿的深度算法,使得监督分类更自动化、智能化，结果也更为精确。

（2）非监督分类法

非监督分类的原理是根据各波段图像像元灰度分布的统计量，设定 N 个均值平均分布的类别中心。计算每个像元离各类别中心的距离，并把它归入距离最近的一类。所有像元经计算归类后算出新的类别中心，然后再计算各个像元离新类别中心的距离，并把它们分别归入离新类别中心最近的一类。所有像元都重新计算归类完毕后，又产生新的类别中心。这样迭代若干次，直到前后两次得到的类别中心之间的距离小于给定值为止。目前在无样本或者少数样本或者参数情况下，与深度学习相结合的无监督分类和半监督分类是这一类分类方法的前沿。

（六）遥感的主要特点

遥感作为一门对地观测综合性技术，它的出现和发展既是人们认识和探索自然界的客观需要，更有其他技术手段与之无法比拟的特点。遥感技术的特点归结起来主要有以下五个方面。

1. 探测范围广、采集数据快

遥感探测能在较短的时间内，从空中乃至宇宙空间对大范围地区进行对地观测，并从中获取有价值的遥感数据。这些数据拓展了人们的视觉空间，为宏观掌握地面事物的特征情况创造了极为有利的条件，同时也为宏观研究自然现象和规律提供了宝贵的第一手资料。这种先进的技术手段是传统的手工作业不可替代的。

遥感采用的航摄飞机飞行高度约为 10 km，陆地卫星的卫星轨道高度约 910 km，因而可及时获取大范围的信息。例如，一张陆地卫星图像，其覆盖面积可达 3 万多平方千米。这种展示宏观景象的图像，对地球资源和环境分析极为重要。

2. 能动态反映地面事物的变化

遥感探测能周期性、重复地对同一地区进行对地观测，这有助于人们通过所获取的遥感数据，发现并动态地跟踪地球上许多事物的变化，同时有助于研究自然界的变化规律。尤其是在监视天气状况、自然灾害、环境污染甚至军事目标等方面，遥感的运用就显得格外重要。

卫星围绕地球运转，这能帮助我们及时获取所经地区的各种自然现象的最新资料，更新原有资料，或根据新旧资料变化进行动态监测，这是人工实地测量和航空摄影测量所不具有的优势。例如，陆地卫星 4 和陆地卫星 5 每 16 天可覆盖地球一遍，NOAA 气象卫星每天能收到两次图像。

3. 获取的数据具有综合性

遥感探测所获取的是同一时段、覆盖大范围地区的遥感数据，这些数据综合地展现了地球上许多自然与人文现象，宏观地反映了地球上各种事物的形态与分布，真实地体现了地质、地貌、土壤、植被、水文、人工构筑物等地物的特征，全面地揭示了地理事物之间的关联。并且这些数据在时间上具有相同的现势性。

4. 获取信息受条件限制少

在地球上有很多地区，自然条件极为恶劣，人类难以到达，如沙漠、沼泽、高山峻岭等。采用不受地面条件限制的遥感技术，特别是航天遥感可方便及时地获取各种宝贵资料，并且可以随时探测地理环境。

5. 获取信息的手段多，信息量大

根据不同的任务，遥感技术可选用不同波段和遥感仪器来获取信息。例如，可采用可见光探测物体，也可采用紫外线、红外线和微波探测物体。利用不同波段对不同物体的穿透性，还可获取地物内部信息，如地面深层、水的下层、冰层下的水体、沙漠下面的地物特性等，微波波段还可以全天候地工作。

二、地理信息系统（GIS）技术原理

（一）GIS 定义和内涵

地理信息系统（Geographic Information System，GIS）是在计算机硬件、软件系统支持下，对整个或部分地球表层（包括大气层）空间中的有关地理分布数据进行采集、储存、管理、运算、分析、显示和描述的技术系统。它源于计算机辅助制图、地图制图学等领域，是一种基于计算机的工具，它可以对空间信息进行分析和处理，把地图这种独特的视觉化效果和地理分析功能与一般的数据库操作（如查询和统计分析等）集成在一起。GIS 更是一门综合性学科，结合地理学与地图学、遥感和计算机科学，已被广泛应用在不同的领域。

随着人们对 GIS 的理解不断深入，其内涵也在不断拓展，"GIS"中"S"包含四层意思。

一是系统（System），是从技术层面的角度论述地理信息系统，即面向区域、资源、环境等规划、管理和分析，是指处理地理数据的计算机技术系统，但更强调其对地理数据的管理和分析能力。从这个含义看，GIS 包含两大任务，一是空间数据处理，二是 GIS 应用开发。

二是科学（Science），即广义上的地理信息系统，也被称为地理信息科学，是一个具有理论和技术的科学体系，意味着研究存在 GIS 和其他地理信息技术的理论与观念（GIScience）。

三是服务（Service），随着遥感等信息技术、互联网技术、计算机技术等的应用和普及，地理信息系统已经从单纯的技术型和研究型逐步向地理信息服务层面转移，如导航需要促进了导航 GIS 的诞生，著名的搜索引擎谷歌也增加了谷歌地球（Google Earth）功能，可见 GIS 已经成为人们日常生活中的一部分。同时论述 GIS 技术、GIS 科学或 GIS 服务时，为避免混淆，一般用 GIS 表示技术，GIScience 或 GISci 表示地理信息科学，GIService 或 GISer 表示地理信息服务。

四是研究（Studies），即 GIS= Geographic Information Studies，研究有关地理信息技术引起的社会问题、私人或机密主题、地理信息的经济学问题等。

综上，地理信息系统是一种专门用于采集、存储、管理、分析和表达空间数据的信息系统，它既是表达、模拟现实空间世界和进行空间数据处理分析的"工具"，也可被视作人们用于解决空间问题的"资源"，同时还是一门关于空间信息处理分析的"科学技术"。

（二）GIS 的系统构成

GIS 属于信息系统，与普通信息系统的不同之处在于它能运作和处理具有地理参照意义上的空间数据。根据 GIS 的涵义，GIS 可以分为如下五个部分（如图 4-6 所示）。

图 4-6 GIS 的系统构成

（1）人员，是 GIS 中最重要的组成部分，包括开发人员、操作人员、用户等。开发人员必须定义 GIS 中被执行的各种任务，开发处理程序。熟练的操作人员通常可以克服 GIS 软件功能的不足，但最好的软件也无法弥补操作人员的操作失误所带来的负面影响。

（2）数据，或称地理信息。在 GIS 中存在两种地理数据成分：一是空间数据，它与空间要素几何特性有关；二是属性数据，提供空间要素的属性信息。精确可用的数据会影响查询和分析的结果。

（3）硬件，硬件的性能影响软件对数据的处理速度、使用程度及可能的输出方式。

（4）软件，不仅包含 GIS 软件，还包括各种数据库、绘图、统计、影像处理及其他程序。

（5）应用模拟，又称过程。GIS 需要使用明确定义、一致的方法来生成正确的可验证的结果。

（三）空间数据概念、模型和结构

1. 空间数据概念和内涵

GIS 区别于其他信息系统的关键在于它能够处理空间数据，有些著作中也称之为地理信息、地理数据、空间信息等，但上述四者还是有明显区别的，因此这里阐述一下几个概念的涵义。

信息与数据既有区别，又有联系。数据是定性、定量描述某一目标的原始资料，包括文字、数字、符号、语言、图像、影像等，它具有可识别性、可存储性、可扩充性、可压缩性、可传递性及可转换性等特点。信息与数据是不可分离的，信息来源于数据，数据是信息的载体。数据是客观对象的表示，而信息则是数据中包含的意义，是数据的内容和解释。对数据进行处理（运算、排序、编码、分类、增强等）就是为了得到数据中包含的信息。数据包含原始事实，信息是数据处理的结果，是把数据处理成有意义的和有用的形式。

地理数据是各种地理特征和现象间关系的符号化表示，是表征地理环境中要素的数量、质量、分布特征及其规律的数字、文字、图像等的总和。地理数据主要包括空间位置数据、属性特征数据及时域特征数据三个部分。空间位置数据描述地理对象所在的位置，这种位置既包括地理要素的绝对位置（如大地经纬度坐标），也包括地理要素间的相对位置关系（如空间上的相邻、包含等）。属性数据有时又称非空间数据，是描述特定地理要素特征的定性或定量指标，如公路的等级、宽度、起点、终点等。时域特征数据是记录地理数据采集或地理现象发生的时刻或时段。时域特征数据对环境模拟分析非常重要，正受到地理信息系统学界重视。空间位置、属性及时域特征构成了地理空间分析的三大基本要素。

地理信息作为一种特殊的信息，它同样来源于地理数据。地理信息是地理数据中包含的意义，是关于地球表面特定位置的信息，是有关地理实体的性质、特征、运动状态的表征和一切有用的知识。作为一种特殊的信息，地理信息除具备一般信息的基本特征外，还具有区域性、空间层次性和动态性特点。

空间数据用于描述现实的目标，它将数据统一，借以表明空间实体的形状、大小，以及位置和分布特征，也可以将其理解为几何数据，它是对现实世界中存在的具有定位意义的事物和现象的定量描述，可以分为图形数据和图像数据。

空间信息是反映地理实体空间分布特征的信息。地理学通过空间信息的获取、感知、加工、分析和综合，揭示区域空间分布、变化的规律。空间信息借助空间信息载体（图像和地图）进行传递，图形是表示空间信息的主要形式，地理实体可被描述为点、线、面等基本图形元素，空间信息只有和属性信息、时间信息结合起来才能完整地描述地理实体。

2. 空间数据模型

空间数据模型是确定用数据表达基本空间信息的方法。确定空间数据模型的基本原则是既要考虑到能把所需要的空间基本信息储存到计算机兼容的介质中，又要考虑到应用空间数据库时对空间信息的复原、查询、分析和处理的可能和效率。

在 GIS 中，空间数据被作为空间对象进行描述。根据几何维数，可以将空间对象分为点（Point）、线（Line）、面（Polygon）、曲面（Surface）和体（Volume）五种基本类型，五种基本类型又可以组合表达出其他复杂或不规则的空间对象，如复杂点、复杂曲线、复杂多边形等。

空间对象和空间关系的描述是 GIS 的重要理论问题之一。空间关系包括：①方位关系，如点点、点线、点面、面面等的上下、前后、左右、里外等关系；②度量关系，指用某种度量空间中的度量来描述的关系，如欧式空间的距离关系；③拓扑关系，是指在拓扑变换（旋转、平移、缩放）下的拓扑不变量关系，如相邻关系、联通关系、线段的流向等。

用来表达空间对象的数据模型被称为空间数据模型。GIS 中最重要的空间数据模型是平面的矢量数据模型和栅格数据模型。其中矢量数据模型是利用欧式几何学中的点、线、面及其组合体来刻画空间对象的几何特征及其空间关系，能够以线画图的方式直观表达地理空间，精确展示地物的空间位置，最适合离散地理特征的表达，主要用来表达、存储、分析和管理图形。栅格数据模型是将空间位置进行人为的划定，划分出规则的像元矩阵，每个像元上给出相应的属性值来确定地理实体，而不考虑完整的实体边界的一种数据模型，主要用来表达、存储、分析和管理图像。

此外，还有针对曲面的数据模型，如地形模型 DEM、地球表面模型 DSM。

3. 空间数据结构

与空间数据模型相对应，GIS 的数据结构也主要针对矢量模型和栅格模型。其中，栅格数据结构的类型如下。

（1）二维矩阵数据结构，即典型的栅格数据结构。它将规则格网平面作为一个二维矩阵进行数学表达，其基本要素就是行、列数定义及数据体，如 N，M，Xij，i=1，2，3，……，N；j=1，2，3……，M。

（2）游程编码的数据结构，这种数据结构保持了二维矩阵的行结构，在每行中把属性编码值相同且位置相邻的栅格合并成一个"游程"记录，以达到压缩数据，减少储存空间的目的。游程编码结构的基本要素是行、起始列数、终止列数、属性编码值。

（3）区域编码数据结构，该数据结构按面积四等分的方式将格网平面分解成四个象限，直到每个象限内的属性值相同为止。其要素包括终止分解的节点层次号、象限号和属性值，该编码又称四叉树区域编码。

矢量数据模型的数据结构主要包括简单矢量数据结构和拓扑矢量数据结构。

（四）空间分析

空间分析是地理信息最重要的功能，是 GIS 的核心和灵魂。空间分析主要通过空间数据和空间模型的联合分析来挖掘空间目标的潜在信息，而这些空间目标的基本信息，包括空间位置、分布、形态、距离、方位、拓扑关系等，其中距离、方位、拓扑关系组成了空间目标的空间关系，它是地理实体之间的空间特性，可以作为数据组织、查询、分析和推理的基础。将空间目标的空间数据和属性数据结合起来，可以进行许多特定任务的空间计算与分析，并得到有用、专业和精确的地理信息。空间分析的基础是空间信息量算，空间信息量算包括质心量算、几何量算、形状量算。常用的空间分析包括缓冲区分析、叠加分析、网络分析、空间统计分析等。

1. 缓冲区分析

缓冲区分析是针对点、线、面等地理实体，自动在其周围建立一定宽度范围的缓冲区多边形。邻近度描述了地理空间中两个地物距离相近的程度，其确定是空间分析的一个重要手段。交通沿线或河流沿线的地物有其独特的重要性，公共设施的服务半径，大型水库建设引起的搬迁，铁路、公路及航运河道对其所穿过区域经济发展的重要性等，均属于邻近度问题。缓冲区分析是解决邻近度问题的空间分析工具之一。

2. 叠加分析

GIS 的叠加分析是将有关主题层组成的数据层面进行叠加，从而产生一个新数据层面的操作，其结果综合了原来两层或多层要素所具有的属性。叠加分析不仅包含空间关系的比较，还包含属性关系的比较。叠加分析可以分为以下几类：视觉信息叠加、点与多边形叠加、线与多边形叠加、多边形叠加、栅格图层叠加等。

3. 网络分析

对地理网络（如交通网络）和城市基础设施网络（如各种网线、电力线、电话线、供排水管线等）进行地理分析和模型化，是地理信息系统中网络分析功能的主要目的。网络分析是运筹学模型中的一个基本模型，它的根本目的是研究、筹划一项网络工程如何安排，并使其运行效果最好，如一定资源的最佳分配，从一地到另一地的运输费用最低等。网络分析包括路径分析（寻求最佳路径）、地址匹配（实质是对地理位置的查询）及资源分配等。

4. 空间统计分析

GIS 得以广泛应用的重要技术支撑之一就是空间统计与分析。例如，在区域环境质量现状评价工作中，可将地理信息与大气、土壤、水、噪声等环境要素的监测数据结合起来，利用 GIS 软件的空间分析模块，对整个区域的环境质量现状进行客观、全面的评价，以反映区域中受污染的程度及空间分布情况。通过叠加分析，可以提取该区域内大气污染分布图、噪声分布图；通过缓冲区分析，可确认污染源影响范围等。可以预见，在构建和谐社会的过程中，GIS 和空间分析技术必将发挥越来越广泛和深刻的作用。常用的空间统计分析方法有常规统计分析、空间自相关分析、回归分析、趋势分析及专家打分模型等。

三、全球定位系统（GPS）技术原理

（一）GPS 定义

3S 中的全球定位系统，有人喜欢用 GPS，而有人则用 GNSS，两者都有广义和狭义之分。广义的 GPS 是指全球定位系统这个技术及其相关的设备等，是全球定位系统（Global Positioning System）的缩写，而广义的 GNSS 系统是全国导航卫星系统（Global Navigation

Satellite System）的缩写。狭义的 GPS 指的是美国的 GPS 导航系统，同理，狭义的 GNSS 指的是欧洲的伽利略导航系统。由于各类定位系统的定位原理都相同，混用也不会造成很大的分歧。本书就用常用的 GPS 表示卫星导航定位系统。

　　GPS 是一种以空中卫星为基础的高精度无线电导航的定位系统，它在全球任何地区及近地空间都能够提供准确的地理位置、车行速度及精确的时间信息。GPS 自问世以来，就以高精度、全天候、全球覆盖、方便灵活吸引了众多用户。GPS 不仅是汽车的守护神，同时也是物流行业管理的智多星。随着物流业的快速发展，GPS 起着极为重要的作用，成为继汽车市场后的第二大主要消费群体。近 10 年我国测绘等部门的使用情况表明，GPS 以全天候、高精度、自动化、高效益等显著特点，赢得了广大测绘工作者的信赖，并成功地应用到大地测量、工程测量、航空摄影测量、运载工具导航和管制、地壳运动监测、工程变形监测、资源勘察等实践中，从而给测绘领域带来了一场深刻的技术革命。

（二）空间定位原理

　　卫星定位的基础是三角测量学（如图 4-7 所示）。其基本原理是：在空间中若已经确定了 A、B、C 三点的空间位置，且第四点 D 到上述三点的距离皆已知的情况下，即可以确定 D 的空间位置。原理如下：因为 A 点位置和 AD 间距离已知，可以推算出 D 点一定位于以 A 为圆心、AD 为半径的圆球表面，按照此方法又可以得到以 B、C 为圆心的另两个圆球，即 D 点一定在这三个圆球的交汇点上，即三球交汇定位。如果已经知道了三颗卫星的坐标，并且还知道接收机至这三颗卫星的距离，那么该接收机的坐标就能够计算出来。实际上在参与导航计算的步骤中，还有个时间变量参数，因为接收机至卫星的距离测量实际上是以时间度量来完成的，当每秒钟时间误差为百万分之一时，就将导致位置误差大于300 米，而接收机的时钟是用石英晶体振荡器来实现的，必须用卫星的原子钟作为同步标准才能确保定位精度，故需第 4 颗卫星来参与定位，这第 4 颗卫星是作为时间参考标准加以应用的。

　　当卫星导航系统使用有源时间测距来定位时，用户终端将通过导航卫星向地面控制中心发送一个申请定位的信号，之后地面控制中心发出测距信号，根据信号传输的时间得到用户与两颗卫星之间的距离。导航卫星进行定位的方法主要有三种：一是伪距测量，二是载波相位测量，三是实时差分定位。

1. 伪距测量

　　原理：通过测量导航电文从卫星发射到待测设备接收的时间差 Δt，根据已知光速 V，利用公式 D（距离）=V（光速）×Δt（时间差），就可以确定伪距。按照以上常规定位原理，一颗卫星可以确定一个圆形，两颗卫星可以确定两个圆，三颗卫星可以确定三个圆，三圆交界点就是待测点位置。

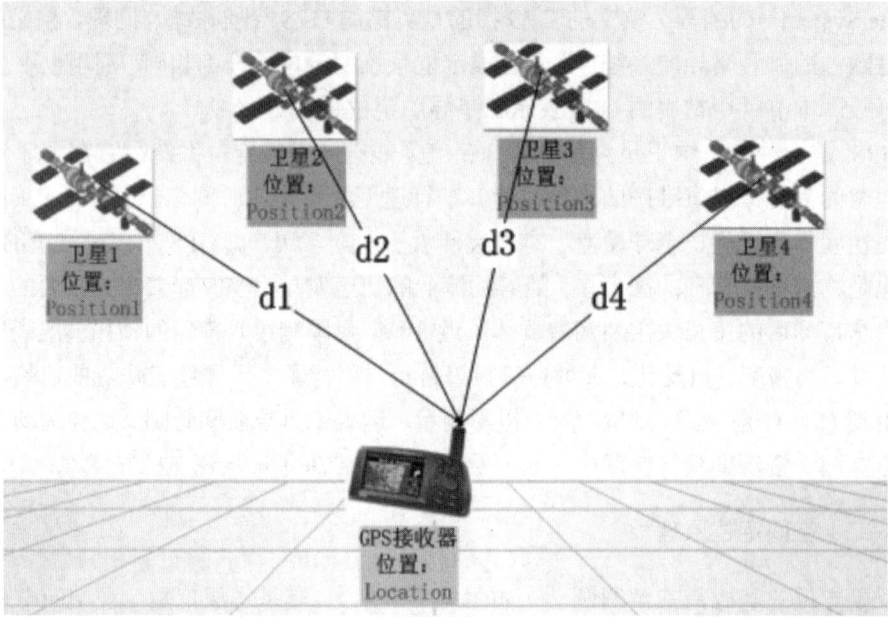

图 4-7　GPS 定位原理示意图

三维空间中，每一颗卫星对应一个三维坐标（X，Y，Z），而各个卫星的 X、Y、Z 坐标为已知数，即可根据空间距离公式" $d = \sqrt{(x_1 - x_2)^2 + (y_1 - y_2)^2 + (z_1 - z_2)^2}$ "算出卫星到待测设备的距离 d，这样通过四颗以上定位卫星就可以列出关于属 X、Y、Z 和 △t 的 4 个以上方程组，解方程组就可以算出 X、Y、Z，即可得到其位置。

每一卫星播发一个伪随机测距码信号，该信号大约每 1 ms 播发一次，接收设备同时复制出一个同样结构的信号并与接收到的卫星信号对比，根据比对可以推算出延迟多长时间△t，由信号的延迟时间（△t）推算出卫星至接收设备的伪距，同时把接收设备的时钟与卫星钟校时。

2. 载波相位测量

原理：通过测量从 GPS 卫星发射的原始载波相位到待测设备接收的载波相位之差，得到载波传输距离。和测试伪距原理一样，计算待测点和卫星之间的距离，利用多个方程式计算待测点 X、Y、Z 坐标。在 GPS 卫星载波上调制测距码和导航电文，接收机接收到卫星信号后，先将载波上的测距码和卫星电文去掉，重新获得载波，得到的即为重建载波。GPS 接收机将卫星重建载波与接收机内由振荡器产生的本振信号通过相位计比相，即可得到相位差。

3. 实时差分定位

原理：在已有的精确地心坐标点上安放 GPS 接收机（称为基准站），利用已知的地心坐标和星历计算 GPS 观测值的校正值，并通过无线电通信设备（也称数据链）将校正值发送给运动中的 GPS 接收机（也称流动站）。流动站利用校正值对自己的 GPS 观测值进行修正，以消除误差，从而提高实时定位精度。GPS 动态差分方法有多种，主要有位置差分、伪距差分（RTD）、载波相位实时差分（RTK）和广域差分等。

（三）GPS 定位误差来源原理

参照三球交汇定位的原理，根据 3 颗卫星到用户终端的距离信息，按照三维的距离公式，依靠列出的 3 个方程得到用户终端的位置信息，即理论上使用 3 颗卫星就可达成无源定位。但由于卫星时钟和用户端使用的时钟间一般会有误差，而电磁波以光速传播，因此即便微小的时间误差也将会使距离信息出现巨大失真，应当认为时钟差距不是 0 而是一个未知数 Δt，如此方程中就有 4 个未知数，即客户端的三维坐标（X，Y，Z），以及时钟差距 Δt，故需要 4 颗卫星来列出 4 个关于距离的方程式，最后才能求得答案，即用户端所在的三维位置，根据此三维位置可以进一步换算出经纬度和海拔高度。

若空中有足够多的卫星，用户端可以接收多于 4 颗卫星的信息时，可以将卫星每组 4 颗分为多个组，列出多组方程，然后通过一定的算法挑选误差最小的那组结果，以提高精度。

电磁波以 30 万千米/秒的光速传播，在测量卫星距离时，若卫星钟有一纳秒（十亿分之一秒）的时间误差，就会产生 30 厘米距离误差。尽管卫星采用的是非常精确的原子钟，但仍然会累积较大误差，因此地面工作站会监视卫星时钟，并将结果与地面上更大规模、更精确的原子钟比较，得到误差的修正信息，最终用户通过接收机可以得到经过修正后更精确的信息。当前有代表性的卫星使用原子钟大约会产生数纳秒的累积误差，产生大约一米的距离误差。

例如，我国北斗卫星导航系统在定位解算过程中的误差按照来源可分为三个部分：一是卫星可能会产生的误差，即卫星运行轨道的偏差、星载时钟产生的误差及卫星天线相位中心的偏差；二是传播路径中可能会产生的误差，有电离层导致的信号延迟误差、对流层导致的信号延迟误差及多径效应等；三是接收机可能产生的误差，包括接收机时钟偏差、接收机天线相位中心的偏差及观测噪声等。

差分定位方法中的双差模型已经将星载时钟误差、接收机时钟误差等大大减弱。还未消除的误差可以根据与基线长度是否有关来进行分类：一类是由卫星位置偏差、大气层导致的信号延迟误差，与基线长度相关；一类是由多径效应及观测噪声等与基线长度没有关系的随机误差。

（四）GPS 组成

GPS 主要由三大组成部分：空间部分、地面监控部分和用户设备部分。以美国的 GPS 为例。

1. 空间部分

GPS 的空间部分是由 24 颗 GPS 工作卫星所组成的，这些 GPS 工作卫星共同组成了 GPS 卫星星座，其中 21 颗为可用于导航的卫星，3 颗为活动的备用卫星。这 24 颗卫星分布在 6 个倾角为 55°的轨道上，绕地球运行。卫星的运行周期约为 12 恒星时。每颗 GPS

工作卫星都会发出用于导航定位的信号，用户正是利用这些信号来进行工作的。

2. 地面监控部分

GPS 的控制部分由分布在全球的监控系统所构成，而监控系统是由若干个跟踪站所组成的，根据其作用的不同，这些跟踪站又被分为主控站、监控站和注入站。

主控站有一个，位于美国科罗拉多的法尔孔空军基地，它的作用是根据各监控站对 GPS 的观测数据，计算出卫星的星历和卫星钟的改正参数等，并将这些数据通过注入站注入卫星中。同时，它还对卫星进行控制，并向卫星发布指令，当工作卫星出现故障时，调度备用卫星，替代失效的卫星工作。此外，主控站也具有监控站的功能。

监控站有五个，除了主控站外，其他四个分别位于夏威夷、阿松森群岛、迭哥伽西亚、卡瓦加兰，监控站的作用是接收卫星信号，监测卫星的工作状态。注入站有三个，分别位于阿松森群岛、迭哥伽西亚、卡瓦加兰，注入站的作用是将主控站计算出的卫星星历和卫星钟的改正数等注入卫星中。

3. 用户设备部分

GPS 的用户设备部分由 GPS 接收机、数据处理软件及相应的用户设备（如计算机气象仪器等）所组成。它的作用是接收 GPS 卫星所发出的信号，利用这些信号进行导航定位等工作。以上这三个部分共同组成了一个完整的 GPS 系统。

（五）全球四大导航系统

目前全球较为成熟的导航系统有四个，每个系统的具体参数等情况如表 4-2 所示。

表 4-2　全球四大导航系统参数表

名称	所属国家	初始年份	完成年份（预计）	卫星数量	精度（定位和导航误差）	卫星平均轨道高度	耗资
GPS	美国	1973	1993	24+3	—	20 200 千米	300 亿（美元）
GLONASS	俄罗斯	1982	2007/2009	21+3	23	19 100 千米	—
Calileo	欧盟	1999	2014	27+3	—	23 616 千米	30 亿欧元
北斗	中国	1983	2017	35	10 米	—	—

数据来源：范文义，李明泽，毛学刚，等. "3S" 理论与技术[M]. 哈尔滨：东北林业大学出版社，2016.

四、3S 技术的行业应用案例

（一）自然资源领域应用

土地资源调查是整个农业自然资源调查的重点，是为了查清某一国家、某一地区或某一单位的土地数量、质量、分布及其利用状况而进行的测量、分析和评价工作。其目的是为合理调整土地利用结构和农业生产布局、制定农业区划和土地规划提供科学依据，并为进行科学的土地管理创造条件。主要内容包括：土地利用现状调查、土地质量调查、土地评价及土地监测等。截至目前，我国已经进行了三次土地资源调查。

1. 第一次全国土地调查

第一次全国土地调查于 1984 年 5 月开始一直到 1997 年年底结束，简称一调，又称土地数量调查，按行政区划级别分为全国、省（市、自治区）、县（自治州、自治县）三级调查。县级土地利用现状调查一般以县为单位进行。调查的基本方法是：利用大、中比例尺地形图或航片、影像地图，通过外业补测或调绘，将变化的地物界线转绘到地形图或影像地图上，勾绘出土地所有单位和使用单位的界线，并以修绘后的地图作为底图，量算出各类土地面积。同时，将土地面积量算的成果，以乡（或村）为单位，由下而上逐级汇总出各级行政管辖单位的土地总面积及各类土地面积。

第一次调查期间，3S 技术，尤其是 RS 技术和 GIS 技术在我国刚刚处于萌芽状态，因此当时几乎未使用。一调采用的基础图件，是由各县到测绘部门收集的，往往要跑几个单位才能收齐，主要是不同比例尺的普通航摄照片和部分正摄影像图（一般是经济条件较好的县采用），而且很多是 1980—1987 年间拍摄的。大多数的外业调查是在 20 世纪 90 年代初进行的，中间间隔了五六年，这大大增加了外业调绘的难度和新增地物补测的工作量，影响了调查进度和质量。第一次调查时由于计算机应用刚刚起步，大部分内业工作是人工操作的，如航片转绘、编图绘图、图件缩编等。仅面积量算采用了当时较先进的计算机扫描和计算技术，但也有少数单位采用求积仪人工计算面积。工作量大耗时长，这是第一次调查用了十几年才完成的重要原因。当时计算机应用程序各地不一，而图件一般是薄膜成图，使得后续的市级、省级数据汇总及图件缩编困难重重、进度缓慢。

2. 第二次全国土地调查

第二次全国土地调查于 2007 年 7 月 1 日全面启动，于 2009 年完成。调查的主要任务包括：农村土地调查，确认每块土地的地类、位置、范围、面积分布和权属等情况；城镇土地调查，掌握每宗土地的界址、范围、界线、数量和用途；基本农田调查，将基本农田保护地块（区块）落实到土地利用现状图上，并登记上证、造册；建立土地利用数据库和地籍信息系统，实现调查信息的互联共享。在调查的基础上，建立土地资源变化信息的统计、监测与快速更新机制。

运用 3S 和数据库及网络通信等技术，采用内外业相结合的调查方法，形成集信息获取、处理、存储、传输、分析和应用服务为一体的土地调查技术流程，获取全国每一块土地的类型、面积、权属和分布信息，建立连通的"国家—省—市—县"四级土地调查数据库。

城镇土地调查，严格按照全国城镇土地调查的有关标准，开展地籍权属调查和地籍测绘工作，现场确定权属界线，实地测量界址和坐标，计算机自动量算土地面积，并以调查信息为基础，建立城镇地籍信息系统。

3. 第三次全国国土调查

2018 年 8 月 9 日，中国政府网发布了《国务院办公厅关于调整成立国务院第三次全国国土调查领导小组的通知》，根据机构设置、人员变动情况和工作需要，国务院决定，第三次全国土地调查调整为第三次全国国土调查。

二调和三调技术手段的区别在于：我国高分及北斗产业的发展改善了遥感影像和测量观测的精度，这对普查工作提出了更高要求。首先，在基础底图的选择上，国家统一下发的卫星影像精度由 2.5 米提升到了 1 米，城镇村内部调查的航空影像精度则要求优于 0.2 米，投影及分幅统一采用了高斯-克吕格投影及 3°带分带。二调采用的 80 坐标系由于缺乏高精度的外部控制，长距离精度较低，因此在数学基础上，三调采用了 2000 国家大地坐标系，精度较 80 坐标系大大提高。为提高调查质量，国家内业根据影像优先提取不一致图斑，统一分发给省，划分至区县进行内业判读及外业调查与数据建库。工作思路的侧重点由二调的全解译、全调查，变更为变化部分的解译及数据库的全面更新。

总体来说，3S 技术在全国性土地资源调查工作中的应用如下：首先，借助遥感技术获取卫星影像和航空影像，并对这些影像信息进行技术性分析，保证后期参考数据的精确性。其次，由专业人员对通过遥感技术获取的影像资料进行解译，对现阶段土地的应用具体信息及时做出大致分析，进而利用全球定位系统进行地籍测量，借助计算机技术绘制固定比例的地籍图。最后，相关人员要对各个区域的土地资源数据进行综合汇总，借助地理信息系统将各个区域单位的地理资源数据录入信息库，实现对全国土地资源的整体调查。在这个过程中，遥感技术、地理信息系统及全球定位系统各司其职。遥感技术帮助人们准确高效地获取图像信息，减少相关部门的经费投入。地理信息系统科学地分析土地信息及属性信息，并借助各种辅助技术将相关数据信息直观地体现出来。而全球定位系统则可以根据相关人员的需要进行实时定位分析，确保地籍图的精确性满足土地资源调查需求。

（二）环保领域应用

1. 生态环境调查

生态环境调查是 3S 技术在生态环境保护当中的重要应用之一，如在森林生态资源保护管理工作开展过程中，利用 RS 及 GPS 技术可结合植物反射光谱特征对植被长势、分布及类型进行综合性分析，将所得到的信息数据进行整合，最后利用 GIS 技术进行处理，可进一步获得植物信息，如季相节律、植被演化等。这样便能够准确把握植被演化动态及规律，从而为管理规划、决策提供信息基础。又如，通过 RS 技术可对林区流域进行动态性观测、分析，RS 技术能够将不同水质类型及其过渡特征反映出来，在此基础上采取 GIS 技术进行叠加分析，可将污染源空间分布、变化规律等信息细致地反映出来，以便提前制订保护方案。

2. 智慧环保

我国社会经济的发展日新月异，对环境资源的保护也越发受到重视，环保意识也渐趋深入人心。"智慧环保"是"数字环保"概念的延伸和拓展，它是借助物联网技术，把感应器和装备嵌入各种环境监控对象（物体）中，通过超级计算机和云计算将环保领域和物联网整合起来，实现人类社会与环境业务系统的结合，以更加精细和动态的方式实现环境管理和决策。智慧环保的目标主要是利用数字技术整理汇集环境数据，整合环境保护的日常业务，提高环境保护的信息化水平，提高环保工作的协同水平，支持环保数据共享，支持环保决策和新业务的开发。3S 技术正好能够最大限度地满足这个要求，其中 GPS 可以精确快捷地确定目标，RS 可以第一时间发现环境变化，GIS 可以在这两者提供的数据基础上进行智能分析，进而有效地提升 RS 和 GPS 的信息获取能力。

具体而言，3S 技术的每个技术在"智慧环保"中的应用，各有侧重，各有优势。RS 技术的优势主要体现在监测上，包括环境质量、大气质量、内陆水体环境、海洋环境等几乎涵盖整个水圈、生物圈、大气圈的环境质量监测，再结合 GPS 野外考察，通过 GIS 的深入分析，对环境污染进行预警和防治。GPS 技术在准确确定污染源、放射源的位置，尤其是移动型的源头的时候，尤其具有优势。GIS 技术的侧重和优势在于数据存储和展示、数据的空间分析、结合专家系统的应急预警、环境影响评价等功能上。

（三）农业领域应用

现代农业生产中，农作物从种植到收获的整个生产过程监测和风险管理都离不开 3S 技术。3S 技术更是精准农业的核心技术，已经成为宏观的全国农情监测到精准农业不可或缺的信息技术，同时它们也被广泛应用在畜牧业和养殖业中。

1. 全国农情监测

全国农情监测主要指农情四要素的遥感监测，农情四要素主要包括种植面积、长势、灾害和产量。全国农情监测对农业的田间管理、农业政策的制定和粮食安全都具有重要意义。农情四要素监测的流程模式是 RS 提供数据和信息，GPS 提供野外样点位置，GIS 提供综合分析和数据管理。

国家级农情遥感监测信息系统就是一个 3S 技术高度集合的农情监测系统。该系统以电子地图的形式直观地表现背景地物信息，支持图文互查、综合分析等功能，专业性强，拥有影像抽样外推面积估算模型、地面调查模型、旱灾监测模型等专业性模型，支持多源和海量数据的读取、存储和互操作，体现出一个完善的 GIS 系统的特点。而作为实时数据来源，RS 技术和 GPS 技术提供了实时准确多源的数据支持。遥感技术为其面积估算、长势监测、农业生产环境（如水分含量）、病虫害评估等提供实时丰富的数据和信息，GPS 为样本点的采集、分析模型结果的验证提供了不可或缺的技术支撑。

2. 精准农业

精准农业是以可变尺度的区块管理为模式的微观技术体系，它由多个系统组成。全球定位系统，用于信息获取和实施的准确定位。它的定位精度要求高，根据不同的目的，可自由选择不同精度的 GPS 系统。农田信息采集系统、农田遥感监测系统和农田地理信息系统，是构成农作物精准管理空间信息数据库的有力工具，田间信息通过 GIS 系统予以表达和处理，是精准农业实施的重要手段。精准农业还包括农业专家系统、智能化农机具系统、环境监测系统、网络化管理系统和培训系统。其核心是建立一个完善的农田地理信息系统，可以说是信息技术与农业生产全面结合的一种新型农业。

农田空间所处地区作物生长影响因素和作物平均产量信息的收集是实施精细农业的基础。GPS 可以提供三维位置和时间信息，其在精细农业中的应用包括地形测量、农机具精确定位和田间机械的自动导航。其中智能化农业动态定位根据管理信息系统发出的指令可以实现田间耕作、施肥、灌溉、喷药等精确定位操作。

RS 技术利用高分辨率传感器接收农作物反馈的光谱信息，为精细农业空间数据库提供农作物的空间定位和定性分析，实现农作物的综合监测，是完成生产过程和收集环境信息的基础。遥感技术能够真实、全面地反映各种作物的固有光谱特性，从而提高对作物区分的精确程度。遥感技术在精细农业中的应用主要包括提高农机具作业定位精度，改善农业遥感影像解译技术，更新农田基础数据库，促进农业机械与"3S"技术融合等。具体应用包括以下几方面：一是作物种植面积的估算与监测，作物覆盖数据实时记录，作物分类，各作物种植面积计算；二是监测作物生长状况，并据此估计作物产量；三是对作物的生长环境进行监测，如土壤状况、病虫灾害等，提供实时调控，以保证作物产量。

GIS 作为精细农业数据库的管理者，起着大脑神经中枢的作用，用于管理农田环境状况、土壤条件、作物生长情况、作物产量估算及病虫害发展趋势等数据。在生产决策方面，其可用来绘制各种产量图、农田土壤信息图、田间作物长势图等；在农作物销售流通方面，可以将其与物流分析、车辆调派、路线规划等技术相结合，以便农产品能快速抵达产品销售区，保障产品质量；在农业生产资源环境监测方面，GIS 可以汇集各类资源信息，建立应用资源模型，分析各类资源分布及使用状态，便于更优决策的制定。

3. 畜牧业

除了种植业以外，3S 技术也应用到了畜牧业中。简单的畜牧业 3S 应用，如利用 GPS、RS 指导放牧。2014 年 10 月，北斗系统开始在青海省牧区试点建设北斗卫星放牧信息化指导系统，主要依靠牧区放牧智能指导系统管理平台、牧民专用北斗智能终端和牧场数据采集自动站，实现数据信息传输，并通过北斗地面站及北斗星群中转、中继处理，实现对草场牧草、牛羊的动态监控。2015 年夏季，试点牧区的牧民就使用了专用北斗智能终端设备来指导放牧。

第二节　基于 3S 的农业保险精准承保理赔

一、传统承保理赔作业面临的问题

根据农业保险承保理赔管理办法，传统的作业模式要做到"宣传到户、承保到户、理赔到户""惠民政策公开、实施方案公开、承保情况公开、理赔办法公开、工作程序公开"，满足了政府的"三公开、五到户"规范要求，其核心就是要做到让被保险人"保得清楚、赔得明白"。但我国地域辽阔、农业生产环境复杂多样，在时间和空间上极具变化性，农村地域差异性大，村落高度分散组织化程度较低。而农业保险对保险信息的精准性评判要求极高，传统的作业模式是基于大量人力的采集、调查和评判。对于保险公司来说，要想保得清楚和赔得明白，做到对保险标的和损失程度的精准评估，就需要投入大量的人力、物力、财力。但为了控制成本，保险公司只能采用粗放型的作业模式，致使承保理赔的不规范问题日益突出。

（一）时间紧、任务重、成本高

我国的农业生产经营具有地域差异性大、生产环境复杂、作物多样、经营管理分散等特点。按照传统的作业模式，需要人工实地调查采集，逐一到户确认标的和收取保费，需要大量的人力、物力和财力，实际作业时成本高、难度大。在理赔环节上，目前的险种属于多灾因的综合保险，发生灾害时，保险公司的人员需要多次前往出灾现场查勘定损。农业灾害具有区域性的特点，当发生灾害时，需要在短时间内完成查勘工作，灾害查勘量大，定损工作任务重、时间紧、成本高。此外，我国大多数农户在生产经营方面仍然处于相对分散的状态。基于一家一户承保理赔的传统产品及经营模式与农户小规模分散经营之间不相容，易带来成本高昂与违规行为严重的问题。

（二）承保理赔难精细，合规风险高

要在承保、理赔环节都做到精准，首要是在承保时弄清楚保险标的在哪里，以及种类、数量、权属、范围（"四至"信息）、唯一标识和作物生长状况等情况，在查勘定损时才能弄清楚标的保险责任、受损范围、灾损原因，精准地评估灾损程度。传统作业模式主要依赖人工作业，很难做到快速、精确、精准，无法满足"精确承保和精准理赔"的核心业务目标。人工的采集和测算，也会导致数据不准确和信息不对称问题，这给虚假承保、虚假理赔提供了可乘之机。在实际业务中，受到承保期限、工作人员和合规经营成本等多种因素条件影响，可能出现多种违规行为。据统计，2013—2017 年，涉及违规案件 464 起，违规行为屡禁不止，损害了广大农户的利益和政府通过农业保险分散风险的政策目标。

（三）测产难度大，产量损失难评估

在大力贯彻与推进农业收入保险的大背景下，各地纷纷开展收入保险产品的创新试点工作。随着收入保险试点的推进，收入保险的产量损失测定工作成为收入保险核定的一大难题。传统靠人工实地测产的方式，存在诸多问题。一是成本高、效率低。为了对区域作物产量进行准确的测定，往往需要召集测产专家、农技专家、测产技术员、农户代表和保险公司人员等共同组成的测产队伍。为加快测产进度，往往还要组建多支测产队伍同时作业，加上还需配备测产车辆、购置测产工具和仪器等，人工测产工作的成本较高。此外，人工测产是一项严谨且烦琐的工作，包括脱粒、烘干、测百粒重等一系列操作，需要耗费大量时间。加上测产点往往比较分散，相距的路途较远，耗时也较长，导致测产工作效率

低下。二是区域覆盖不全。测产工作往往受到作物集中收获的时限影响，作物通常会在一周内完成收获，而留给测产的时间非常有限。这么大的工作量、这么短的时间，再加上成本高、效率低，让人工测产工作无法全面展开，对区域的覆盖也不全面。三是主观性大，结果有偏。人工测产前往往对区域作物的产量情况没有全面的预先判断，测产点的选择往往是随机或主观的，致使最终的测产结果可能有偏。

综上所述，传统的承保理赔作业模式面临着诸多问题，亟待通过科技应用，尤其是 3S 技术的应用来创新农业保险的承保理赔工作模式，提升农业保险的精细化水平。

二、3S 支撑下的承保理赔新模式

随着 3S 技术与农业保险业务的相互结合、渗透与发展，农业保险业界已经逐步形成了"3S+农业保险"的行业解决方案（如图 4-8 所示）。该解决方案整合了遥感影像、区域界线、耕地地块、参考农户、气候气象等基础空间数据，采用了"天空地、多尺度"的作业新模式和"按图承保、按图理赔、按图管险"的"农险一张图"管理新理念，被应用到农业保险承保、理赔、管理及分析的全业务流程中，解决了农业保险承保、理赔等环节存在的"粗放性"问题。

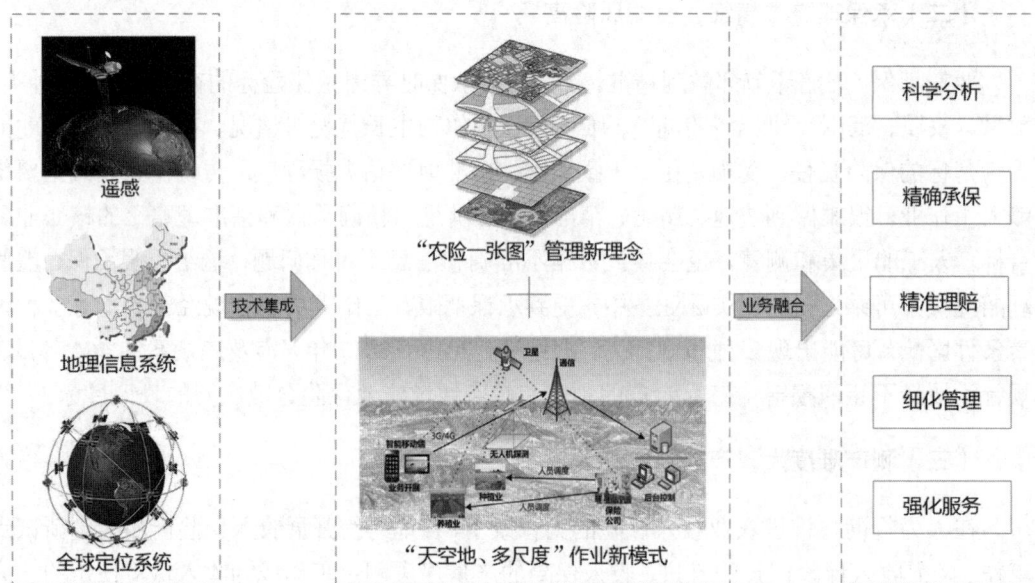

图 4-8 "3S+农业保险"的行业解决方案

（一）"天空地、多尺度"的作业新模式

为解决农业保险承保、理赔难的问题，可采用卫星遥感、无人机遥感及手持移动设备共同组成的"天空地、多尺度"的农险作业新模式（如图 4-9 所示）。这里说的多尺度包

含了两层含义：一是指该技术依托的设备具有三种尺度，即大尺度的航天卫星遥感、中尺度的无人机航空遥感和小尺度的移动手持设备；二是指该技术获得的结果具有三种尺度，即大面积大范围的验标定损、小范围重点区和重灾区的精准验标定损和采样点的逐户验标定损。

三种尺度的验标定损技术各有优劣，具体表现在如下几个方面。

（1）天基：大尺度卫星遥感技术。卫星遥感具有覆盖范围广、多分辨率、多时相的特点，能够对承保面积较大的农作物，尤其是林业进行全面验标，或在灾害发生后第一时间对灾区农作物受灾情况进行全面调查。目前，卫星遥感技术已经在农业旱灾、洪涝、病虫害、冷冻害、冰雹灾害、沙尘暴、大雪等灾情调查方面取得了成功的应用。经归纳，卫星遥感验标勘损技术的优势在于：可实现大范围的承保验标和灾害损失勘查，让保险公司对承保标的和灾害损失有全局性把握；可较准确地测量出承保标的的分布面积与范围，对保险标的的真实性进行快速判断；可快速识别重灾区和估算出灾害损失（特别是巨灾），为进一步的查勘调度和快速理赔提供指导；可动态监测渐进性灾害（尤其是旱灾）的发生和发展，为保险公司尽早采取防灾减灾措施提供依据。但同时由于成本问题，保险公司在利用卫星遥感进行验标和查勘定损时可能会采用分辨率较低的影像，致使损失评估结果精度较差，无法达到精细化村级甚至户级的效果。

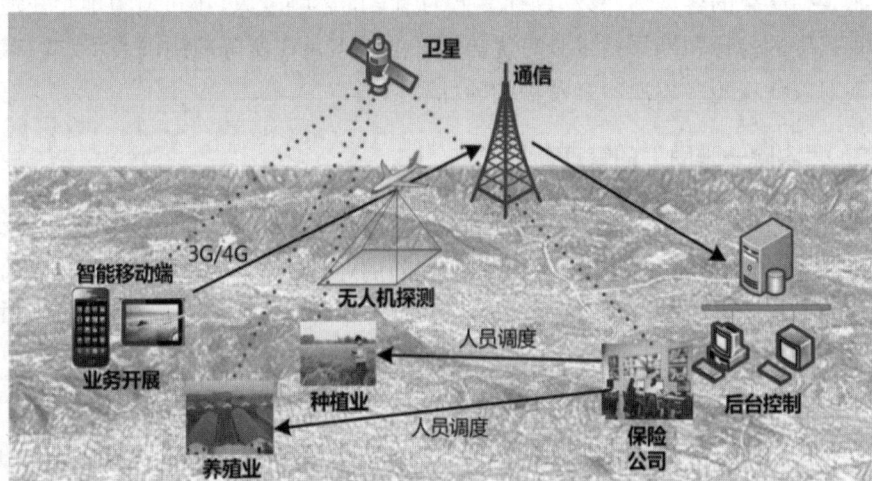

图 4-9　"天空地、多尺度"的农险作业模式

（2）空基：中尺度无人机遥感技术。无人机遥感具有灵动机动、空间分辨率高的特点，能够对承保农作物标的真实性和重灾地区作物受灾情况做出精细化调查。经归纳，无人机勘损技术的优势在于：第一，中尺度，可实现 1～2 个县的承保标的核验和灾害损失勘查，为保险验标和理赔提供直接的评估产品；第二，针对性强，可对种植结构较复杂和灾情较严重的县市进行精确调查；第三，精度高，无人机遥感分辨率高，标的核验和损失查勘的准确度较高，空间精度可达村镇甚至地块；第四，机动性强，可以随时随地出发开展外业工作，特别是能对人力无法到达的区域（如地形复杂区域）进行调查。但同时，无

人机调查也存在一些不足：一是操作技能要求高，无人机操作（特别是飞机的起飞与降落）的技术要求较高，保险公司人员并非专业的无人机操控人员，操作难度大；二是影像处理难，无人机获得的影像需要经过空三加密、几何校正、正射校正、无缝拼接之后方能使用，这些操作通常需要专业人员操作专业工具才能完成，保险公司的人员直接操作也存在难度；三是目视解译工作量大，由于无人机拍摄的影像空间分辨率很高，基本无法利用有效的算法进行大面积的作物提取和灾情预判，目前的大多数做法只能利用目视解译，根据影像上的色调及纹理特征来逐个识别作物和灾情，这对于范围较大的区域工作量较大。

（3）地基：小尺度移动互联网技术。移动设备具有携带方便和精确定位的优点，能够在承保出单后或灾害发生后快速到达现场，完成以户为单位的精确抽样验标和查勘定损，并在第一时间利用移动互联网将验标和定损信息反馈到保险公司。经归纳，移动互联网技术的优势在于：第一，小尺度，可以实现以户为单位的验标和查勘，基本可以利用移动设备满足一家一户的验标和查勘定损（但不推荐）；第二，方便易用，移动设备方便携带，同时集成了 GPS、遥感地图、摄像摄影等功能，极大地方便了定位、面积量算、拍照、信息录入等功能；第三，时效性强，可利用移动互联网实现验标和查勘信息的实时传输，时效性强，甚至保险公司还可以通过远程视频与外业人员实现联动，辅助验标和定损。但移动设备仅适用于抽样验标和抽样查勘，不适合做大范围调查工作。另外，相较卫星和无人机遥感定损结果的客观性，移动勘损受人为因素的影响较大，不可避免地存在道德风险。

三种尺度的验标和勘损技术具有优势互补的特点，在实际应用中需将它们有效组合，才能实现对农业保险多层次、全覆盖的验标和勘损。

（二）"农险一张图"的管理新模式

随着 3S 空间技术的应用，农业保险在承保、理赔等业务管理环节中会产生大量空间数据，同时这些空间数据也会反过来对农业保险的业务工作产生重大影响。"农险一张图"逐渐成为农业保险经营管理的一种新理念，促使农业保险逐步由经验化的粗放管理向可量化的精细化管理转型。

对于"农险一张图"在业界尚无一个标准的定义。本书借鉴了其他行业的定义，认为"农险一张图"是指在统一基础地理空间参考的基础上，空间化农业基础数据和农业保险业务数据，形成标准化的农业保险空间数据库，实现农业保险空间数据的统一、规范化管理，支持空间数据的时空叠合显示、检索与分析，具备空间数据的动态更新与发布机制，并以空间数据为载体开展农业保险的承保、理赔等业务工作。具体而言，"农险一张图"就是在有组织的标准化多源农业保险空间数据的基础上，结合农业保险的承保、理赔等工作环节，以"图"为索引，开展"按图承保""按图核保""按图公示""按图勘损""按图理赔""按图管险"和"按图决策"等农业保险应用，创新农业保险经营与管理的新理念（如图 4-10 所示）。

（1）按图承保。在承保环节，在耕地地块数据、土地确权数据、土地流转数据等基础空间数据的支持下，对承保涉及的农户保险标的进行采集和标记，形成保单级地块空间数据，将其作为承保的基本要件进行保存，实现按图的方式进行承保。

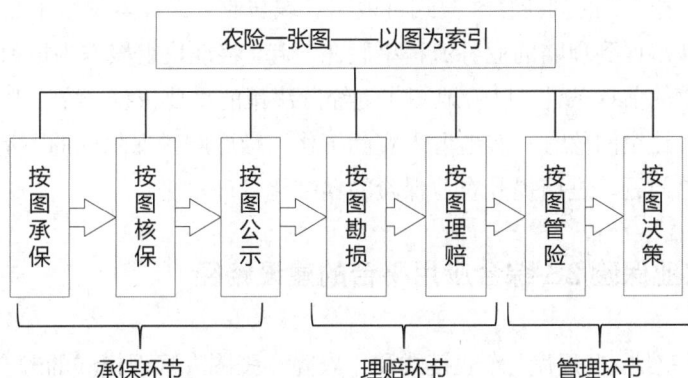

图 4-10　农业一张图中以"图为索引"模式

（2）按图核保。为了保障承保的真实性，可结合"天空地、多尺度"工作模式对承保标的进行查验，对保单的承保地块真实性进行核实，筛选出非投保作物承保、承保面积虚假的问题保单，为农业保险的合规经营提供支撑。

（3）按图公示。在农业保险公示环节，在原有保单农户清单公示的基础上增加地图公示。公示地图上清晰标出每位承保农户地块的编号（也可为"确权地块编号"）、"四至"位置、面积和承保作物。同时，在给每位农户发放的保单凭证上也需附上该农户的地块图。一旦农户对承保地块存在疑义，可及时进行确认。按图公示能对后续理赔时确定农户的保险标的损失起关键作用。

（4）按图勘损。保险期间发生灾害时，可结合"天空地、多尺度"工作模式对灾后保险标的损失进行全方位的查勘定损，以地图方式标记出险标的地块位置、受灾作物、作物生育阶段、受灾程度和面积等定损信息，并按照行政区划对受灾情况进行空间统计，得到整个受灾区域的保险损失情况。

（5）按图理赔。在承保期结束后，根据每次灾害后地块损失图对受灾地块进行遥感等技术复勘，评估最终的产量损失并进行最终确认。针对收入保险，则可在收获期采用 3S 技术对承保区域的作物产量进行估测，制作出区域产量分布图，为收入保险的产量损失核定提供支撑。

（6）按图管险。对保险公司承保、理赔和经营等各类信息利用地图索引的方式进行管理，实现地图与保险信息之间的联动，并以地图方式直观统计和展示不同行政区划层级的承保量、出险量、理赔量等信息，辅助保险公司经营与管理农业保险市场。

（7）按图决策。在微观层面上，通过对地块数据的历史经营（承保理赔）情况分析，精准刻画每个地块的风险状况，并与农户和区域关联，全面展示承保农户和区域的风险水平，为保险公司规避风险、精准服务提供决策支撑；在宏观层面上，通过地图分析展示不同区划层级的农业保险风险状况、业务经营情况、农业保险与农业产业发展适应性情况、地方规模性情况等，为保险公司业务布局与拓展等提供决策支撑。

"农险一张图"的创新管理模式将地图管理与业务管理紧密联系在一起，通过"地图"维度将保险从承保到理赔的业务流程串联在一起，将地块审核作为核保的必要条件、定损地图作为核赔的前提条件、风险地图作为经营决策的重要依据、统计地图作为保险展业的重要基础等，让空间信息真实地融入实际工作，彻底解决保险标的不清、定损理赔粗放、虚假承保理赔问题，进而提升农业保险的精细化管理水平。

三、农业保险 3S 综合应用平台的建设路径

基于"天空地、多尺度"作业模式和"农险一张图"管理模式的融合，可通过集成 3S、移动互联、人工智能、大数据与云计算等技术，以分布式存储与微服务架构的方式搭建"农业保险 3S 综合应用平台"（简称"3S 平台"）。该平台利用地图服务引擎发布遥感影像、耕地地块、区划界线、保单地块、理赔地块等空间数据服务，通过矢量瓦片数据可视化引擎，实现时空大数据可视化，以"云+端"的方式将数据服务接入承保查勘 App 端和合规监管 Web 端中，从而服务承保验标、查勘定损、合规监管等农业保险业务环节，并将"保单-地块-农户"进行关联，进而实现精准承保和精准理赔。将 3S 技术与农业保险业务进行深度融合，通过信息化平台的创新应用来推动农业保险经营模式的升级。

（一）平台的总体架构

依托 3S、人工智能、大数据等核心技术，基于遥感解译、分布式存储、前端数据可视化、数据融合分析等关键技术，以微服务为技术架构，构建服务农业保险承保理赔各业务环节的"农业保险 3S 综合应用平台"。该平台可以采用云结构的弹性部署和水平扩展能力，以及微服务框架和负载均衡技术，实现应用 Web 端和 App 端在云环境下的部署和运行，并支持其与保险核心业务系统的无缝对接。

3S 平台总体架构如图 4-11 所示，可分为基础设施层、数据层、关键技术层、服务层和应用层的五层结构。3S 平台需要与保险核心业务系统进行无缝对接，并为农业生产者、协保员、保险公司业务员、分析师和决策层领导等用户提供专业服务。

（二）平台的数据层

3S 平台的数据可分为基础空间数据和保险业务数据。其中基础空间数据包含影像、地块、农户等基础数据及各类遥感解译数据，为农业保险业务提供支撑服务；保险业务数据指农业保险承保、理赔作业中产生的各类成果数据。3S 平台需通过对数据的统一整合，实现数据与应用的高度集成。

1. 基础空间数据

基础空间数据为农业保险承保、理赔业务提供空间数据支撑，它的使用有助于提高农业保险"上图"的效率，实现精准承保、精准理赔的业务办理。空间数据包括但不限于表

4-3 所列内容。

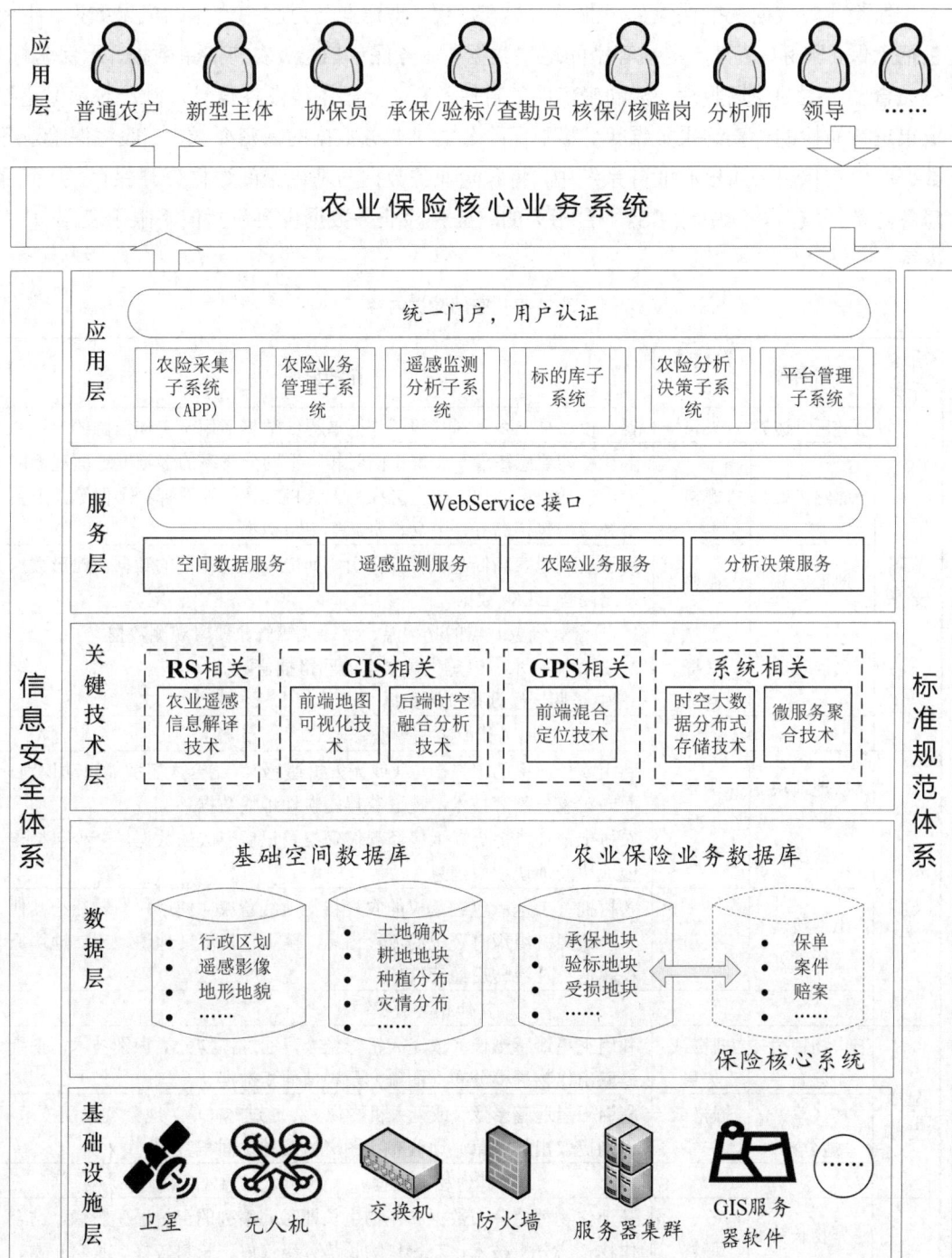

图 4-11 农业保险 3S 综合应用平台的总体架构

2. 保险业务数据

保险业务数据是指保险公司业务人员在承保、理赔业务过程中产生的成果数据，主要包括承保、验标、查勘、定损等空间地块数据、业务保单信息、农户清单数据、承保验标、受灾查勘产生的现场照片、标的坐落图、附件资料、专题图等图件信息，以及对承保定损成果进行质检的检查结果数据等。鉴于保险公司对业务数据的保密要求，一般将保险业务数据存储在保险公司核心业务系统中，将农险业务数据与基础空间数据分开保存，从而保障各方数据安全。其中与 3S 平台相关的农业保险业务数据主要包括但不限于表 4-4 中内容。

表 4-3　空间数据内容

用途分类	数据名称	数据格式	详细说明
基础支撑	行政区划边界	矢量	省、市、县、乡、村 5 级工作区域界线数据，用于工作范围的界定
	遥感影像	栅格	多尺度的遥感影像，实现不同时相、不同分辨率的多维度地面观测能力。包括卫星影像、航空影像、无人机影像、地面视频影像等。卫星影像数据包括高分、哨兵、资源等卫星数据
	地形地貌	栅格	用于表达地表高低起伏特征及山川河流等地貌特征的数据。地形数据常用高程 DEM 数据
	气候气象	矢量（栅格）	1. 国家级气象站点的光、温、水、风等气象要素观测数据 2. 光、温、水、风等气象要素的网格插值数据 3. 中长期气候预报预测数据
	其他相关数据		
承保支撑	耕地地块	矢量	利用高分辨率的卫星影像（或无人机遥感），结合人工智能自动识别、面向对象分割等技术，提取获得的耕地地块数据
	土地确权	矢量	农村土地（耕地等）承包经营权确权登记后形成的数据，至少包括土地地块及地块权属信息
	土地流转（托管）	矢量	农村拥有土地承包经营权的农户将土地经营权（使用权）转让给其他农户或经济组织时登记的流程信息，至少包括流转地块、流转地块原权属信息及流转后经营权信息
	其他相关数据		
验标支撑	作物种植分布	栅格或矢量	利用卫星遥感影像（或无人机影像），通过作物分类识别技术，识别提取出作物种植分布（图斑）及种植面积数据
	林（草）地分布	栅格或矢量	利用卫星遥感影像（或无人机影像），通过林（草）地分类识别技术，识别提取出林（草）地分布（图斑）及林地面积数据
	其他相关数据		
定损支撑	作物长势分布	栅格	基于作物种植分布数据和作物生长期时间序列的卫星遥感影像，结合作物长势分析技术，获得作物长势分级（好、长势较好、长势正常、长势较差等）监测数据
	作物灾情分布	栅格	基于作物种植分布数据和卫星遥感影像（无人机影像），针对发生的灾害类型，利用作物灾害评估技术，获得作物灾情分级（绝收、重度、中度、轻度）评估数据（灾情分布与面积）

用途分类	数据名称	数据格式	详细说明
定损支撑	林地灾情分布	栅格	基于林地分布数据和卫星遥感影像（无人机影像），针对发生的灾害类型，利用林业灾害评估技术，获得林地灾情分级（全损、重度、中度、轻度）评估数据（灾情分布与面积）
	作物产量分布	矢量	基于作物种植分布数据和卫星遥感影像，结合地形、气象等其他数据，通过建模等技术手段对区域作物产量进行估算，获得区域（行政区划）上作物平均产量数据
	其他相关数据		

表 4-4　保险业务数据内容（与 3S 平台发生交互的）

阶段	数据类别	数据内容	数据类型与存储位置
承保阶段	投保单基本信息	记录投保单中投保人（组织）、被保险人（组织）、投保险种、投保地址、投保数量、费率、保费、保额、补贴比例等信息	表单数据，核心业务系统
	农户投保清单	记录投保单对应的农户投保清单，包括农户姓名、证件信息、银行卡信息、投保数量、自缴保费等信息	表单数据，核心业务系统
	农户（组织）投保标的地块	在土地确权、土地流转、耕地地块支撑下，保险公司根据农户（组织）实际投保情况，采集农户（组织）投保标的对应的实际地块	空间数据，3S 综合应用平台
	其他相关数据		
验标阶段	验标清单	按一定比例随机抽取（或全量抽取）保单中的投保农户（组织）开展实地验标的农户清单	表单数据，核心业务系统
	验标标的地块	通过实地调查或遥感（无人机）识别的方式对地块进行精准验标，形成验标标的地块，记录验标结果	空间数据，3S 平台
	验标影像	采集验标影像，包括但不限于远景照、近景照、标的与农户合照等，验标影像需附经纬度等位置信息水印	文件数据，核心业务系统
	其他相关数据		
理赔阶段	报案信息	记录农户的报案信息，包括出险时间、出险地点、灾损程度（主观）等	表单数据，核心业务系统
	查勘信息	收到报案信息，保险公司启动现场查勘，记录出险地址、出险原因、受损标的情况等查勘信息	表单数据，核心业务系统

阶段	数据类别	数据内容	数据类型与存储位置
理赔阶段	受损标的地块	通过现场查勘或遥感（无人机）灾情评估，对保险标的地块的受损情况进行评估，形成受损标的地块，地块上记录损失程度（绝收、重度、中度、轻度）	空间数据，3S 平台
	受损农户清单	通过现场查勘或遥感（无人机）灾情评估，对受损标的地块对应的农户进行记录，记录每个受损农户损失程度（绝收、重度、中度、轻度），并估算农户理赔金额	表单数据，核心业务系统
	查勘影像	现场查勘时采集标的受损影像，包括但不限于远景照、近景照、受损标的与农户合照等，查勘影像需附经纬度等位置信息水印	文件数据，核心业务系统
	灾损评估报告	通过现场查勘和遥感（无人机）灾情评估后形成的灾害评估报告，对定损方法、灾情整体损失情况、各行政区灾情损失统计、保险理赔金额估算等进行详细叙述，作为理赔参考	文件数据，核心业务系统
	灾损评估专题图	通过现场查勘和遥感（无人机）灾情评估后形成的灾害损失分布专题图，展示不同等级灾情区域分布和数量统计结果，作为损失评估报告的重要附件	空间数据，3S 平台
	产量测产报告	针对区域收入保险，通过人工测产或遥感估产方式，获得区域作物产量，形成区域产量测产报告，作为收入保险理赔参考	文件数据，核心业务系统
	产量测产专题图	通过遥感估产后形成产量测产专题图，展示不同行政区划的产量测产结果，作为产量测产报告的附件	空间数据，3S 平台
其他相关数据			

3. 数据组织与存储

数据层是系统运行和服务的基础，数据库是系统数据存储和管理的中心，由一系列数据库集群组成，运行在不同网络，为不同用户群服务，主要包括但不限于查询库集群、大数据分析库集群、瓦片库集群、分布式文件存储集群等。基于上述数据层设计，从逻辑上可将数据库分为"空间基础数据库"和"保险保险业务库"。为满足农业保险的数据更新、空间统计分析、空间数据服务发布、数据快速分发等业务对数据调用的需求，建议采用以空间数据库为核心，面向多主题应用库的方案，如图 4-12 所示。

（三）平台的关键技术层

为了支撑上层的服务层，平台在关键技术层需要攻克包括但不限于时空大数据分布式存储技术、农业遥感信息解译技术、前端地图可视化技术、前端混合定位技术、后端时空融合分析技术和微服务架构技术等。其中农业遥感信息解译技术属于 RS 的关键技术，前端地图可视化技术和后端时空融合分析技术是 GIS 的关键技术，前端混合定位技术属于 GPS 的关键技术，时空大数据分布式存储技术和微服务架构技术属于信息化系统的关键技术。各类专业领域关键技术的集成，充分体现了 3S 平台的综合性和复杂性。

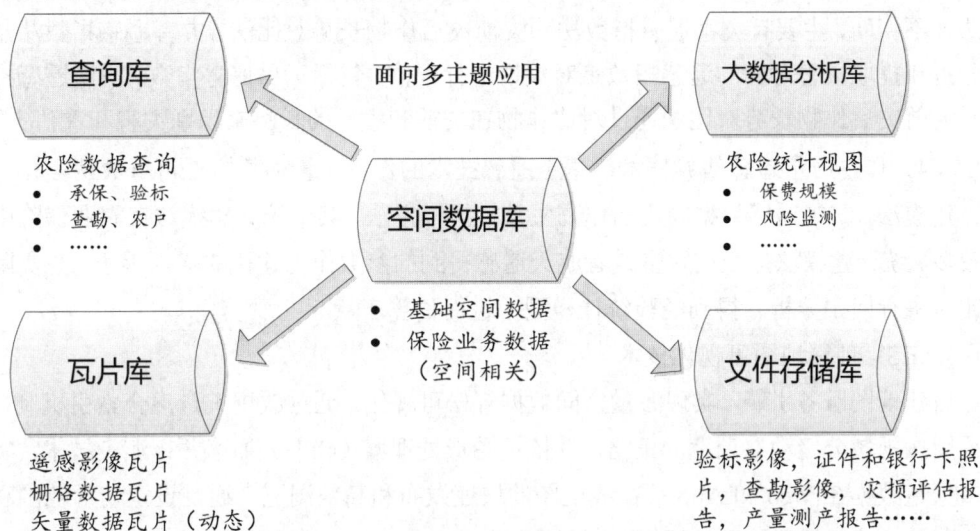

图 4-12 农业保险业务数据内容（与 3S 平台可能发生交互的）

1. 系统：时空大数据分布式存储技术

建立数据库集群，实现时空大数据分布式存储。采用空间数据库集群、数据库集群、内存数据库集群、分布式文件系统构建时空大数据存储框架，实现影像、矢量、表格、文件和多媒体数据的高效存储、索引、查询和分析。可建立 ElasticSearch 内存式数据库集群，利用其集群化、并发式、高速率的读取效率实现亿量级数据毫秒级查询响应。可建立 Spark 分布式空间数据库集群，开发空间计算模型，实现大数据、大范围、高效率的空间计算。可建立 MongoDB 轻量级、高并发的文档型数据库进行矢量栅格瓦片存储，为 MapBox 等地图服务引擎提供数据库基础。除此之外，建立核心数据库与多主题应用数据之间的同步更新体系，保证各数据库之间的现势性。

2. RS：农业遥感信息解译技术

在农业保险精准承保理赔中，遥感监测与解译技术发挥着重要作用，具体表现在：保前通过耕地地块遥感提取技术为精确承保提供重要数据支撑，保中通过遥感作物分类技术实现精准验标和通过作物灾害遥感识别评估实现精准勘损，保后通过作物产量遥感估算技术支持收入保险的理赔等。

（1）耕地地块遥感提取技术：基于中高、高分辨率遥感数据的耕地地块提取方法包括传统的室内经验判读式的人工勾画法、室外依据 GPS 航迹点的实地勾画法、面向像元的分类法、面向对象的图像分割法和人工智能领域的深度学习法。

（2）作物遥感分类提取技术：作物分类提取技术方法有很多，采用何种作物分类提取技术主要取决于区域大小、所采用数据、区域种植结构特征等因素。作物遥感分类通常需要基于作物的关键生长期光谱特征，利用相应的遥感时间序列影像，采用人工决策树、面向对象分类法和人工智能深度学习法进行分类，分类后再由人工修正。

（3）作物灾情遥感评估技术：面对不同种类作物和不同类型灾害，遥感灾情提取的方法并不相同，主要有灾害遥感指数法和灾前灾后作物长势对比法。灾害遥感指数法是通过分析和提取灾害对应的遥感指数来对灾情进行评估，包括干旱遥感指数、洪涝遥感指数等。灾前灾后作物长势对比法通过对比作物在灾前和灾后的长势来识别灾害和评估灾情。

（4）作物产量遥感估算技术：基于遥感技术的作物产量估算方法可分成两类，一是统计建模法，二是遥感数据同化的作物生长模型模拟法，其中统计建模法在农业保险中应用较多。统计建模法把通过航空或者航天遥感得到的参数作为建模的输入因子，与实际产量比对进行回归分析，得到经验统计模型，进而估算产量。

3. GIS：前端地图可视化技术

搭建地图服务引擎，实现海量空间数据轻松可视化。通过改进矢量混合索引机制，考虑采用按视域分级动态调度的策略，并依托图形处理器（GPU）加速并行渲染技术，实现海量矢量数据在 Web 和 App 端在线地图的快速发布和高效浏览。通过设定切片范围和级别，自动计算各级别的瓦片网格，实现数据的快速切片，支持瓦片的局部更新。矢量瓦片技术能解决耕地地块、种植结构等海量数据的快速渲染，支持地图样式可定制、可交互和一图多端使用。栅格瓦片服务引擎提供影像高效切片，服务一键发布，支持多源多时相栅格瓦片服务管理。通过建立地图配置工程，可依据要求灵活地控制地图中的瓦片图层、图层显示内容、数据显示样式（点、线、面符号和注记样式），一套瓦片数据可支持建立多个地图配置工程，从而实现多种样式地图渲染，一套服务可以实现多端应用需求。

4. GPS：前端混合定位技术

在前端 App 进行外业验标和查勘时，常常需要对验标或灾害区域进行定位并采集信息，但在高山、树丛、高耸物、室内等遮挡严重的情况下，传统的 GPS 定位模式有可能会失效。为了解决这个问题，前端需要研发 GPS、基站、辅助全球定位系统（APGS）和 Wi-Fi 等多种混合定位技术。

全球定位系统 GPS 是一种精度较高的卫星导航定位系统，可以在全球范围内实现全天候、连续、实时的三维导航定位和测速；基站定位是通过获取移动设备连接的基站信息在运营商的库转换成对应的经纬度，再通过软件把经纬度信息刻画在地图上。AGPS 定位仍然是基于 GPS，但却通过移动网络直接下载当前地区的可用卫星信息，从而提高了搜星速度；Wi-Fi 定位则通过搜索周边的热点（即无线局域网），连接到热点服务器，根据服务器位置换算出当前位置。

混合定位技术是在四种定位模式的基础上,根据环境条件动态地切换定位模式。具体而言,在有 GPS 信号的情况下,优先选择定位精度较高的 GPS 定位;在弱 GPS 信号的情况下,选择定位精度高但需要耗费数据流量的 AGPS 定位;在无 GPS 信号、有运营商信号的情况下,选择定位效率高但需要耗费数据流量、定位精度较差的基站定位;在无 GPS 和运营商信号、有无线局域网的情况下,选择定位效率高但定位精度较差的 Wi-Fi 定位。

5. GIS: 后端时空融合分析技术

时空大数据融合分析技术,能实现业务数据的快速空间化。大数据是现代数字化、信息化的新型资源要素,通过将大数据与农业保险的深度融合,可提高农业保险精准化、智能化水平,实现农业保险数据资源利用方式的转变。基于"时间-空间-主题"的多维时空数据模型,建立"区划-地块-农户-作物-农业生产活动"关联的数据模型,提供空间位置、属性信息的清洗、比对,让业务数据快速空间化关联,形成不同尺度下的面向多主体应用的数据产品。

6. 系统: 微服务架构技术

微服务架构,支持应用弹性部署和水平扩展,并可轻松上云。微服务将一个大型应用拆分成多个独立的服务模块,并形成统一的注册中心。每个服务拥有自己的底层数据和业务逻辑,通过微服务架构中的服务中心,把所有服务统一管理,服务之间可以互相调用,实现集中认证管理,由此保证数据的安全性。根据实际访问需求,每个服务都能启动多个实例,并注册到服务中心,这样既能保障系统的访问速度,还能实现服务的广泛应用。同时,提供标准访问协议,兼容 Java、Nodejs、Scala、Python 等多种开发语言,支持 http、Websocket 等多种访问方式。

(四)平台的服务层

为满足不同农业保险公司的差异化农业保险业务流程,遵从"高内聚、低耦合"的设计思想,农业保险 3S 综合应用平台可将后端服务拆分为包括但不限于空间数据服务、遥感监测服务、农险业务服务和分析决策服务四个微服务。此外,微服务可以提供给移动端和管理端使用,达到数据同步、实时交互的目的,从而提高平台的灵活性和可扩展性,便于与保险公司核心系统进行对接。

1. 空间数据服务

空间数据服务是集成遥感影像、行政区划界线、耕地地块、参考农户、气象数据、土壤数据等基础空间数据,并将所有数据以在线直接调用或发布标准服务的方式整合成的基础数据服务。其中,部分遥感影像服务直接调用天地图、百度等免费在线服务,而通过商业途径获取的遥感影像可采用开放空间地理信息联盟(OGC)的 WMTS(Web 地图瓦片服务)标准发布栅格地图服务。此外,其能满足对空间数据的快速查询统计、图件展示、浏览定位、叠加分析、服务发布等要求。

2. 遥感监测服务

基于多源遥感影像数据、气象数据等，依据光谱、纹理等特征，利用遥感解译技术进行信息提取，并结合实地采样和调查等资料进行验证，获得农作物种植分布监测、农作物长势监测、农作物灾情监测、农作物产量监测等成果数据，并根据实际业务所需的数据格式分别发布矢量地图服务和栅格地图服务。其中矢量地图服务采用开源空间信息基金会（OSGeo）的 TMS 标准发布，栅格地图服务采用 OGC 的 WMTS 标准发布，以便农业保险业务系统进行集成应用，为承保理赔业务提供数据支撑。同时，其也可为其他相关系统提供 API 接口进行数据调用。

3. 农险业务服务

农险业务服务是在集成基础数据服务和遥感监测服务的基础上，通过 API 接口，将基础数据和遥感数据在线推送到 App 或 Web 端，以支持开展承保、验标、勘损等业务。在 App 端，在土地确权、土地流转、耕地地块、遥感影像等各类空间数据资源的基础上，进行承保、验标、查勘等环节中的属性信息、空间地块、现场照片等业务流程的数据采集，并通过互联网将数据实时回传到云端数据库中，实现农业保险业务办理的移动化和电子化。在 Web 端，通过"一张图"方式对基础空间数据、遥感监测数据、农险业务数据等进行叠加分析和分类展示，进而支撑保险公司开展农业保险的核保和核赔等业务工作，提升农业保险承保理赔的合规性和精准化。

4. 分析决策服务

通过建立基础空间数据、遥感监测数据和保险业务数据之间的空间关联关系，利用属性关联、空间叠加、综合统计等技术手段，搭建"农业保险一张图"分析与决策服务。在微观层面上，通过对保险地块的空间分析，精准展示每个地块的风险状况，并与农户和区域关联，全面展示承保农户和区域的风险水平；在宏观层面上，通过地图分析展示不同区划层级的农业保险风险状况、业务经营情况、农业保险与农业产业发展适应性情况、地方规模性情况等。通过空间分析输出，为农业保险的承保理赔精准化转型、科学展业和高效服务提供重要支撑。

（五）平台的应用层

为全面支撑农业保险精确承保和精准理赔，以及农业保险高效分析决策，农业保险 3S 综合应用平台在应用层可以包括但不限于：农险采集子系统（App 端）、农险业务管理子系统（Web 端）、遥感监测分析子系统（Web 端）、标的库子系统（Web 端）、农险分析决策子系统（Web 端）和平台管理子系统（Web 端），如图 4-13 所示。各子系统功能如下。

1. 农险采集子系统（App 端）

其为提供农业保险承保、验标、查勘等业务环节中空间信息采集功能的移动 App 应用，并嵌入保险公司的农业保险业务办理移动应用 App 中。在业务人员进行承保、查勘外业时，凭借 App 中嵌入的土地确权、土地流转、耕地地块、遥感影像等空间数据，开展地块采集、灾情采集，实现业务信息录入、拍照信息自动识别、地块"四至"图自动生成、现场水印照片（带定位信息）拍摄、电子签字等功能，完成地块与保单和查勘信息的关联；现场采集完成后，移动端通过实时功能，将采集的业务信息、地块（或灾情）位置、现场照片等上传至 Web 服务端，供农险业务管理子系统（Web 端）核保和核赔。

2. 农险业务管理子系统（Web 端）

其提供农险采集终端上报资料的组织与管理，实现农业保险按图承保、验标和理赔等业务的 Web 端审核功能，与核心业务系统对接共同完成保单核保和理赔核赔等业务。在该系统中，实现了"以图为索引"的保险业务办理模式，承保办理时以上报保单地块情况作为主要依据资料，验标时以保单地块上作物识别结果和实地验标位置信息为主要依据资料，理赔时以地块上灾情评估结果为主要依据资料，能实现该系统与农业保险核心业务系统流程办理的一体化对接，业务办理流程和单据与空间数据的充分融合。

3. 遥感监测分析子系统（Web 端）

其提供专业化的农业保险遥感监测分析服务功能。面向农业保险的承保、验标和定损等应用场景，针对农业保险中耕地地块提取、作物分类识别、作物灾情评估和作物产量估算等应用需求，该系统可实现遥感数据下载、遥感数据预处理、遥感解译算法的嵌入、遥感分析成果的制作、遥感分析成果服务发布等功能，同时支持无人机等航天遥感影像资料的快速拼接、快速解译和快速出图等功能。该系统还可与农险采集子系统、农险业务管理子系统和标的库子系统进行接口数据交互，为保险业务应用提供遥感技术支撑。

4. 标的库子系统（Web 端）

其提供农险标的地块的综合管理功能。为了更好地开展按图作业，标的库对农业保险业务涉及的地块进行分图层组织与管理，其中包括但不限于确权地块、流转地块、遥感耕地地块、保险标的地块和受损标的地块等，并建立起地块之间的对应关系，最后以地图服务的方式供承保理赔业务端直接使用或者复用。同时，标的库能与核心业务系统之间进行对接，实现标的地块、受损地块和保险业务单据数据之间的连接，实现"地块到单、单到地块"的联动，为"以图管险"提供重要支撑。

5. 农险分析决策子系统（Web 端）

其提供农险业务统计分析与决策支持功能。保险公司通过该系统可实时在线调取和查询管辖区内的所有历史及现势空间信息，包括耕地信息、种植信息、承保信息、验标信息、受灾信息、查勘信息等，并开展以省、市、县、镇、村为单位等多空间维度，当年、历史多年或多年平均等多时间维度，承保规模、理赔规模和赔付率等为指标的多指标统计分析。通过微观查询和宏观统计，帮助管理部门按不同区域制订任务指标；帮助监督不足额承保或超额承保、虚假承保理赔等不合规情况；帮助不同的区域开展风险评估与区划分析，为风险防控和宏观决策提供依据。

6. 平台管理子系统（Web 端）

其提供机构管理、角色管理、用户管理、任务管理、险种管理、权限管理、日志管理和配置管理等模块，即 3S 平台的后台用户管理，为平台的用户、权限、任务和日志等管理提供便利。

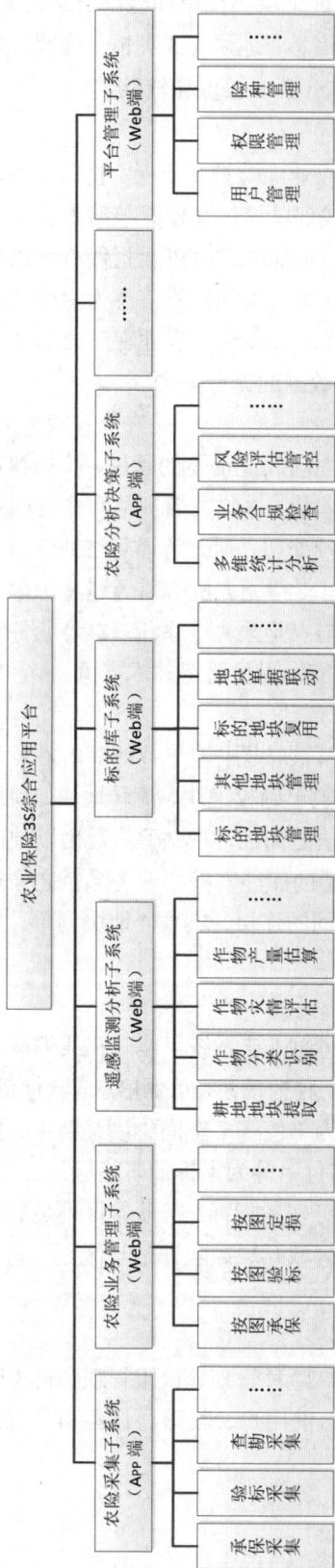

图 4-13 农业保险 3S 综合应用平台的应用层构成（建议）

四、农业保险 3S 应用的成效总结

（一）实现承保和理赔的精准化

一直以来，农业保险承保理赔的粗放性是制约农业保险健康持续发展的一个重要因素，也是农业保险不合规问题的根源。3S 技术为农业保险的精确承保和精准理赔提供了重要的技术支撑。精确承保的关键在于明确保险标的的位置、权属、数量等关键信息。基于耕地地块、遥感影像等基础空间数据，辅助核对流转农户信息，通过 App 承保模块进行地块采集，实现大户承保落图、承保面积核对、现场信息采集，进而建立以"地块"为核心的标的唯一性管理模式，在遥感作物识别和面积监测方面对承保地块进行查验，从而实现精确承保，防范虚假承保等问题发生。精准理赔的关键在于准确评估灾害损失的范围和程度。当灾害发生时，根据灾害类型和范围，结合"天空地、多尺度"的技术体系，并叠加气象信息、种植结构、作物长势、产量预测等参考数据便可得到灾害解译数据。再将灾害解译数据与承保地块数据做空间叠加分析，便可快速获取灾害发生区域承保范围内的受灾情况，生成灾害损失分布图、损失评估报告，预估赔偿金额和赔偿对象，进而为精准理赔提供数据支撑，减少虚假赔付、协议赔付等问题的发生。

（二）提高农业保险的作业效率

传统农业保险经营方式相对粗放，作业效率不高，人工承保及理赔劳动强度高，服务效率低。3S 赋能农业保险，能够缩短工作周期，提高服务效率。在承保环节，载入 3S 的移动设备可快速完成投保信息的录入和承保标的的采集，并在线上提交投保申请，在几分钟内便能完成投保工作。在验标环节，对于 20 万亩的验标工作，遥感验标仅需一周时间，但人工验标需 20 人次同时进行，约一个月才能够完成。在勘灾定损环节，对于 500 户的勘灾工作，遥感勘灾仅需一周左右，但人工勘灾按照每日 20 户计算，需 25 日才能完成。如果受灾程度严重，人工勘损的危险系数提高，且作业效率降低。基于卫星遥感、无人机、移动互联等技术，融合土地确权数据、流转数据、遥感数据、农户信息等构建地块信息标的库，实现按图承保、按图理赔，将极大地提高农业保险作业效率。

（三）降低农业保险的经营成本

"大国小农、土地细碎"是我国农业生产的真实写照，各地农业资源禀赋条件差异很大，各个生产地点距离较远，承保对象和承保地块相对分散，保险公司人员难以逐户深入田间地头查勘，保险业务工作量大，经营成本高。尤其是我国南方具有地形复杂（丘陵众多）、地块分散、土地轮廓极为不规则的特点，人工承保理赔效率更低，用工成本也更高。即使按照平原地区地块采集的效率计算，不考虑物力成本及后续整理环节的人力成本投入，仅在数据采集环节所需人力成本一项，即折合人民币 2~5 元/亩（地形不同导致金额

差异较大），50 万亩作物承保面积对应的数据采集需要花费约 200 万元人民币，如果运用卫星遥感、无人机等 3S 技术，结合土地确权等重要的空间数据，人工成本则能大幅度降低，50 万亩作物的数据采集费用仅需约 30 万元人民币（合 0.6 元/亩），能够降低 85%的成本，大幅度节约人力、物力。

（四）防范道德风险和逆向选择

信息不对称问题是保险行业面临的突出问题，农户和保险公司之间的信息不对称导致农业保险领域中的道德风险和逆向选择现象普遍存在。农业保险标的的特殊性使投保人更具有信息优势，存在发生道德风险行为的动机，投保人能够比较清楚地掌握保险标的的生长情况、风险环境等绝大部分信息，而承保机构处于信息劣势，可能出现农户有意隐瞒、谎报案情、扩大保险事故、替换保险标的、灾后不作为等欺诈骗保现象。这不仅会增加承保机构的不合理赔付额，增加承保机构经营负担，还可能会导致农业保险市场失灵，影响农业保险市场健康持续发展。3S 技术赋能农业保险，可以帮助承保机构准确地进行识别和评估，在承保信息采集、承保验标、保中监测、查勘定损等环节做到户准确、亩准确、地准确，厘清"人—地—物"间的关联信息，落实"五公开、三到户"的要求，提高农户与承保机构之间的信息对称性，进而有效减少道德风险和逆向选择问题的发生。

五、农业保险 3S 应用存在的问题

（一）空间数据获取与共享难度大

空间数据库的完整程度对开展农业保险精确承保理赔是非常重要的，只有拥有土地确权、土地流转、耕地地块、遥感影像等基础空间数据，才能支撑农业保险精准采集标的与评估灾情，才能真正意义上实现"按图承保"与"按图理赔"。然而，我国大部分基础空间数据集中在农业农村、自然资源等政府部门，部分数据还存在涉密问题，对保险公司来说，共享获取的难度较大。对于商业化程度较高的卫星遥感数据，获取的途径也并不畅通，部分遥感数据价格不菲，甚至一些遥感数据不向商业性的保险机构提供，导致保险机构获取遥感数据与遥感服务的成本居高不下。此外，保险机构之间也缺少有效的空间数据共享机制，尤其是在重大灾害发生后，各家保险公司会重复开展同一区域的 3S 技术服务，但数据却无法在保险公司之间共享使用，造成人力、财力和资源的浪费。

（二）3S 技术与国外相比尚有差距

虽然我国在农业保险的 3S 技术应用上做了很多工作，也取得了一定成效。但从整体上看，我国 3S 技术起步较晚，与国外仍有较大的差距，尤其是在遥感技术上，差距较为明显。首先，我国遥感卫星空间分辨率不如国外卫星。目前，我国主要商用陆地遥感卫星有高分系列、资源系列、北京系列等，空间分辨率可达米级甚至分米级，但与美国

"WorldView-4"、欧洲"SPOT"系列、法国"Pleiades"系列等全球顶尖商业遥感卫星仍存在一定差距。其次，国外遥感卫星的传感器谱段比较丰富。在红边与短波红外谱段之外，还有高光谱、超光谱等新型手段，能够实现对农作物的全面分析，而我国遥感卫星大多只包括可见光和近红外谱段，不能准确反映出植被冠层水分含量等指标。最后，国外遥感数据免费共享机制更为完善。例如，欧空局的"Sentinel-2A"卫星，全球用户均可免费下载10 米级分辨率的遥感数据，开源性较高，使用更加便捷。相比之下，我国遥感数据共享机制仍需完善。

（三）3S 综合应用平台构建难

农业保险的 3S 综合应用平台是对 RS、GIS 和 GPS 三项技术的高度集成，并与农业保险的实务进行融合，涉及的关键技术多且复杂，在构建上具有一定的难度。首先，农业保险相关的空间数据是一类数据种类较多、数据量庞大的数据，空间数据库的构建需要对不同来源、不同格式、不同投影、不同比例尺、不同分辨率、不同时相的多源异构空间数据进行整理、分类、编目和建库，并支持动态的空间数据服务发布机制，具有较大的难度。其次，在技术层面，平台 Web 端和 App 端要接入高效的 3S 应用，需要攻克诸如海量地块数据的快速展示、遥感结果与地块数据的空间叠加分析、弱网络环境下定位信息获取等难度较大的关键技术。最后，在服务与应用层上，3S 综合应用平台不仅要贯穿保前承保与验标、保中监测与勘损、保后分析与决策的全业务流程，还要能与保险核心业务系统进行有效衔接与业务融合，复杂度较大。

（四）3S 技术的行业应用标准缺失

尽管 3S 技术的应用能降低农户道德风险与逆向选择发生的可能性，但同时也带来了新的信息差。一方面，3S 技术在农业保险领域的应用近年来才逐渐推广，打破了原有的业务运行模式，但目前缺乏统一的 3S 技术应用规范或标准，导致农业保险的 3S 应用技术流程和方法不一致，不同流程和方法所得结果差异较大，政府部门、保险公司和农户可能对彼此的分析结果会产生疑义，甚至怀疑 3S 技术的可信度。另一方面，3S 技术是一项较新的科技手段，需要拥有相关专业知识才能理解 3S 分析评估的结果。而农户普遍受教育程度较低，往往不具备这种能力，同时目前行业缺乏应用统一标准，保险公司很有可能改变 3S 技术应用流程和方法，输出对自身有利的 3S 监测结果并向农户瞒报甚至错报，导致农户多缴纳保费或少获得赔偿金。

（五）法律法规不适应 3S 应用需求

目前，我国针对农业保险的法律法规仅有 2012 年发布的《农业保险条例》（以下简称"《条例》"），当时农业保险与保险科技的融合尚处于探索阶段，并未提及保险科技。近年来，随着农业保险的快速发展，保险科技与农业保险的融合逐渐增多，在为保险公司与农户带来便利的同时，也出现了一系列的新风险与新问题，这些风险与问题是《条例》尚未提及的，因此《条例》已经不能完全适应当前行业发展的需求。例如，针对遥感技术应用带来的跨行业合作问题，相关法律尚无明确规定。在关于农业保险理赔的案例中，曾出现过法院以遥感技术公司不具备司法部门认可的鉴定资质为由，对其所提供的鉴定报告不予采信的情况。尽管通过遥感技术进行勘测定损的结果比传统方式更加精准，但由于当前科技公司没有法定的鉴定资质，其对于农业保险产量损失进行评估得出的结果，仍不能被法律部门所认可。可见，相关法律在科技公司是否具有鉴定资质方面存在空白，这不仅为监管部门和执法部门带来诸多不便，也使得保险公司与科技公司的合作难以展开。

（六）缺乏既懂农险又会 3S 的复合型人才

将 3S 技术应用到农业保险业务，需要相关人员既掌握 3S 技术的使用方法，又了解农业保险相关知识，否则在对保险标的验标、定损的过程中易出现错误，导致结果存在偏差。国内农业保险行业近几年才开始使用 3S 技术，应用时间较短，尚未形成针对专业技术人员的培育体系，既懂农业保险又懂 3S 技术的复合型人才缺口较大。特别是在一些保险公司的基层网点中，需要运用 3S 技术进行验标与定损时，由于工作人员的 3S 技术应用水平较低，往往要从分公司调配专业技术人员，甚至需要向科技公司聘请专家，这使工作流程变得更为复杂，降低了工作效率。

六、农业保险"3S"应用发展的建议

（一）打通空间数据共享与获取渠道

首先，在基础空间数据共享方面，政府部门应该进一步开放农业基础数据库，将土地资源、土地确权及气象等农业相关空间数据开放给公众使用，同时加快数据的更新频率，这样可以降低保险公司使用空间数据的成本，提升其积极采用 3S 技术的意愿。其次，在遥感数据获取方面，打通国内外卫星遥感数据的共享与获取渠道，降低农业保险遥感应用服务成本，加速遥感与农业保险业务的深度融合。鼓励建立国家级农业保险遥感数据共享服务平台，汇集各来源渠道遥感数据，为全国所有农业保险相关需求主体提供共享或低成本的遥感数据服务，全面提升整个农险行业遥感数据的应用能力。最后，保险业应尽快建立完善的 3S 信息共享机制，搭建相应的信息共享平台。平台内部汇集空间数据库、数据交易平台、各公司的信用评级等相关信息，在保障各方利益的前提下，实现信息的开放与共享。例如，针对同一区域重复购买 3S 技术服务的问题，可以规定加入信息共享平台的保险公司购买该地区服务后，需将相关数据上传至平台内部，其余保险公司如果对这部分数据有需求，可以支付相对较低的费用购买数据，这样不仅维护了原先购买数据的保险公司的利益，同时也能实现数据共享，提升工作效率，降低经营成本。

（二）加大 3S 技术应用的研究力度

尽管我国 3S 技术近年来有较大发展，但由于 3S 技术，特别是卫星遥感技术的研发具有周期长、难度大等特点，要想在技术层面追赶国际先进水平，仍需加大对 3S 技术的投入力度。首先，国家应增加对相关科研部门的研发资金，有了充足的资金保障，才更容易实现技术突破，进而促进我国遥感卫星数量的提高与精度的提升。其次，对于研发 3S 技术应用的民营企业，政府部门应给予一定的资金补贴与税收优惠，鼓励其使用 3S 技术解决实际问题，这样既能提升 3S 技术的社会认可度，也能从中发现 3S 技术实际应用存在的问题，为科研部门的研发提供方向，为监管部门制定规则提供思路。最后，国家应尽快完善全国农业遥感数据统计工作，构建多方位、全天候的遥感数据监测体系，以满足保险公司及其他农业从业人员对农业遥感数据的需求。

（三）搭建统一的 3S 技术应用云平台

由于构建农业保险 3S 综合应用平台涉及的技术较为复杂，实施难度较大，建议由农业保险的行业主管部门牵头构建农业保险 3S 行业应用综合云平台，主要原因如下。第一，行业主管部门有能力协调相关政府部门，有较大可能共享甚至获取土地确权、土地流转、耕地地块等基础空间数据和国内外各类遥感影像数据，从而构建较为完备的空间数据库，并向农业保险行业统一开放共享；第二，行业主管部门有能力联合 3S 行业的优势科研单位和科技公司共同攻克 3S 平台的关键技术，搭建行业级的 3S 应用平台，并以云端服务的方式向保险机构开放；第三，行业主管部门能够联合保险机构建立统一的接口标准，实现 3S 应用平台与各家保险机构核心业务系统的业务对接，最终满足保险机构的资源共享、技术共享和应用共享需求。

（四）制定 3S 技术应用的规范（标准）

3S 技术成果认定不一致的主要原因在于行业内目前没有形成针对 3S 技术的统一规范（标准）。保险行业首先应该联合制定从投保到理赔的标准化规程，将 3S 技术应用嵌入承保理赔规程中，让保险公司不能有选择地使用 3S 技术，将其行为规范化。同时，编制农业保险验标、定损与测产相关的技术规范或标准，统一规定遥感应用的技术流程、采样规则、技术指标和模型、结果形式和精度要求，保障 3S 技术评价结果的稳定性和可靠性。此外，开展对 3S 技术规范和标准普及活动，让农户了解 3S 技术的应用，逐步接受 3S 技术验标和定损的可靠性，从而加强信息的透明化程度，减少保险公司借助信息差获得不当利益的可能性。

（五）健全 3S 技术应用相关的法律法规

由于《条例》不能完全适应农业保险行业目前的发展需求，亟需出台《农业保险法》或对《条例》进行修订完善。在新的法律法规制定过程中，相关部门应重视农业保险与科技相结合过程中暴露出来的现实问题，并针对这些问题制定具体的法规条文，引导与规范农业保险与科技相结合，为保险公司提供法律保障，确保其应用保险科技的合理性与合法性，让保险公司能创新、敢创新，促进我国农业保险市场的高质量发展。例如，在 3S 技术被应用到农业保险领域时，科技公司能否对灾害损失大小进行鉴定，科技公司是否拥有合法鉴定资质的条件等问题，均应有明确的法规条文规定，确保保险合同发生纠纷时有法可依，从而营造有利于行业发展的法治环境与监管环境。

（六）建立复合型人才的培养机制

保险公司可以通过多种渠道建立既懂农业保险又懂 3S 技术的复合型人才培养机制。首先，加强保险公司、3S 科技公司和科研机构的联系，定期组织内部研发人员与科技公司交流学习，邀请科研人员开展学术讲座，提升研发人员的专业素养。其次，对基层工作人员进行专业技术培训，使其充分了解 3S 技术的应用场景，学会识别遥感图像、使用无人机对保险标的进行核保验标与查勘定损等简单操作。最后，保险公司可以与各大高校开展合作，在高校人才培养计划中加入 3S 技术等保险科技课程，使学生掌握基本的保险科技理论知识，为学生提供 3S 技术应用的实习机会，为农业保险行业培养与储备能灵活使用 3S 技术的专门人才。

第三节　基于 3S 的农业保险精确承保理赔案例

一、阳光农险 3S 平台案例

（一）建设背景

阳光农业相互保险公司（以下简称"阳光农险"）是在黑龙江垦区农业风险互助基础上，经国务院同意、原中国保监会批准，国家工商总局注册的我国首家相互制保险公司。

作为一家全国性专业农业保险公司，阳光农险按照黑龙江省北大荒农垦集团总公司的要求，大力发展数字保险，为集团全产业链提供全方位保险保障服务。阳光农险实施了农业保险供给侧改革，为提高服务水平和能力，基于 3S 技术自主研发了"阳光农业互助保险公司 3S 平台"（简称"阳光农 3S 平台"）。阳光农 3S 平台将 RS 遥感监测结果应用到农业保险研究领域，经过为期 9 年的探索和发展，阳光农险形成了独有的旱灾、涝灾、风灾、火灾等灾害的遥感监测模型，灾害监测精度超过 95%，为高质量完成农业保险查勘定损工作提供了技术支撑。

在农业保险主要流程上，阳光农 3S 平台通过引入 GIS 技术，集成农险业务数据与空间地理数据，打造农险一张图，实现农业保险数据电子化，开展空间数据深度挖掘。此外，阳光农 3S 平台通过集成 RS、GPS 等空间技术，深化农业保险业务应用，拓展农险平台的服务广度与深度，创新农业保险的服务模式与手段，提升农业保险科技含量和整体服务水平。

（二）模块与功能

阳光农 3S 平台通过互联网实现投保信息采集、受灾情况分布与等级评估、带图分级审批、协办机构评价功能；参保农户可根据权限登录浏览器查看投保信息，村级、乡级协办人员可直接添加投保信息，县支、中支机构人员拥有带图审批等权限，最终实现投保信息流程简单化、受灾情况评估准确化、机构管理科学化，提升行业信息化水平，改变行业工作模式。

从功能架构上，阳光农 3S 平台由基础地图操作模块、投保信息管理模块、地块信息管理模块、灾害信息管理模块、年景评价管理模块、投保信息审核模块、机构管理模块、用户管理模块、系统管理模块、地图工具管理模块、登录显示控制模块、App 数据接口 12 个功能模块组成，如图 4-14 所示。

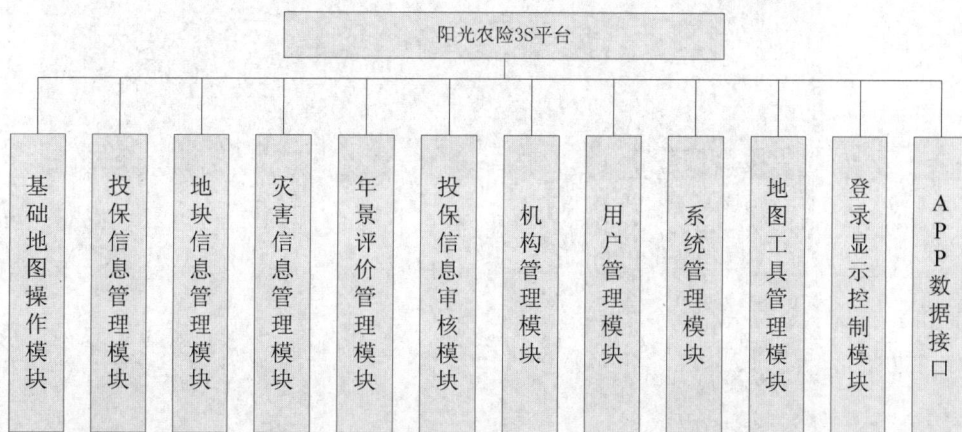

图 4-14 阳光农险 3S 平台的功能构成结构

其中，核心模块功能描述如下。

（1）投保信息管理。该模块包含了保单录入、保单导入、保单查询、保单统计、投保信息修改、投保信息删除、投保信息导出、保单追加等，满足了业务员对保单的一系列操作需求，还可以帮助业务员全方面地操作保单和了解保单的全部状态。

（2）地块信息管理。该模块包含地块标注、地块编辑、地块删除、地块查询统计、地块定位、投保面积校验、地块导出、往年地块信息查询、统计、地块追加等，满足了业务员通过地图标注画出地块、查询地块信息，实现地块统计、定位、校验、进行编辑、删除的全面管理的需求（如图 4-15 所示）。

（3）灾害信息管理。该模块包含灾害范围上报、灾害事件查询、受灾地块导出、定损单管理、遥感监测结果上传、灾害信息查询统计、灾害选择上报、灾害事件导出、受灾地块详情查看、受灾作物详情查看、灾害详情导出等，满足了业务员对灾害信息进行管理、分析与挖掘的需求。

（4）年景评价管理。该模块包含年景数据上传、年景数据查询、产量调查、图例显示控制，满足了业务员对年景评价的管理需求，业务员不仅可以上传年景的数据，还可查询年景数据及产量调查结果。

（5）投保信息管理。该模块包含分级审核。审核过程是一个逐级审核过程，经由下级用户审核通过的数据会提交给上级用户。保单的状态包括审核通过、审核未通过、未审核，审核人可以对保单进行批量审核和批退操作。

（6）地图工具管理。该模块包含 GPS 验标导入、GPS 验标查询、GPS 查勘导入、GPS 查勘查询等，满足了业务员对验标和查勘过程中 GPS 信息管理的需求。

（7）App 数据接口。其包含保单数据接口、人员数据接口、机构数据接口、地块数据接口、灾害数据接口、年景数据接口等，满足了阳光农险验标查勘 App 的数据获取需求。

图 4-15　阳光农险 3S 平台的地块管理功能

（三）应用与成效

目前，阳光农 3S 平台已应用到了阳光农险下辖所有机构的种植险承保理赔工作中，效果显著，适合在全农业保险行业复制与推广（如图 4-16 所示）。

例如 2020 年，黑龙江省发生大面积持续性洪涝灾害，受灾范围大。面对灾害，为提高理赔服务质量，促进农户尽快恢复农业再生产，阳光农险利用 3S 平台分以下几个步骤快速精准解决赔付问题。

（1）绘制地块。以哈尔滨分公司、各中心支公司为考核单位，各县支机构在阳光农 3S 平台中进行地块标注。

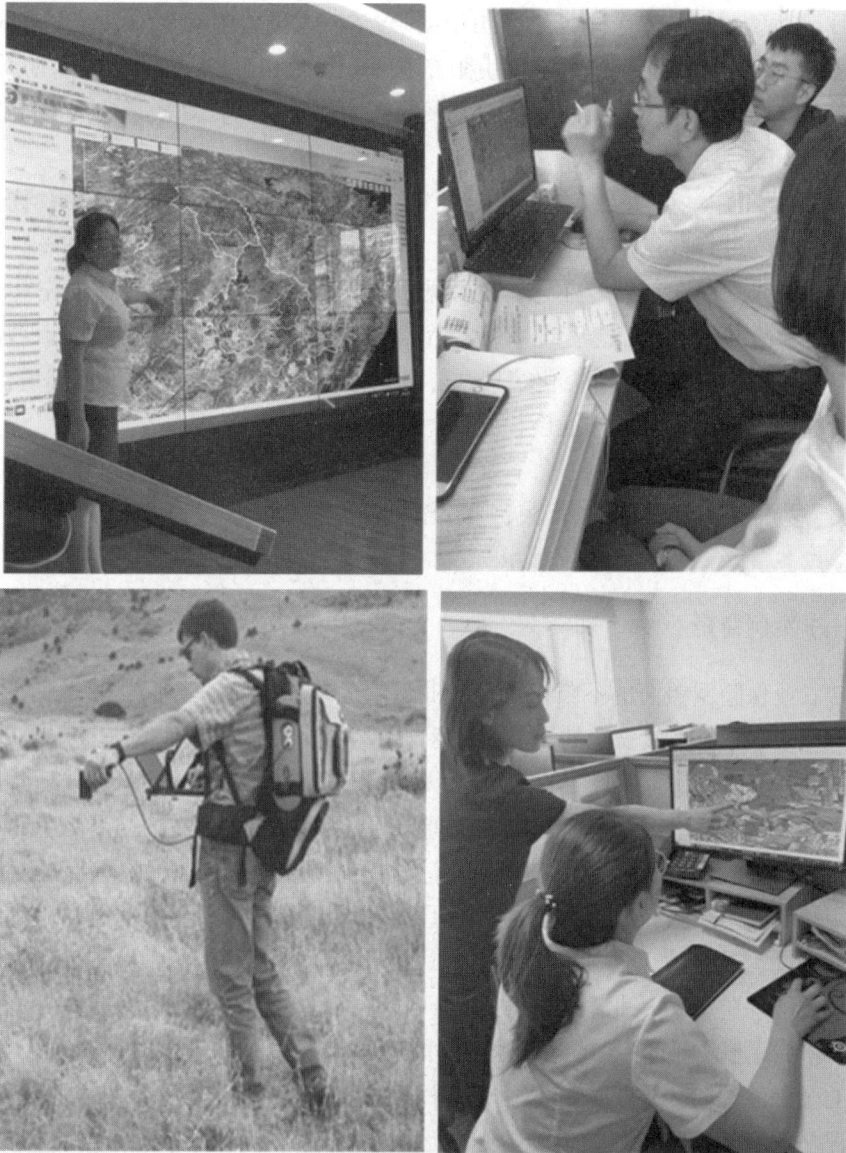

图 4-16 阳光农险 3S 平台应用

（2）保单导入。将农户投保信息按照地块位置导入阳光农 3S 平台电子地块中。在平台中绘制电子地号图，其能准确显示标的位置、作物、面积等信息。

（3）灾害上报。县支机构人员将洪涝灾信息、灾害区域、受灾作物、预计受灾面积和程度上报至阳光农 3S 平台。

（4）遥感制图。总公司根据县支机构上报的洪涝灾情信息制作出遥感监测图，并利用阳光农 3S 平台将遥感监测图下发至各县支机构。

（5）确定灾害范围。利用阳光农 3S 平台确认标的地块，并准确找到标的位置，利用遥感监测图锁定灾害范围，预设查勘路线，做好查勘准备工作。

（6）实地查勘。县支公司查勘人员根据阳光农 3S 平台中确定的洪涝重点区域，按照规划路线进行查勘。实地查勘时，使用阳光农 3S 平台和手机 App 验标查勘系统进行查勘，并留存查勘记录和查勘照片等资料。发挥数字保险优势，高质量完成农业保险查勘、定损工作。

（7）定损工作。查勘人员能够确定损失的，利用手机 App 显示的灾害情况，对不同损失程度的作物进行取点，利用遥感数据、样点损失率数据计算区域损失率。

总之，阳光农险在前期专业化基础数据资源积累的条件下，通过梳理完善阳光农 3S 平台，构建了标准化地理信息管理系统，为实现公司非结构化数据系统化管理，公司农险数据信息矢量化、空间化、可视化管理，公司业务可持续性发展提供了基础平台支撑，实现了农险管理"一张图"的作业新模式。

二、凌海市 3S "精确承保、精准评估" 案例

（一）案例背景

随着农业保险覆盖面的不断扩大，农业保险逐渐成为保障农业生产、维护农民权益、抵御重大风险、服务粮食安全的重要战略手段。然而，目前农业保险在逐层政府组织推动为主、保险公司运行为辅，且"承保到户、理赔到户"的运行模式下，也伴随着成本高昂、违规问题频发、信息不对称、运行效率低等问题。为了有效解决农业保险经营中的此类问题，需要大力推动农业保险经营模式转变，发挥高新技术在农业保险承保理赔中的作用，加快应用高新技术步伐，通过大数据、卫星遥感、无人机等技术手段，提高承保理赔的规范性、准确性、及时性、便利性。

鼎信农业保险公估（北京）有限公司（以下简称"鼎信公估"）是经中国保监会批准设立，首家专门为政府有关部门和保险公司等机构单位提供农业保险风险与灾害损失评估等服务的全国性保险公估机构。公司积极探索"互联网+农业保险第三方服务"新模式和第三方评估新机制，坚持科技创新，综合运用 3S 技术、无人机航空航测、气象分析、智能化信息系统、互联网、云计算分析等技术手段，努力解决农业保险领域中存在的问题。

在这样的背景下，鼎信公估以实现"承保到户、定损到户"服务为目标，摸索"精确承保、精准评估"技术方案，以期满足农业保险的高质量发展要求，扎实推动农业保险由经验化的粗放管理向科学的量化精准管理转型，打造精准数字农业保险。2021 年，鼎信公估在辽宁省锦州市凌海市开展了 3S "精确承保、精准评估" 应用，取得了令人满意的效果。

（二）技术路线

"精确承保、精准评估" 技术路线如图 4-17 所示。

精确承保指充分利用 3S 技术及数据积累，以国家现有的基础地理信息数据为依托，在尽可能多地收集基础地理信息（如土地确权数据）之后，辅以最新卫星遥感数据、航空

摄影测量数据和地面调查样点数据，建立一个与承保数据匹配度较高的基础地块数据库，并在此地块数据基础上利用多时相、多源卫星遥感影像实现地块上种植作物的类别提取，从而实现精确承保和验标。

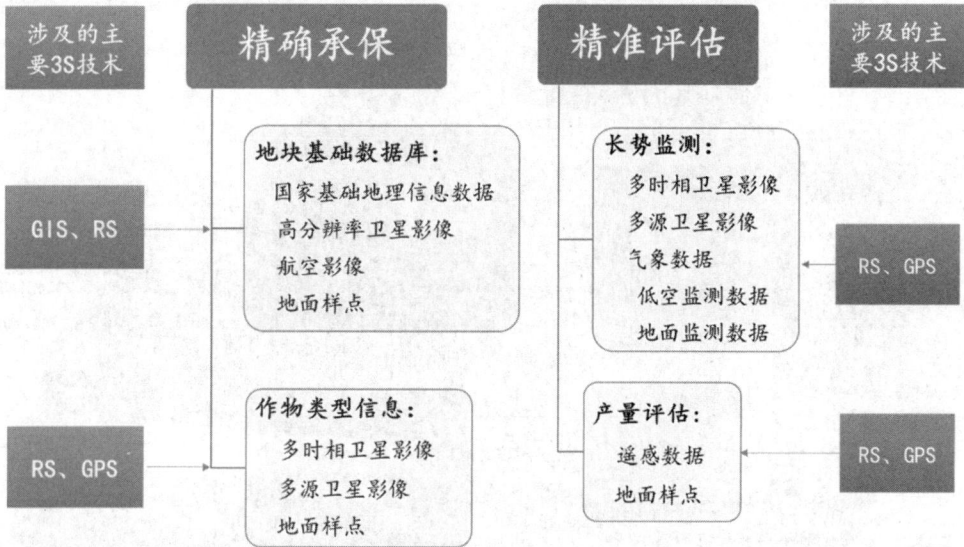

图 4-17　"精确承保、精准评估"技术路线图

精准评估指在作物生长过程中，以卫星和航空影像为主，以地面观测为辅，对作物全生长周期的长势进行监测，如发现灾害则识别并评估灾情；在作物收获期，辅以地面测产数据进行产量估算，进而实现灾害和产量的精准评估和理赔。

（三）精确承保

1. 精确投保

利用已有的国家基础地理数据（主要是土地确权数据）、航空摄影测量（主要是无人机航飞）、高分辨率卫星影像、精准定位技术及地面勘查技术，建立凌海市精准耕地地块空间数据库，明确农户耕地地块的空间位置、形状、坐落、面积、权属等信息。对于未确权的耕地，专业人员通过目视解译来补充完善地块基础数据库。地块基础数据库的局部成果如图 4-18 所示。

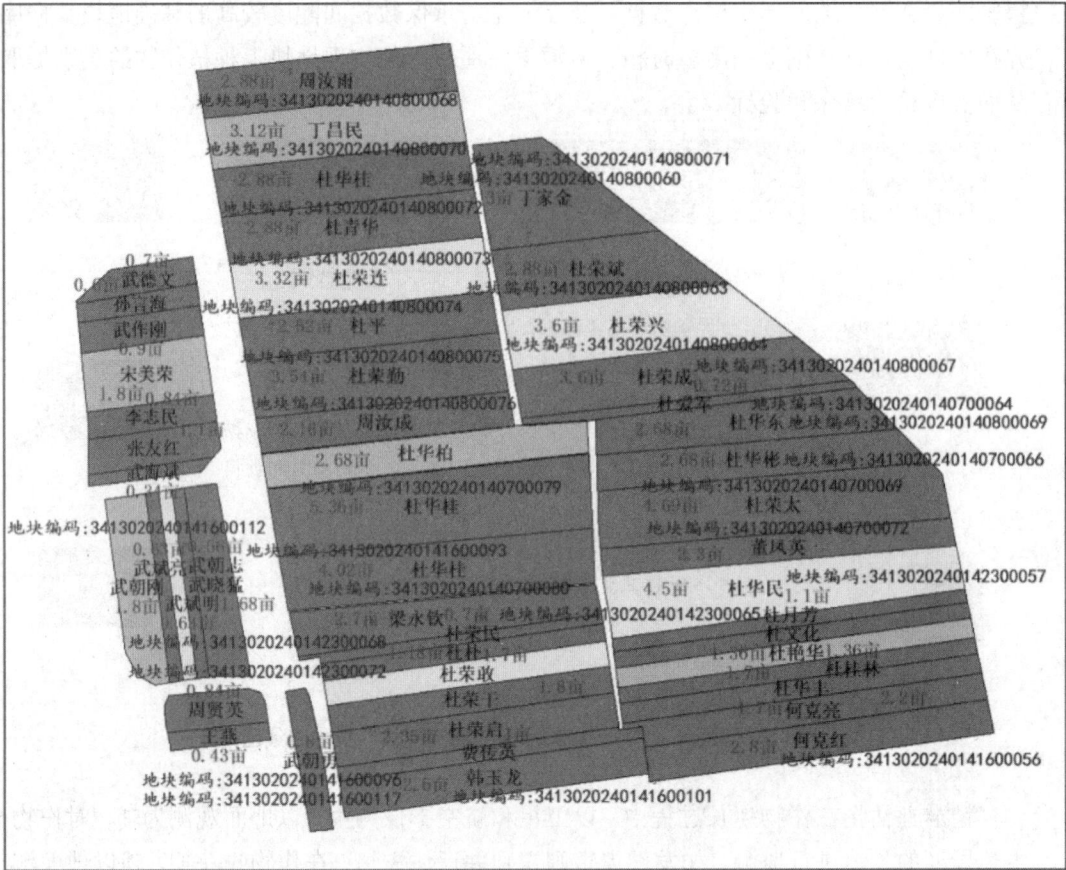

图 4-18　地块基础数据库的局部成果图

地块基础数据属性表如图 4-19 所示。

DKBM	DKMC	DKDZ	DKXZ	DKNZ	DKBZ	ZJRXM	承包方编码	合同面积	承包方地址	承包方成员
3413021100010300001	河北地	闫建	小路	小路	小路	张邦助	3413021100010300035		大店镇大店村五一组	2
341...002	河北地	闫凡昌	谷宗民	小路	小		341	32	大店镇大店村五一组	1
341...003	河北地	闫曙光	闫新春	小路	小		341	40	大店镇大店村五一组	6
3413021100010300004	河北地	赵兴兰	张勇	小路	小路		341	25	大店镇大店村五一组	3
3413021100010300005	河北地	闫令俊	闫曙光	小路	小路	赵兴兰	3413021100010300041	1.99	大店镇大店村五一组	6
3413021100010300006	河北地	屈立葆	赵兴兰	小路	小路	闫令俊	3413021100010300022	1.71	大店镇大店村五一组	4
3413021100010300007	河北地	谷宗民	屈立爱	小路	小路	屈立敬	3413021100010300029	1.30	大店镇大店村五一组	3

图 4-19　地块基础数据属性表示意图

未确权的耕地的目视解译补充如图 4-20 所示。

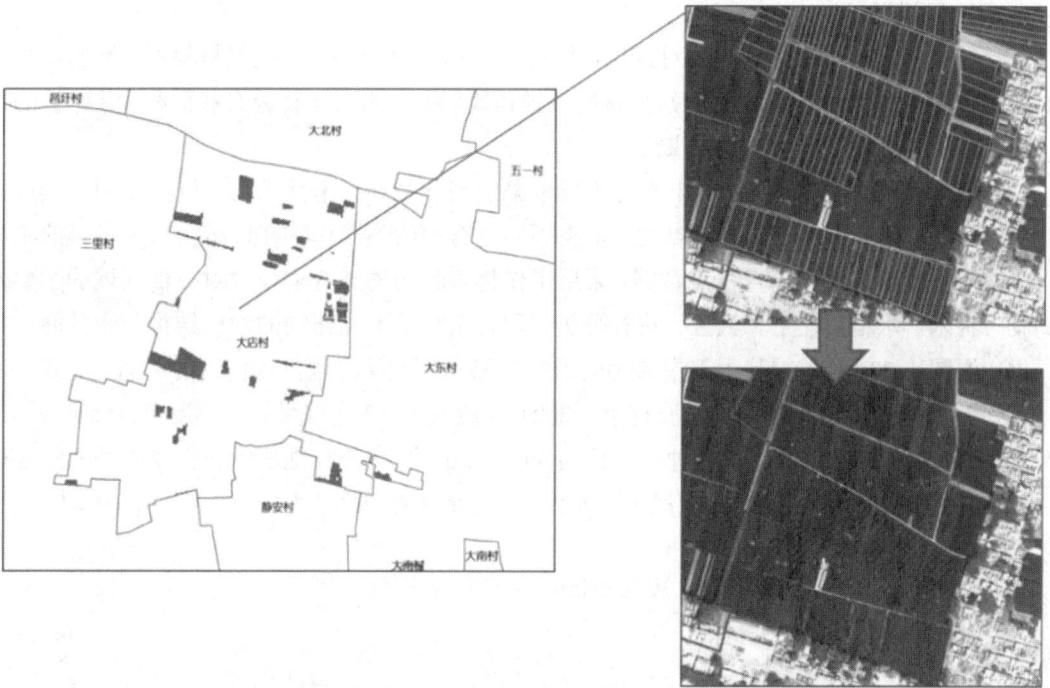

图 4-20　未确权的耕地目视解译补充示意图

地块基础数据属性与承保信息的关联如图 4-21 所示。一般来说，确权数据包括对每一块地的权属人和承包人的登记数据，且承保人即为土地的权属人或承包人，因此可将两者进行关联，这样就可以明确保单上承保人的地块面积和位置。根据地块基础数据库，通过关联确权地块信息和承保信息，实现精确投保。

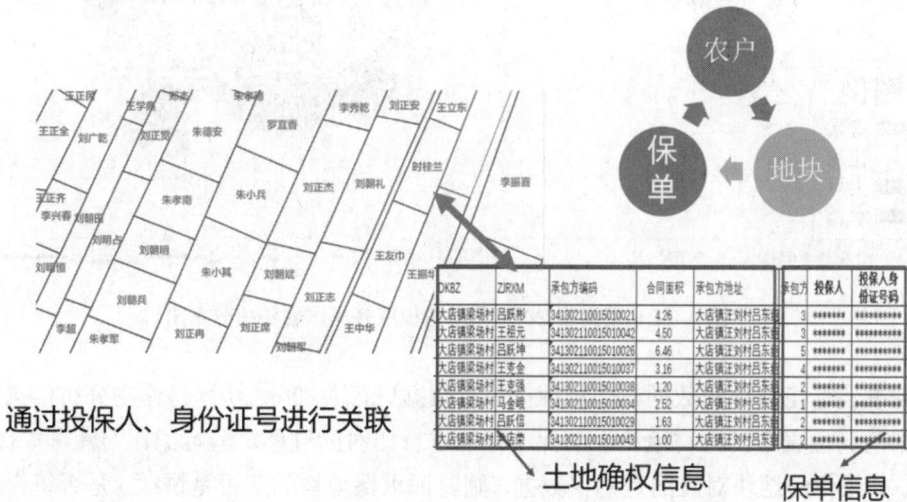

图 4-21　地块基础数据属性与承保信息关联示意图

2. 精准验标

在投保环节结束后，需要对投保标的的作物信息进行核实，也就是验标。标的作物信息提取主要是利用遥感精确识别投保区域内作物类别，明晰作物分布和面积，并对标的地块上承保作物是否覆盖进行判断。

凌海市试点利用了 2021 年 6 月 1 日以来的高分系列、哨兵系列、资源系列、陆地卫星、气象卫星等多种卫星遥感数据，依据不同生育期的不同作物在遥感影像上呈现的不同光谱特征，结合地面调查样点数据，采用了作物多时相遥感分类技术对投保区域的主要作物（玉米、水稻、花生和大豆）进行分类提取，获得了不同作物的种植结构分布及面积数据（如图 4-22 所示），其中卫星遥感数据的时相涵盖投保区域内各作物的不同生育期。通过遥感处理分析，结合地面调查样点，2021 年凌海市 17 个乡镇、3 个街道办事处、1 个农场、1 个原种场承保作物播种总面积为 99.1 万亩，其中确权地块承保作物播种面积 89.6 万亩（90.4%）、未确权地块承保作物面积 9.5 万亩（9.6%）。

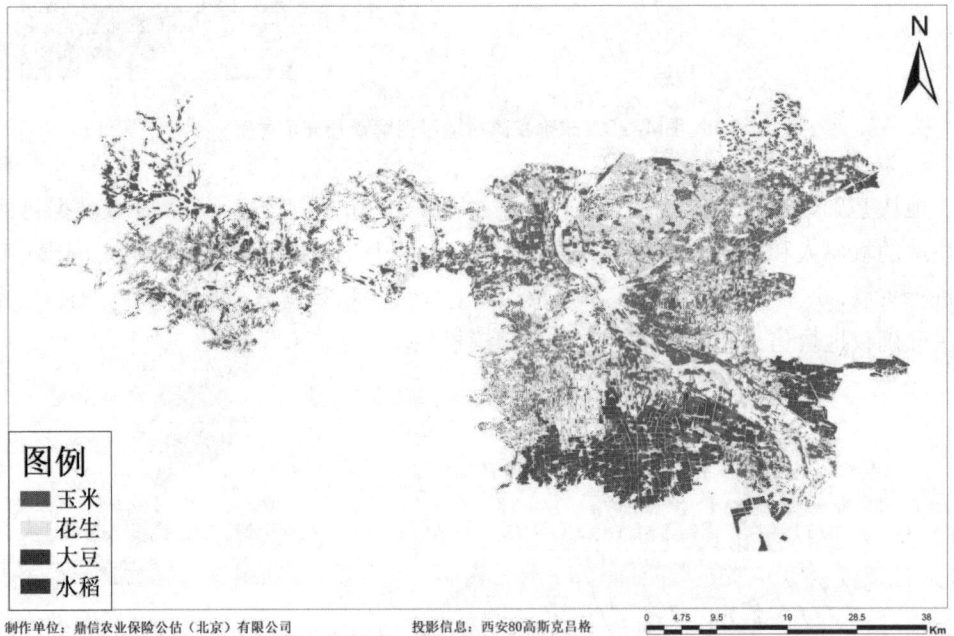

图 4-22 凌海市 2021 年遥感提取各类作物种植分布图

精准验标指将地块数据与作物种植分布数据进行叠加分析后，将作物分布信息加入地块数据的属性表中，再与地块中的保单标的进行比对的过程。验标的比对流程如图 4-23 所示。如果标的地块对应的是确权数据，则验证承保地块的是否是耕地，是否符合耕地属性。在符合的情况下，验证地块上承保作物是否是实际种植作物，并根据结果匹配面积。如果标的地块对应自建未确权数据，则需要比对村级承保面积和实际种植面积（遥感结果）之间的差异（如图 4-24 所示）。

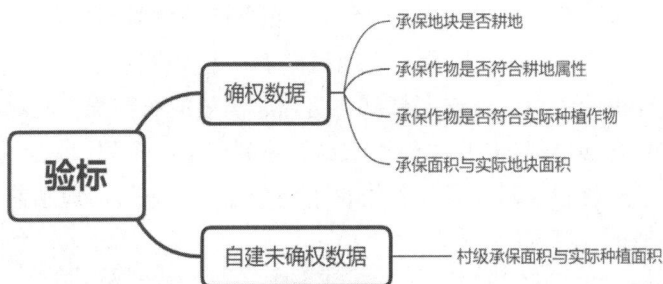

图 4-23　基于地块基础数据库和遥感识别标的的精准验标流程示意图

保险数据			地块数据			校验结果		
投保人姓名	投保人身份证号	投保面积	承包方名称	承包方证件号码	地块面积	姓名一致性	证件号码一致性	面积一致性
郭志贤	210724196*****5633	8.4	郭志贤	210724196*****5633	8.4	1	1	1
李文彬	210724197*****5635	4	王彬	210724197*****261X	4	2	2	1
孙鹏	210781198*****2015	17.5	孙鹏	210781198*****2015	9.1	1	1	2
全宏志	210724196*****3039	20	孙洪良	210724193*****2611	23	2	2	2
张少国	210724195*****5058	12.28	赵博	210781198*****2620	12.28	2	2	1
熊国琴	210724196*****1828	10.8	熊国琴	210724196*****1828	10.8	1	1	1
李洪生	210724195*****2818	9	祖长河	210724197*****2619	7.64	2	2	2
王振东	210724197*****3418	40	田广德	210724197*****2630	40	2	2	1
刘丰	210724196*****1218	5	刘丰	210724196*****1218	5	1	1	1
董桂梅	210724196*****0046	3.95	董桂梅	210724196*****0046	3.95	1	1	1

图 4-24　承保作物标的核验结果示意图

最后，按行政村为单位将各种承保作物核验结果交给农业农村局和保险公司，由其进行逐村核实，并对核实结果进行反馈，为下一步开展精准评估夯实基础。

（四）精准评估

1. 长势监测

作物长势监测是灾害评估和产量评估的辅助步骤。长势监测可以实现灾害预警，引导农户进行适时、适当地进行田间管理，以减小灾害可能造成的损失；长势监测也可以为保险公司提供关于灾害的第一手客观资料，从而减少信息不对称带来的理赔纠纷。

凌海市的试点应用中，作物长势动态监测需要兼顾气象生产条件监测、地面监测和卫星遥感长势监测三项内容（如图 4-25 所示）。气象生产条件监测主要是对作物生长环境的监测，包括气象、土壤等；地面监测采用地面样点、无人机样区、空间梯度样带、灾害梯度样带、全覆盖监测的手段，实现了精细、可靠、高效的作物长势监测和灾害损失监测；所用的遥感数据包含 2021 年 6 月 1 日以来高分系列、哨兵系列、资源系列、陆地卫星、气象卫星等多种卫星资料，对承保作物进行了整个生育期系统的遥感监测。

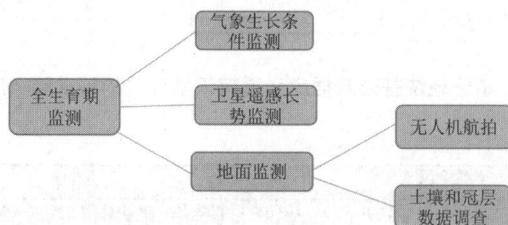

图 4-25 凌海市"精确承保、精准评估"长势监测内容

（1）气象生长条件监测

为了评估作物长势和灾情，项目组对凌海市的月累计降水量和月最大风速等气象条件进行了监测，如图 4-26 所示。

站名	资料时间（月份）	月累积降水量（毫米）	站名	资料时间（月份）	月累积降水量（毫米）	站名	资料时间（月份）	月累积降水量（毫米）
安屯镇	5	21.6	八千街道	5	14.8	白台子镇	5	41
	6	197.1		6	59.5		6	162.9
	7	128.5		7	124.2		7	150.2
	8	234.3		8	185.6		8	130.7
	9	266.4		9	258.2		9	281.7
总计		847.9	总计		642.3	总计		766.5
班吉塔镇	5	20.9	板石沟乡	5	17	翠岩镇	5	21.4
	6	70.3		6	97.5		6	74.2
	7	254.7		7	251.6		7	226.6
	8	51.5		8	106.4		8	109.3
	9	187.1		9	212.1		9	216.2
总计		584.5	总计		684.6	总计		647.7
大业镇	5	16.6	大有街道管理所	5	26	海参养殖基地	5	19
	6	148		6	133.7		6	143.6
	7	203.2		7	145.6		7	92
	8	222.7		8	209.2		8	172.2
	9	327.4		9	277.7		9	127.2
总计		917.9	总计		792.2	总计		554
建业镇	5	20	金城街道	5	55	凌海	5	35.9
	6	134.9		6	142.7		6	146
	7	153.3		7	165		7	163.9
	8	161		8	132.7		8	119.1
	9	235.2		9	324.2		9	270.9
总计		704.4	总计		819.6	总计		735.8
三台子镇	5	34.2	沈家台镇	5	35	石山镇	5	21
	6	217		6	63.6		6	133.5
	7	180.9		7	269.9		7	180.2
	8	138.7		8	71.2		8	174.1
	9	192.2		9	135.6		9	223.4
总计		763	总计		575.3	总计		732.2
双羊镇	5	27	温滴楼镇	5	21.6	谢屯乡	5	34.7
	6	163.6		6	119		6	192.2
	7	219.5		7	232.4		7	119

图 4-26 凌海市分乡镇 2021 年 5—9 月月累计降水量（mm）

（2）地面监测

在凌海市试点中，项目组地面人员历经 60 多天开展地面监测调查数据采集工作，一共选取了 30 个固定样地（巡查点，如图 4-27 所示）进行了承保作物长势地面冠层水分、土壤水分、长势地面影像数据采集、无人机端遥感数据采集，并完成了 5 轮监测数据的收集和整理工作。

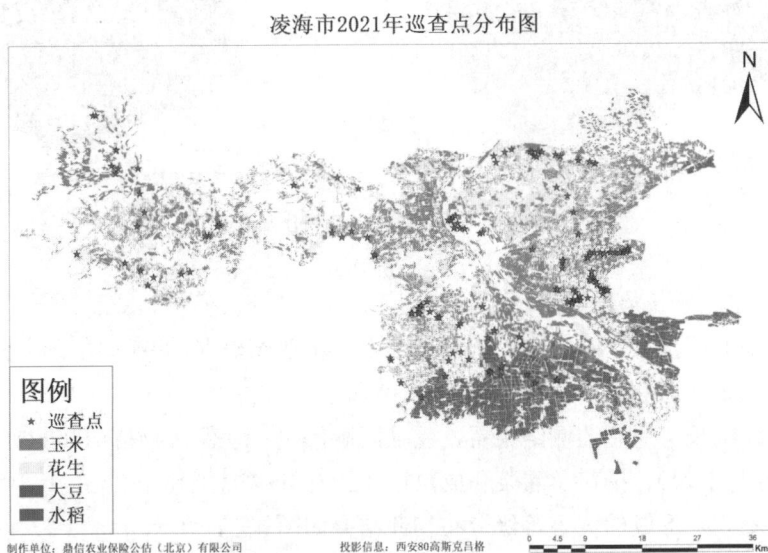

图 4-27　地面监测巡查点分布图

地面调查采样与无人机监测情况如图 4-28 和图 4-29 所示。

图 4-28　地面调查采样和无人机监测工作场景

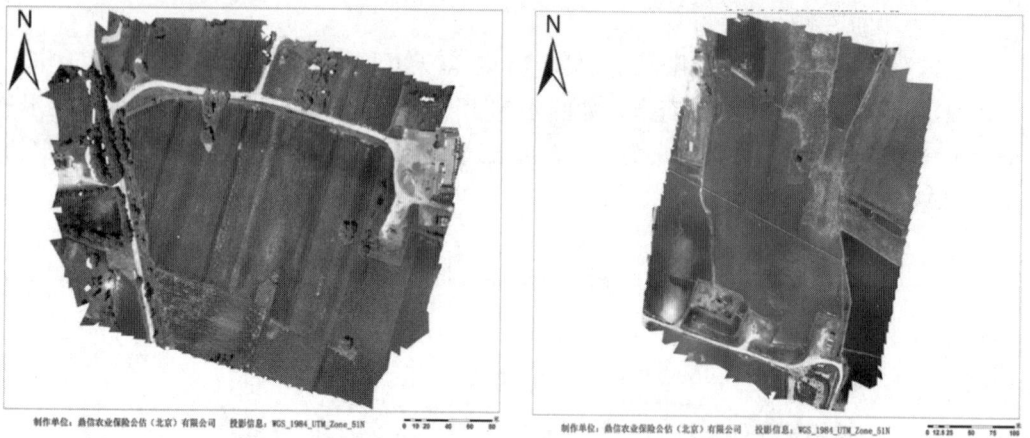

图 4-29　无人机长势调查结果示意图

（3）卫星遥感长势监测

收集了地面调查工作时段前后的高分辨率卫星遥感数据，并在此基础上开展"天空地"一体化的作物长势遥感监测评价，如图 4-30 所示。

从承保作物长势遥感监测结果看，受强降雨影响，承保作物苗期（2021 年 5 月上旬至 2021 年 6 月中旬）、扬花及灌浆和成熟期（2021 年 7 月上旬至 2021 年 8 月下旬）长势较往年略有不同，形成的灾害等级分布初评结果如图 4-31 所示。

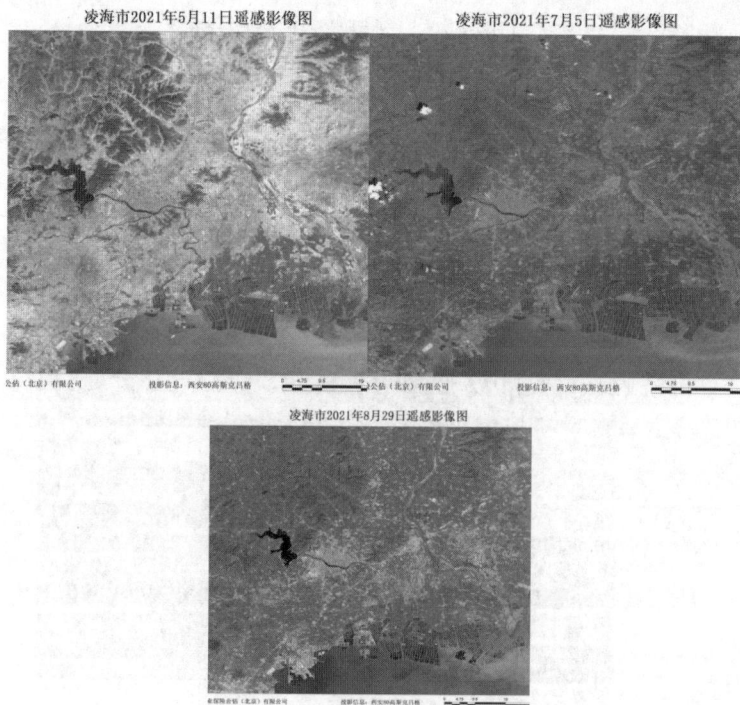

图 4-30　基于卫星遥感影像的作物多时相长势监测示意图

凌海市2021年灾害等级分布初评图

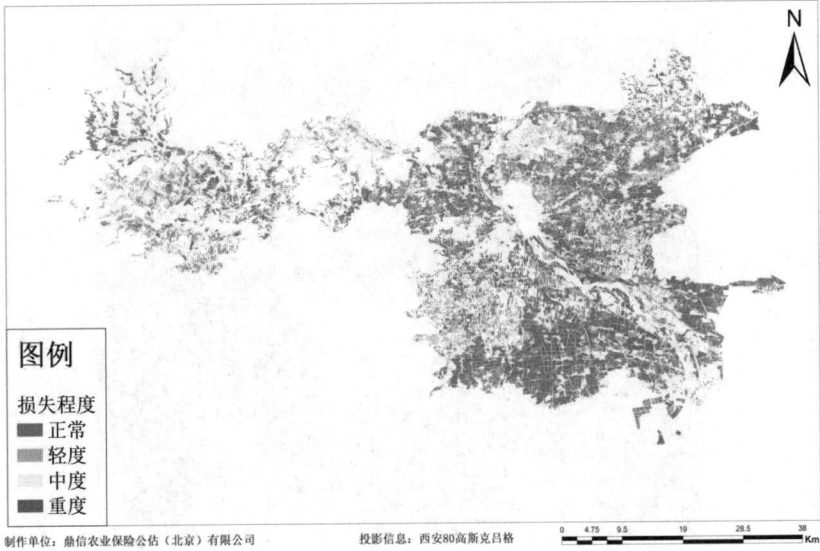

图 4-31　凌海市 2021 年灾害等级分布初评图

2. 产量评估

产量数据是灾情判定的最终依据。对辽宁省锦州市凌海市承保作物的产量，采用"遥感技术＋地面测产"的方法进行评估。根据凌海市作物分布和长势监测数据可知，该区域共精心布置了 135 个测产点，其中玉米 52 个、花生 42 个、水稻 37 个、大豆 4 个，测产点分布如图 4-32 所示。

凌海市2021年地勘测产点校正分布图

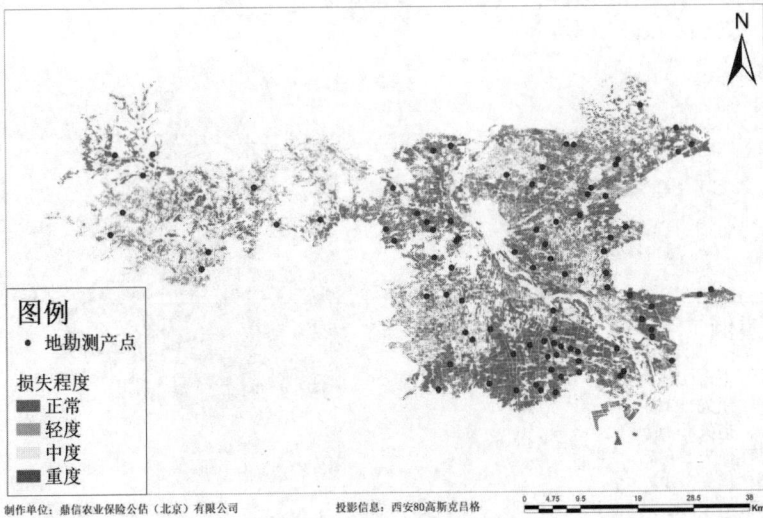

图 4-32　凌海市 2021 年地勘测产点校正分布图

对布置的测产点进行现场产量测定，流程如图 4-33 所示。

图 4-33 现场产量测定流程图

依托实测产量数据，建立遥感数据与实测产量数据之间的关系，建立凌海市遥感估产模型，精确反演凌海市承保作物亩产，并将其与实收数据对比，验证遥感反演亩产数据的精度。再结合产量反演数据和长势监测数据，对凌海市各种作物的受灾情况进行综合评估，得到该市总体受灾情况如图 4-34 所示。最后，结合凌海市灾害等级分布、实际产量和标准产量，科学制定理赔方案，为保险公司精准理赔提供参考。

凌海市2021年作物灾害等级终评图

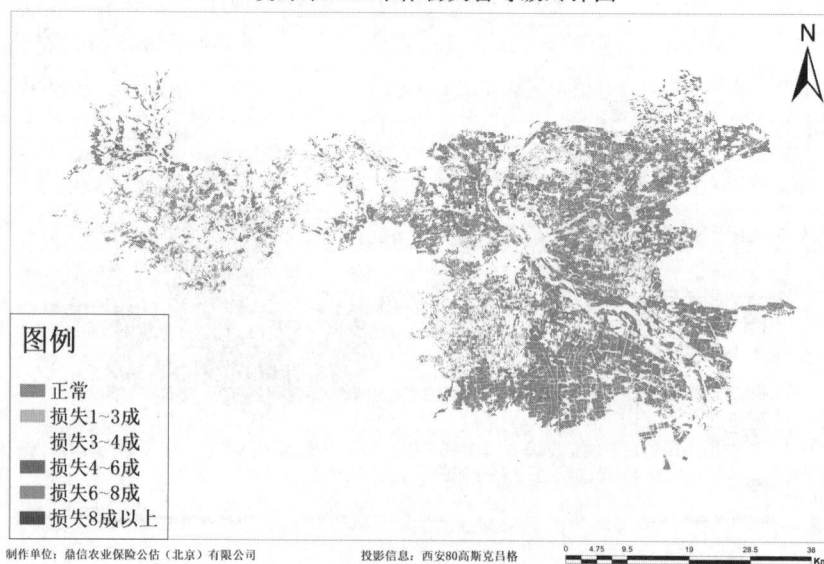

图 4-34 凌海市 2021 年作物灾害等级终评图

（五）总结展望

基于 3S 技术的"精确承保、精准评估"的技术方案可以协助保险机构解决监管部门关注的合规问题，包括虚假承保、标的不明、虚假理赔和平均赔付等，可以有效解决种植业保险标的点多面广、标的分布边界模糊、标的作物确定与查勘定损到户困难等问题，减少传统农业保险业务模式无法实现的操作壁垒，在承保和理赔上发挥重要的作用。

该技术方案在承保管理上发挥的作用主要体现在以下方面。

第一，精准勘定地块边界、坐标面积等标的信息，实现分户、分地块保险标的精准管理。

第二，在承保收集农户信息时，只需按照耕地地块数据库的信息确认投保地块和投保作物，简化了承保信息采集工作。

第三，逐地块核查精准承保数据，检查投保作物与实际作物一致性、投保面积与实际播种面积一致性、地块是否重复投保、地块是否属于耕地。

第四，剔除了虚保、冒保等违规业务数据，提高了业务合规性、准确性。

该技术方案在理赔管理上发挥的作用主要体现在以下方面。

一是损失面积确认。从依据报损情况，通过抽点推面方式确定面积，转变为通过遥感卫星与无人机航拍结合的方式进行准确测量。

二是查勘定损方式。从跑面看点、以人为主转变为依靠科技、点面结合、人机结合。

三是损失程度确认。依靠遥感、地面测产，科学确定每个地块损失，标准统一，损失认定合理。

四是精准评估到户。从依靠报损清单数据、查勘抽样定损到户，转变为使用遥感监测分析数据、综合气象数据、作物生育期的监测数据、地面调查数据科学定损，精准评估到户。

目前，该技术方案主要有两个不足，体现在以下方面。

一方面，确权数据共享和更新速度完全跟不上业务的需求。这也是种植收入保险多以"区域收入保险"形式开展的原因。目前的区域收入保险的运作方法也是承保到户、理赔到户，但是理赔依据是整个区域的平均产量，不需要验标到户或估损到户。

另一方面，长势评估和产量估算耗费的人力和物力依然较大，而且机制不太明了，使用不同的数据和不同的方法会得到不同的结果，亟待建立这方面的技术标准规范，并将这些技术规范写入保险合同。

总体而言，在 3S 与农业保险融合应用方面，鼎信公估运用先进技术手段和大数据分析，科学、准确地判断了灾害损失情况，使整个灾害损失认定评估过程科学严谨，评估结果以客观数据为核心，有图有表，真正做到了有理可依、有据可查。通过引入第三方技术，节约了一线机构的人力、物力、硬件设备投入及成本，费用投入得到降低，人力投入得到大幅减少，而且工作时效快、质量高，技术服务成果显著，但是种植业保险"精确承保、精确理赔"的自动化和智能化之路还需要更多的试验进行探索。

三、森林火灾损失遥感评估案例

（一）背景介绍

中华联合财产保险股份有限公司（以下简称"中华保险"）从 2007 年开始在湖南省试点林木火灾保险，2014 年已在湖南、湖北、浙江、山东、福建、河南、四川、辽宁、内蒙古、新疆、河北等 15 省（市、自治区）承保森林 3.73 亿亩，提供近 1629 亿的风险保障。森林综合险主要面向由火灾、旱灾、暴雨、暴风、洪水等灾害所造成的损失赔付。在所有的林业灾害中，森林火灾对社会环境、自然环境、经济发展的破坏性最大，影响范围也最广。资料统计，随着全球气候变暖，森林火灾可能还会加剧，它已成为一个全球性的问题。然而，目前我国森林保险尚缺少统一明确的各类自然灾害损失评估办法，灾害损失难以合理确定，尤其是部分损失赔偿金额很难在保险公司与投保人之间达成一致。对于森林火灾受灾面积的核定，目前主要采用手持 GPS 测量定损的办法，因山路崎岖，定损难度大，卫星遥感在森林火灾定损方面具有独特优势：在卫星遥感影像上，火灾发生前后森林变化特征非常明显，且卫星遥感全覆盖、高精度，几乎接近实时监测。

森林火灾损失遥感评估是现场查勘、定损理赔、防灾防损的重要科学依据。针对森林保险中存在的定损难问题，中华保险加大技术创新，引进无人机、卫星遥感 GPS 等新技术协助定损，同时加强理赔管理，持续提高林户对理赔服务的满意度，最大限度地维护林农利益。自 2014 年开始，其在甘肃、河北、山东等地的多次森林火灾遥感评估工作中直面挑战，满足森林保险业务需求的能力逐渐增强，森林火灾遥感评估技术也日渐成熟。在承保森林科学核保、森林火灾部分损失界定、复杂山区遥感数据精校正及火灾损失结果三维立体展示等方面取得了重要进展。

（二）技术流程

中华保险的森林火灾损失遥感评估技术路线如图 4-35 所示。

1 资料收集准备　**2** 确定火灾范围　**3** 确定林地比例　**4** 确定损失面积　**5** 抽样校验修正

图 4-35　森林火灾损失遥感评估的技术路线

具体的流程介绍如下。

（1）资料收集准备。收集了火灾发生前后的遥感影像、数字高程数据、土地利用数据，林业部门的林斑数据（最佳），保单数据及承保范围，火灾现场照片等。

（2）确定火灾范围。根据火灾发生的时间、大致区域和持续时间，通过对比火灾前和火灾后的遥感数据，圈定火灾影响的大致范围，明确承保范围内的火灾面积。

（3）确定林地比例。通过对比不同时间的遥感影像、数字化火灾范围内的林地斑块，同时利用灾前影像自动提取火灾范围内的林地像元，计算林地斑块内林地所占比例。

（4）确定损失面积。在林地斑块的基础上，采用扰动指数和统计分析方法确定过火范围、火灾损失程度，统计不同火灾损失等级的面积，明确承保林地的损失面积。

（5）抽样校验修正。进行实地抽样勘查，对评估结果进行验证与修正，精度满足情况下，制作评估报告与图件。

（三）应用案例

1. 甘肃省太子山森林火灾

2014 年 1 月 23 日，甘肃省太子山国家级自然保护区管理局松鸣岩保护站发生了森林火灾。太子山森林火灾是中华保险甘肃分公司承保森林的首例火灾案件，甘肃分公司和自然保护区管理局双方都很重视。分公司接到报案后，第一时间赶到现场进行查勘，为遥感评估提供着火点的地理坐标。由于火灾发生区域的山地地形复杂，查勘人员难以近距离查勘定损。

分公司组织人手从森林火灾影响范围、火灾过火面积、森林火灾受灾面积三个方面完成遥感评估。甘肃省林业厅组织省林业专家组对遥感评估结果进行核议，最终确定根据遥感评估的 622 亩过火面积进行赔付。太子山森林火灾遥感评估为甘肃分公司和省林业专家组进行森林火灾定损提供了客观依据，为快速赔款结案创造了有利条件，已经成为甘肃省森林保险定损理赔的典型案例（如图 4-36 所示）。

在评估过程中，分公司采用了国产高分 1 号的 2 米高空间分辨率卫星遥感数据，进一步提高了森林火灾遥感评估的精度。同时，虽然遇到遥感定损精度受到复杂地形起伏影响的技术难关，但在后续的森林火灾遥感评估工作中，成功利用了 30 米的 DEM 数据对遥感数据进行了正射校正，从而解决了复杂山区遥感数据难以进行精校正的问题。

2. 河北省石家庄市井陉县森林火灾

河北省石家庄市井陉县于 2014 年 5 月 29 日发生了森林火灾，且过火面积较大。为了进一步查清火灾损失情况，河北分公司从地方林业部门收集到火灾区域的详细高精度林斑矢量数据，使得公益林空间统计较以往评估更为准确。经过卫星遥感测量到灾前该区域的林地总面积为 8806 亩，其中特灌 5429 亩、防护树种 2600 亩、灌木林 492 亩、经济树种 117 亩、疏林 95 亩、用材树种 48、宜林地 25 亩。遥感评估的林地损失程度为：完全损毁 1393 亩、严重损毁 1682 亩、中等损毁 1661 亩。

河北分公司对被保险人提供的在保单列明的"四至"范围内的林地面积进行了卫星遥感核查，核查到被保险人共有林地 20 436.45 亩，但该被保险人仅投保 8000 亩，林地投保面积与遥感测量面积不一致，表明该区域公益林承保属于不足额投保。同时，河北分公司与林业局共同对遥感评估的林火损失程度进行了抽样测查，对遥感评估的中等损毁面积重新进行了估算。最后，河北分公司按保险面积与可保面积的比例，并结合重新核定后的损失程度进行了赔偿，赔偿结果得到了被保险人的认可。

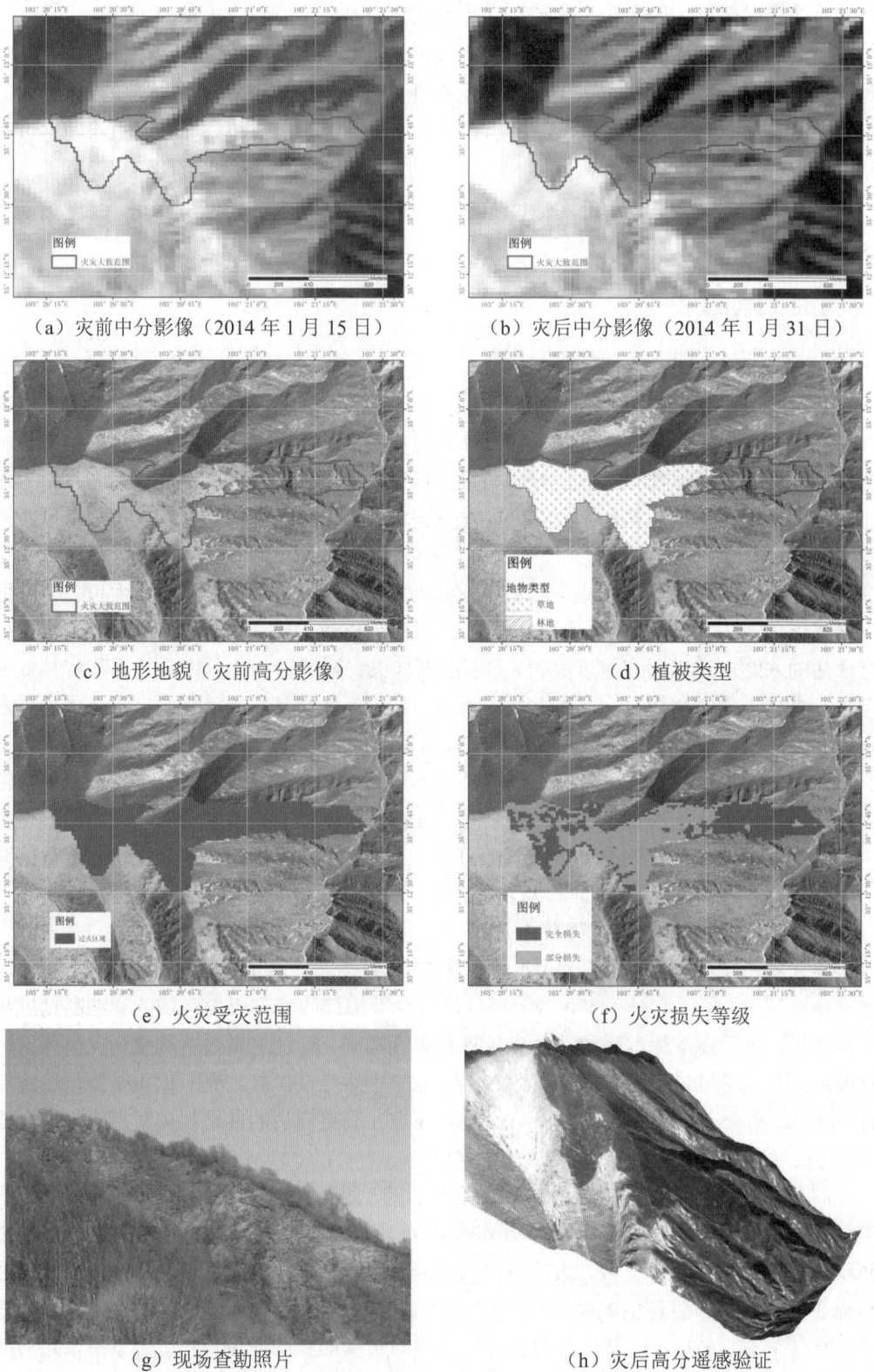

（a）灾前中分影像（2014 年 1 月 15 日）　　　　（b）灾后中分影像（2014 年 1 月 31 日）

（c）地形地貌（灾前高分影像）　　　　　　　　（d）植被类型

（e）火灾受灾范围　　　　　　　　　　　　　　（f）火灾损失等级

（g）现场查勘照片　　　　　　　　　　　　　　（h）灾后高分遥感验证

图 4-36　甘肃省太子山森林火灾遥感评估相关图件

　　在河北省井陉县森林火灾损失遥感评估中，采用了高精度的林斑矢量数据，从而更精确地测量出了火灾范围内的林地面积，同时也采用了遥感扰动指数的新方法自动评估，并对林火损失进行了分级定损，从而更科学地确定了过火范围、火灾损失程度。遥感评估结果为河北分公司采用不足额投保原则，进行科学理赔提供了客观依据（如图 4-37 所示）。

（a）灾前中分影像（2015 年 5 月 22 日）

（b）灾后中分影像（2015 年 5 月 29 日）

（c）公益林承保林斑图

（d）火灾损失等级

（e）火灾当天现场查勘照片

（f）3 月后复勘照片

图 4-37　河北省石家庄市井陉县森林火灾遥感评估相关图件

3. 辽宁省大连市长海县森林火灾

辽宁省大连市长海县大长山岛镇于 2015 年 3 月 18 日发生了森林火灾，大连分公司于 2015 年 3 月 20 日接到报案后立即请求使用遥感进行火灾损失评估。2015 年 3 月 23 日分公司完成了火灾损失的遥感初评，2015 年 3 月 24 日大连分公司与林业局前往火灾发生区域，对遥感初评结果进行了验证。大连分公司对遥感初评结果的反馈信息为：杂石地区域已经种上了小树，并且小树被火烧毁，而卫星遥感评估将这些区域判定为草地，造成评估结果中的林地面积偏少。大连分公司根据反馈信息和现场查勘照片，对火灾损失进行了复评。在第二次评估过程中，将遥感初评为草地的地方修正为林地，从而增加了林地受灾面积。

通过此次火灾损失遥感评估实践发现，森林火灾发生后对于受灾面积的核定，目前保险公司确实没有有效手段，且因山路崎岖，很难从火灾边缘进行 GPS 人工测量，而林业部门则是通过手持 GPS 测量火灾损失，两者都没有卫星遥感数据对保险公司查勘定损有说服力。大连市长海县森林火灾从报案到遥感初评、分公司查勘、遥感复评仅用了 5 个工作日，提高了遥感评估的时效性。在本次火灾评估中，确立了遥感初评、遥感复评的二阶段工作模式，从而更有效衔接了分公司理赔管理的工作流程（如图 4-38 所示）。

4. 山东省烟台市莱州森林火灾

2015 年 3 月 23 日山东省烟台市莱州市驿道镇附近发生了森林火灾，山东分公司农险部迅速收集了火灾相关资料并组织了现场查勘，同时启动了遥感评估工作，明确了森林火灾遥感评估的 5 个步骤。第一步收集和整理数据，分公司收集了火灾发生前后的遥感影像、数字高程数据，地面查勘照片和保单等。第二步确定火灾影响大致范围，根据 2015 年 3 月 24 日的报案材料，确定火灾发生时间和地点，再对比火灾前和火灾后的遥感数据，圈定火灾影响的大致范围。第三步确定火灾影响的林地斑块及林地比例，通过对比不同时间的遥感影像，数字化火灾范围内的林地斑块；同时利用灾前影像自动提取火灾范围内的林地像元，计算林地斑块内林地所占比例。在地形复杂的山地，通过自动提取林地像元，结合林地斑块估算林地面积的方法，避免林地斑块遗漏及非林斑块重复计算的问题，从而对承保森林进行科学核保。第四步确定火灾过火范围，采用扰动指数和统计分析方法确定过火范围、火灾起赔点、火灾损失程度。第五步统计不同火灾损失等级的面积，结合第三步中计算的斑块内林地比例和第四步确定的火灾损失程度，计算不同程度的火灾损失面积。此外，为了更直观形象地展示遥感评估结果，评估小组还引入了三维地理信息技术。

山东省莱州市森林火灾遥感评估不仅对森林火灾遥感评估的总体技术流程、遥感评估工作内容、评估报告撰写内容及格式进行了规范，而且首次采用了 3D GIS 技术立体展示了火灾损失结果（如图 4-39 所示）。

长海县大长山岛镇火灾受灾前卫星影像

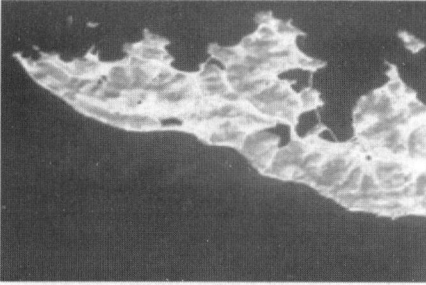

长海县大长山岛镇火灾受灾后卫星影像

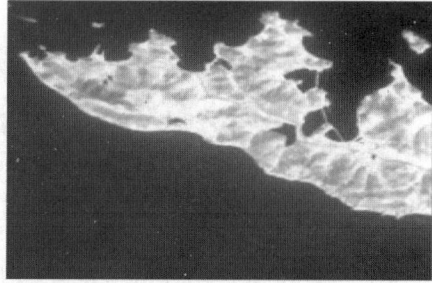

（a）灾前中分影像（2014 年 3 月 16 日）

（b）灾后中分影像（2015 年 3 月 19 日）

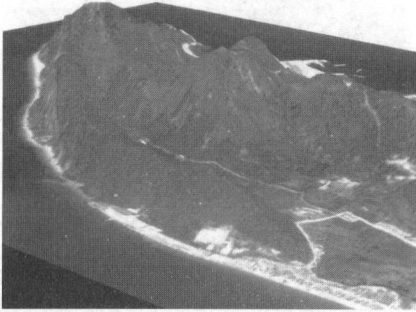

（c）地形地貌（灾前高分影像）

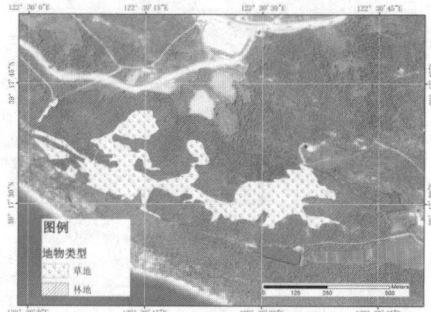

（d）植被类型

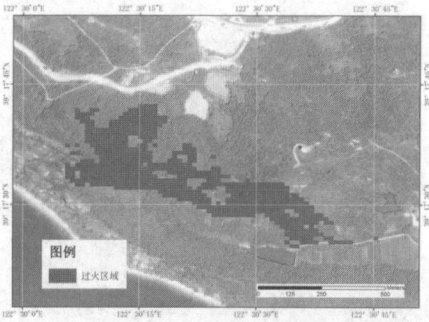

（e）火灾受灾范围

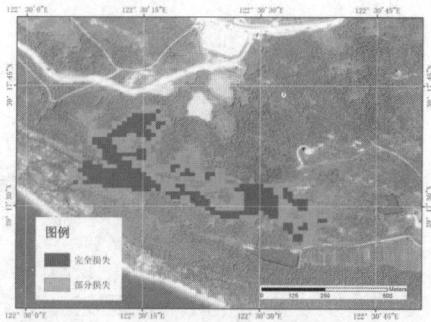

（f）火灾损失等级

（g）现场查勘照片

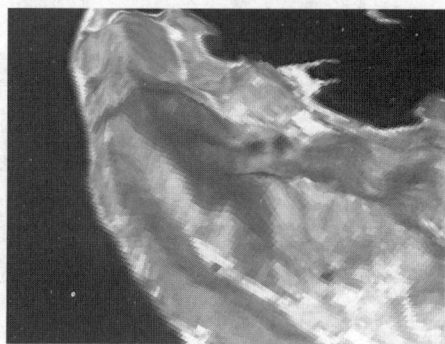

（h）过火范围三维显示

图 4-38 辽宁省大连市长海县森林火灾遥感评估相关图件

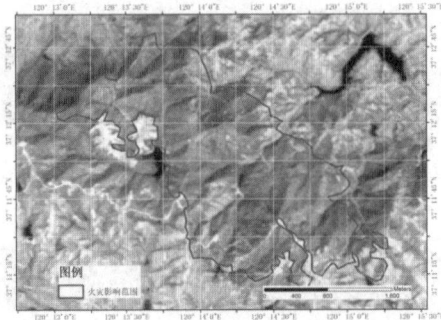

（a）灾前中分影像（2015 年 3 月 10 日）

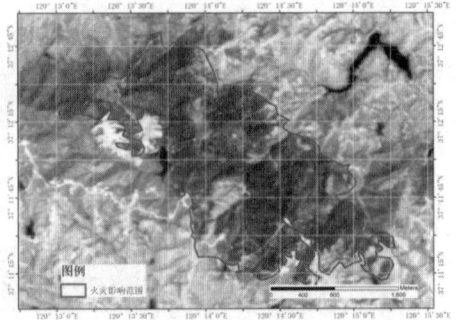

（b）灾后中分影像（2015 年 3 月 26 日）

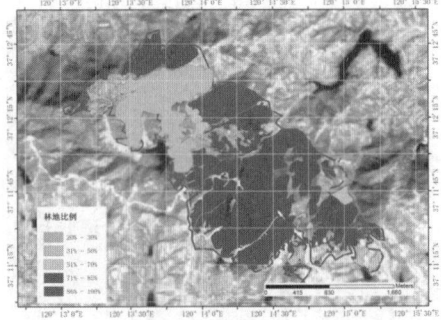

（c）地形地貌（灾前高分影像）

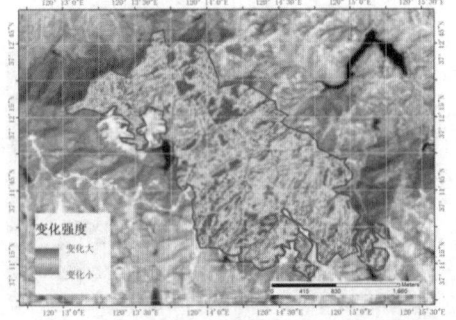

（d）植被类型

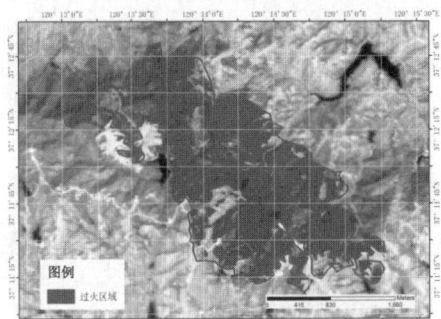

（e）火灾受灾范围

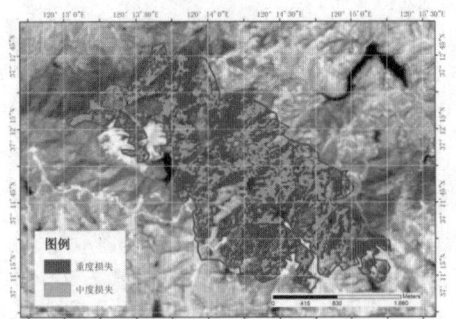

（f）火灾损失等级

（g）现场查勘照片

（h）过火范围三维显示

图 4-39　山东省烟台市莱州市森林火灾遥感评估相关图件

（四）总结展望

中华保险在多省开展了卓有成效的森林火灾遥感评估工作，工作制度、评估体系、推广应用得到完善。在技术上，其取得了三个方面的重要进展：一是根据保单的"四至"范围及林权图，利用火灾发生前的卫星遥感分类比例对承保森林进行了总量分配；二是自主开发了扰动指数对火灾前后遥感影像进行了变化监测，并根据像元统计特征对森林火灾部分损失进行了科学界定；三是采用了三维地理信息技术立体展示火灾损失结果。总体上，中华保险的遥感评估结果已经可以很好地支撑分支机构森林火灾后的查勘定损工作。

下一步，中华保险将逐步完善森林火灾遥感评估体系，包括森林火灾遥感评估的功能定位、内容体系、指标体系、技术流程与方法。同时，逐步理清森林火灾遥感评估过程中争论或者混淆的焦点，明确定位遥感评估与分支机构查勘定损日常工作的关系，并与林业部门损失评估工作进行有效对接，使遥感评估结果能够得到更广泛的认可，并使之逐步成为行业或国家标准。

四、嘉祥县大豆繁种收入保险遥感测产案例

（一）试点背景

2018 年，农业部出台《关于大力实施乡村振兴战略加快推进农业转型升级的意见》明确要求要推进现代种业提档升级，强化绿色育种导向，建立一批包括大豆在内的区域性特色良种繁育基地，完善国家农作物种质资源保护体系，提升农作物良种质量。在转基因进口大豆对我国传统非转基因大豆种植产业的持续冲击下，我国大豆种植面积大幅减少，大豆市场需求严重依赖进口。特别是在当前中美博弈的大环境下，加强大豆繁种产业的支持和保护、加强我国大豆良种繁育能力、确保良种市场供给，是落实农业农村部逐步调升大豆种植面积的重要工作方面，对于落实国家调整优化农业结构部署、打造大豆良种品牌、质量兴农、助力农业绿色发展意义重大。

山东省嘉祥县是农业农村部批准认定的国家首批区域性良种繁育基地，也是全国五个大豆区域性良种繁育基地之一、山东省唯一一个大豆良种繁育基地。在嘉祥县试点大豆繁种收入保险，对于调动农户大豆繁种种植积极性、稳定大豆种源保护与供应能力，以及当前复杂贸易背景下落实调升华东、黄淮海等区域大豆种植面积部署，进而进一步促进大豆种植产业的稳定健康快速发展、落实中央质量兴农战略的要求具有重要意义，也对进一步强化嘉祥县大豆区域性良种繁育基地的绿色发展与良种供应能力具有重要作用。

为此，中国太平洋财产保险股份有限公司山东省分公司（简称"太保山东分公司"）于 2018 年成功申请了农业农村部金融支农创新项目"山东省基于遥感测产技术的大豆繁种区域收入保险"。该项目在金融支农创新资金支持的基础上，整合包括制种大县奖励、政策性大豆种植保险补贴、大豆种植综合直补等政策，综合使用卫星遥感测产技术、期货

市场价格发现技术和基差收购保障,为试点区域内的大豆繁种种植户提供了期望收入水平的差异化保障方案,为我国农业保险从保成本向保收入转化和卫星遥感测产应用积累了可推广、可复制、可持续的实践经验。其中,该项目的大豆繁种区域收入保险的卫星遥感测产工作由中国农业科学院农业风险管理研究中心(以下简称"农业风险管理研究中心")的农业保险卫星遥感应用团队承担。

(二)技术路线

山东省嘉祥县大豆繁种区域收入保险试点遥感测产研究的技术路线如图 4-40 所示。该技术路线主要包括如下三个方面工作:一是野外实地数据采集,包括大豆地块数据的采集和产量的采集;二是大豆种植地块的遥感识别;三是大豆产量的遥感估算。

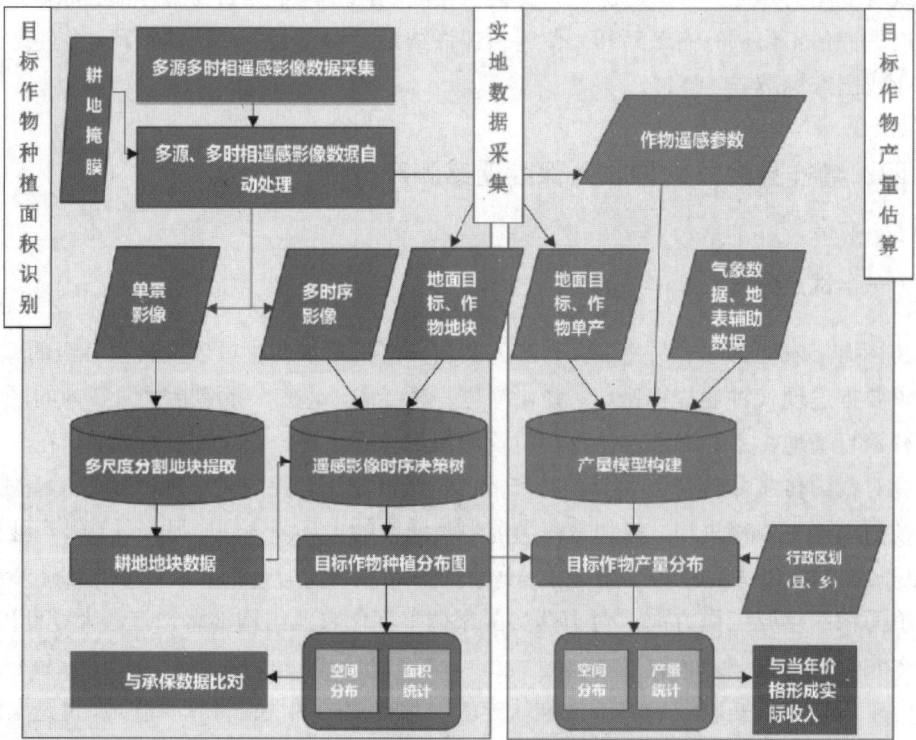

图 4-40 遥感测产技术路线

(三)数据准备

本次遥感测产所需的数据包括实测数据、遥感数据和其他辅助地理信息等,其中辅助地理信息主要包括土地利用数据和行政区划数据等。辅助地理信息主要采用国家基础地理信息中心牵头制作并发布的 2010 年全球 30 米的地表覆盖数据中的耕地掩膜数据。

1. 实测数据

实测数据包括实测地块样本和实地测产数据。在大豆生长的关键期,进行实地数据的采集，包括地块样本和产量等数据的采集。共开展采集了三次产量数据，时间分别为 2019年 8 月 24 日、2019 年 9 月 19 日和 2019 年 10 月 8 日。

（1）地块样本

地块采集采用了农业风险管理研究中心自主研发的"农业遥感移动采样平台"App，简称"样采宝"终端工具，如图 4-41 所示。该工具结合了全球导航定位技术和互联网技术，以高清的遥感影像为底图，在田野间可以定位地块，然后进行地面实况拍摄，并记录和保存在 App 后台。"样采宝"工具可以安装在手机或者带通讯网络的平板电脑等终端。使用该工具，可以勾画地块"四至"，辅以照片信息和实地考察印象，并记录到同一个地块下作为作物地块的属性信息。采集大豆样本的同时，还采集部分其他作物样本用于与作物之间的区分。

共采集地块 192 个，其中大豆地块 128 个，涉及总面积 2 983 075m²，相当于总种植面积（18 万亩）的 2.5%。平均地块面积为 23 305m²。其他作物地块 64 个。

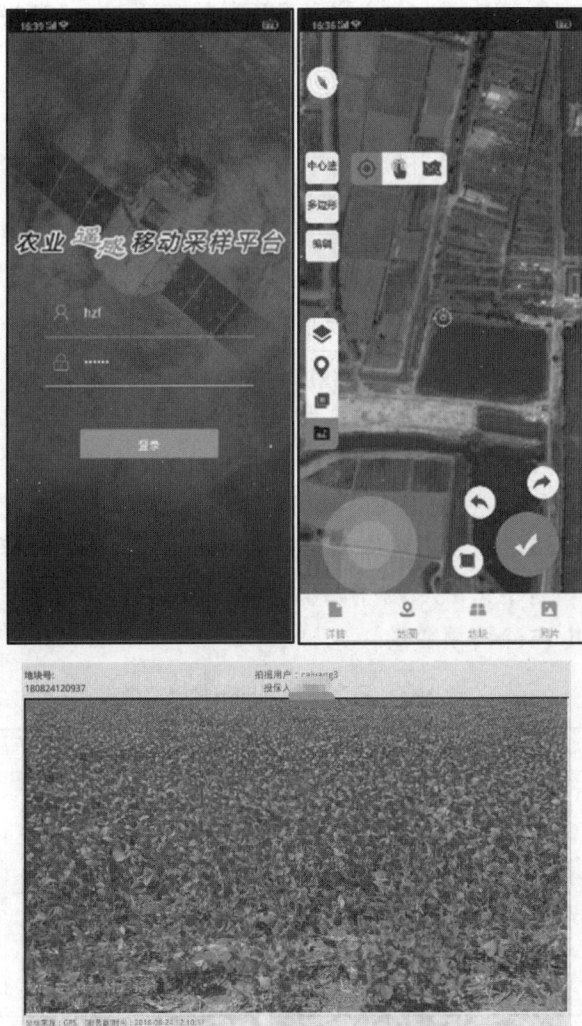

图 4-41　"农业遥感移动采样平台"App 工作页面

（2）产量样本

使用理论产量采样法进行采集。在农业保险的应用中，一般需要邀请作物相关的农学专家及当地农业技术推广站相关专家来参与和督导工作。该测产邀请了山东省济宁市农业科学院大豆研究所专家和嘉祥县农技站站长等人员参与。

产量采样共进行了两次，分别为：大豆鼓粒期，采样时间为 8 月 24 日至 26 日；收获期，采样时间为 10 月 8 日至 10 日。其中鼓粒期的产量采样主要是计算豆粒数，即在地块采样的时候，对已经鼓粒的粒数进行清点和记录。

收获期产量采样以遥感识别的大豆地块为选样依据，选取拟采样地块，在实际采样时寻访和收割并行。其中寻访的主要原因是：研究区域为大田作物而非定点控制实验，可能遇到田块已经收割的情况，若是田间有农户，则进行寻访。对没有收割的大豆，采用收割法。在选择的地块上，进行三次重复取样操作。具体操作步骤为：第一，量测行距；第二，数出 5 米双行的株数；第三，随机连续取下 10 株，带回实验室脱粒烘干至水分剩余 15%，并称百粒重，从而得到每亩株数、亩总粒数和百粒重三要素。研究共采得产量样点 99 个，其中鼓粒期产量测量样点 19 个，收获期产量测量样点 80 个。

2. 遥感数据

遥感数据包括 2018 年大豆生长期（6—10 月）的哨兵 2 号卫星影像数据、表征气象的测雨雷达（Tropical Rainfall Measuring Mission，TRMM）数据和中分辨率成像光谱仪（MODIS）地表温度数据，如表 4-5 所示。其中哨兵 2 号卫星数据和 MODIS 数据均来自美国地质调查局（United States Geological Survey，USGS）。MODIS 地表温度使用 8 天最大值合成产品，分辨率为 1km。地表温度是地表综合上行热辐射的反映，可以综合反映土壤墒情、大气显热和潜热等情况，用于表征气象因子中的温度。采用 MODIS 的昼夜温度产品，分辨率为 1km，时间为 8 天；每 8 天两个变量，分别为 8 天白昼温度最大值和夜间温度最大值，从 2018 年 6 月 1 日开始至 2018 年 9 月 29 止，共 30 个变量。再加上整个生长季白昼极端高温和低温，夜间极端高温和低温 4 个变量，共 34 个变量。TRMM 数据分辨率为 0.05°，时间分辨率为 3h，单位为 mm。对 TRMM 数据进行逐旬总降雨量合成，得到 6—9 月 4 个月，每月三旬，共 12 个降雨变量，再加上整个生长季的最大降雨量、最小降雨量和总降雨量共 15 个降雨变量。

表 4-5   测产使用到的卫星遥感数据

卫星名称	分辨率/m	时相/MMDD	主要用途
哨兵 2 号	10，20，60	0614，0624，0714，0724，0803，0808，0823，0907，0922，0927，1002	大豆分类 大豆估产建模
Terra 卫星 MODIS LST	1000	0601—0928 每 8 天合成	大豆估产建模
TRMM 测雨雷达	5000~6000（0.05°）	0601—0930 每 10 天合成	大豆估产建模

（四）关键技术

1. 大豆地块遥感提取

经过图像对比发现，时相为 0823 的哨兵 2 号卫星影像上，大豆与其他作物区别最大，采用多尺度分割算法对其进行面向对象分割，对所得的对象进行人工选取样本类别，结合最大似然法进行监督分类，得到耕地与非耕地。在所得耕地地块的基础上，结合实测地块样本，分析不同作物和不同受灾的大豆在多时相哨兵 2 号卫星数据的归一化植被指数（NDVI）特征进行大豆识别（如图 4-42 和图 4-43 所示）。

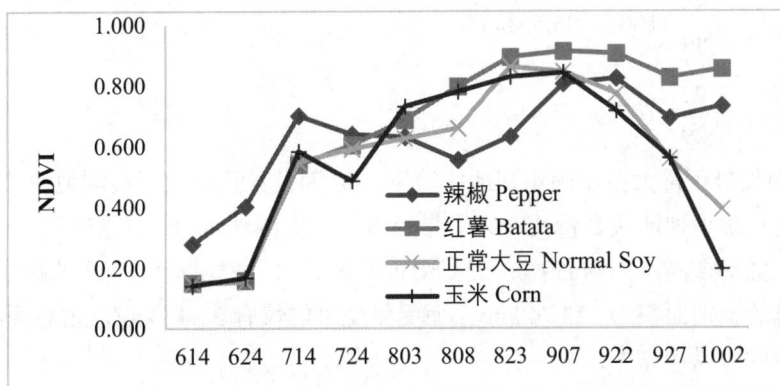

图 4-42　不同作物的 NDVI 曲线

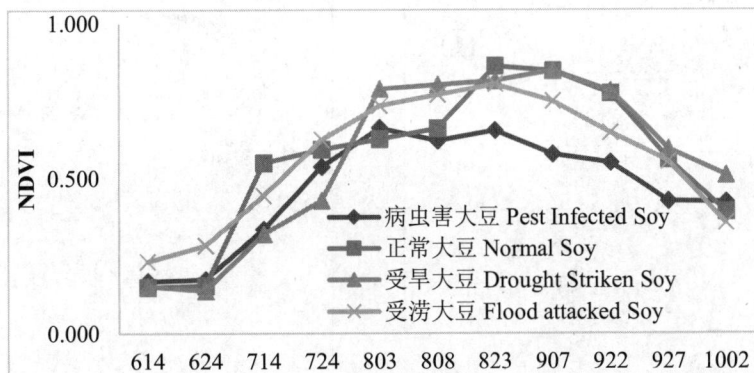

图 4-43　不同受灾受害大豆的 NDVI 曲线

由图 4-42 可知，8 月 3 日和 8 月 23 日两个时相是区分大豆和其他主要作物的关键时相，基于这两个时相采用 ISOData 算法进行非监督分类，得到大豆分类图。

不同受灾受害大豆的区分有助于产量估算精度的提高，因此根据样本的标注，如大豆长势如何、是否受灾受害、是否早熟或者晚熟等情况，提取出大豆类间的长势差异。

不同灾害长势大豆的 NDVI 如图 4-43 所示。据此，可以看出受旱可收获的大豆，在 8 月 3 日之前 NDVI 很低，受病虫害大豆在 8 月 8 日时相前后 NDVI 很低，受涝大豆的

NDVI 值则在 8 月 23 日之后变低。根据这几个时相，调整阈值，建立决策树，区分不同长势大豆，如图 4-44 所示。

大豆地块提取后，需要对提取结果进行精度评价。大豆没有采用监督分类方法提取，而是采用非监督及决策树分类，因此采用种实测地块是否落入识别范围作为精度评价标准，评价公式如下：

$$P = 正确识别地块/实测地块×100\%$$ 式（4-1）

总的来看，地块面积统计结果显示，嘉祥县 2018 年的大豆种植面积为 124 km²，与当地政府部门上报的 127 km² 统计数据吻合度较高。具体的精度评价结果如下：

$$P_{长势正常大豆} = \frac{85}{88}×100\%=96.59\% ;$$

$$P_{受旱受害大豆} = \frac{21}{29}×100\%=72.4\% 。$$

其中，85 为长势正常大豆正确识别地块数量；88 为长势正常大豆实测地块数量；21 为受旱受害大豆正确识别地块数量；29 为受旱受害大豆实测地块数量。总体上，长势正常的大豆，识别正确率很高，为 96.59%；受旱受害的大豆由于表现不一，识别率约为 72.4%。

由于总的识别面积为 123.74 km²，而受旱受害的仅有 31.47 km²，占总面积的 25.4%，因此总体精度可以计算为：

$$P_{总体} = 72.4\%×0.254+97.6\%×(1-0.254)=90.45\%$$ 式（4-2）

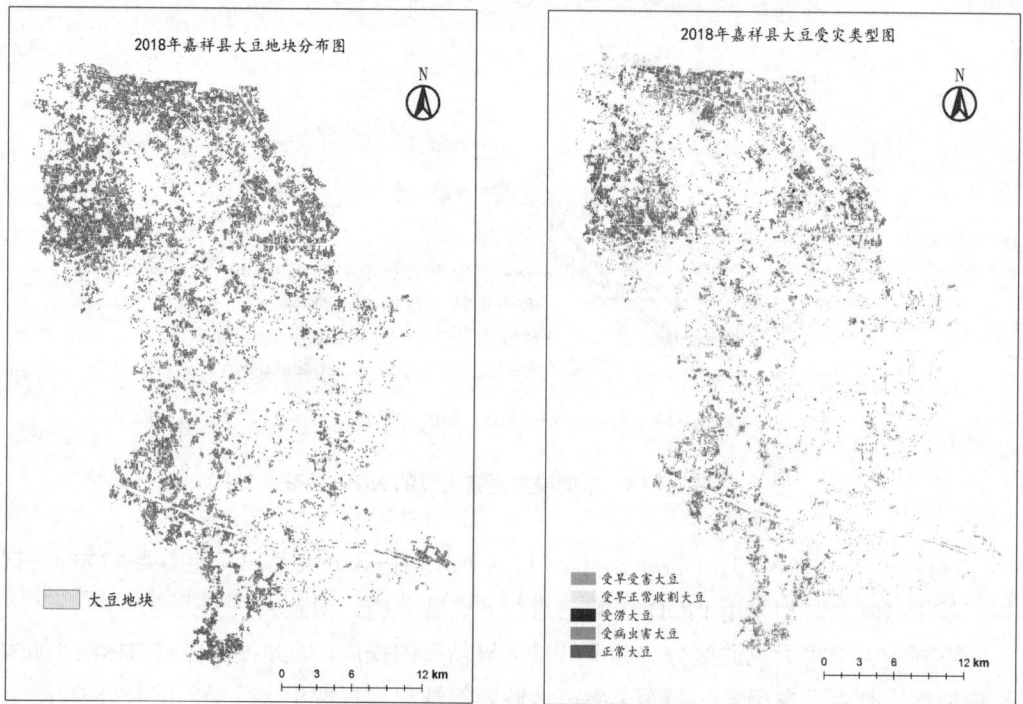

图 4-44　嘉祥县大豆种植地块和受灾受害地块分布

2. 植被指数和作物生理参数提取

基于哨兵 2 号数据计算常用的植被指数和作物生理参数，包括 NDVI 和叶面积指数 LAI、叶片中叶绿素含量 Cab、光合有效辐射分量 FAPAR、植被盖度分量 FCover 和叶面水分含量 Cw 5 个生理参数。其中 NDVI 用第 8 波段和第 4 波段计算。5 个生理参数采用哨兵 2 号卫星数据分发中心——欧空局提供的软件 SNAP 中的作物生理参数提取方法得到。由于 7 月与 8 月数据部分有云覆盖，因而 7 月提取的作物生理参数和反射光谱参数采用 7 月份最大值合成。8 月、9 月和 10 月是大豆生长的关键期，每一期大豆生长情况相差较大，因此 8 月、9 月和 10 月数据全使用，并在样点提取时剔除有云的点。

3. 大豆产量评估模型

采用 SPSS 软件进行作物生理参数、NDVI 与产量的 Pearson 相关关系分析，再根据相关系数分析结果选择系数高的因子参与逐步回归，并人工添加气象因子到回归模型中，根据决定系数 R^2 的变化，确定估产模型进行估产。根据 Pearson 相关分析结果，与产量关系最密切的是 8 月 23 日的 NDVI，其次是 9 月 7 日的作物生理参数。同时，选择 3~5 个气象参数，进行逐步回归分析，得到两个与产量显著相关且相关系数都较高的输入因子，最后得到估产模型，该模型对产量的解释度达到了 46%。

$$Y=-171.365+313.127\times0823NDVI+35.154\times0907LAI \qquad \text{式（4-3）}$$

其中，Y 为 666.7m^2 的产量，$0823NDVI$ 为 8 月 23 日 $NDVI$，表示盛花始荚期的归一化植被指数；$0907LAI$ 为 9 月 7 日叶面积指数，表示盛荚鼓粒期的叶面积指数。

由大豆受灾长势监测分级结果及实地采样依据可知，受旱受害大豆及受涝大豆为绝产大豆，在估产中，将这两类地块先分离出去，再把得到的区域产量乘以每个乡镇绝产地块所占比例，得到每个乡镇的平均单产计算结果，如表 4-6 所示。整个区域的平均产量为 244 500 kg/km^2（163 kg/亩），与常年 299 800 kg/km^2（200 kg/亩）相比，体现了受灾严重的农情。

表 4-6　嘉祥县分乡镇大豆平均单产估测结果

乡镇名字	种植面积（万亩）	最高产量（kg/亩）	可收获平均产量（kg/亩）	病害加权平均产量（kg/亩）
梁宝寺镇	3.236	300	182	145
老僧堂镇	3.213	278	183	165
仲山镇	2.002	278	175	167
大张楼镇	1.969	264	181	167
黄垓镇	1.202	273	190	175
马村镇	1.068	301	189	175
满硐镇	1.009	288	179	174
卧龙山街道	0.983	282	169	152
孟姑集镇	0.852	286	179	154
纸坊镇	0.813	260	180	160

乡镇名字	种植面积 （万亩）	最高产量 （kg/亩）	可收获平均产量 （kg/亩）	病害加权平均产量 （kg/亩）
万张镇	0.813	271	173	158
疃里镇	0.774	283	180	153
金屯镇	0.317	307	178	178
马集镇	0.245	253	167	160
嘉祥街道	0.069	233	169	161

在大豆产量样本中，用剩余的 1/5 样本作为验证，得到如图 4-45 所示散点图，两者回归系数达 0.92，表明产量估算模型的精度较高。

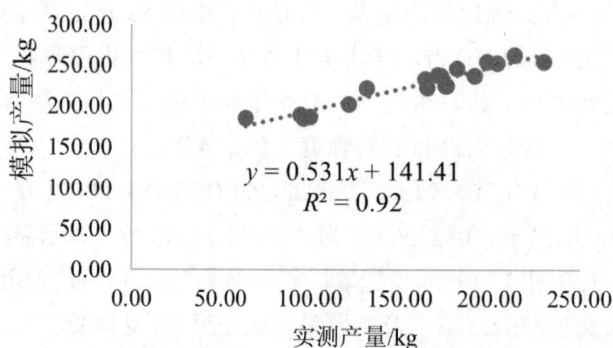

图 4-45　实测产量与模拟产量验证散点图

最后，以乡镇为理赔单元进行大豆平均产量的统计。太保山东分公司依据平均产量和测产产量按权重计算出实际产量，再结合区域价格形成一个实际的区域收入，并与保单约定的保障收入进行比较来决定赔付金额。

（五）成效总结

该项目共获批支持资金 414 万元，是山东省首例入选农业农村部金融支农创新试点的项目，填补了大豆繁种区域收入保险和卫星遥感测产技术在大豆测产应用上的空白。

财政部、山东省财政、济宁市财政、嘉祥县财政将原大豆成本保险补贴共计 10 元/亩转移到此次收入保险项目中，体现了各级政府对"收入+保险"项目模式，以及效果的支持与认可。同时山东省农业农村厅下发了《关于开展特色农产品保险创新试点工作的通知》，并从加强协调配合、科学编制方案、加大政策扶持、加强风险防控、稳步推进试点五个方面对嘉祥县大豆繁育"收入+保险"试点作出专项指示。

该项目的一大亮点是：卫星遥感结合地面采样开展精准测产。中国农业科学院农业风险管理研究中心为该项目提供遥感服务，具体包括大豆种植区的地块提取、灾情监测、产量评估，并提供动态生产管理建议。实际亩产由农科院卫星遥感数据及地面测产专家组（济宁市农技站、大豆研究所和当地专家）测产结果按一定权重计算而来。这样的测产方式可确保测产结果的权威、公平、公正，在受灾严重产量大幅下降的情况下，充分保障参保农户收益。

第五章　农业保险科技分论：风险模型

第一节　农业风险

一、农业风险

（一）农业风险的定义

农业风险的定义较多，本书把农业风险的定义为：农业生产经营者在生产和经营过程中，受到自身无法控制的外在不确定因素的影响，因此最终获取的经济收益低于预期收益的可能性。

需要说明的是，农业风险不仅影响农业生产者（包括农户家庭、农业合作社、农业企业等）本身，也会直接影响农业产业链上的其他主体（如农业生产资料的供应商、农产品加工商、贸易商），以及服务农业的其他金融机构（如保险公司、商业银行、担保公司等）和政府的经济利益。因此，农业风险分析要从各个利益主体的角度出发，在全面深入分析的基础上进行农业风险管理。

（二）农业风险的分类

农业风险的分类方式很多，为加深对农业风险的理解，便于对农业风险进行分类管理，本章从农业风险的来源来进行分类。

农业风险的来源，是指农业生产经营者在生产与经营农业的过程中，存在使收益发生损失或低于预期水平的因素。对农业风险来源的认知是管理农业风险的基础，而由于目的不同，可以从不同的角度对农业风险的来源进行分类。从风险来源的角度可以将农业风险分为如下四类：生产风险、市场风险、信贷风险、政策与法律风险。

生产风险：指农业生产经营者在提供确定的物质和人力生产要素的情况下，因为未知和不可控因素的作用，所以所获得的农产品数量和质量低于预期水平的可能。农业经营的是动植物，而动植物有其自身的自然属性，容易受天气和疫病的影响，因此农业生产风险主要是来自不利气候和疫病等自然因素。而且由于动植物的生长周期一般都比较长，这些不可控的自然因素往往在农业生产经营者无法知晓和预测的作物和动物的生长期内发挥作用，因此也增加了生产风险的不可控性。

市场风险：也称为价格风险，指农产品价格与农业投入品价格可能出现不利变动，导致农业收入低于预期水平的可能性。农产品与农业投入品的价格主要受市场供求关系影响，农产品供给和需求的变化会集中反映在农产品价格变化上。一方面，农业生产风险普遍存在，导致农产品总供给并不稳定；另一方面，农产品的需求有时也会因消费心理等发生临时性改变，这些都导致了农产品价格的不稳定。

信贷风险：指由于农业经营过程中存在各种不确定性及获取信贷的不确定性，农业生产经营者在还款期限届满之时，其财务状况的不利变化影响其履约能力，服务农业的金融机构由此遭受损失的不确定性。信贷风险往往是一种引致风险，它的产生源于农业经营过程中的风险，主要包括生产风险和市场价格风险。农业本身是高风险行业，农民的生产经营收入也存在较强的不确定性，因此金融机构对农业的信贷供给也存在高风险。

政策与法律风险：指与农业、环境保护等相关的政策与法律的变化而导致农民从事农业生产与经营收益的不确定性。由于农业具有准公共物品的性质，包括中国在内的世界上许多国家的政府往往会对农业进行各种政策的特别干预和指导，比如中国政府会对农业进行生产指导、对农产品价格进行管理、对农民种植粮食作物进行补贴等。由此，政府政策的变动对农业的影响往往比其他行业更明显。

在上面四类风险来源中，生产风险和市场风险是农业的两个基本风险来源，信贷风险在很大程度上是由生产风险和市场风险引致的；政策与法律风险是由政策与法律制定者干预农业生产与经营导致的，而这些干预措施在很大程度上是协助农业生产经营者应对其他风险产生的。

除此之外，随着经济社会的变化和农业产业的发展，农业生产经营过程中还出现了一些新兴风险，如农产品质量安全风险、土地流转违约风险、电子商务风险等。

（三）农业风险的特点

农业风险的作用对象是有生命的动植物，其价值形成有其特殊性，与一般风险不同，具有如下独特的性质。

1. 农业风险的系统性很强且具有高度的相关性

农业生产受自然灾害的影响很大，洪涝、干旱等不利气候条件往往会导致农业产量的降低，而自然灾害的发生通常都具有地域性的特征，灾害波及的范围很广，风险单位（一次风险事故所造成的损失范围）在灾害事故及灾害损失中常常表现为高度的时间与空间的相关性。例如，一场飓风，在较短的时间内，可能跨越几个省市的风险单位，使其同时遭受损失；一次涝灾，可以使相当大面积和范围内的风险单位遭受损失，这种农业灾害损失的同因性、风险灾损的高度相关性和连片性表明农业生产风险具有系统性风险的特征。此外，农业生产面临的市场或价格风险也是一种系统性风险，农产品市场价格的波动会影响该产品所有生产者的收益。因此，正是因为农业风险（农业生产风险和市场风险）的系统性和高度相关性，所以即使是较小的农业风险，也难以通过传统的商业保险来分摊损失。

2. 农业风险具有明显的区域性和季节性

农业灾害，特别是自然灾害具有明显的区域性，尤其是我国幅员辽阔，不同地区的主要灾害不同，风险类型、风险发生频率和风险强度差异也很大。高纬度地区气候寒冷，无霜期短，作物易受冻害。长江、黄河中下游地区，地势低洼，作物易受水涝灾害影响；黄土高原地区降雨量稀少，经常遭受旱灾；沿海地区易受台风、赤潮的侵袭，这些都是由地理和气候规律决定的。与此同时，气象灾害的季节性特征也较为突出，比如中国的霜冻灾害，春季主要发生在北方冬麦区，秋季主要发生在东北、华北及西北地区，冬季则主要发生在江南、华南及西南部分地区，在很大程度上使得农业风险具有明显的季节性特征。

3. 农业风险具有阶段损失不确定性和广泛的伴生性

农业生产有其特殊性，农作物的价值在其生长发育过程中是动态变化的，会随着动植物生长周期的变化，以及人类劳动和耗费投入的积累而产生变化。因此，对农作物来说，在不同生长期，其受到自然灾害的冲击（即使灾害程度一致），风险损失程度是不同的，由此证明风险程度具有不确定性。此外，在农业生产中，单一风险事故的发生往往会引起另一种或多种风险事故的发生，进而导致农业损失扩大，而且这种损失是多种灾害事故的综合结果，很难区分风险事故各自的损失后果。例如，在雨涝灾害季节，高温高湿很容易诱发动植物疫情，台风灾害往往伴有暴雨灾害。在该情形之下，单一风险理赔很难区分不同风险事故各自的损失后果，这直接导致农业生产风险管理经营成本上升，同时也是许多国家开展多重灾害险或一切险（MPCI）农业保险的理由之一。

4. 农业风险具有风险事故与风险损失的非一致性

农业生产的对象——动植物是有生命的有机体，其自身对灾害有一定的适应和抗灾调节能力，并且能够通过后期的生长弥补前期灾害带来的影响，因此在很多情况下，农业风险事故甚至重大的农业风险事故，最终不一定带来损失，反而可能带来丰收，或者一个地区的风险事故会使相邻地区受益。例如，在玉米生长期发生的一场冰雹可能砸断了很多玉米秆，但却一定使玉米减产，因为玉米可以通过后期的生长弥补前期的损失，且冰雹中含有大量的氮，相当于为玉米施加了氮肥，还可能使当年的玉米增收。又如，一场台风可能使台风中心地区的农作物受损，但台风带来的充沛雨水，可能会使附近地区的作物解除旱情，为丰收创造条件。但其他财产的风险就不具有这种特点。例如，一场大火烧毁了房屋，船舶触礁沉没都是绝对的损失，保险标的不可能因此不受损失或增加价值，与受灾标的相邻的标的也不会因此而变得更坚固。由此可见，风险事故与风险损失的非一致性是农业风险有别于其他风险的重要特征之一。

5. 农业风险具有风险估计的复杂性

农业生产是自然再生产和经济再生产相交织的生产过程，农产品价值的形成既有动植物吸收自然能量和营养进行生长发育而形成价值的过程，同时又离不开人类活动，是人类生产劳动的结晶，它是动植物自然生产与人类社会生产相互交织、相互影响和共同作用的结果。这就说明农产品价值的形成不仅受自然因素制约，而且受人类主观因素的影响，人们使用的生产技术、投入水平、管理行为和抗灾救灾措施等在相当程度上决定和影响着农业生产成果的大小。因此，遭受相同自然灾害的农业生产单位可能出现不同灾损结果，而这往往又被生产者行为放大和缩小，从而造成估计农业生产风险损失的复杂性。

6. 农业风险具有发生频率高、损失大和易导致巨灾风险的特性

我国是一个自然灾害频发的国家，轻中度的自然灾害较为频繁，1970—2006 年的 30 余年间，我国农业受灾面积平均达 29.1%，成灾面积平均为 13.8%，农作物产量低于平均产量的年份在部分地区甚至超过 20%，远高于一般风险的发生概率（如火灾发生的概率在一般情况下为万分之五左右，飞机失事的概率是二百万分之一）。虽然轻中度自然灾害对农业生产的破坏性不是很大，但是自然灾害发生地域的辽阔性、时间的同步性，加之农业生产的弱质性，都使得农业生产风险导致的损失较为严重，频繁发生的自然灾害也增加了农业巨灾风险发生的可能性。另外，农业是一个受自然灾害影响很大的产业，因此特大自然灾害的发生必然会导致农业巨灾风险的出现，而特大自然灾害发生的可能性又进一步增加了农业巨灾风险发生的可能性。

二、农业生产风险

（一）农业生产风险类型

1. 种植业生产风险

种植业以土地为基本生产资料，利用农作物的生活机能，摄取、转化和蓄积太阳能，以取得产品。种植业主要包括粮食作物、经济作物、蔬菜园艺作物、水果和果树及其他种植业。种植业，特别是粮食作物的生产和发展，对国计民生具有特殊重要意义，直接关系到一国畜牧业、工业的发展和人民生活水平的提高，粮食安全也成为世界各国最重要的经济、社会和政治战略问题之一。

种植业的主要生产活动都是在自然条件下露天完成的，更直接、更紧密、更经常地依赖自然界的力量。种植业生产活动，无论是对发达国家还是发展中国家来说，一直都是一种高风险的活动。因为农业是"经济的再生产过程，不管它的特殊的社会性质如何，在这个部门内，总是同一个自然的再生产过程交织在一起"。种植业生产风险的来源有许多，主要包括来自地理环境、气候和生物系统本身的内在不确定性及农业投入产出品市场价格的外在不确定性。自然条件的变化，尤其是气候条件变化是影响全球农业生产的主要风险来源，不充足和不均衡的降雨、干旱和洪水、极度寒冷和极度炎热、暴风和暴雨都会导致严重的产量损失。气候变化不仅会引起产量的周期性变动，还会侵蚀农业投资的价值（比如暴雨冲毁梯田），从而导致整个农业表现欠佳。因此，种植业生产最容易受到自然界的影响。在人类社会所拥有的科学技术手段还不能更好地控制和消除自然界的影响时，自然灾害（包括气象灾害、病虫灾害和地质灾害等）就成了影响种植业生产的最大风险。

2. 养殖业生产风险

养殖业是利用畜禽等已经被人类驯化的动物，或者鹿、麝、狐、貂、水獭、鹌鹑等野生动物的生理机能，通过人工饲养、繁殖，使其将牧草和饲料等植物能转变为动物能，以取得肉、蛋、奶、毛、皮、丝和药材等产品，是人类与自然界进行物质交换的重要环节。养殖业是农业的主要组成部分之一，与种植业并列为农业生产的两大支柱。我国是一个畜牧养殖大国，生猪养殖量和出栏头数都位居世界第一，畜牧业的发展对我国农村经济的发展和农村收入的提高具有十分重要的意义。

养殖业生产风险指在人工养殖动物从出生或买入到市场流通的整个生长过程中，因遭遇疫病灾害等各种因素而引起的实际收益低于预期收益的偏离程度。在畜牧养殖行业，疾病永远是畜牧养殖面临的最大威胁，我国民间就有"家财万贯，带毛的不算"的谚语。例如，口蹄疫在畜牧生产中一直是一个难以回避的问题，1951—1952 年加拿大暴发的口蹄疫，当时仅影响了 2000 只动物，影响范围很小，但也造成了 200 万美元的损失（相当于现在的 20 亿美元）；1997 年暴发的口蹄疫摧毁了我国台湾地区的生猪市场，从该疾病暴露在某一个农场到这种疾病被证实的一段时间内，有另外 27 个农场被感染，1 周内，717 个农场被感染，3 个月内，400 万头猪受到影响，我国台湾地区猪肉出口的禁令导致其地区生产总值下降了 2%；2013 年暴发的 H7N9 型禽流感给我国家禽养殖业带来了破坏性的损失，直接影响了人们对禽肉产品的消费信心和消费意愿，导致家禽产品市场交易萎靡，产品价格大幅下跌，成交量的萎缩和价格的下挫又使养殖户补栏意愿降低，养殖户纷纷减少养殖规模以降低成本，而这又为"后禽流感时代"家禽产品的有效供给埋下了隐患。据农业农村部统计，当年禽流感事件给我国家禽产业造成了超过 160 亿元的直接经济损失。需要特别指出的是，在畜牧养殖中，畜牧疾病风险除了危害巨大，还具有不同于种植业生产风险的一些显著特征。除了技术进步和品种改良等长期影响因素外，学界大都同意大部分种植业生产风险（即作为单产的波动）在短期内是由不可预测的不利气象事件造成的，有学者估计超过 80%的作物减产是由自然灾害等不利气象事件引起的。然而，造成牲畜死亡的原因中，除了疾病，养殖户的防疫水平和养殖能力也起着重要作用。有学者研究认为，在牲畜死亡的原因中，疾病因素大约占 50%，其余 50%与养殖户的养殖行为和防疫水平息息相关，因此从保险角度讲，畜牧业生产风险并不是纯粹的"客观风险"，承保牲畜死亡率保险可能会面临严重的道德风险，这也是国内外畜牧业保险的发展要落后于种植业保险的原因所在。

（二）农业生产风险特性

1. 种植业生产风险特性

种植业生产风险不等同于自然灾害风险，农业生产的产出水平不仅受天气等自然条件的影响，同时还与农民选用的作物品种优劣、生产投入多少及田间管理精细程度等活动密切相关。由于自然灾害、生产投入、生产管理等因素对农业生产的影响最终都反映在农产品产量（或单产）的波动上，生产风险又可以称为产量风险或单产风险。相对于其他行业来说，农业生产的根本特征是自然再生产与经济再生产相互交织，这导致农业生产风险具有如下特征。

（1）时空性。因为农业生产具有季节性、区域性的特点，所以在不同的季节和区域，即使是同一种农产品的生产风险，也会存在明显的差异。其他行业的生产则较少受自然因素的制约，因此其生产风险没有明显的区域性与季节性。

（2）时滞性。植物的生长周期较长且具有自我修复的能力，因此农业生产风险从风险事件的发生到损失的发生存在明显的滞后性，风险事件（如自然灾害、病虫害）所造成的产量或质量减损并不会立即显现，而需要等到收获时节才可完全确定。比如一场暴雨过后，气象灾害受灾面积为 10 亩，但由于作物的自我恢复功能，到收获的时候，农业灾害实际受损面积可能只有 7 亩。农业生产风险的这个特征，使得在农业保险实践中，保险公司进行核灾定损比较困难。

（3）相关性。农业生产风险主要源于未来自然条件的不确定性。在一个区域范围内，植物的自然条件往往是相似的。比如，在同一个地区，对不同农业生产经营者的农作物而言，天气的影响是相同的；病虫害往往在同一个区域内具有传染性。这就使得农业生产风险往往具有系统性特征，即同一种类型的生产风险在同一区域内、不同的农业生产经营者中同时发生。

（4）动态性。动态性是指农业生产经营者在生产和经营同一种类型的作物或牲畜时，其所面临的风险环境随着时间、其所在区域气候和土壤环境的变化而发生改变。从较长时期来看，气候的变化、土壤性质的变化、动植物自身的基因变异及采用新的人工品种等，都可能导致农产品的生产风险特征发生改变。在实证研究中往往是通过历史产量数据的波动来估计农业生产风险的大小，但在当前这些年份中，农业生产自然环境条件可能已经发生了变化，而且未来农业生产自然环境条件可能还会发生系统性变化，因此这种估计方法可能导致对未来农业生产风险估计的偏差。

2. 养殖业生产风险特性

养殖业生产风险具有周期性、系统性、评估困难性和主体相关性的特征。

（1）周期性。牲畜养殖分为不同养殖阶段，不同阶段面临的风险及程度不同，比如仔猪从断奶到出栏的时间，或者牛犊从断奶到产奶的时间，都有着相对较为固定的阶段周期，不同的生长阶段对应着不同的风险系数，仔猪不超过 20 斤时的夭折率非常高，但是进入育肥阶段后，其死亡概率则大大降低。

（2）系统性。如前所述，畜牧养殖风险中有一半是疫病造成的，疫病，尤其是传染性疾病（如猪瘟）一旦暴发则难以控制且疾病蔓延的速度很快，为了防范疫病风险，政府往往会对周边地区养殖的畜禽进行大面积扑杀，以减少损失。

（3）评估困难性。畜牧生产风险因子中有大量传染性疾病，但出于社会稳定或其他因素考虑，畜牧疫病风险信息具有保密性，缺乏客观和准确的数据信息增加了畜牧生产风险的评估难度。

（4）主体相关性。畜牧业养殖一般是在场舍中进行的，畜牧生产风险与养殖户的养殖技术和防疫行为密切相关。

三、农业市场风险

（一）农业市场风险类型

1. 价格风险

农业生产经营者价格风险的类型依据其交易环节不同，可以划分为由于购买农业生产资料时生产资料价格不确定带来的价格风险，以及由于农产品销售时农产品价格不确定带来的价格风险。农业生产经营者价格风险分为两种类型是因为农业生产经营者既是生产资料的购买者，又是农产品的销售者。

具体而言，购买生产资料面临风险主要是因为化肥、农药、饲料、农机具等价格不断上涨，导致生产成本上升，所以其实际收益低于预期收益。销售农产品面临价格风险主要是因为农产品大多时效性较强，且难以储存，所以生产后及时销售至关重要。基于市场的需要和农产品生产时间不对称，这种滞后会严重影响农产品的价格。而农业生产者在市场与消费者商定价格时又过于弱势，因此只能被动地接受与预期不符的价格。

2. 市场交易风险

市场交易风险主要包括市场需求风险和违约风险。市场需求风险来自人们对农产品需求的不断变化。在现有消费水平下，人们对用于食用的农产品需求相对稳定；并且在现有生产技术条件下，对作为工业原料的农产品需求相对刚性，因此人们对农产品的市场需求弹性不足，倘若农民不能依市场需求去组织生产，那么即使农业有较大幅度的增产，农产品仍会出现滞销难卖的情况，农民的收入也可能难以保障。此外，市场需求风险还源于农业生产者将价格变化作为调整生产的准则。因为农产品生产经营周期长，价格调节滞后，错误的决策只能在生产结束后才能反映出来。当市场发生变化时，再进行调整，少则半年，多则两三年，而这时，市场很可能又发生了变化。即使能够超前预测、决策，也无法避免预测行为本身就存在的一定风险。

违约风险指协议双方不能遵守约定带来的风险。违约风险是订单农业中最常见的风险，也是订单农业难以得到有效发展的一个重要原因。企业与农户的目标函数往往并不完全一致，在信息不对称的情况下，受机会主义行为驱使，双方容易出现违约行为。当市场价格高于双方契约中事先规定的价格时，农户存在把农副产品转售给市场的强烈动机；反之，在市场价格低于契约价格时，龙头企业则更倾向于违约而从市场上进行低价收购。由此可见，市场风险并未因签约而消除，只是风险在不同主体间进行了重新配置。

（二）农业市场风险特性

农业生产经营者同时面临投入品和产出品的市场风险。其投入品的市场风险与一般工商企业面临的投入品市场风险差别不大，但产出品的市场风险却与一般工商业企业有显著的差异。下文列出了产出品市场风险的主要特征，即农产品面临的市场风险特性。

（1）系统性。农产品一般为同质性产品，且生产和需求都很分散，生产集中度很低，农产品价格受市场供求影响，难以由生产者垄断，这导致几乎所有农业生产经营者都是农产品市场价格的接受者。随着农产品市场一体化发展，农产品价格变化主要表现为：相同产品在不同区域的价格波动趋势和特征基本一致；相同产品的生产价格、批发价格、零售价格波动趋势和特征基本一致；所有生产经营者面临的价格变动趋势和特征基本一致。这样当某一农产品价格下跌时，所有生产该种农产品的生产经营主体都面临收入减少风险，反之，当某一农产品价格上涨时，所有生产该种农产品的生产经营主体都面临收入提高的可能，该种农产品价格波动对生产这种农产品的经营者来说就构成了系统性风险。

（2）周期性。实践表明，在较长的时间序列中，绝大多数农产品市场价格波动具有一定的周期性特征。对于这种周期性波动的原因，学术界还没有得出完全一致的理论解释。比较常见的是基于"蛛网理论"进行解释，该理论认为农产品的需求一般较为稳定，且需求弹性较小，供给弹性较大，因此农产品市场波动一般呈发散性蛛网或稳定性蛛网，农产品价格也总是处在周期性波动中。

（3）短期波动性。短期市场价格是指农产品在较短时间内的市场价格，部分农产品，特别是鲜活农产品的短期市场价格容易出现较大波动。由于农产品供给和需求受众多偶发和随机因素影响，这些影响因素既包括直接影响供给需求的产量、消费量、运输状况的变化，也包括间接影响市场供需的天气状况、消费者心理状况、货币发行状况等，从而使农产品价格短期波动成为常态，特别是新鲜农产品，如蔬菜、水果、奶制品、肉类等，容易出现短期价格波动，有时甚至一天内的价格变化都很大。

（4）突发性。部分农产品的市场价格容易受消费者的突发性需求影响，从而出现价格突降或滞销。当突发食品质量安全事件时，许多消费者可能会丧失对相关食品的信任，从而对相关食品的需求骤降，最终导致与该食品相关的其他农产品滞销或价格大幅下降。比如 H7N9 病毒，其会导致对禽类食品的需求骤降，禽类价格大幅下跌，最终大量禽类产品滞销，禽类养殖户遭受巨大经济损失。

第二节　农业风险模型

一、农作物生产风险模型

（一）生产风险评估方法体系

从构成要素来看，任何一种风险都可以由风险因子、风险事故和风险损失三要素组成，三者的关系如图 5-1 所示。

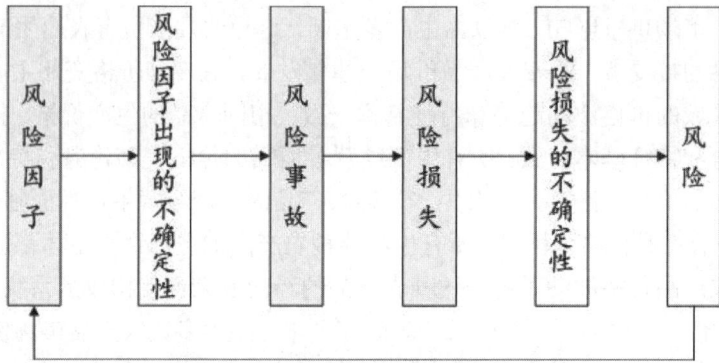

图 5-1　风险构成要素之间的关系

（1）风险因子。这是风险事故发生的根本原因，是造成损失的内在或间接原因。根据性质不同，风险因子可分为客观风险因子（如灾害）、道德风险因子（如人为故意）和心理风险因子（如过失、疏忽）三种类型。

（2）风险事故。这是造成损失的直接或外在原因，是损失的媒介，即风险只有通过风险事故的发生才能导致损失。就某一事件来说，如果它是造成损失的直接原因，那么它就是风险事故；而在其他条件下，如果它是造成损失的间接原因，它便成为风险因素。

（3）风险损失。损失是非故意的、非预期的、非计划的，通常分为两种形态：直接损失和间接损失。直接损失是指风险事故导致的财产本身损失和人身伤害，这类损失又称为实质损失；间接损失则是指由直接损失引起的其他损失，包括额外费用损失、收入损失和责任损失。在风险管理中，损失是指经济价值的减少。而在风险管理中，损失通常又可分为四类：实质损失、额外费用损失、收入损失和责任损失。

风险是由风险因子、风险事故和风险损失三者构成的统一体，三者的关系为：风险因子指引起或增加风险事故发生的机会或扩大损失程度的条件，是风险事故发生的潜在原因；风险事故是造成损失的偶发事件，是造成损失的直接或外在原因，是损失的媒介；损失指非故意的、非预期的和非计划的经济价值的减少。

根据风险的构成要素，农业生产风险的评估方法可归纳为基于风险因子的评估法，基于风险机制的评估法和基于风险损失的评估法三类（如图 5-2 所示）。基于风险因子的评估法是从造成农作物生产风险的各种风险因子入手开展风险评估；基于风险机制的评估法是从风险事故机制的视角出发开展风险评估，这里所说的机制包括农作物遭受的灾害机制和农作物自身的灾害脆弱性机制；基于风险损失的评估法是从农作物生产损失结果的角度入手开展风险评估建模。

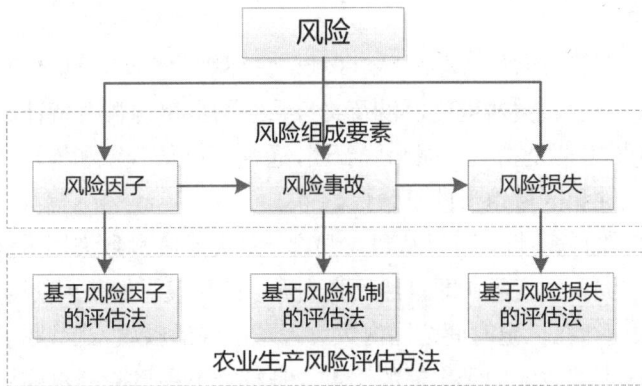

图 5-2　农业生产风险的评估方法体系

（二）基于风险因子的评估方法

根据自然灾害系统论原理，自然灾害是社会与自然综合作用的产物，区域自然灾害系统是由孕灾环境、致灾因子、承灾体和减灾能力共同组成的地球表层变异系统，灾情是这个系统中各子系统相互作用的结果。农业生产风险在很大程度上源于自然灾害，因此可以利用自然灾害构成要素来开展风险评估。

基于风险因子的农业生产风险评估法的一般范式如图 5-3 所示。

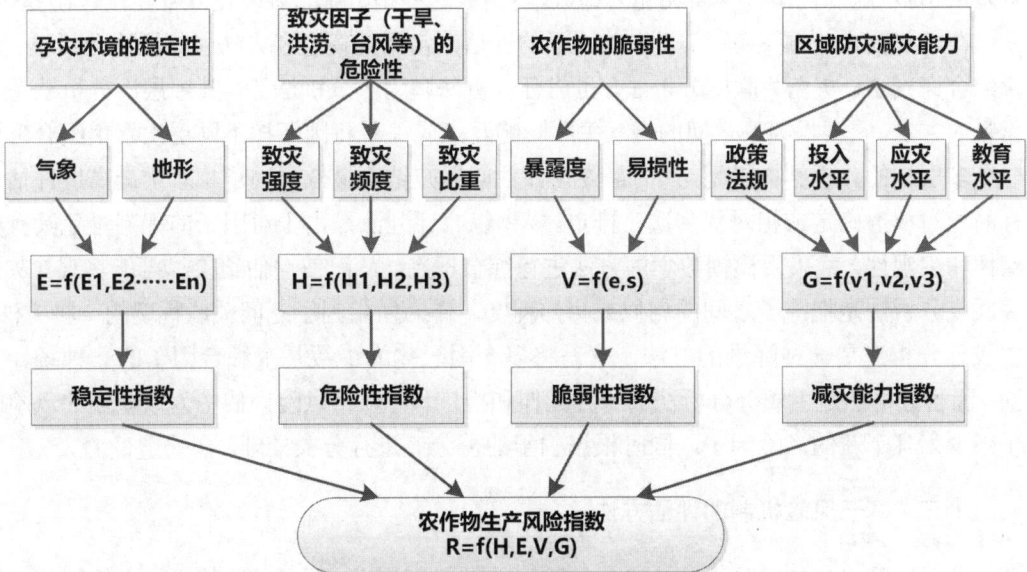

图 5-3　基于风险因子的农业生产风险评估法的一般范式

从图 5-3 可以看出，农业生产风险主要是从孕灾环境的稳定性、致灾因子（干旱、洪涝、台风等）的危险性、农作物（承灾体）的脆弱性和区域防灾减灾能力四个方面展开评估。下面具体展开。

（1）孕灾环境的稳定性。这是标定区域孕灾环境的指标，地球表层孕灾环境对灾害系统的复杂程度、强度、灾情程度，以及灾害系统的群聚与群发特征起着决定性的作用。针对农业，孕灾环境主要是指大气圈和岩石圈，通常可以从气象和地形两个因子进行衡量，即气象长期的稳定性和区域地形的复杂性。

（2）致灾因子的危险性。可以从致灾强度、致灾频度和致灾比重三个因子进行评估。其中致灾强度指致灾因子变异（即自然因素变异）的程度，如暴雨的雨量大小、台风的风级大小等；致灾频度指在一定时间范围内致灾因子出现的频度，次数越多说明危险性越高；致灾比重指区域内不同致灾因子出现的比重，是综合灾害风险的重要衡量指标。

（3）农作物（承灾体）的脆弱性。可从农作物的暴露度和易损性两个因子进行评估。其中农作物的暴露度指农作物暴露在灾害危险区内的数量或价值量，通常可用区域内农作物总播种面积来表征；农作物的易损性则指农作物本身对不同种类灾害及其强度的响应能力，如耐旱能力、耐涝能力、抗倒伏能力等，它与作物类型、作物品种及作物所处生育期密切相关。

（4）区域防灾减灾能力。指人类社会为防灾所配备的综合措施力度及针对特定灾害的专项措施力度等，通常可从该地区针对灾害的政策法规情况、减灾的投入水平、应灾水平和防灾减灾的教育水平等因子进行评估。

在提取出各个因子之后，需要对各因子进行量化和组合，并分别计算出稳定性指数、危险性指数、脆弱性指数和减灾能力指数，再集成这些指数综合计算出农业生产风险指数。

在一般范式的框架下，基于风险因子的评估法常用的模型和方法包括层次分析法、模糊综合评判法、灰色关联度分析法、主成分分析法和因子分析法等。其中层次分析法是最常见的方法，它根据因子之间的相互关联影响及隶属关系将因子按不同层次聚集组合形成一个多层次的分析结构模型，从而最终使评估问题归结成最低层因子相对于最高层评估目标的相对权值确定或相对优劣次序排定。模糊综合评判法是由于对因子的评判难免具有模糊性和主观性，故采用模糊数学的方法进行综合评判，从而使评估结果尽可能客观。灰色关联度分析法是把因子之间的相似或相异程度，作为衡量因子之间关联程度的一种方法。主成分分析法是一种降维的方法，它是将多个因子化为少数几个综合因子的一种统计方法。因子分析法是主成分分析法的一种延伸和推广，可以将风险评估中为数众多的风险因子减少为几个新的风险因子，同时根据因子的得分值进行分类处理。

（三）基于风险机制的评估方法

基于风险机制的风险评估法是从风险形成的机制出发（具体说，就是灾害机制与作物脆弱性机制耦合作用）展开风险评估，该方法的一般范式如图 5-4 所示。从致灾因子入手，通过对致灾因子的致灾机制研究获得致灾因子危险性概率分布曲线，曲线体现出致灾因子出现及强度的概率特征；对农作物（承灾体）的脆弱性机制进行研究，获得农作物在致灾因子作用下的减产率或灾损率，进行获得农作物脆弱性曲线。考虑到区域防灾水平（如灌溉水平）不同，可构建不同防灾水平下的脆弱性曲线；对不同致灾因子强度下农作物的暴露量（如产量或面积）进行测量，可获得农作物暴露量曲线（为了简化，暴露量曲线通常用单个暴露量值替代）；通过致灾因子危险性概率分布曲线、农作物脆弱性曲线和农作物暴露量曲线三者相耦合，可获得风险曲线，即农作物减产量（率）或灾损面积（率）的概率分布曲线。在基于风险机制的评估法中，对致灾机制和农作物脆弱性机制的研究是核心。

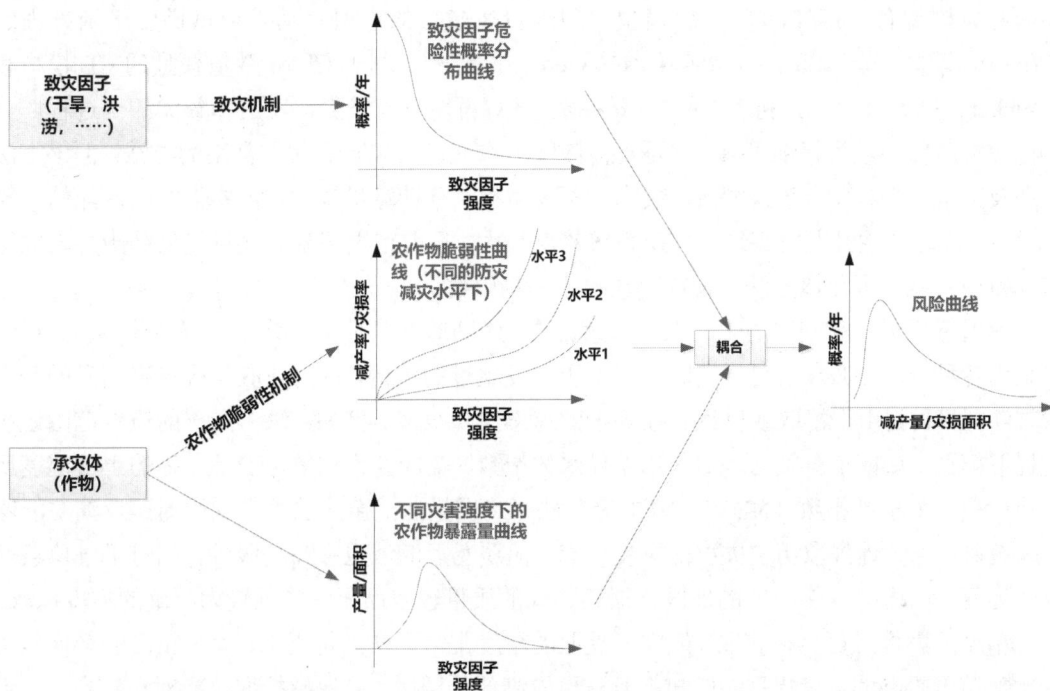

图 5-4　基于风险机制评估法的一般范式

1. 致灾机制研究方法

致灾机制研究是对致灾因子发生机制及灾害致灾过程的研究。致灾因子作为灾害发生的源头，通常从"时""空""强"三个参数进行描述。"时"是致灾因子的发生时间和持续时间；"空"是致灾因子出现的位置和作用范围；"强"是致灾因子出现的强度。灾害的致灾过程指致灾因子出现后，与地理环境要素相互作用而进行灾害过程演进，最终产生具有破坏力致灾度的过程，例如水淹、大风等。目前，致灾机制的研究方法主要有样本统计法、过程模拟法和遥感反演法。

样本统计法是在长时间序列的致灾因子数据样本的基础上，采用数理统计的方法对其"时""空""强"参数进行统计分析，获得其统计规律的研究方法。农业灾害主要是气象灾害，其致灾因子通常是气象因子，如洪涝的致灾因子是短时间内强降雨、干旱的致灾因子是长时间无降水、冷害的致灾因子是短时间低温、台风的致灾因子是短时间强风和强降雨，等等。利用样本统计法可直观、快速地获得灾害致灾因子的统计分布规律，其具有普适性。但样本统计法需要获得灾害致灾因子的长时间序列样本，同时致灾因子多变量（如"时"和"空"）的联合统计模型构建难度较大。此外，样本统计法常用于分析致灾因子的统计特征，而致灾度的统计特征分析还需要借助过程模拟法和遥感反演法。

过程模拟法是利用致灾过程的微观机制模型，借助计算机数值模拟技术，依托 GIS 等展示平台，再现历史灾害过程或模拟未来灾害情景，进而获得灾后致灾强度分布特征的研究方法。在农业灾害中，常用过程模拟法的是洪涝和台风两种灾害。例如，用于洪涝模拟的经典模型有 LISFLOOD-FP 模型，用于台风模拟的模型有基于台风梯度平衡方程的 Battes 模型、基于 Shapiro 数值风场的 Georgiou 模型、基于 Chow 数值模型的 CE 模型和 Vickery 风场模型等。利用过程模拟法能够微观再现灾害发生、发展和致灾的全过程，获得的灾度结果较为精细可靠，它是目前国际上农业巨灾风险评估中常用的方法。但该方法涉及灾害机制模型，该模型过于复杂，不易掌握，且计算量较大，需要借助高性能的计算设备。同时自主开发灾害过程模拟系统难度很大，目前绝大部分研究只能借助国外较成熟的模型系统，因此该方法的使用存在很大的局限性。

遥感反演法是利用历史的卫星遥感影像，借助遥感多时相、多光谱、多分辨率的特点，采用各种提取或反演算法，提取或反演历史发生过的灾情，进而获取相应灾度信息的研究方法。目前，用于提取或反演农业灾害的遥感模型很多。例如，洪涝灾害的淹没范围遥感提取模型，如阈值分类法、归一化差异水体指数、谱间关系法等，干旱灾害的土壤湿度反演模型，如植被指数（NDVI、VCI 等）法、热惯量法、微波法等。利用遥感反演法能够大范围、高效地提取历史灾害的灾度信息，但遥感反演法也存在局限性，如对于气象条件较为复杂（多云、多雨）的地区，遥感影像的质量较差而无法实现较为精确的灾度提取；低精度的影像虽可免费获取，但灾度提取的精度常常无法满足需求，而高精度的影像虽可实现精度较高的灾度提取，但却需要支付较高的购买费用；遥感提取仅针对历史灾情，无法对未来的灾害情景进行分析，缺乏预估能力。

2. 农作物脆弱性机制研究方法

在灾害学中，脆弱性用于衡量自然灾害发生时承灾体的损失程度。因此脆弱性机制研究的核心思想就是刻画致灾因子强度和承灾体脆弱性的定量关系，通常用曲线（曲面）来表征，即脆弱性曲线（曲面）。在农业领域，农作物作为自然灾害的承灾体，其脆弱性是指农作物在遭受不同的灾害强度时呈现出来的受破坏程度，通常用灾损率或减产率来表示。目前关于农作物脆弱性机制研究的方法主要有样本统计法、田间实验法和作物模型法。

样本统计法是利用收集或调查得到的实际历史灾情数据样本中的致灾与成灾一一对应关系，采用曲线拟合、神经网络等数学方法发掘脆弱性规律的研究方法。实际历史灾情数据主要来自历史文献、灾害数据库、实地调查数据、保险理赔数据等。利用统计模型法构建农作物脆弱性曲线可以较好地反映实际灾害情景中的农作物脆弱性水平，但在现实中，农作物的脆弱性还会受孕灾环境、防灾措施等多因素影响，因此灾情数据很难全面刻画出农作物复杂的脆弱性水平，并且可获取的灾情数据十分有限，使得脆弱性曲线的构建具有一定难度和不确定性。

田间实验法是在田间真实的土壤、自然环境下，通过模拟农作物受到各种灾害后真实的产量变化，从而构建农作物脆弱性曲线（或函数关系）的研究方法。利用田间实验法构建农作物脆弱性曲线（或函数）能真实、客观地测定出农作物在灾害影响下的产量损失情况，并可以以农作物品种和生育期为条件开展实验，以便更加全面地认识农作物的脆弱性。但是田间实验法是在特定的实验田、特定的自然环境下获得实验结果，结果的普适性受到一定限制。

作物模型法是利用成熟的作物模型模拟和计算农作物不同生育期中致灾因子对最终产量的定量影响来拟合脆弱性曲线。其中常用的作物模型主要有 DSSAT 模型和 EPIC 模型。作物模型法构建脆弱性曲线的优点在于可以模拟任意致灾强度中的农作物脆弱性水平，并且可以从灾害自身机制和农作物生长机制出发，详细描述农作物的脆弱性，但是存在着模型的运算量较大，技术要求高，在模型构建和模拟的过程中，还需要根据当地农作物观测数据进行检验和修正等缺点，存在着较大的不确定性。

（四）基于风险损失的评估方法

基于风险损失的风险评估法是直接从农业生产损失结果入手，通过构建损失的概率分布模型进而评估风险，该方法的一般范式如图 5-5 所示。基于风险损失的风险评估方法通常包括损失估计、模型选择和模型优选三个步骤，最终获得风险曲线（即最优的损失概率分布）。

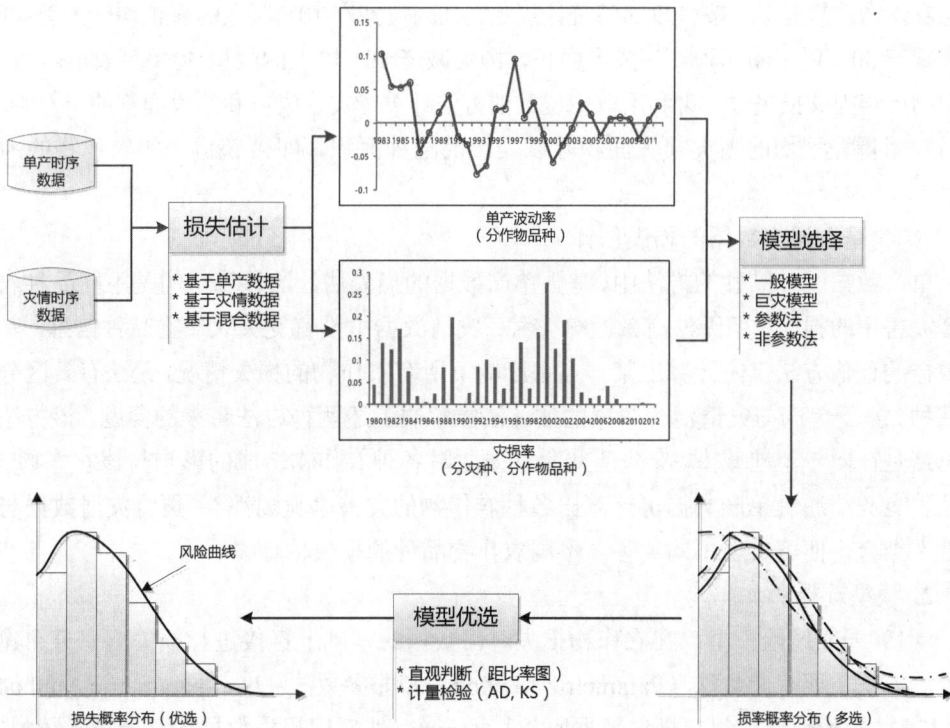

图 5-5　基于风险损失评估法的一般范式

1. 损失估计

可用于反映农作物生产损失的数据主要有两类，一类是农作物产量数据（单产数据），另一类是农作物灾情数据。根据所用数据的不同，农业生产损失估计的方法包括基于单产数据的损失估计、基于灾情数据的损失估计和基于混合数据的损失估计。

（1）基于单产数据的损失估计

用单产数据进行损失估计时，首先要对单产数据进行去趋势化处理，进而估算出减产波动。模拟农作物单产趋势的方法有很多种，但大体分为三类：回归方程法（Aggressive Model）、滑动平均法（Moving Average Model）和直线滑动平均法（Linear Moving Average Model）。回归方程法是一种最常见、最简单的趋势模拟方法，但它的使用前提是必须具有确定性的函数形式，不适用随机性时间趋势序列，且在趋势方程选择上具有较大的主观性；滑动平均法适用于长期趋势较为复杂，不规则变动很大的时间序列，其缺点是移动平均后的序列会损失样本，使样本量减小；直线滑动平均法是其中最优异的趋势模拟方法，它既不用主观假定（或判定）产量历史演变的曲线类型，又不损失样本序列的数量。确定单产趋势后，可对单产序列进行去趋势化处理，计算出农作物的"随机波动"序列。用当年的单产波动除以当年的趋势单产，即可获得当年的单产波动率。

（2）基于灾情数据的损失估计

在我国，各级民政部门负责全国的灾情统计任务，每年都有较为详细的灾情统计，与农作物灾情相关的指标包括受灾面积、成灾面积和绝收面积，且受灾、成灾和绝收的标准均与农作物产量有关。按民政部门统计规定，凡因灾减产10%以上的面积均计为受灾面积，因灾减产30%以上的面积计为成灾面积，因灾减产80%以上的面积计为绝收面积。在计算农作物历年因灾损失时，可利用取中位数的方法计算受灾、成灾和绝收面积的折算平均值。最后，用折算平均的因灾损失面积除以当年的播种面积，即可获得当年农作物的因灾损失率。

（3）基于混合数据的损失估计

单产数据区分品种的方法中，基于单产数据的损失估计法计算出的是不同品种农作物综合灾害下的损失，但无法有效区分灾种；灾情数据中没有受灾农作物品种信息，基于灾情数据的评估方法仅能计算出某一灾害影响下所有农作物的损失情况，无法有效区分农作物品种。基于单产与灾情混合数据的估计法能解决上述两种方法带来的问题。该方法的基本思路是在同一个地域内，某灾害事件的发生对各种农作物造成的影响与该农作物的"脆弱性"有关，通过单产数据可计算出各种农作物的灾害"脆弱性"，再将灾情数据与"脆弱性"结合，便可实现不同灾害、不同农作物品种的损失估计。

2. 模型选择

（1）一般风险模型：在农作物损失时序数据的基础上直接进行损失概率分布建模，建模的方法主要有参数法（Parametric Method）和非参数法（Non-parametric Method）两种。其中，参数法首先假定损失数据服从某种分布，然后用损失数据估算分布函数的参数，常用的概率分布模型包括 Beta 分布、Gamma 分布、反双曲正弦变换、Lognormal 分布、

Weibull 分布和 Logistic 分布等；非参数法则不需要事先假定农作物单产分布模型，具有分布形式自由、对函数形式假设要求宽松、受样本观测错误影响小的特点，常用的非参数模型有核密度估计（Kernel Estimation）模型。但非参数模型需要较大的样本量，通常样本量大于 30 时可采用非参数模型，反之建议采用参数模型。

（2）巨灾风险模型：对农作物损失序列数据中被判断为巨灾损失的序列数据进行损失概率分布的建模。从巨灾损失数据的角度上看，巨灾损失数据具有厚尾性，虽然损失发生概率很小，但一旦发生损失程度极大。极值理论作为概率统计理论的一个重要分支，其主要用于极端事件的研究，在研究厚尾数据的统计规律上具有优势。极值理论在农业巨灾风险评估中的应用主要有组内极大值（Block Maxima Method，BMM）模型和超阈值极值（Peaks Over a Threshold，POT）模型。

3. 模型优选

损失概率分布模型的优选目前还没有一个统一的标准，一般的优选步骤如下。第一，计算出损失数据的偏度和峰度值。第二，将偏度和峰度值与谢里克（Bruce J. Sherrick）等人[64]提出的距比例图（如图 5-6 所示）进行比对，初步挑选出较好的模型。第三，利用 Anderson-Darling（AD）、Kolmogorov-Smirnov（KS），Chi-square 等的计量经济学方法进行检验，确定最优的模型。

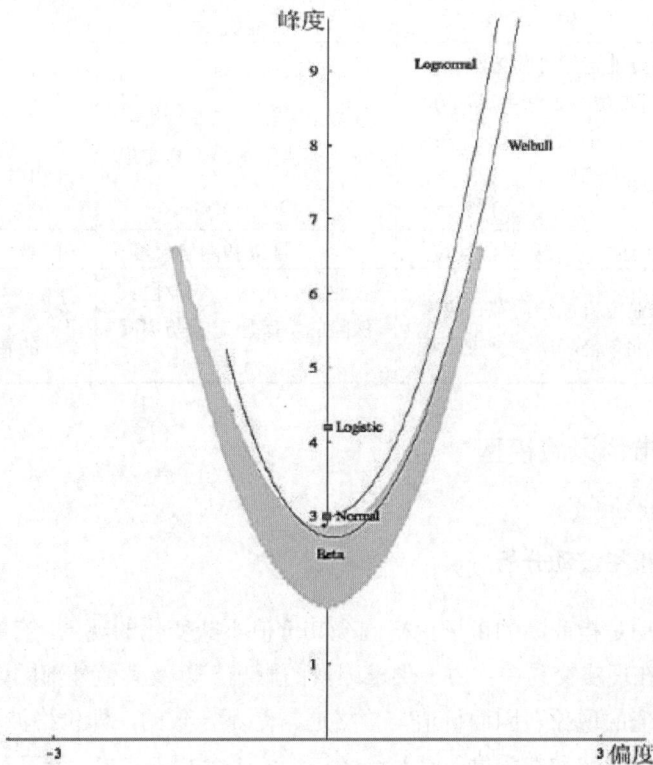

图 5-6　Beta、Weibull、正态、标准正态和 Logistic 模型的距比例图

（五）评估方法的对比

不同的评估方法拥有不同特征与适用范围，表5-1是三种风险评估方法在理论依据、特征、结果形式、优缺点、适用尺度和应用范围方面的对比分析结果。

表 5-1　三种风险评估方法的对比

评估方法	基于风险因子的评估法	基于风险机制的评估法	基于风险损失的评估法
理论依据	灾害系统的构成理论，任何一种自然灾害系统都包含致灾因子、孕灾环境、承灾体和防灾减灾能力四部分	任何农作物自然灾害都是灾害致灾过程与农作物灾害脆弱性相耦合的结果	数理统计原理，数据（产量或灾情）中包含丰富的风险信息，通过观察数据分布特征，合理选择统计模型便可获取统计意义上的风险量度
特征	是一种风险评估的溯源性思路，从导致风险的因子入手开展建模	是一种风险评估的机制性思路，从造成风险的因果入手开展建模	是一种风险评估的直观性思路，直接从风险结果入手开展建模
结果形式	风险指数	风险曲线（概率分布）	风险曲线（概率分布）
优点	易于全面、整体地把握风险要素，操作直观，实现难度小	能完整再现灾害过程和农作物灾损特征，评估结果客观	数学推理较强，结果表达方式多，评估结果较客观
缺点	典型的定性评估方法（严格说是半定性半定量方法），主观性强，评估结果仅能给出风险等级，无法进一步应用	复杂，无统一标准，机制模型构建困难，不易实现	非常依赖数据样本的"量"和"质"，在数据样本量不足、样本质量不佳和样本完全缺失的情况下无法顺利实施
适用尺度	国级、省级和县级尺度	省级、县级和网格尺度	国级、省级和县级尺度
应用范围	农业灾害风险防范、灾害早期预警和防灾减灾工程	农业灾害定损、农业巨灾保险的费率厘定、防灾减灾工程	农业一般保险与巨灾保险的费率厘定与区划

二、农业市场风险模型

（一）市场价格波动分析

市场价格波动是指商品的市场价格围绕其价值不断变化的现象，有时高于其价值，有时低于其价值。在现实交易中，由于供求因素的影响，以及其他外部因素的冲击，价格通常会出现偏离价值的现象，因而价值与价格通常是不一致的，即价格波动是普遍存在的。同时价值制约着价格波动的幅度，使得价格与价值不会相差过大。农产品市场价格波动直接影响着农业生产经营主体的收益，是农业生产经营主体面临的主要风险，要分析、评估和管理好农产品市场风险，就需要深入研究农产品价格波动的特征和规律。

市场中存在价格波动是必然的。受各种因素及经济主体预期的影响，农产品价格围绕其市场均衡价格产生波动，市场价格涨落不停。一方面，市场经济条件下，农产品价格受农产品供求关系影响，而农产品生产既是经济再生产过程又是自然再生产过程，其生产周期长，由此农产品供给短期弹性较小，长期供给弹性较大。加上农产品需求受"凯恩斯陷阱"和"恩格尔陷阱"双重影响，需求弹性一般较小，因此农产品价格呈"蛛网发散型波动"，这意味着依靠目前不完善的市场机制调节市场供求，会使农产品供应波动大，表现为农产品价格大起大落。另一方面，农户往往会根据现有的市场价格来决定未来的种植、养殖种类和数量，当本期的农产品价格较高时，就会吸引大量的农业生产经营者，他们在下一期选择进入该农产品市场，使得供给增加，该农产品供过于求，价格骤降，而由于该农产品价格降低，下一年就会有农业生产经营者选择退出该种农产品，如此循环往复，致使农产品价格不断波动，形成价格剧烈波动的市场风险。

农产品市场价格波动有一定的规律性和不同波动特征，研究分析农产品市场价格波动规律和特征，有利于提高对未来市场形势的把握能力，为市场风险规避和市场宏观调控提供决策依据。一般来说，价格随时间序列的变化是由其自身的趋势成分、周期成分、季节成分、随机成分共同作用的结果。农产品价格波动分解就是通过统计方法将农产品市场价格的变化分解为趋势变动、周期波动（循环变动）、季节波动和随机波动等部分，并进一步分析不同部分的波动特点。

（二）市场价格传导分析

所谓市场价格传导，是指在市场经济条件下，农产品价格体系中某一农产品价格受多种因素的影响而产生波动，并且在其他农产品之间相互传递和相互影响，反映了农产品系统内部各组成部分之间的相互联系，既包括农产品产业链上游、中游、下游产品之间的纵向价格传导，也包括不同国家、不同地区、不同品种、不同市场间的横向价格传导。研究农产品价格传导，把握农产品价格在时空上的分布和相互影响，对于分析、评估和管理农产品价格风险具有重要价值。

根据传导流向路径类型的不同，可以将农产品价格传导分为产销间和产业链间农产品价格传导两大类。产销间农产品价格传导，亦称空间农产品市场价格传导、区域型农产品价格传导、横向农产品价格传导，指某种农产品在不同区域间的价格传导机制。产业链间农产品价格传导，亦称上下游农产品价格传导、纵向农产品价格传导，指产业链内部上游生产领域、中游流通领域和下游消费领域间的农产品价格传导。

农产品价格传导除与一般工业品一样，受供求状况变化、信息传递效率、市场结构、市场制度等诸多复杂因素影响外，也因农产品自身的属性而具有一定的特殊性。例如，农产品生产的季节性和周期性明显，尤其鲜活农产品，多易腐、不耐存贮，导致上游农资成本提高在很多时候需要在生产过程中消化，不能充分地传导反映在农产品生产价格上，价格传导存在一定的阻滞。再如农产品，特别是一些关系国计民生的农产品，往往受到国家政策一定程度的干预，由此表明农产品市场价格传导的路径、强度和速率并不完全与完全市场驱动条件下相同，从而降低了农产品市场价格的波动。这些政策性干预措施，也可以被视为应对农产品市场风险的政策性工具。

（三）市场价格风险评估

市场风险评估，就是对风险识别发现的问题进行分析，并找出其可能引起的不良结果及相关过程。为了进一步分析已识别出的市场风险对经营主体的影响，可以依照重要程度，分清主次，找出主要市场风险因素，并采取相应的防范措施。市场风险可由价格的波动大致反映出来，一般采取概率方法对风险进行估计，主要有以下两种。

1. 均值方差评估法

最早定量化风险度量方法的是马柯维兹提出的均值-方差理论。1952 年，马柯维兹将统计学中"期望"与"方差"的概念引入了对资产组合问题的研究，提出要"用资产收益率的期望来度量预期收益，用资产收益的标准差来度量风险"的思想，实现了将风险定量化。这种方法用数学期望来表示价格平均值，用方差作为度量风险的指标。当价格变化成对称分布时，方差越大，说明价格的波动越大，潜在损失也越大。农产品在 t 时刻的价格 $x(t)$ 是随机变量，则在 t 时刻的价格平均值 $R(t)$ 和风险 $VaR(t)$ 分别为 t 时刻农产品价格的数学期望和方差，即：

$$R(t) = E\big[x(t)\big] \qquad\qquad 式（5-1）$$

$$VaR(t) = D\big[x(t)\big] = E\big[x(t) - R(t)\big] \qquad\qquad 式（5-2）$$

为了计算农产品价格的均值和风险，必须知道农产品的价格在 t 时刻的条件概率密度。

令 $p(x, t; x_0)$ 表示从初始 $t=0$ 时刻价格水平为 x_0 的状态转移到 t 时刻价格水平 $x(t)$ 状态的转移概率密度。如果已知农产品价格的转移概率密度 $p(x, t; x_0)$ 那么，就可以得到农产品的价格在任意 t 时刻的数学期望值 $R(t)$ 和风险 $VaR(t)$：

$$R(t) = \int_{-\infty}^{+\infty} xp(x, t; 0)\, dx \qquad\qquad 式（5-3）$$

$$VaR(t) = \int_{-\infty}^{+\infty} \big[x(t) - R(t)\big]^2 p(x, t; 0)\, dx \qquad\qquad 式（5-4）$$

后来风险度量的方法得到不断延伸，相继出现了"安全第一法则"、半方差法、随机主导法则、贝塔值、资本资产定价模型、LPM 模型及 RLPM 模型等。然而这些方法存在的一个共同问题是，都将分析对象的分布形式假设为呈正态分布，对风险的度量过于抽象、不直观，并且反映的只是市场的波动幅度，而并非真正的风险状态。

2. 风险价值 VaR 评估法

从统计的意义上讲，VaR 是指面临"正常"的市场波动时"处于风险状态的价值"，即在给定的置信水平和一定的持有期限内，预期的最大损失量（可以是绝对值，也可以是相对值）。具体而言，是指在正常的市场条件下和一定置信水平 α 下，给定时间段内预期发生最坏情况的损失大小 X，其数学定义为：设 X 为描述资产组合损失的随机变量，$F(X)$ 是其概率分布函数，置信水平为 α，则 $VaR(\alpha) = -\min\left\{\dfrac{x}{F(x)} \geqslant \alpha\right\}$，即：

$$P(\Delta X > VaR) = 1 - \alpha \qquad\qquad \text{式（5-5）}$$

式（5-5）中的 ΔX 为资产组合在持有期内的损失，VaR 为置信水平 α 下处于风险中的价值。从上述公式中不难看出，VaR 实际上就是计算 $F(X)$ 在置信水平 α 下的上分位数或下分位数，因此完全能够用于市场价格风险的度量。

第三节　农业风险模型系统应用

一、农业风险模型系统的应用价值

农业风险模型系统是指借助现代信息技术集成与管理农业风险模型库，在农业综合风险大数据的基础上，通过农业风险模型的计算和模拟调用，自动和智能地输出农业风险分析与决策结果，服务农业保险全流程农业风险管理的信息化系统。

结合农业保险的应用场景，农业风险模型系统可以在（但不限于）科学定价、产品创新、风险管控和巨灾防范四个方面发挥潜在应用价值。

（一）科学定价

保险费率是合理确定保费的重要参数，直接关系到保险人和被保险人的利益。我国农业保险一直以来在费率定价上相当粗放，依旧实施"一省一费率"的定价模式。但众所周知，农业保险的标的是有生命的动植物，其种类繁多、生命规律各异、抵御自然灾害和意外事故的能力各不相同，加之农业生产区域辽阔、地理环境复杂、灾害种类繁多、发生频率和强度各异，因此农业风险具有明显的种类特异性和区域差异性。农业风险的这些特性要求开展农业保险时必须充分考虑不同农作物及不同区域的农业风险大小和特点，进行农业风险分析和评估，准确厘定农业保险产品的费率，实现保险费率和保险责任的对等，实现保险经营的"一致性"和"公平性"。因此，通过建立农业风险模型系统，在农业、气象、灾害、保险等大数据的支持下，集成成熟的农业风险模型，能对不同农作物、不同区域、不同灾害的风险进行自动化模拟与演算，智能化地生成保险费率方案并支持方案的动态调整，为农业保险的费率科学厘定提供重要支撑。

（二）产品创新

保险产品创新是农业保险创新发展的重要组成部分，是拓展农业保险广度与深度的一项重要工作。为克服传统农业保险产品存在的运营成本大、逆向选择和道德风险严重等弊端，国内企业纷纷开始创新指数保险产品试点工作，包括天气指数保险、价格指数保险、区域产量指数保险、区域收入指数保险等。指数保险的赔付标准与单个农户的行为无关，有效解决了传统保险产品中逆向选择和道德风险问题，大大降低了保险运营成本。指数保险实质上是对农业系统风险的分散和转移，其实施效果取决于农户个体风险与指数系统风险的相关度，相关度越大，则"基差风险"越小，购买指数保险对农户的保障效果越好。因此，各类指数保险产品的区域适用性评价及具体方案设计，需要依托农业风险模型。只有利用风险模型才能评估出各类指数风险大小，确定触发指数保险起始赔付的阀值和超越阀值的赔付标准，衡量指数系统风险和农户个体风险间相关度，削弱"基差风险"，提供指数保险产品创新所需要的各种技术指标。通过建立农业风险模型系统，将指数保险风险模型集成到系统中，在大数据支持下就能高效、快速、智能地开展保险指数的识别、筛选、演算，实现指数风险评估和费率厘定，自动生成指数保险方案，进而提升农业保险的指数保险产品创新的效率。

（三）风险管控

农业面临的风险，不管是生产风险还是市场风险，都是在动态变化的。尤其是农业生产面临的气象灾害风险，具有显著的突发性和灾难性，一旦发生就有可能造成较大的损失。有远见的保险经营者不会单纯依靠灾后赔款来争取保险客户，灾前预防的作用远比灾后补偿的作用要大得多、经济得多。因此，提前制定好灾害预警、灾害风险研判和减防灾防损措施，逐渐成为保险风险管控的必要措施。同时保险防灾防损也增加了保户的安全度，提高了保户的防损自救能力，也使社会整体防灾减灾水平得以提高，有效地减轻了灾害的危害，减少了经济损失，是争取保险效益和社会效益的有效途径。通过建立农业风险模型系统，将农业风险动态分析与决策模型集成到系统中，接入气象灾害预报、市场价格预测等动态信息，开展农业风险的动态预测与分析，提前研判农业保险的风险态势，协助做好保险防灾防损决策和资金投向，模拟检验保险防灾防损措施的实际效能，并进一步对比各种防灾防损方案，做出各种防灾防损对策的效益分析。

（四）巨灾防范

农业风险大多源于人类难以抵御的自然灾害，在灾害事故及灾害损失中往往表现为时间与空间的高度相关性，因此农业巨灾损失无法避免。随着全球气候变暖所引发的极端性天气事件发生的频率和强度加大，农业生产巨灾风险发生的概率进一步提高。农业风险的相关性特点使得农业保险始终面临巨灾风险威胁，因此必须建立农业巨灾风险分散机制与制度，保障农业保险持续稳定发展。而农业巨灾风险分散机制与制度的建立，需要在对农业巨灾风险发生特点和危害程度调研的基础上，深入开展对农业巨灾风险的风险评估，确定农业巨灾风险大小和发生概率，把握农业巨灾风险时空分布规律和特征，估计农业保险相关主体间风险承受能力和分担比例，为农业巨灾风险分散机制和制度建立提供科学依据。然而，由于农业巨灾的灾情和灾损数据相对匮乏，一般风险模型无法满足巨灾风险分析与评估的要求。借助灾害机制模型与计算机仿真技术开展巨灾风险模拟评估是国际上通用的方法，国际上也出现了许多巨灾风险模拟分析软件。因此有必要开展农业巨灾风险模型系统的研发，集成我国的巨灾风险模型与模拟算法，开展农业巨灾风险的模拟与演算，为我国开展农业巨灾风险分散，健全农业巨灾风险保障体系提供技术支撑。

二、农业风险模型系统的建设路径

（一）系统整体架构

农业风险模型系统是在集成风险模型的基础上结合业务应用场景研发而成的信息化系统。从系统论上看，农业风险模型系统的架构至少包括如下几层部件：设施层、数据层、模型层、应用层、对接层和用户层，如图 5-7 所示。

（1）设施层。高性能的服务器集群是农业风险模型系统高效运行的底层基础。其中高性能 GPU 服务器集群是农业风险模型系统区别于其他应用系统的特殊要求。GPU 服务器基于 GPU，提供视频编解码、深度学习、仿真模拟、科学计算等多种场景的快速、稳定、弹性计算服务。

（2）数据层。完备的风险数据库是农业风险模型系统运行的数据基础，是农业风险模型赖以计算、分析、模拟、输出的必要条件。有关风险数据库的详细内容将在后续章节中详述。

（3）模型层。风险模型库是农业风险模型系统的核心部件，由编译后的模型代码文件按照一定规则进行组织管理。有关风险模型库与模型库编译环境的详细内容将在后续章节中详述。

（4）应用层。由模型库管理系统和模型库应用系统组成，模型库管理系统对风险模型库进行组织与管理，模型库应用系统则对风险模型库进行调用以实现业务应用。有关模型库管理系统和模型库应用系统的详细内容将在后续章节中详述。

（5）对接层。为了更好地服务业务应用，农业风险模型系统应该能够支持与政府保险监管平台、保险公司的农业保险核心业务系统和农业科技研究服务平台等进行对接，实现业务的融合。

（6）用户层。农业风险模型系统可以服务政府监管部门，进行农业风险评估与费率定价；服务从事农业保险直保和再保公司（精算师、再保业务员、风控岗位），进行费率定价、产品创新、风险管控等；服务科研机构，开展农业风险评估、风险分散机制与政策的研究等。

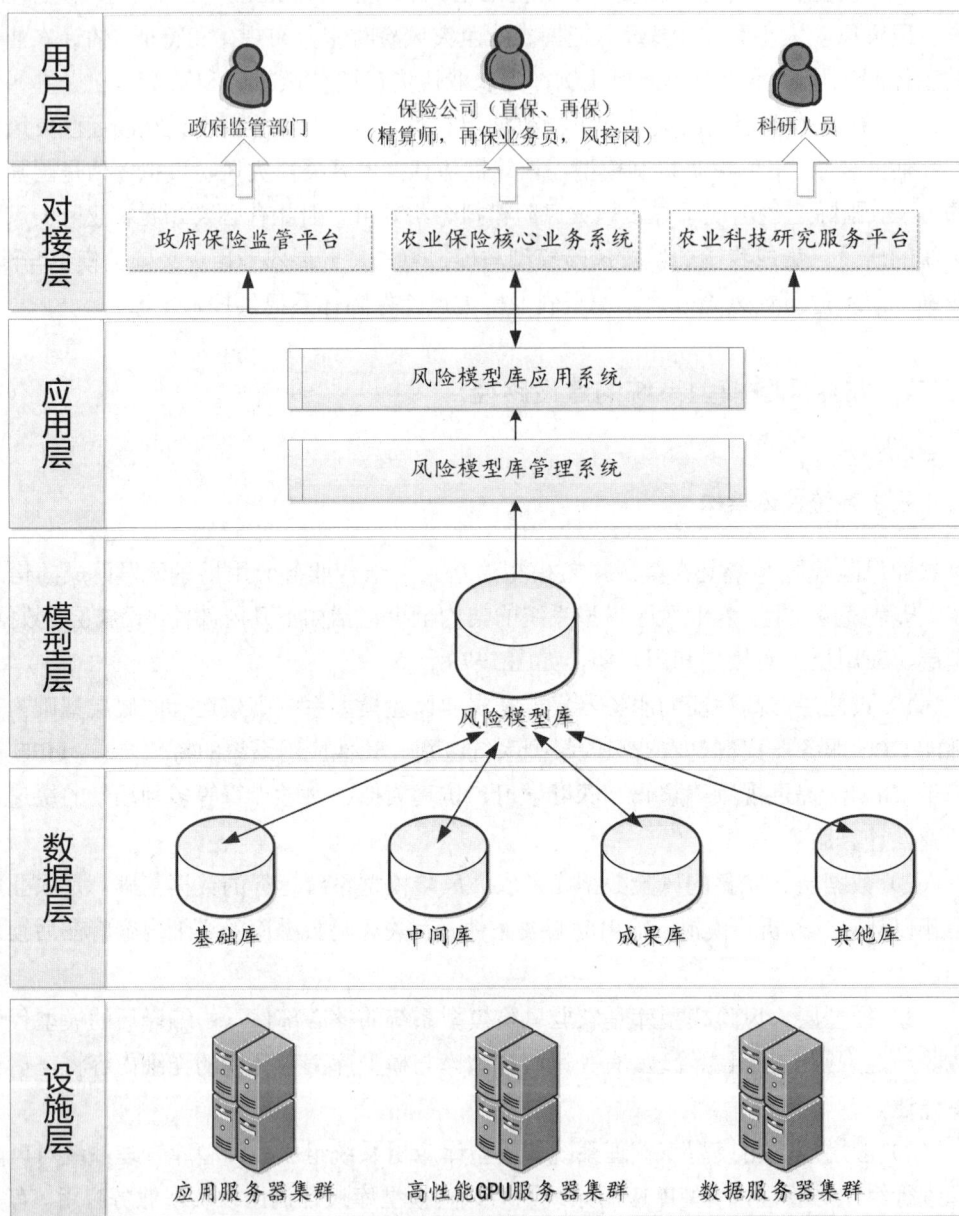

图 5-7　农业风险模型系统的整体建设架构（建议）

（二）风险数据库

风险数据库是农业风险模型系统运行的数据基础，承担着风险模型输入和输出的重要任务。根据风险模型的运行逻辑，风险数据库主要可分为基础库、中间库和成果库，如图5-8所示。

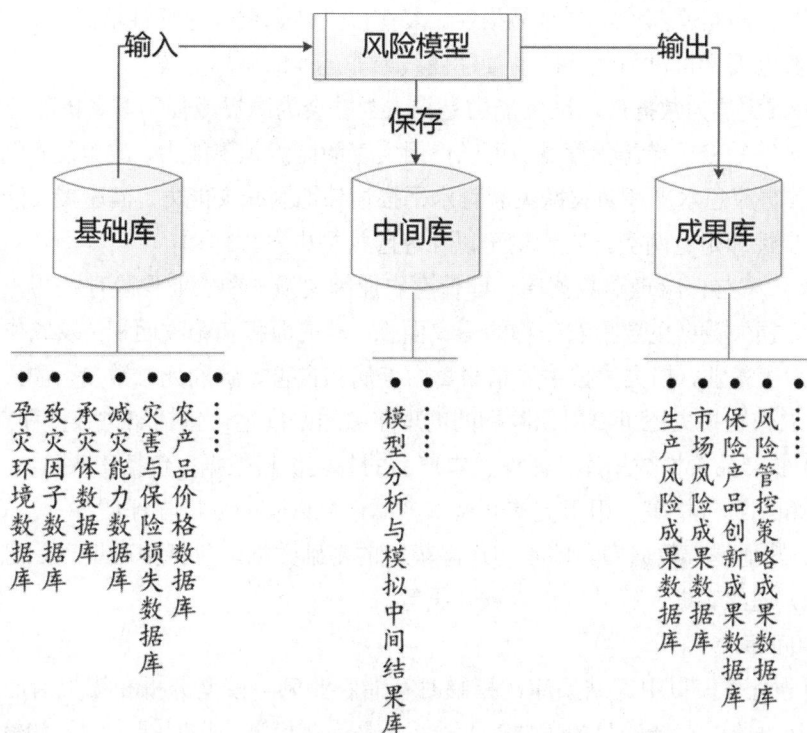

图 5-8　风险数据库分类组织与运行逻辑

1. 基础库

基础库又称原始库，主要存储农业风险模型分析计算与模拟运行的输入数据。根据农业风险模型方法体系和输入条件，可以将基础库进一步分解成（但不限于）如下几个数据库。

（1）孕灾环境数据库。孕灾环境是灾害形成和发展的背景条件，大气、水文、地质、海洋等环境差异，使灾害发生的强度，以及承灾体的分布与特性千差万别。孕灾环境数据库进一步由大气圈、水圈、岩石圈、生物圈孕灾环境数据库组成，大气圈数据包括但不限于气象和气候数据；水圈数据包括但不限于海洋、河流、湖泊等数据；岩石圈数据包括但不限于地形、地貌、土地利用、土壤等数据；生物圈数据包括但不限于病虫害和疫病等数据。

（2）致灾因子数据库。农业生产面临的主要是自然灾害风险，自然灾害的主要致灾因子有洪涝、干旱、台风、冰雹、冷害、霜冻等。致灾因子数据是描述各种灾害因子的强度、频率、持续时间、周期性、趋势等，以表征其危险性的参数，如洪涝因子的数据包括降水、流量、径流、淹没历史、淹没深度、洪水速度等。

（3）承灾体数据库。承灾体是风险损失的承担对象。种植业风险的承灾体主要是大田和保护地农作物等，养殖业风险的承灾体主要是牲畜和畜禽等，林业风险的承灾体主要是森林和果树等，渔业风险的承灾体主要是鱼类和水产品等。描述承灾体的风险特性要素主要有两类，一是暴露度，二是易损性。暴露度的数据要素包括种植面积、养殖数量等；易损性的数据要素可以是连续的易损性曲线或非连续的破坏矩阵。

（4）减灾能力数据库。减灾能力是指人类社会为防灾减损所配备的综合措施力度及针对特定灾害的专项措施力度等。可以使用灾害的监测预警能力、政策法规情况、减灾投入水平、灾害应急水平和防灾减灾教育水平描述该地区减灾能力。描述减灾能力数据的方式通常有定性和定量两类，它们均可以在风险模型中发挥作用。

（5）灾害与保险理赔数据库。即保存农业因灾损失和农业保险理赔损失的数据。针对种植业，损失数据主要指农作物的受灾面积、承灾面积和绝收面积，及农作物产量减产率等；针对养殖业，损失数据主要指畜禽由疾病和灾害导致的死亡数量。如果从保险的视角出发，农作物损失还可以用保险标的的理赔数据来描述，包括赔付数量和赔付金额。

（6）农产品价格数据库。即保存农产品的各类价格数据，包括田头价格、批发价格、零售价格和期货价格等，用于支持开展农产品市场风险的分析与评估。

（7）其他基础数据库。即参与风险模型的基础数据，包括基础地理信息数据、卫星（无人机）遥感数据、行政区划界线数据等。

2. 中间库

模型分析与模拟中间结果库，指临时存储农业风险模型分析和模拟后产生的中间数据。中间数据临时存储的目的主要有两个：一是为跨模型应用时提供输入和输出的连接文件，二是记录模型计算节点、输出结果和出错异常等运行日志。中间结果库通常采用非结构化的文件存储方式，并按照预定的目录结构进行组织与管理。中间结果库需要定期清除，可采用自动程序清除或定期人工清除等清除方式，以便释放数据库的存储空间。

3. 成果库

成果库又称结果库，是农业风险模型分析与模拟后得到的最终结果，并依据前端业务应用需求制成对应的专题成果，成果表现形式可以是数值、图表、表格或者地图等。根据成果内容不同，成果库可以分解成（不限于）如下几个数据库。

（1）生产风险成果数据库。农业生产风险结果取决于基础风险数据及模型方法的完善程度。根据风险严重程度，可以分为一般风险结果和巨灾风险结果；根据形式，可分为定性结果、半定量分级结果、定量结果等；根据输出内容，可以分为有各种年遇水平下的期望损失、有一定年遇范围内的平均期望损失（AAL）、有最大可能损失（PML）等；根据空间尺度，可以分为全国、省级、县级、乡镇级，甚至栅格级等尺度。

（2）市场风险成果数据库。这是农产品市场价格分析或模拟后的输出结果，包括但不限于农产品市场价格波动率、波动周期、传导速率、价格风险损失率等，结果形式主要是数值和图表等。

（3）保险产品创新成果数据库。这是农业风险模型参与开发得到的创新农业保险产品库，具体包括创新保险产品名称、简介、服务区域等基本信息和产品对应的各种参数，如纯风险损失率、费率、保额、指数、指数方案、指数阈值、指数赔付标准、历史赔付率等。

（4）风险管控策略成果数据库。这是运用农业风险模型制作的风险管控策略库，具体包括风控策略名称、风控策略方案、灾害预测情况、防灾减损措施、预计保险理赔、模拟演练效果、策略综合评价等级等。

当然，作为一个面向应用的系统，农业风险模型系统还有系统管理数据库和业务管理数据库，用于对用户权限、日志、业务运行等相关数据进行存储与管理，但这些数据库与风险模型的联系不大，因此不做详细说明。

（三）风险模型库

模型以某种形式对一个系统本质属性进行抽象描述，以揭示系统的功能、行为及其变化规律。从表面的、单纯文字性的描述逐步深入建立抽象的、反映本质的数学模型，以刻画因各种因素共同作用而形成的现象，模型帮助用户有效地从众多相关因素中找到重要的成因联系与因果关系。在实际问题中，单一模型往往满足不了复杂的目标需求，于是模型库应运而生。

模型库是在计算机中按照一定结构形式存储的、为一定目的服务的模型集合。与传统软件包相比，模型库将各个独立的、互相无约束的模型按照特定的组织结构形式关联起来，以方便对模型进行管理和使用。模型库有如下两种：一是根据通用功能建立的基本模型组件库，二是根据具体应用场景定义的应用模型库，即通过对基本模型组件进行继承开发或者组合形成新的模型件库。

基础模型库存储通用的、规范的、可多次重复使用的基础模型，以单元模型方式存在。应用模型库存储的针对专业应用问题的应用模型，包括单元模型和复合模型。两个模型库在结构和存储方式上是一致的，不同之处在于模型间的耦合关系。

模型库的物理表现形式主要是以文件夹目录的方式存储。风险模型库包括基础模型库和应用模型库，每一个模型库由一个独立的文件夹目录表示（如图 5-9 所示）。相应的模型库中包含子模型库，针对不同的功能和应用，子模型库是模型的集合，其中是相关的模型。

模型的存储包括模型体和模型元数据的存储。模型体是模型的程序部分，可被设计成具有标准化输入和输出接口的库函数形式。模型元数据则可视为模型属性。

模型体文件通常是通过模型开发与编译环境编译获得，并能直接被前端应用程序调用的库函数文件，如动态链接库 dll、COM 组件、Java 包或 API 等。常见的模型开发与编译环境包括但不限于 R 环境、Python 环境和 MATLAB 环境等。

（四）风险模型库编译环境

为了让风险模型能在应用系统中发挥作用，需要将模型编译成可执行库文件，并将其放入模型库中供应用系统嵌入调用。目前常用的数学模型代码开发与编译环境有 R 环境、Python 环境和 MATLAB 环境。

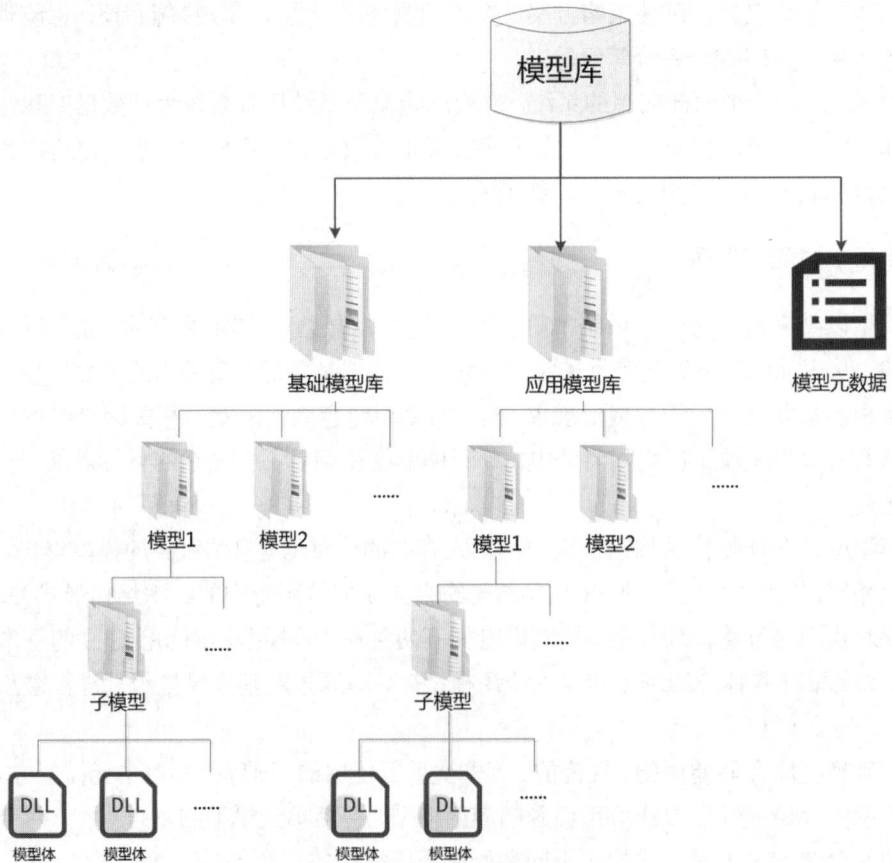

图 5-9 风险模型库的逻辑结构

1. R

R 是统计领域广泛使用的，诞生于 1980 年左右的 S 语言的一个分支。可以认为 R 是 S 语言的一种实现，而 S 语言是由贝尔实验室（AT&T）开发的一种用来进行数据探索、统计分析和作图的解释型语言。最初 S 语言的实现版本主要是 S-PLUS。S-PLUS 是一个商业软件，它基于 S 语言，由 MathSoft 公司的统计科学部进一步完善。后来，新西兰奥克兰大学的罗伯特·杰特曼（Robert Gentleman）和罗斯·伊哈卡（Ross Ihaka）及其他志愿人员开发了一个 R 系统。R 可以被看作是对贝尔实验室的里克·贝克尔（Rick Becker）、约翰·钱伯斯（John Chambers）和艾伦·威尔克斯（Allan Wilks）开发 S 语言的一种实现。

R 是一套完整的数据处理、计算和制图软件系统。其包括数据存储和处理系统，数组运算工具（其向量、矩阵运算方面功能尤其强大），完整连贯的统计分析工具，优秀的统计制图功能，简便而强大的编程语言，它可操纵数据的输入和输出，实现分支、循环，用户可自定义功能。

与其说 R 是一种统计软件，还不如说 R 是一种数学计算的环境，因为 R 提供了若干统计程序，使用者只需指定数据库和若干参数便可进行统计分析。R 提供了一些集成的统计工具，但更重要的是提供各种数学计算、统计计算的函数，从而让使用者能灵活机动地进行数据分析，甚至创造出符合需要的、新的统计计算方法。

该语言的语法从表面上类似 C，但在语义上，其是函数设计语言的变种，并且和 Lisp 及 APL 有很强的兼容性。这使得它可以把表达式作为函数的输入参数，而这种做法对统计模拟和绘图非常有用。

R 是一个免费的自由软件，它有 Unix、Linux、MacOS 和 Windows 版本，均可以免费下载和使用。R 的安装程序中包含了 8 个基础模块，其他外在模块可以通过下载获得。

R 的源代码和已编译的可执行版本也可自由下载使用，并可在多种平台上运行。R 主要是以命令行操作，同时有人开发了几种图形用户界面，如图 5-10 所示。

R 具有多种统计学及数字分析功能。因为与 S 语言的"血缘关系"，R 比其他统计学或数学专用的编程语言有更强的物件导向（面向对象程序设计）功能。R 的另一强项是绘图功能，制图可加入数学符号。

R 的功能还能够通过由用户撰写的套件增强，增强的功能包括特殊的统计技术、绘图功能，以及编程界面和数据输出/输入功能。这些套件包是以 R 语言、LaTeX、Java 及最常用的 C 语言和 Fortran 撰写的。其中有几款较为常用，如经济计量、财经分析、人文科学及人工智能等。

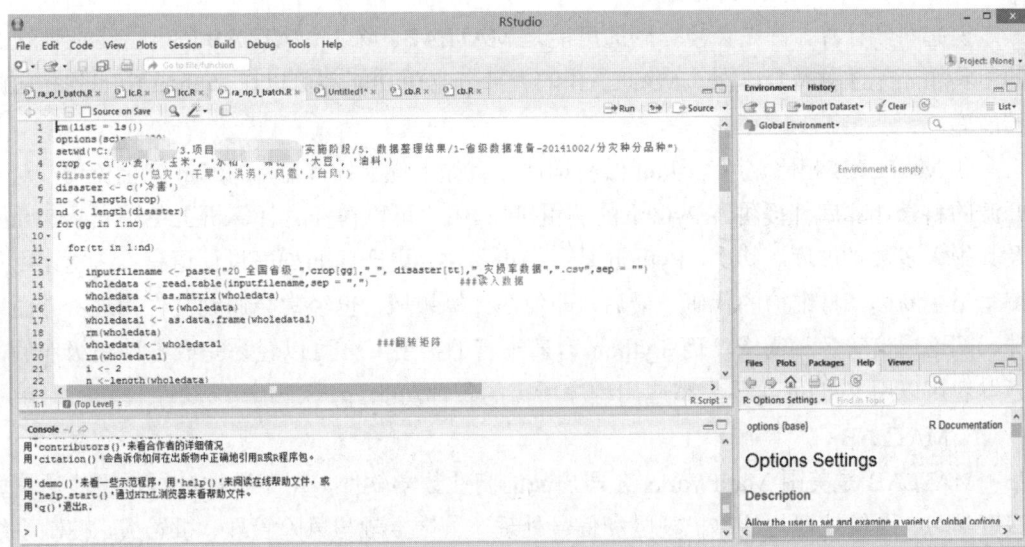

图 5-10　R 的开发工具（R-Studio）

2. Python

Python 是由荷兰数学和计算机科学研究学会的吉多·范罗苏姆于 20 世纪 90 年代初设计的，被用作 ABC 语言的替代品。Python 提供了高效的数据结构，还能简单高效地面向对象编程。Python 语法和动态类型，以及解释型语言的本质，使它成为多数平台上写脚本和快速开发应用的编程语言，随着版本的不断更新和语言新功能的添加，其逐渐被用于独立的、大型项目的开发。如图 5-1 所示。

（1）Python 的一般优点

Python 是一种代表简单主义思想的语言，它的底层是用 C 语言写的，很多标准库和第三方库也都是用 C 语言写的，其运行速度非常快。Python 是免费、开源的，使用者可以自由地对 Python 软件进行拷贝，阅读它的源代码，对它做改动，把它的一部分用于新的自由软件中。Python 有良好的跨平台特性，可以被下载到许多系统内，诸如 Unix、Linux、MacOS 和 Windows 等，设置在谷歌基于 Linux 开发的安卓系统上。

Python 既支持面向过程的编程，也支持面向对象的编程。在"面向过程"的语言中，程序是由过程或仅仅是可重用代码的函数构建起来的。在"面向对象"的语言中，程序是由数据和功能组合而成的对象构建起来的，函数、模块、数字、字符串都是对象，并且完全支持继承、重载、派生、多继承，有益于增强源代码的复用性。

Python 本身被设计为可扩充的，但并非所有的特性和功能都集成到语言核心。Python 提供了丰富的 API 和工具，以便程序员能够轻松使用 C 语言、C++编写扩充模块。Python 编译器本身也可以被集成到其他需要脚本语言的程序内。

Python 具有可嵌入性，可以把 Python 嵌入 C 语言、C++和 Java 等程序中，从而为程序用户提供脚本功能。

（2）Python 科学计算优势

说起科学计算，首先会被提到的可能是 MATLAB。除了 MATLAB 的一些专业性很强的工具箱还无法被替代之外，MATLAB 的大部分常用功能都可以在 Python 中找到相应的扩展库。

和 MATLAB 相比，用 Python 做科学计算有如下优点：首先，Python 完全免费，众多开源的科学计算库都提供了 Python 的调用接口。用户可以在任意计算机上免费安装 Python 及其绝大多数扩展库。其次，Python 是一门更易学、更严谨的程序设计语言。它能让用户编写出更易读、易维护的代码。最后，即使在计算领域，也经常会遇到文件管理、界面设计、网络通信等各种需求，而 Python 有着丰富的扩展库，可以轻易完成各种高级任务，开发者可以用 Python 实现完整应用程序所需的各种功能。

3. MATLAB

MATLAB 是美国 MathWorks 公司出品的商业数学软件，用于数据分析、无线通信、深度学习、图像处理与计算机视觉和信号处理、量化金融与风险管理、机器人、控制系统等领域。

MATLAB 是 Matrix 和 Laboratory 两个词的组合，意为矩阵工厂（矩阵实验室）。它将数值分析、矩阵计算、科学数据可视化，以及非线性动态系统的建模和仿真等诸多强大功能集成在一个易于使用的视窗环境中，为科学研究、工程设计及必须进行有效数值计算的众多科学领域提供了一种全面的解决方案，并在很大程度上摆脱了传统非交互式程序设计语言（如 C、Fortran）的编辑模式。

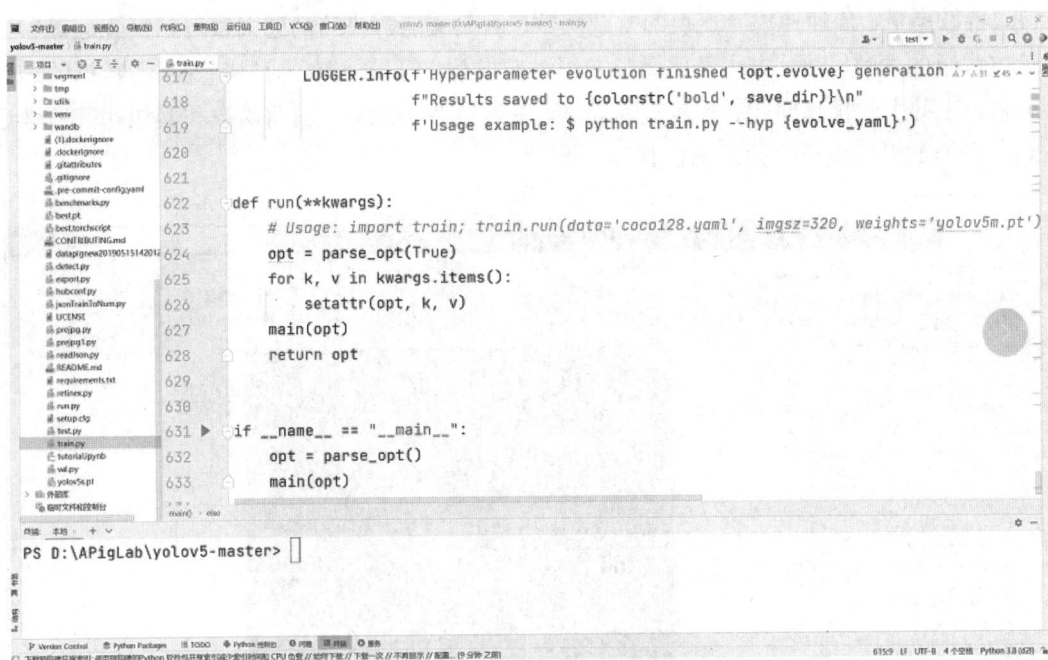

```
617            LOGGER.info(f'Hyperparameter evolution finished {opt.evolve} generation
618                        f"Results saved to {colorstr('bold', save_dir)}\n"
619                        f'Usage example: $ python train.py --hyp {evolve_yaml}')
620
621
622    def run(**kwargs):
623        # Usage: import train; train.run(data='coco128.yaml', imgsz=320, weights='yolov5m.pt')
624        opt = parse_opt(True)
625        for k, v in kwargs.items():
626            setattr(opt, k, v)
627        main(opt)
628        return opt
629
630
631    if __name__ == "__main__":
632        opt = parse_opt()
633        main(opt)
```

PS D:\APigLab\yolov5-master>

图 5-11　Python 开发工具（PyCharm）

MATLAB 由一系列工具组成。这些工具方便用户使用 MATLAB 的函数和文件，其中许多工具采用的是图形用户界面，包括 MATLAB 桌面和命令窗口、历史命令窗口、编辑器和调试器、路径搜索和用于用户浏览帮助、工作空间、文件的浏览器。随着 MATLAB 的商业化及软件本身的不断升级，MATLAB 的用户界面也越来越精致，更加接近 Windows 的标准界面，人机交互性更强，操作更简单。而且新版的 MATLAB 提供了完整的联机查询、帮助系统，极大地方便了用户的使用。简单的编程环境提供了比较完备的调试系统，程序不必经过编译就可以直接运行，而且能够及时报告出现的错误及进行出错原因分析，如图 5-12 所示。

（1）简单易用。MATLAB 是一个高级的矩阵/阵列语言，它包含控制语句、函数、数据结构、输入和输出和面向对象编程等功能。用户可以在命令窗口中将输入语句与执行命令同步，也可以先编写好一个较大的复杂的应用程序（M 文件）后再一起运行。新版的 MATLAB 语法特征与 C++语言极为相似，而且更加简单，更能满足科技人员对数学表达式的书写需求，使之更便于非计算机专业的科研人员使用。而且这种语言的可移植性好、可拓展性极强，这也是 MATLAB 能够深入科学研究及工程计算等各个领域的重要原因。

（2）强大处理。MATLAB 是一个包含大量计算算法的集合，其拥有 600 多个工程都需使用的数学运算函数，可以实现用户所需的各种计算功能。函数中所使用的算法都是科研和工程计算中的最新研究成果，而且经过了各种优化和容错处理。在通常情况下，可以用它来代替底层编程语言，如 C 语言和 C++。在计算要求相同的情况下，使用 MATLAB 编程工作量会大大减少。MATLAB 的这些函数集包括从最简单、最基本的函数到诸如矩阵、特征向量、快速傅里叶变换的复杂函数。函数所能解决的问题大致包括矩阵运算和线性方程组的求解、微分方程及偏微分方程组的求解、符号运算、傅里叶变换和数据的统计分析、工程中的优化问题、稀疏矩阵运算、复数的各种运算、三角函数和其他初等数学运算、多维数组操作及建模动态仿真等。

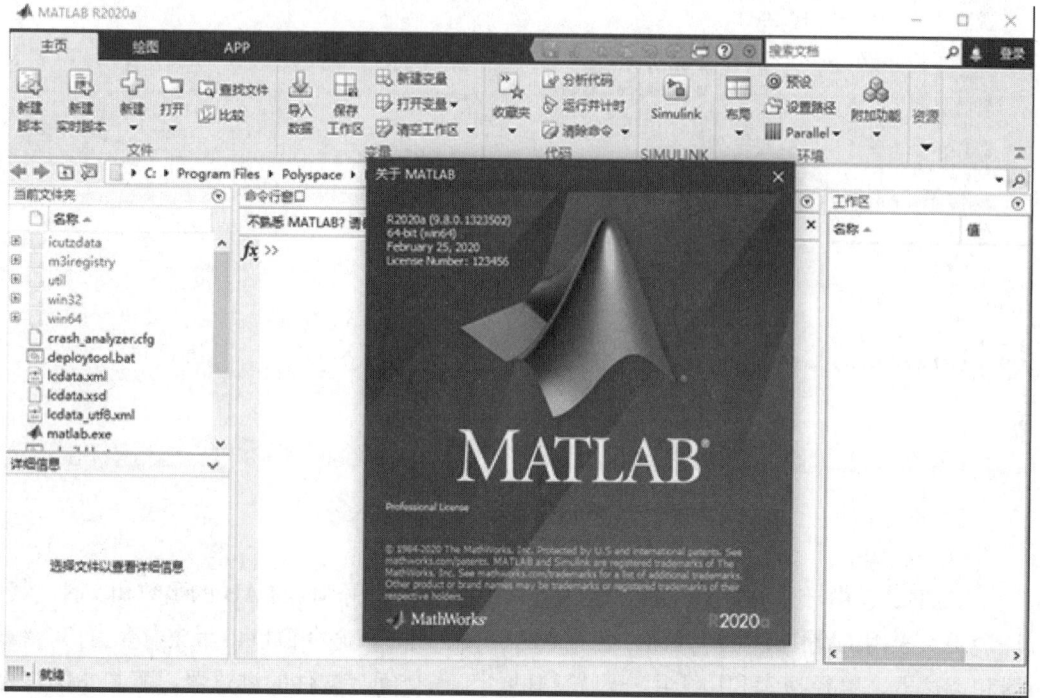

图 5-12　MATLAB 开发工具

（3）图形处理。MATLAB 自产生之日起就具有方便的数据可视化功能，可以将向量和矩阵用图形表现出来，并且可以对图形进行标注和打印。高层次的作图包括二维和三维的可视化、图像处理、动画和表达式作图，用于科学计算和工程绘图。新版的 MATLAB 对整个图形处理功能做了很大的改进和完善，使它不仅在一般数据可视化软件都具有的功能（如二维曲线和三维曲面的绘制和处理等）方面更加完善，而且在一些特殊功能上（如图形的光照处理、色度处理及四维数据的表现等），MATLAB 同样表现了出色的处理能力。对于一些特殊的可视化要求，如图形对话等，MATLAB 也有相应的功能函数，保证了用户不同层次的要求。另外，新版的 MATLAB 还着重在图形用户界面（GUI）的制作上做出很大的改善，对这方面有特殊要求的用户也可以得到满足。

（4）模块工具。MATLAB 对许多专门的领域都开发了功能强大的模块集和工具箱。一般来说，它们都是由特定领域的专家开发的，用户可以直接使用工具箱学习、应用和评估不同的方法而不需要自己编写代码。诸如数据采集、数据库接口、概率统计、样条拟合、优化算法、偏微分方程求解、神经网络、小波分析、信号处理、图像处理、系统辨识、控制系统设计、鲁棒控制、模型预测、模糊逻辑、金融分析、地图工具、非线性控制设计、实时快速原型及半物理仿真、嵌入式系统开发、定点仿真、通信和电力系统仿真等领域，都在工具箱（Toolbox）家族中有自己的一席之地。

（5）程序接口。新版的 MATLAB 可以利用 MATLAB 编译器和 C、C++数学库和图形库，将自己的 MATLAB 程序自动转换为独立于 MATLAB 运行的 C 和 C++代码。允许用户编写可以和 MATLAB 进行交互的 C 或 C++语言程序。另外，MATLAB 网页服务程序还容许在 Web 应用中使用自己的 MATLAB 数学和图形程序。MATLAB 的一个重要特色就是具有一套程序扩展系统和一组名为工具箱的特殊应用子程序。工具箱是 MATLAB 函数的子程序库，每一个工具箱都是为某一类学科专业和应用定制的，主要包括信号处理、控制系统、神经网络、模糊逻辑、小波分析和系统仿真等方面的应用。

（五）模型库管理系统

从逻辑架构上看，农业风险模型系统由风险数据库、风险模型库、模型库管理系统和模型库应用系统四个核心部件组成。其中模型库管理系统是四个部件中的中间件，起到连接模型库与应用系统的"桥梁"作用，整体运行逻辑如图 5-13 所示。

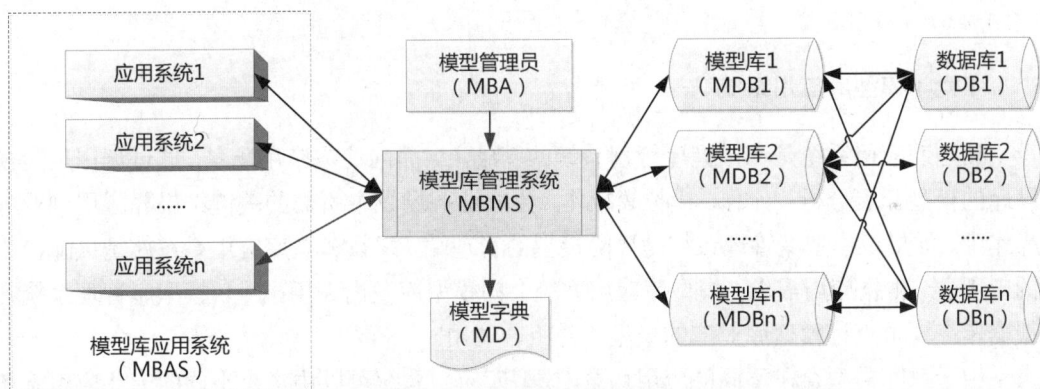

图 5-13 模型库管理系统的运行逻辑

模型库管理系统是一个对模型进行管理和维护、支持模型分析与模拟功能的工具，它的主要功能包括：一是分类和维护模型，二是动态扩充模型，三是支持外部应用程序调用模型库中的模型，四是分析及知识提取。模型库管理系统的最终目的就是实现对风险模型的管理和维护，其组织方式如图 5-14 所示。

模型字典是关于模型描述和存储信息的特定数据表。模型字典是模型库管理的重要工具，模型库系统设计和实现人员可以直接参与对模型库的管理。根据模型运行的需要，模型库管理系统需要通过模型字典调用相关的算法，形成方法链，支持模型的正常运行。

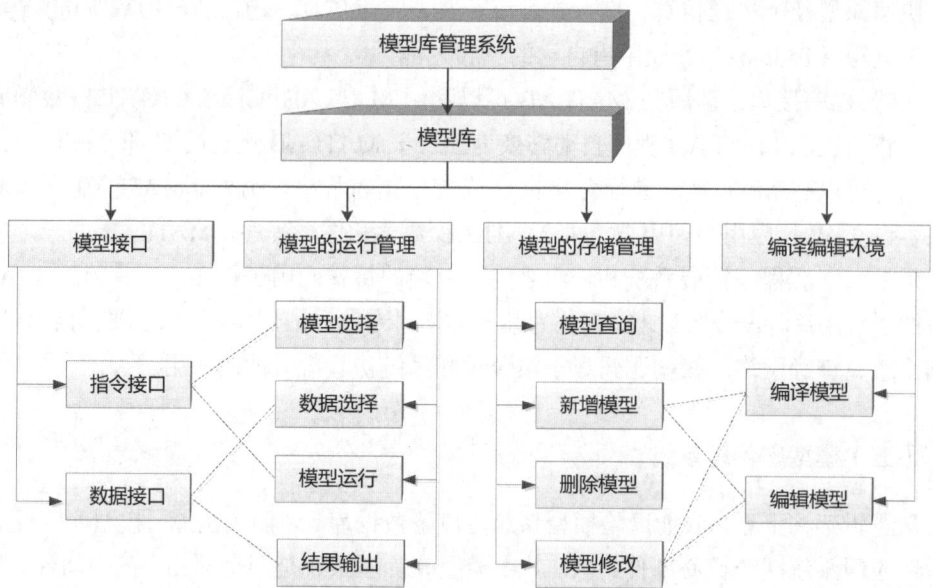

图 5-14　模型库管理系统的组织方式

（六）模型库应用系统

模型库应用系统是在模型库管理系统的基础上，面向业务应用场景，通过调用风险模型库的模型开展分析、计算、模拟等操作，生成业务场景中所需的关键结果并应用到业务操作中。如果说模型库管理系统是风险模型的管理端，那么模型库应用系统就是风险模型的应用端。根据应用需求，模型库应用系统会向模型库发出调用指令，模型库管理系统则根据指令要求查询模型库对应的模型，并组合调用。

由于风险模型存在不同的应用场景，模型库应用系统可以由多个不同的专业应用系统集合而成。根据前述关于农业风险模型系统的应用价值，模型库应用系统可由（但不限于）农业风险评估与费率定价系统、农业保险产品创新与服务系统、农业风险管控与防灾防损决策系统、农业巨灾风险模拟与再保分析系统等专业应用系统组成。

1. 农业风险评估与费率定价系统

面向农业保险费率精准化的场景需求，研发农业风险评估与费率定价系统，基于产量、气象、灾情和理赔等数据资源，通过调用农业风险分析与评估模型，开展"地-物-灾"维度组合的农业生产风险智能化分析评估，获得农业生产纯风险损失，结合保险精算模型计算保险费率，输出农业保险费率分区建议方案，为政府管理部门和保险机构开展农业保险费率区划和费率动态调整提供支撑。

2. 农业保险产品创新开发系统

面向农业保险产品创新的场景需求，研发农业保险产品创新开发系统，基于气象、价格、期货、产量、遥感等数据资源，通过调用农业风险识别与分析模型，开展天气、价格

（保险+期货）、产量、叶面积、碳汇指数等指数型农业保险产品的创新开发，自动化、智能化地实现保险指数的识别筛选、保险指数的风险分析、保险指数的费率计算、保险指数阈值的确定、保险指数理赔方案的制定等产品开发的核心步骤，解决保险公司产品创新时遇到的数据协调难、技术难度大、开发周期长等难题。

3. 农业风险管控与防灾防损决策系统

面向农业风险管控的场景需求，研发农业风险管控与防灾防损决策系统，基于气象预报、灾害预警、价格预测等数据资源，通过调用农业风险动态分析模型，开展灾害风险和市场风险的监测与预测，实现险情提前预警、灾前风险研判、保险理赔测算、重灾区域预测、防灾措施拟定、应急策略制定等自动化功能，并能利用决策模型对不同的防灾防损策略进行比较分析，采用最优策略选择，形成保险防灾防损最优决策，为提升农业整体防灾减灾能力和保险公司实施"以防代赔"的理念转变提供支撑。

4. 农业巨灾风险模拟与再保分析系统

面向农业保险巨灾风险分散的场景需求，研发农业巨灾风险模拟与再保分析系统，基于孕灾环境、致灾因子、承灾体（暴露性和易损性）、减灾能力等数据资源，通过调用农业巨灾风险机制模型，借助计算机仿真技术和作物生长机制模型技术，开展巨灾情景模拟和农作物巨灾损失评估，输出农业巨灾风险损失率，并结合农业保险业务场景对农业保险巨灾超赔风险进行模拟计算，为大灾准备金提取和购买巨灾再保险等推荐方案，为政府部门和保险公司分散农业巨灾风险提供技术支撑。

在实践中，上述系统可以根据应用需求和建设条件，单独实施开发建设，也可以组合开发建设。

（七）应用系统的两项技术

1. 计算机仿真技术

随着计算机技术的发展，模拟和仿真技术不断进步，在虚拟现实条件下模拟事态的发生、发展及结果，分析不同因素对所研究事件发展变化的影响，是一种省时高效的手段，目前已广泛应用到工业、军事等多个领域中。

仿真，就是使用模型将特定的某一具体层次的不确定性转化为它们对目标的影响。计算机仿真指的是通过数值评价手段来研究各种不同实际系统模型的方法，其评价过程是借助软件来模仿系统的运作或特征。从应用角度来看，仿真是一个设计和建立实际系统的计算机模型的过程，其目的是通过数值实验来更好地理解系统在给定条件下的行为。一般来说，只有在研究复杂系统时，其作用才能真正得到充分发挥。

计算机仿真建立在仿真模型的基础上，而仿真模型是被仿真对象的相似物或其结构形式，它有多种分类方式。一是静态与动态，静态模型与时间没有关系，但在动态模拟中时间却扮演着不可或缺的角色。二是连续与离散，在连续模型中，系统状态随时间连续，而在离散模型中，仅离散的时间点上有变化。当然，在有的模型中，既有连续变化的成分，也有离散变化的因素，这种模型被称为连续/离散混合模型。由于实际系统中存在着大量不可控和随机因素，许多仿真模型的输入存在随机性成分，因此模型的输出也是随机的。运行一次随机仿真模型就像做了一次随机的物理实验，下一次可能得到完全不同的结果。即使没有对模型做出任何改变，在很多仿真中，随着时间跨度变得越来越长，大多数平均结果也会变得越来越稳定，但很难确定时间多长才是"足够长"，才能使这些结果平稳下来。此外，建模工作中可能都要求仿真过程必须在某一个特定的时间停止，由此为使输出变得平稳而延长仿真运行时间也是不可取的。因此在设计与分析仿真实验时，必须认真考虑结果中的不确定性，尤其是在模型中时间跨层相对较短的情况下。即使在仿真输出中存在不确定性，也依然要处理、量化和减少它们。

仿真能在农业风险管理领域，尤其农业巨灾风险管理领域，发挥着越来越大的作用。仿真建模方法与再现技术是一种利用计算机模拟灾害现实的先进技术，如通过暴雨洪涝过程的仿真建模与再现技术，形象再现洪涝演进的全过程（如图 5-15 所示），相对真实的灾害场景能为相关人员提供一个相对逼真的虚拟灾害现场环境，让相关人员能够身临其境地感受到灾害给人类社会带来的巨大灾难。

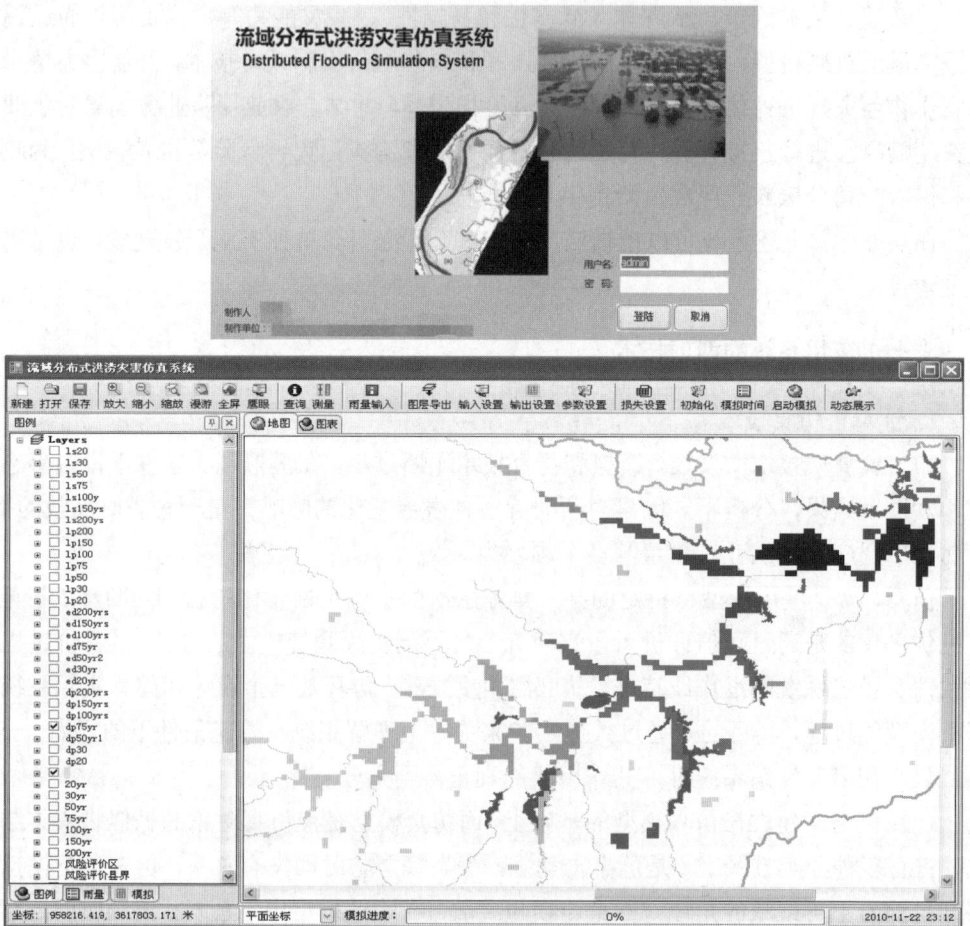

图 5-15 自然灾害仿真系统（以洪涝灾害为例）

作为农业生产最大的风险，自然灾害风险是地球表层孕灾环境、致灾因子、承灾体综合作用的产物。综合灾害风险仿真模拟需要综合分析致灾因子、承灾体和孕灾环境的相互作用，分析承灾体在不同风险情景下的变化和损失情况，从系统和机制的角度研究灾害作用的过程和结果。综合风险仿真重构研究，不仅可以实现对风险空间数据的有效集成管理和时空分析，而且能为农业气象灾害风险的防治和保险理赔等提供可靠的依据，是解决不可重复性问题的最佳途径。

2. 作物生长模型技术

作物生长模型是指能够定量和动态描述作物生长、发育和产量形成的过程及其对环境反应的计算机模拟程序。作物生长模型能够较为合理地描述作物的生理过程，较为系统地反映生长环境对其生长过程的影响，并适用于多种气候、土壤及农田耕作条件。

作物生长模型假设作物生产系统的状态在任何时刻都能够被定量表达，该状态下各种物理、化学和生理机制的变化可以用多种数学方法加以描述。其假设如果在较短时间间隔（如 1 小时）内作物的物理、化学和生理过程不发生较大的变化，则可以对一系列过程（如光合呼吸、蒸腾、生长等）进行计算，并逐时累加为日过程，再逐日累加为生长季，最后计算出整个生长期的干物质产量或可收获的作物产量（如图 5-16 所示）。

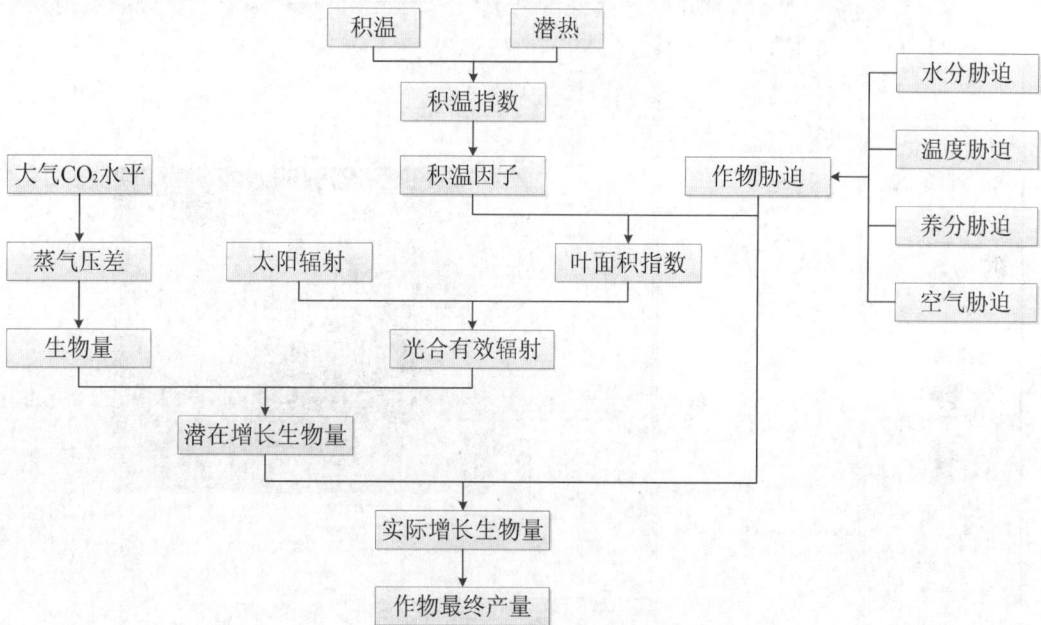

图 5-16 作物生长模型的产量流程图（以 EPIC 模型为例）

自 20 世纪 60 年代荷兰科学家德威特（C.T.de Wit）提出作物生长模型以来，随着作物学科和计算机技术的发展，作物生长模型取得了较大进步，机制性和系统性明显增强。发展至今，按照模型所描述的作物种类，作物生长模型可分为单作物模型和多作物通用模型。单作物模型是根据某一具体作物的生理生态特性开发研制而成，并专门用于该作物生长模拟的模型，如荷兰的一年生作物生长模拟模型 MACROS、美国的作物与环境资源综合系统 CERES 系列模型、棉花生长模型与棉花生产管理系统 GOSSYM/COMAX 等。多作物通用模型是根据各种作物生理生态过程共性研制模型的主体框架，再结合各种作物的生长参数和田间管理参数分别进行的各种作物生长模拟，如荷兰的简单通用作物模拟模型 SUCROS、美国的土壤侵蚀与土地生产力评价模型 EPIC、包含氮素及耕作与残茬管理的作物模型 NTRM、作物系统模型 CropSyst、两种植物竞争生长模型 ALMANAC 等。中国的作物生长模拟模型研究始于 20 世纪 80 年代中期，相继研制出针对水稻、小麦、玉米等的多种单作物模型，如以水稻钟模型为核心的水稻生长模拟模型 RICEMOD、小麦生长发育模拟模型 WHEATSM、基于前述模型的作物栽培模拟优化决策系统 CSODS 等。

目前在已有模型优化完善的基础上，模型重点在于生产实践中多个领域的实际应用，如美国的农业技术转移决策支持系统（Decision Support System for Agrotechnology Transfer，DSSAT）包含了 CERES 系列、CROPGRO 系列等多个作物生长模型，并与专家系统相结合，在精准农业管理、产量预测、气候变化影响评估、预警及风险分析等诸多方面发挥了重要作用。

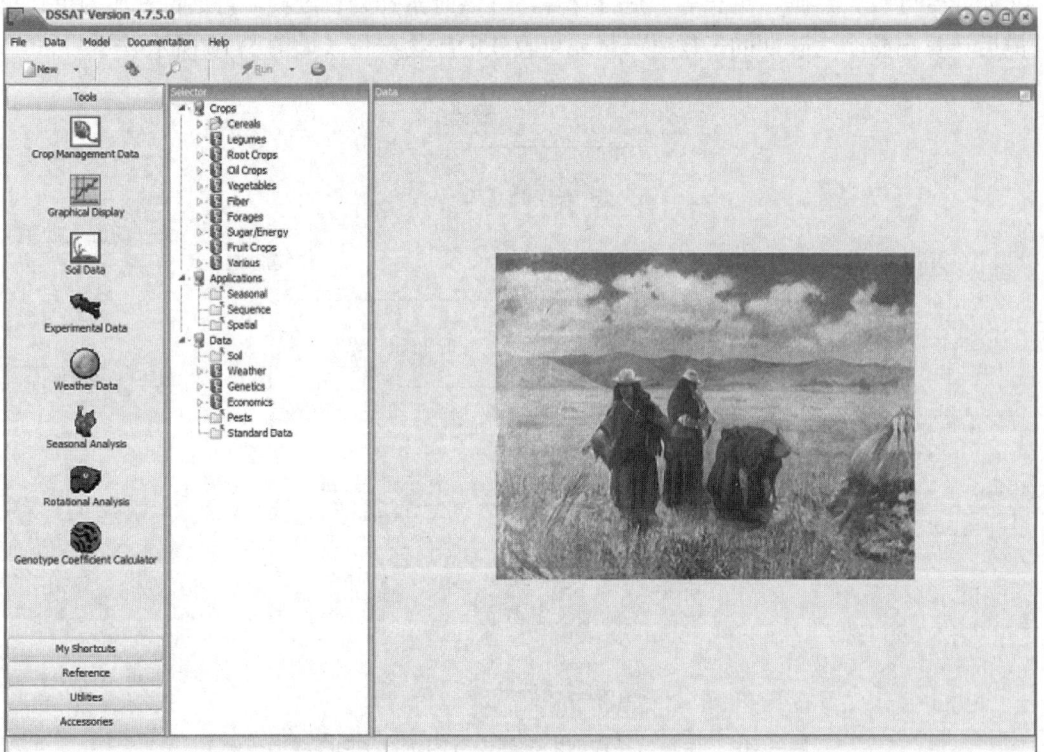

图 5-17　DSSAT 作物生长模型

随着计算机模拟技术的发展，作物生长模型可在农业灾害风险评估中应用。作物生长模型可以顺畅地耦合致灾因子和承灾体，能从作物生长的机制出发，考察灾害胁迫对作物生长的影响。

第四节　农业风险模型系统应用案例

一、太保 e 农险 FAST "农险分" 案例

（一）背景目标

2019 年 9 月，中央全面深化改革委员会审议通过，并由财政部等四部委联合印发了《关于加快农业保险高质量发展的指导意见》，对保险行业在农业保险的服务、经营和风控等方面提出了更高的要求。2020 年 8 月，太平洋财产保险股份有限公司（简称"太平洋财险"或"太保"）在贵州遵义召开的首届太安农业风险管理国际论坛上迭代发布了"太保 e 农险 FAST"，推出了风云鹰、农险分、慧眼、捷辨、农 e 链五大全新功能。

"农险分"作为"太保 e 农险 FAST"的重要创新模块，是太平洋财险农业风险管理研究成果的数字化输出载体。"农险分"的定位是系统化整合多领域数据，构建农业生产在复杂条件下的动态解释性风险评分模型，让农业风险可量化，探索将农业风险因素、农险业务场景、农险管理逻辑、技术与模型结合起来，面向公司各级经营管理层、政府、农户和第三方合作伙伴等输出数字化产品，提供数字决策依据和支撑。

在总体目标下，"农险分"提供了两种重要的应用场景：一是对内辅助公司农险经营决策，主要用于公司农险产品开发、承保风险评估、费用控制、核赔管理，推动农险经营决策由传统的经验决策逐步向数字决策、数据经营转变；二是对外提供风险评估辅助工具。依托太安农业保险研究院和 e 农险客户端，面向农业保险全行业发布，形成农业风险评估标准，为行业提供公开、共享的农业风险评估工具，打造太平洋财险农险科技品牌，提升行业影响力。

（二）功能简介

按照农险分整体设计规划框架，太平洋财险本着先易后难、内外同步的原则，沿着基础分、综合分、动态分的路径进行分步建设。

1. 量化风险，构建基础分

从区域经验出发，首先从作物种植面积、作物物候期和多灾因角度出发，进行危险性、脆弱性、暴露度等多维度评分，后续结合客户信息、市场信息，构建"农险分—基础分"，解决"三农"领域风险信息的孤岛化、难量化、难评估，以及无法系统化综合应用的问题。

2. 数据融合，计算综合分

在基础分的基础上，引入气象数据、耕地数据、产量数据、作物数据等多源数据，将

农险分建设成多源数据的综合评分平台，计算出"农险分—综合分"，获得更加客观可靠的风险分值，为农业保险业务风险管控提供重要的决策依据。

3. 动态监测，形成动态分

基于气象预警，实现全国农产业环境的监测预警，结合气象条件和精算模型，基于保单信息的风险识别，判断保险潜在的赔付风险，建立风险动态预测模型，形成"农险分—动态分"，明确灾害类型与强度，为查勘定损和理赔工作提供支持，杜绝虚假报案。同时科学配置动态分，形成核赔规则，为农险核赔控制提供抓手。

同时，"农险分"还利用 GIS 技术并将其集成到 e 农险 FAST 的移动端应用中，实现了从"危险性评分—暴露性评分—脆弱性评分—基础分评分—动态分评分（报告）"等功能，如图 5-18 所示。

图 5-18　农险分的移动端应用

（三）实际应用

2020 年，太保 e 农险 FAST 的"农险分"对吉林省玉米种植风险进行了建模评分。评分结果显示，吉林省全省的玉米种植风险基础分为 81 分。就全省而言，吉林省整体上具备良好的玉米种植条件，这个结果与"吉林玉米黄金带"的地位是吻合的，但不同市县的风险评估结果存在较大差异。

从不同维度看各市县的风险差异。从风险因素来看，北部（洮北、洮南等地区）和南部部分地区由于危险性较高，评分都在 20 分以下，为高风险地区；中西部（辽源市）虽然危险性较低，但暴露度较高，因此评分为 61 分，为中等风险地区；从灾害类型来看，北部地区风险较高主要是由干旱导致的，而南部部分地区风险较高主要受延迟性冷害和霜冻影响。

以永吉县为例计算综合分。永吉县基础分为 84 分，结合保单中客户信息、地块信息、种植面积、农田建设等级等因素，模型计算后给出综合评分 75 分。虽然分值下降，但其仍属于较低风险地区。如果说基础分反映的是基于历史数据的风险状况，那么综合分可以真正做到与业务高度融合。

结合气象预测数据，建立风险动态预测模型，便可以实时计算动态分。截至 2020 年 8 月 25 日，从吉林省全省情况来看，玉米生长条件较好，整体风险较低，但部分地区风险较高。中间的九台区 2020 年 5—9 月降水量较历史 30 年平均值偏低 60%，7 月降水量为 30 年来最少，九台区动态分只有 16 分，该地区玉米旱灾严重，表明 2020 年减产概率较大。

"农险分"将农业生产和农业保险面临的各种风险因素集成在同一评估体系中，统一度量并赋予可量化的风险数值，为公司农险业务决策和防灾减损提供了强有力的支撑。

（四）成效总结

"农险分"作为太保 e 农险 FAST 的重要功能模块，在产品开发、风险管控、费用管控和科学决策等方面发挥着重要的作用，取得了突出的应用成效。

1. 优化产品开发，提高产品质量

"农险分"为保险条款费率厘定提供了决策依据，它能有效识别风险，为产品研发中增加灾因保障提供方向性和科学性指引，同时能为现有保险条款优化提供方向，是评估保险条款质量的重要维度。

2. 客观识别风险，增强风控管控

"农险分"有助于公司综合评估区域农业资源和风险情况，科学选择不同等级的风险地区，实施差异性承保和理赔流程，为高风险区域加大验标和查勘力度，并根据评分等级确定相应核保核赔规则，控制承保和理赔风险，进一步优化农险业务管理提供支持。

3. 科学管控费用，提升管理水平

"农险分"帮助公司深化了费赔联动理念，有助于公司根据不同评分情况，制定出相应的费用政策，进行保单费用管控，合理配置资源，辅助经营决策，提升业务管理的精细化水平。

4. 共享服务行业，助力科学决策

"农险分"向行业共享发布，辅助政府部门洞察风险状况，科学配置产业资源；支持金融机构评估项目风险，助力资本向"三农"领域融通；能帮助农业生产者确定生产策略，实现科学管理、增产增收。

二、瑞再信瑞智农风险管理平台案例

（一）研发背景

2019 年 9 月通过的《关于加快农业保险高质量发展的指导意见》提出，农险产品在"扩面、增品、提标"的同时，保险机构要充分发挥保险在事前风险预防、事中风险控制、事后理赔服务等方面的功能作用。这对保险公司参与农业保险经营提出了更高的要求，尤其是在产品创新和风险管理等方面。

在产品创新方面，现有农业保险产品难以完全满足高质量发展的需求，针对经济作物和地方特色品种，存在保险产品供给不足的问题。一些新兴经营主体由于缺少相关的历史承保数据，农户的道德风险和逆向选择难以防范。此外，保险产品费率的厘定存在技术和应用上的困难。

在风险管理方面，受未来气候变化影响，农业风险的不确定性有所提升，发生频率和强度也一直在增大。随着完全成本和收入保险的推广，保障水平有了大幅度提升，对保险公司的承保能力要求更高，风险管控能力也更好。同时 2021 年财政部修订印发的《中央财政农业保险保费补贴管理办法》明确提出保险机构的综合费用率不高于 20%。气候变化、业务发展和政策监管三重因素的叠加，势必推动保险公司采用更先进、更科学的风险管理手段管控风险，科技应用将发挥重要作用。

瑞士再保险（简称"瑞再"）于 1863 年在瑞士苏黎世创立，是一家全球领先的经营再保险、保险和其他保险型风险转移的保险金融机构。瑞再把农业保险作为在中国发展的战略重点，借助开阔的国际视野和充足的本土经验，一直致力于用数字化创新解决方案、专业风险指数及国际市场经验为农业保险市场高质量发展添砖加瓦。近年来，卫星遥感、大数据、物联网等新兴科技越来越多地应用到农业保险风险管理中，瑞再在发挥遥感、大数据等新兴科技作用的同时，将风险模型和产品创新技术集成到统一的管理平台上，以期为国内农业保险公司的产品创新和风险管理提供重要技术支撑。

（二）功能模块

"信瑞智农"（SRAIRMP）是一款由瑞士再保险自主研发的，旨在提高农险天气指数产品开发效率、提升农业生产风险管理能力、支持农险创新业务高质量发展的线上综合性智能农业风险管理平台。该平台以遥感、气象、农情和农业损失等农业大数据为基础，一方面基于智能化算法实现天气指数产品的自动化开发与实时赔付计算，极大提高了产品开发与管理效率；另一方面结合瑞士再保险多年累积的风险经验和灾害模型开发了农业风险地图，为各级政府、保险公司及农户主动制定农业灾害风险管理机制和灾害预防提供了有效的量化指标。

1. 农业天气指数保险模块

农业天气指数保险模块基于覆盖全国的天气指数和大数据算法，提供自动和批量的天气指数保险产品创新开发功能，且落地后的保险产品具备自动匹配瑞士再保险承保能力，有助于打造一站式的解决方案。

具体来说，该模块继承了主要天气数据要素、核心指标计算公式，给用户提供了多样化的产品开发选项，包括全自动产品开发、半自动产品开发和手动产品开发，以满足不同用户的定制化需求。针对每款产品，平台可以提供相关精算评估报告，以提高产品审核效率（如图5-19所示）。

同时针对多款产品的开发需求，平台可以提供批量化产品开发功能，用户只需将相关参数和需求统一输入平台，即可同时开发多款指数产品。平台还开放了不同的用户权限，与保险公司核心系统用户设置一致，满足了用户的定制化需求。当某款产品落地后，随着气象数据不断更新至平台，平台可提供实时赔付计算功能，提高赔付效率。

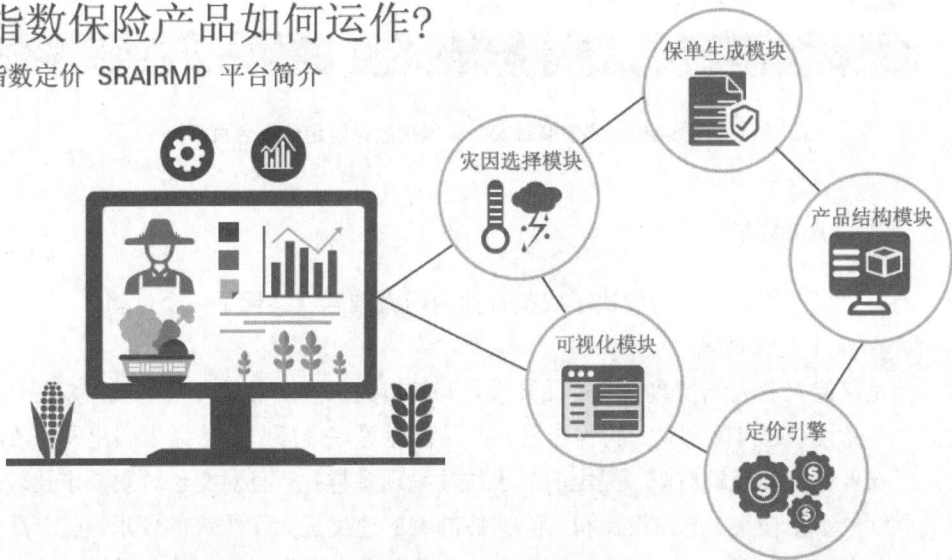

图5-19　"信瑞智农"天气指数保险定价平台核心功能

2. 农业风险管理模块

农业风险管理模块基于大数据和风险模型，对外提供全国范围实时监测和评估农业灾害风险的功能，涵盖了干旱、强降水和高低温等主要自然灾害。用户输入指定日期和灾因类型，即可获取实时动态风险图，实时了解灾害风险分布和严重程度。平台提供风险管理报告服务功能，用户只需输入行政区域（省、市、县等）、灾因类型、时间段和作物品种等信息，即可生成多维度的实时风险评估报告，收集到不同风险等级的作物面积、区域列表等信息，辅助保险公司更好地进行风险管控。平台还支持保险公司用户上传承保地块相关信息，并从平台中获取该地块历史年份与当年年份的风险指标对比，以及该地块的逐日气象指标变化，并生成报告。当存在赔付争议时，该报告可作为客观的评估依据，提高了定损效率（如图 5-20 所示）。

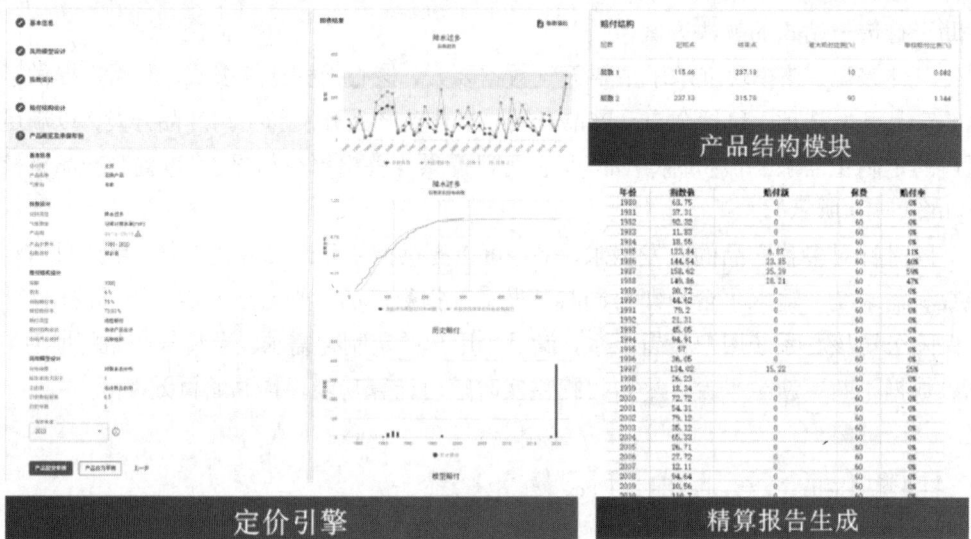

图 5-20 "信瑞智农"天气指数保险定价平台页面

（三）优势分析

瑞再"信瑞智农"平台解决了农险行业的两大难题、实现了三个创新。

1. 解决了两大难题

一是赋能农业天气指数保险产品开发。天气指数保险产品的开发涉及需求提出、数据搜集、产品设计、风险评估、再保排分、产品落地等多个环节。从需求端出发，政府或者农户对农业保险的理解有限，提出的需求往往呈现多样化，且对交付时限要求比较高，进而对后续的数据搜集、产品设计和风险评估的响应速度提出了更高的要求。在产品开发过程中，考虑到政府预算、市场竞争等因素，产品需求也经常发生变化，因此后续产品设计和风险评估需要持续调整。通常来说，从需求提出到产品落地，一般开发周期在 2～3 个月，一些极端的案例可能需要更长的时间。此外，考虑到天气指数保险风险的不确定性，保险公司对该类业务的再保分散需求很高。再保排分过程也往往占用数周时间，产品落地后，实时赔付计算也涉及数据搜集和处理等工作，给保险公司带来了额外的工作量和工作成本。面向农业保险领域巨大的风险敞口和农险高质量发展的创新需求，"信瑞智农"的农业天气指数保险模块旨在解决天气指数保险产品开发周期长、数据搜集难、开发费用高的问题，提供从产品开发到再保排分的一站式解决方案，有助于提高整体农险指数产品的开发和运营效率。

二是赋能农业保险风险管理全流程。随着农业保险高质量的发展和完全成本保险、收入保险的推广，保险公司对农业保险风险管理提出了更高的要求。近年来，农业自然灾害频发，从 2016 年的东北干旱到 2020 年的长江中下游洪水，再到 2022 年的长江中下游的干旱事件，自然灾害的频率和强度都在提升，给农业保险的可持续经营带来很大的挑战。自然灾害发生后，保险公司往往面临着实时大额赔付、业务管控等多方面压力，保险公司需要了解实时风险和报损情况，以合理安排查勘定损资源和提取准备金。一线理赔存在争议时，需要客观的风险评估办法，以尽快与政府、农户达成一致，客观风险管理工具的需求不断提升。"信瑞智农"的农业风险管理模块以遥感、气象、农情和农业损失等农业大数据为基础，结合自身的农业灾害风险模型和大数据算法，推出了全国主粮作物的高分辨率农业风险管理平台。通过用户有限的输入，该平台能提供实时风险评估报告，为各级政府、农户和保险公司防灾减损灾后救援和风险管理提供量化参考。

2. 实现了三个创新

首先，数据驱动的自动化产品设计。在数据方面，有别于以往"一产品、一收集"的低效模式，"信瑞智农"平台整合了全国范围内高维度、多模态、长时间周期的海量数据，通过高效的数据处理、统计、展示模块，为指数保险产品精算、方案设计提供了有效的大数据支持。在产品设计方面，该平台既支持传统的手工产品设计，又可以通过自研核心机器学习算法，根据高定制化的业务目标，自动生成优化的保险产品设计方案，大大提高了产品设计效率。

其次，全流程云端可追溯管理。"信瑞智农"平台采用了"平台即服务"（PaaS）的理念，在云端高性能集群 7×24 无间断支持海量数据处理、AI 算法运算、结果分发、日志存储。平台在云端提供覆盖产品"需求—设计—精算—定价—监测—理赔"全生命周期的管理框架，支持与企业系统无缝定制化对接，赋能保险产品全流程，实现云端闭环可追溯管理。

最后，直观的农业风险可视化。"信瑞智农"平台通过海量历史数据及机器学习算法对历史风险趋势进行科学分析，并通过不断获取动态卫星遥感产品、气象大数据等信息，高效识别引发农业风险的灾因，对风险量级、风险范围进行量化，通过可视化管理工具，向各类用户提供直观的风险地图功能，并可以通过移动端、PC 端等多种形式将最新农业风险情况快速同步到农户、政府、保险公司等各个利益相关方。

（四）应用情况

"信瑞智农"农业天气指数保险模块自 2020 年上线以来，累计服务了 5 家保险公司总公司和多省省市分公司，开发了 100 多款天气指数保险产品，涉及全国 20 多个省份，覆盖主粮、经济作物、水产、地方特色等多个品种，极大地提高了产品开发效率，降低了运营成本，获得了市场的广泛认可。

2020 年开始，"信瑞智农"平台陆续获得国内外多个奖项，包括 2020 年新加坡金融科技节全球金融科技一等奖、2020 年保险业线上化技术应用案例二等奖、第 18 届财经风云榜"年度值得关注保险服务品牌"和"金钥匙——面向 SDG 的中国行动评选"优胜奖等。

"信瑞智农"农业风险管理模块已在 2022 年 10 月上线，目前与多家保险公司进行了合作对接。

三、Verisk 中国农业保险模型系统案例

（一）背景介绍

Verisk 中国农业保险模型系统是由美国 Verisk Analytics 公司的 Extreme Event Solutions（原 AIR 公司）部门研发而成的。

美国 Verisk Analytics 公司（简称 Verisk）是国际上领先的风险信息分析公司，它为多个领域的专业人士提供风险评估和决策分析服务，涉及财产与意外保险、抵押、医疗和政府部门。ISO 是 Verisk 公司的一员，它是美国最大的财产保险与意外保险行业的数据和分析产品提供商。ISO 数据包括保单条款、特定位置的信息、诈骗识别工具和技术服务等，被保险公司用作行业标准，广泛应用于统计、精算、承保和理赔等流程。

美国 AIR 环球公司（简称 AIR）是一家以领先科技享有盛誉的巨灾风险模型和咨询服务公司。AIR 作为世界上第一家巨灾风险模型开发公司于 1987 年创立，迄今为止已经为全球 100 多个国家开发了自然灾害和恐怖主义风险模型，有超过 450 家保险公司、再保险公司、金融机构、企业和政府客户使用其软件和服务进行巨灾风险管理、巨灾债券、风灾和地震风险实地分析，以及固定资产重置成本评估。

AIR 于 2002 年成为 Verisk Analytics 的全资子公司，并于 2022 年更名为 Verisk Extreme Event Solutions（Verisk EES）部门，目前总部设在波士顿，在旧金山、伦敦、慕尼黑、海得拉巴、北京和东京等地设有分支机构。

（二）系统简介

1. Verisk 巨灾模型框架

Verisk EES（原 AIR）首创的巨灾模型结构逐渐成为行业标准。巨灾模型由三个模块组成，即灾害模块、工程模块和金融模块，如图 5-21 所示。

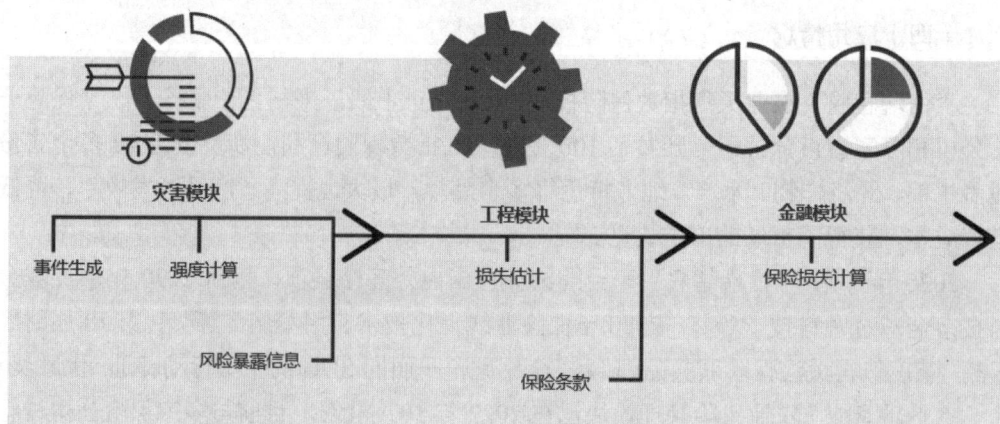

图 5-21　巨灾模型的模块结构

（1）灾害模块。通过计算机随机模拟的方式，在历史数据和相关模型研究的基础上生成 1 万（或 10 万）个典型年情景，其中包含数以万计可能发生的灾害事件（称为模拟事件集），之后再进一步模拟灾害损失，统计分析灾损所需的样本空间。

（2）工程模块。使用工程学原理开发的一系列保险标的的易损性方程，以反映建筑物等承灾体在模拟灾害下可能发生的破坏情况。

（3）金融模块。通过对保险条款和再保险条款的计算，得出保单条款下保险损失的结果。

2. Verisk 中国农业保险模型简介

受益于多年丰富的国际巨灾模拟经验，Verisk EES 于 2011 年开发了中国多灾因农业作物保险模型（China Multiple Perils Crop Insurance，China MPCI）。在该模型中，基于历史观测数据资料和气象再分析数值模型结果，Verisk 的科学家用农业气象指数准确获取极端天气事件发生的强度、发生频率和发生位置，记录事件发生、发展持续时间，进而模拟生成多气象要素的时空序列，即万年的模拟天气事件集。中国幅员辽阔，极端天气中多要素、大尺度的时间和空间关联性很强，此特性在 Verisk 的万年事件集中得到了良好的体现。因此，在 Verisk 模拟的事件集中，可以看到典型的"南涝北旱"或"旱涝相间"的灾害情景。

不利天气事件发生在农作物的不同生长阶段，其造成损失程度可能有所不同。例如，在生长季节的开始，农民投入的时间和资金有限，此时灾害产生的潜在损失是有限的。当生长季继续，潜在损失也在增加。相应的，中国农业保险的保险条款也是依据农作物生长阶段确定的。同时保险条款也因农作物的种类、灾害类型，以及所在的省份而各异。Verisk 中国农险模型中的易损性曲线和金融模块均充分考虑了上述复杂因素的影响。

2014 年，Verisk 的中国农险模型首次提供了利用完全随机模拟的方法来评估中国的森林火灾损失。其利用卫星获取土地利用和土地覆盖数据，结合政府统计的各省森林覆盖面积，不仅识别了中国各地森林单元的位置，同时也掌握了起火面积、起火历史和起火频率等信息。

Verisk 于 2020 年进一步更新了中国农险模型，使其能够分析计算气象和疾病对养殖业造成的损失。与模拟农作物损失类似，模型估计了极端天气事件对动物死亡率的影响。Verisk 利用世界动物卫生组织的数据，结合近年来影响中国养殖业的主要病害事件，模拟了疫病暴发的频率和影响范围，为客户提供了贴近真实情景的疫病暴发、传播足迹。同种植业一样，Verisk 收集了详实的保单条款以支持客户分析保险损失。至此，Verisk 中国农险模型覆盖了所有中央财政支持的作物、森林和养殖品种，如表 5-2 所示。

表 5-2　Verisk 中国农业保险模型

模拟的灾因	种植险：干旱、洪涝、风灾、低温霜冻和高温
	森林险：火灾、风灾、病虫害
	养殖险：高温高湿、洪水、干旱、雪灾、风灾、冻灾和疾病
模拟区域	中国大陆

易损性模块	考虑了灾因、生长阶段和管理实践	
区域颗粒度	县级和省级	
支持的农险品种	种植险：玉米、棉花、油菜、水稻、大豆、小麦、大麦、花生、土豆、糖类作物（甘蔗和甜菜）、橡胶	
	森林险：工业森林和商业森林	
	养殖险：奶牛、肉牛、能繁母猪、肉猪、鸡、绵羊和山羊	
历史事件集	基于目前的风险标的和保单条款的历史年份损失分析	
模型输入	保额和保费	

3. Touchstone Re™ 软件介绍

Verisk 中国农险模型基于模拟结果来评估和确定保险损失，这个过程是在其风险评估软件 Touchstone Re™ 中实现的。利用评估结果，保险公司可以在 Touchstone Re™ 软件系统中，根据预期利润和潜在风险来决定可选策略，再保险公司可以对超赔合约和成数合约进行定价，并管理业务组合整体风险。

Touchstone Re™ 是再保险和保险连接证券的行业广泛使用的软件系统。该软件可以对单独的巨灾再保险合约或一系列合约的业务组合进行全面的潜在损失分析，也能有效评估一份合约对整体业务造成的边际效应。此外，Touchstone Re™ 还可用于评估巨灾证券的相关风险。

Touchstone Re™ 包含行业标的和损失数据库，可以用来对集合数据进行分析。该数据库包括分灾种、分区域、分产品线的行业可保财产、已保财产分布和行业损失分布，可以对单个公司的业务数据进行市占率比较，对于缺乏详细数据的公司，也可以用用户自定义的市场占有率来预估损失。

Touchstone Re™ 的功能包括：第一，估测公司保单集合完整的概率损失分布；第二，基于完整的事件集，估测单个合约或者业务组合风险；第三，分析用户自定义结构的多层合约结构；第四，有效地评估一份合约对整体业务造成的边际效应；第五，提供合同的总损失、毛损失、净损失；第六，提供模拟事件的详细损失输出；第七，分省、分县及根据用户自定义的区域输出损失结果。

（三）系统功能

Verisk EES 开发的 Touchstone Re™ 中国农险模型系统的界面友好、更新及时，便于不同专业背景人员使用，其具体功能包括但不限于以下内容。

1. 承保业务风险分析

用户以县、市或省为单位输入承保业务的保额（或保费），即可以在系统详细查看风险标的的位置和风险状况，评估公司承保指导方针的合理性、承保条件的改变对承担风险结果的影响，进而根据结果对承保业务进行选择。

2. 承保风险累积分析

系统以直保公司和保险品种为维度逐年存储承保标的和模拟结果，以便用户管理标的。系统能够提供全国分省、分县的完整损失概率分布曲线，定期计算各省、各县的风险敞口，并按用户的需求自定义区域，分区域、分险种形成详细风险分析报告。在报告中，用户可以按不同的业务类型、覆盖范围、地理区域及用户自定义分类，迅速查询不同层面的损失数据，包括年总平均损失、年最大平均损失、平均值、方差和不同回归期的损失等。

3. 转分保结构设计支持

通过再保险市场转分保以分散风险是保险公司常见的风险控制手段。在用户输入承保标的信息后，系统可以模拟该标的信息在历史年份和随机事件集典型年份情况下的损失情况，再应用成数、溢额、险位超赔、赔付率超赔等市场广泛应用的再保险合约条款，计算赔付损失，评估再保结构的充足性，帮助优化公司业务结构。

4. 产品设计和定价支持

系统可以帮助公司对单个保单或多个保单组合进行费率定价，设计不同类型的产品和再保风险分出方案，计算纯风险费率，充分考虑产品覆盖的风险标的类型，针对不同地区设定区域性费率。

此外，系统分析结果会保存在用户自定义的数据库中，用户根据需要通过模型界面查询，也可以直接编写脚本，以自定义的格式，从数据库中直接抓取指定信息进行分析。同时系统允许用户进行二次开发，它可以自动对接用户的内部系统，实现复杂流程自动化。

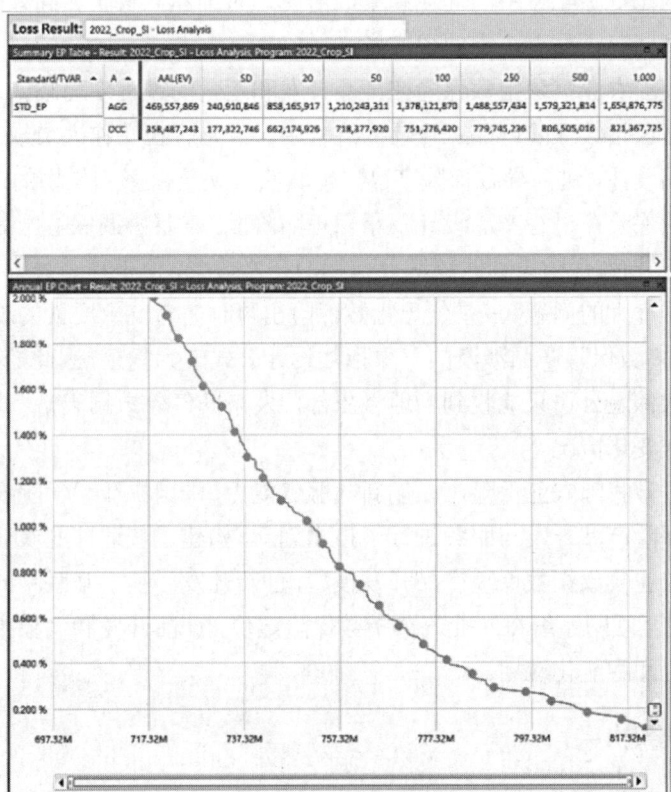

图 5-22　Verisk 中国农险模型系统展示（超越概率图表）

（四）应用情况

Verisk EES 开发的 Touchstone Re™ 系统搭载中国农险模型，能够满足公司承保、理赔、产品设计等方面的精算及业务分析工作需要，目前已在再保险公司、再保险经纪公司、保险公司和政府部门中得到广泛使用，已经成为产品定价和风险管理的核心工具。具体而言，Verisk 的中国农险模型目前在国际和国内拥有客户 20 多家，国内主要的农险业务保险公司和再保险公司均直接或者间接使用 Verisk 的中国农险模型来管理农险业务风险。

四、农业天气指数保险服务系统案例

（一）研发背景

农业气象指数保险依据客观的天气条件进行保险赔付，能有效避免逆向选择和道德风险，已经逐渐成为发展中国家应对天气灾害的有效方式。最关键的是，农业气象指数保险的客观性、透明性等优势，让其非常适合与互联网进行融合，利用科技形式开展农业气象指数保险必将是未来的发展趋势。通过充分利用互联网技术加速农业气象指数保险的构建，挖掘互联网在资源配置中的优化和集成潜能，对于建立科学、高效的农业保险机制，创新农业保险发展模式具有一定的现实意义。

然而目前我国农业气象指数保险在产品开发和运营的过程中面临诸多难点，主要有以下几点。一是气象指数保险产品在设计的过程中，经常存在工作人员缺乏精算定价模型，凭经验进行产品设计，进而导致保险产品未能真实反映气象影响作物的产量损失情况。二是农业气象指数保险在进行产品设计及承保理赔阶段，需要协调保险产品对应区域的气象数据。另外，天气指数保险设计时还需要作物的产量数据，但是这个过程存在数据协调难、获取产量数据难度大的问题。三是气象指数保险出险时需对气象要素的观测值进行指数化公式计算，但大多数保险产品涉及的气象指数设计公式较为复杂，因此赔付理算工作量大。四是目前大多数保险公司只能收到当地气象部门发来的气象数据表格，既不直观，也无法体现和跟踪指数变化情况。

为进一步提升我国农业保险产品创新与服务能力，中国农业科学院农业信息研究所对农业天气指数保险产品开发与服务进行了技术创新，构建了普适性的农业生产风险气象关系识别模型和农业气象指数保险产品开发模型，创新开发了基于互联网的农业天气指数保险服务系统，使互联网系统在农业气象指数保险定价、产品开发和气象指数数据服务等方面能得到自动化和智能化应用。

（二）系统架构

农业气象指数保险服务系统是一套依托互联网的农业气象指数保险服务的云端系统，具体系统产品架构如图 5-23 所示。服务系统以农业生产风险气象关系识别模型和农业气象指数保险产品设计模型为基础，利用深度学习、微服务架构等技术，设计与开发了农业气象指数保险服务系统，实现了农业气象指数保险产品设计、自助投保、指数跟踪、赔付理算四个核心功能。

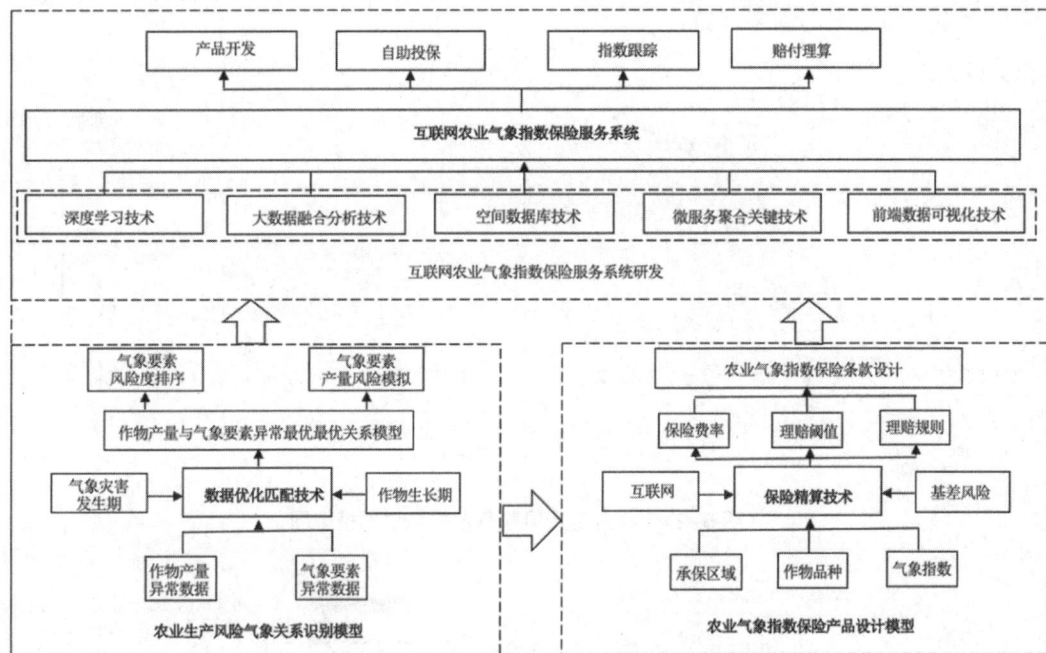

图 5-23 农业气象指数保险服务系统的具体架构

（三）基础模型

1. 农业生产风险气象关系识别模型

在综合考虑作物生长期与地方灾害历史特征的基础上，农业生产风险气象关系识别模型可以筛选出影响作物产量波动的潜在气象要素（光照、温度、降水、风速等）。进一步，从风险的视角出发，立足气象灾害源于气象异常，气象异常导致产量异常的原理，利用深度学习技术构建县域尺度下的作物产量与气象要素异常之间的优化关系模型。借助关系模型，实现农作物相关气象要素的风险度排序，快速识别关键气象要素，并对关键气象要素不同重现期导致的作物减产波动进行模拟评价，为农业气象指数保险产品设计提供技术支撑。基于此，在互联网系统中嵌入农业生产风险气象关系识别模型（如图5-24所示），量化天气指数异常与产量损失之间的关系，并对天气指数异常对产量损失的贡献率排序。

2. 农业气象指数保险产品设计模型

借助产量气象关系识别模型，以气象要素风险显著性为原则，对适宜开展气象指数保险的县域进行自动化筛选，并为县域选定气象指数。构建县域尺度下的气象指数保险产品精算模型，评估气象指数带来的作物产量风险，实现气象指数保险产品的费率厘定、理赔阈值的确定及分级理赔的划分（如图5-25所示）。

设计"基于互联网"的农业气象指数保险产品条款，实现保险产品信息咨询、投保、缴费、核保、承保、保单查询、理赔和给付等保险全过程的网络化。由此设计的农业气象指数保险产品设计模型能够计算纯费率、指数阈值和设计理赔方案，实现历史赔付情况回溯和保险产品方案的动态调整。

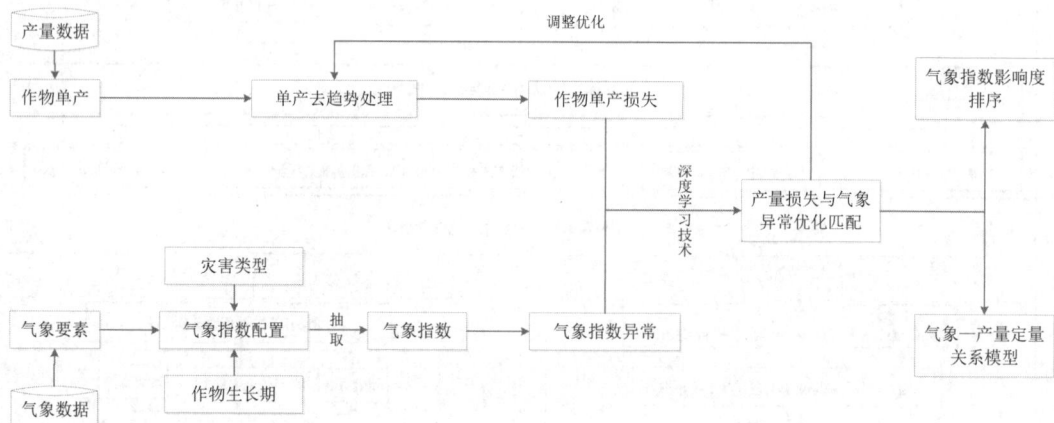

图 5-24 农业生产风险气象关系识别模型图

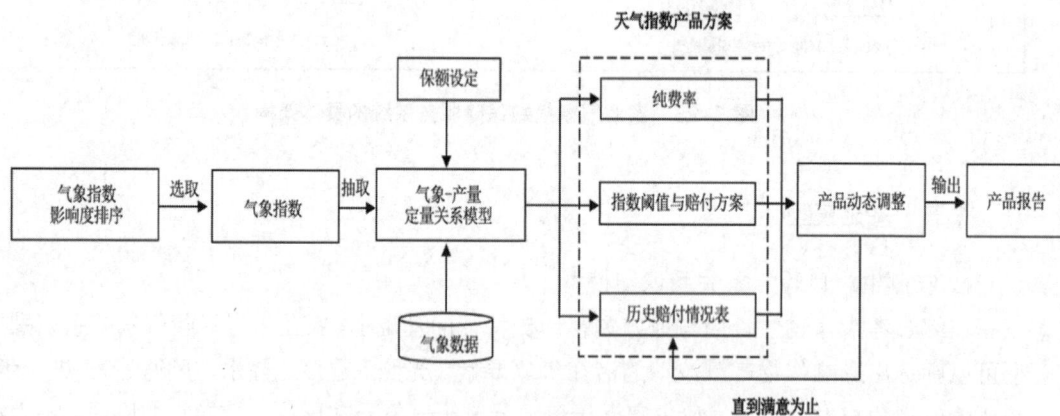

图 5-25 农业气象指数保险产品设计模型图

（四）系统功能

农业气象指数保险服务系统主要有四个核心功能模块，分别是农业气象指数保险产品开发、自助投保、指数跟踪、赔付理算。其系统解决了农险"指数化"过程中的技术难题，实现了农业保险指数类产品从开发到定价、承保、理赔等全流程的互联网化和自动化。

1. 产品开发

在气象数据和产量数据的基础上，运用农业气象风险识别与评估模型和农业气象指数保险产品设计模型，在线进行气象指数保险产品的开发，自动筛选关键气象要素，配置天气指数进行费率精算，动态设置赔付规则等，生成产品设计报告（如图 5-26 所示）。

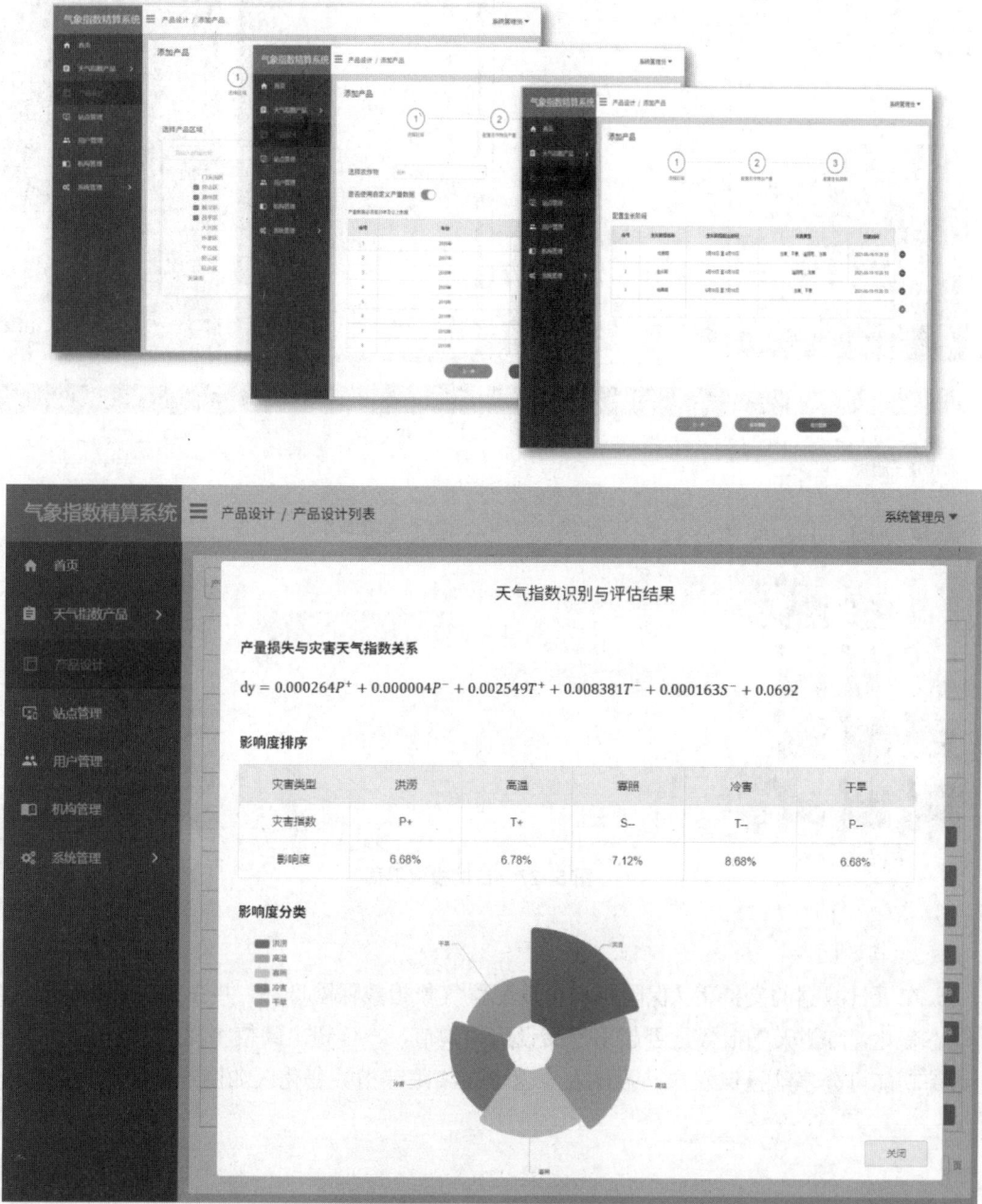

图 5-26 产品开发界面

2. 自助投保

移动端支持投保农户自助进行气象指数保险的在线投保，实现产品方案的选择、费率的确定、理赔方案的确定、自助验标等操作（如图 5-27 所示）。

图 5-27 自助投保界面

3. 指数跟踪

在天气数据的支持下，保险机构可以配置气象指数保险产品，并在线实时跟踪天气的动态变化，监测天气指数是否超出产品设定的阈值，一旦超出阈值将提醒保险机构。指数跟踪功能可分享给投保农户，投保农户也可在线跟踪指数变化（如图 5-28 所示）。

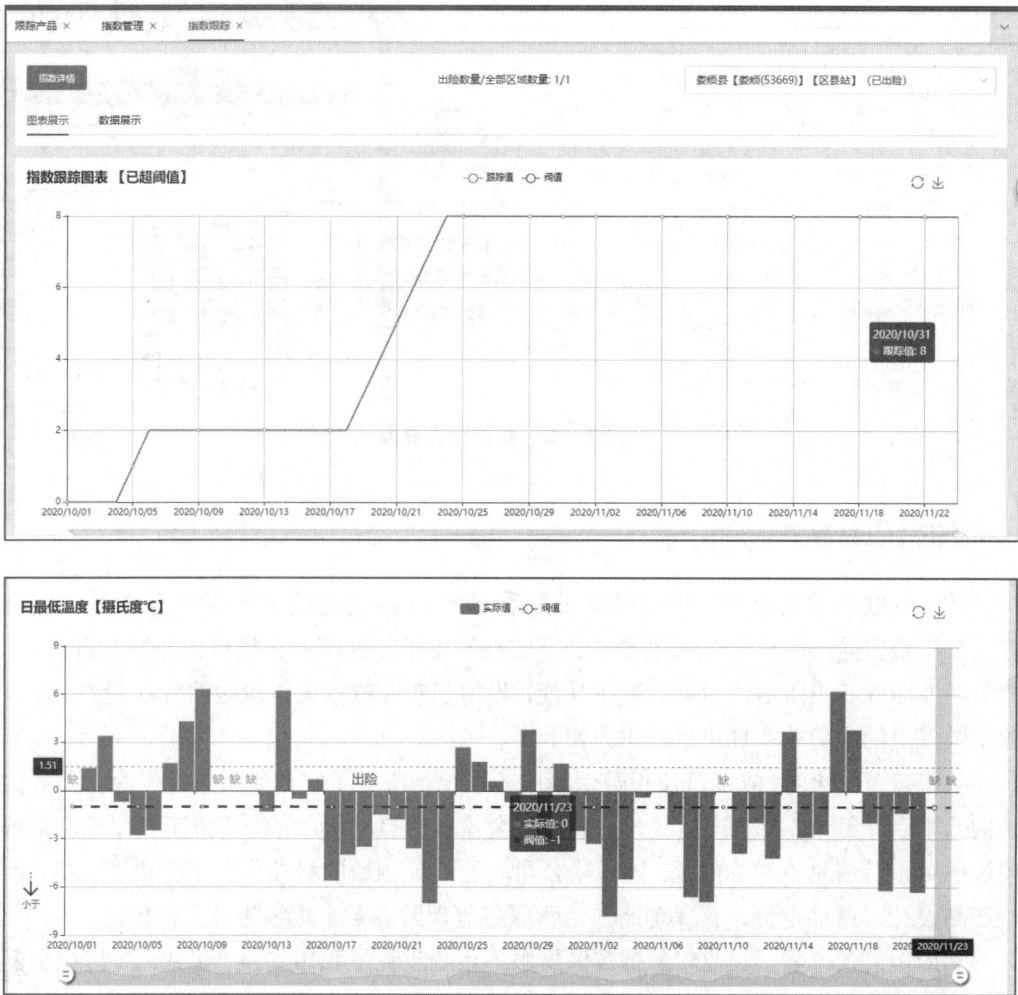

图 5-28　指数跟踪界面

4. 赔付理算

一旦跟踪的天气指数保险出险后，系统将根据天气指数产品配置方案，自动计算承保区域的单位理赔金额，并制作出气象数据汇总报告和理算报告（如图 5-29 所示）。

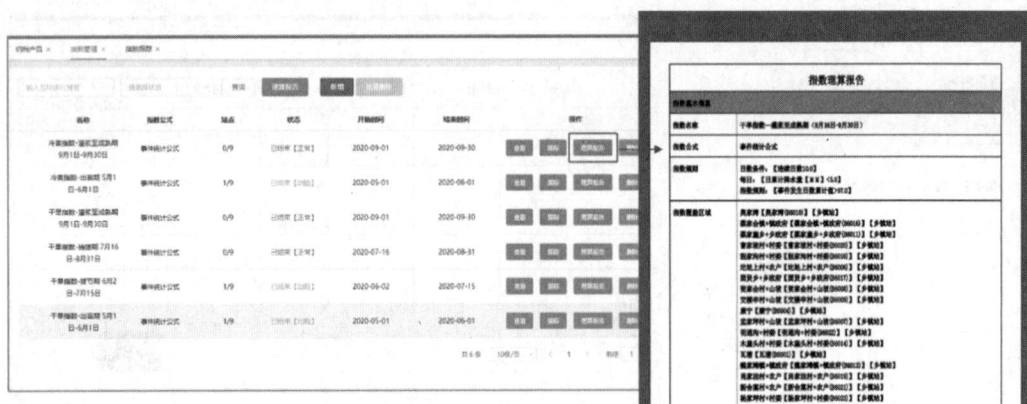

图 5-29 赔付理算界面

（五）总结展望

基于互联网的农业天气指数保险服务系统通过内嵌农业生产风险气象关系识别与农业气象指数保险产品设计两项关键模型，实现气象指数保险的在线自主开发、自助投保、指数在线跟踪和出险后的自动理赔等功能，为增强农业气象灾害风险的管理能力、提高气象指数保险的服务效率提供了技术方案。

从覆盖范围来看，农业气象指数保险服务系统是服务于农业气象指数保险全业务价值链的云平台，实现了指数产品从开发到理赔全流程的自动化，解决了传统农业气象指数保险道德风险及信息不对称问题，为保险公司农险细分领域的科技化转型提供了支持，对农险产品设计、精算定价、核保理赔、运营服务等保险业务全流程进行了赋能。

从应用前景来看，农业气象指数保险服务系统攻克了我国农险"指数化"进程中的技术难点，与传统指数保险产品开发和运营方式相比，数据获取更便利，数据处理更高效。农业指数型保险未来会是我国农业保险产品的一个重要创新，指数型保险的深入发展将会为我国农业风险保障提供更加易用、直观、全面的方案，为我国粮食安全、农民增收乃至乡村振兴提供助力。

第六章　农业保险科技分论：人工智能科技

第一节　人工智能

一、人工智能的定义与发展

人工智能是 21 世纪科技发展的一大主流方向，是推动人类第四次工业革命的核心驱动力。人工智能已经成为许多高新技术产品的核心技术，它通过模拟人来智能化地解决问题，在很多领域都得到了非常广泛的应用。第四次工业革命的目标是让机器取代人类进行绝大部分的脑力工作，帮助人类进入智能化时代。

（一）什么是智能

智能是什么？智能的定义可能比人工的定义更难以捉摸。斯腾伯格（R.J. SternBerg）对人类意识这个主题做出了以下定义：智能是个人从经验中学习、理性思考、记忆重要信息，以及应对日常生活需要的认知能力。简单来说，智能就是人的智慧和行动能力。

从事智能科学的研究人员根据对人脑的认知及智能的外在化表现，从不同的角度，使用不同的方法进行了研究。其中，产生较大影响的观点有思维理论和知识阈值理论。思维理论认为智能源于大脑的思维活动，可以通过对思维的研究来揭示智能的本质，知识阈值理论则认为智能行为取决于知识的数量和一般化程度，把智能定义为在巨大空间搜索满意解的能力。

智能有以下三个特点：一是有智能的物体可以将新的信息纳入自己的知识库；二是有智能的物体可以利用知识库里的信息推理出新的信息；三是有智能的物体可以利用知识库里的信息针对外界刺激做出相应的反应。

（二）什么是人工智能

1. 强人工智能与弱人工智能

强人工智能观点认为，有可能制造出真正能推理和解决问题的智能机器，并且这样的机器将被认为是有知觉的，有自我意识的。强人工智能可以分为两类：类人的人工智能，即机器的思考和推理就像人的思维一样；非类人的人工智能，即机器产生了和人完全不一样的知觉和意识，使用和人完全不一样的推理方式。

弱人工智能观点认为，不可能制造出能真正推理和解决问题的智能机器。这些机器看起来智能化，但是并不真正拥有智能，也不具有自主意识。

2. 人工智能与人类智能

人工智能是通过对人类智能进行模仿来实现的，而人类智能能够用于工作和思考。为了让机器拥有这两种能力，人们开始进行人工智能的开发。随着技术的发展与突破，人工智能在以肉眼可见的速度解锁新领域、新任务、新技能，而这些领域之前被认为是人类智能的专属。但这是否意味着人工智能能超越人类智能呢？其实不然，将人工智能与人类智能进行对比，这本来就是一个错误的想法，因为二者是完全不同的概念，即便有时候它们的功能会有重叠的部分。人工智能和人类智能的本质区别包括六个方面。

第一，进化途径和本质属性不同。人类智能的进化是自然与社会的双重进化，而人工智能的进化是在人类智能进化，以及人们对智能进一步理解的前提下，人类对人工智能的优化。这种优化仅是功能上的优化，并不能使人工智能具有思想，这也是人类智能区别于人工智能的根本所在。

第二，物质承担者不同。人类智能的物质承担者是人的大脑，而人工智能的物质承担者是集成电路、电子管、晶体管等电子元件。就目前而言，人工智能的智能活动都是对人类智能活动的模拟，而这种模拟仅建立在机械或物理的基础之上，通过软件的方法和程序化来模拟人类智能的某些智能活动，这种通过技术得到的智能远远没有人类智能活动复杂。人工智能的发展，不管是哪一次的发展都是建立在人类对大脑智能活动的进一步认识之上的，是对人类智能活动规律的进一步模拟。

第三，智能活动中的地位不同。人类智能在智能活动中依然占据主体地位，而且人类智能将会永久地占据主导地位。而人工智能，到目前为止，在智能活动中，还处于被人类认识与改造的地位，即人类智能活动中的客体地位。人类智能活动中，人类自身是主体，即人类自身对外界事物进行认知及改造活动。人工智能的智能活动，到目前为止，其根本还是在人类智能主导的前提下进行的智能活动，即依照人类设定的程序或算法，在机器中完成相关的智能活动。

第四，人工智能没有主观能动的创造能力。人工智能虽然可以存储海量的信息，但是它并没有主观能动性。如果我们没有对人工智能设备进行相关指令的输入，人工智能是不能自主进行相关活动的，但是人类智能就不一样了，人类智能是能够对外界有所反应的。人工智能对外界的反应是被动的，对问题的解决是机械的，而人类智能是具有主观能动性的，人类智能能够主动地提出问题和解决问题。

第五，人工智能没有社会属性。人工智能是人类智慧的放大体现，但体现的仅是人类的智慧，并没有体现人类所具有的社会属性，即人工智能不会直接参与人类的社会活动。人类的社会属性决定了人类在进行智能活动的时候，必须考量多方面的因素，尤其是社会性的、道德上的诸多问题。

第六，思维程序和思维深度不同。人工智能的一切能力都是人类创造并赋予的，是人类智能思维的体现，只是这种能力通过技术手段得到了放大，看似人工智能在某些方面的能力超越了人类。但人工智能的思维是在人类思维的基础上诞生的，随着外界的改变，人类对外界事物的认知是逐步提升的，且只有在人类的认知度提升后，才能更新人工智能，人工智能的思维才能由此得到提升。因此，在整个思维过程中，总是先有人类的思维，然后才有人工智能的思维。人工智能的本质是对人类智能的模拟，没有人类的思维，人工智能的思维也就无从谈起。

3. 人工智能的研究与应用领域

随着人工智能理论研究的发展和成熟，人工智能的应用领域更为宽广，应用效果更为显著。面对人工智能这样一个高度交叉的新兴学科，其研究和应用领域的划分可以有多种不同的方法。这里采用了基于智能本质和作用的划分方法，即从机器思维、机器感知、机器学习、机器行为、计算智能、分布智能、智能机器人方面来进行划分。

第一，机器思维。机器思维就是让计算机模仿和实现人的思维能力，以对感知到的外界信息和自己生产的内部信息进行思维加工，包括推理、搜索和规划等。

第二，机器感知。机器感知是机器获取外界信息的主要途径，也是机器智能的重要组成部分。所谓机器感知，就是要让计算机具有类似于人的感知能力，如视觉、听觉、触觉、嗅觉和味觉，包括机器视觉、模式识别和自然语言理解。

第三，机器学习。机器学习是人工智能的一个核心研究领域，它是计算机具有智能的根本途径。学习是人类智能的主要标志和获取知识的基本手段。机器学习研究的主要目标是让机器自身具有获取知识的能力，使机器能够总结经验、修正错误、发现规律、改进性能，对环境具有更强的适应能力。

第四，机器行为。机器行为是一个利用行为科学来理解人工智能行为的领域。机器行为居于计算机科学、工程学和行为科学的交叉领域，需要综合学习相关领域的内容，才能实现对人工智能行为的全面理解。随着人工智能变得越来越复杂，需要分析它们的行为能力、理解它们的内部架构，以及它们与环境交互的组合。

第五，计算智能。计算智能是信息科学、生命科学和认知科学等不同学科相互交叉的产物。它主要借鉴仿生学的思想，基于人们对生物体智能机制的认识，采用数值计算的方法模拟和实现人类的智能。计算智能主要包括神经计算、进化计算和模糊计算等。

第六，分布智能。分布智能是分布式计算与人工智能相结合的结果。它主要研究在逻辑上或物理上分散的智能动作如何协调其智能行为，求解单目标和多目标问题，为设计和建立大型复杂的智能系统或计算机支持协同工作提供有效途径。它需要整体互动所产生的整体智能来解决问题。其主要研究内容有分布式问题求解（Distributed Problem Solving, DPS）和多智能体系统（Multi-Agent System, MAS）。

第七，智能机器人。智能机器人是机械结构、传感技术和人工智能相结合的产物。

（三）人工智能的起源与发展

人工智能的发展历程如图 6-1 所示。

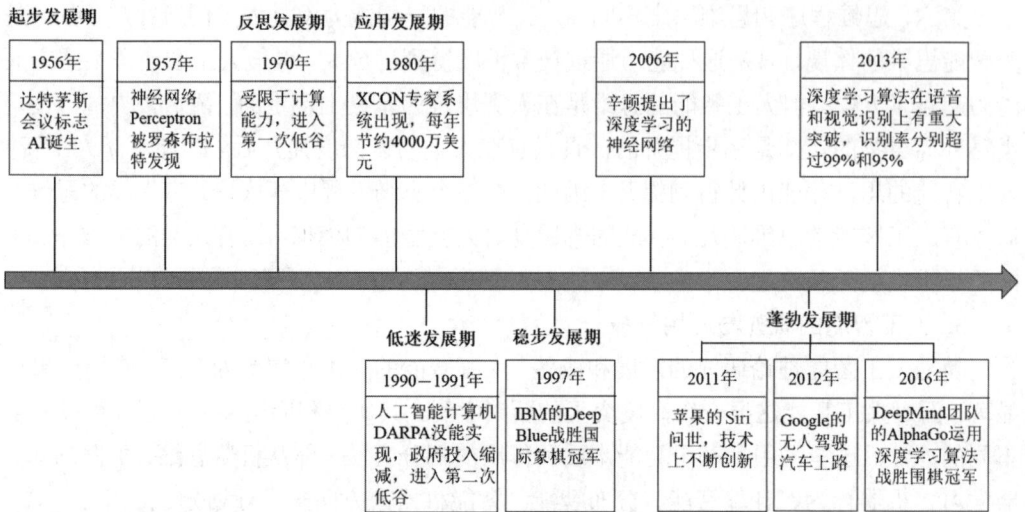

起步发展期

1956年	1957年	1970年	1980年	2006年	2013年
达特茅斯会议标志AI诞生	神经网络Perceptron被罗森布拉特发现	受限于计算能力，进入第一次低谷	XCON专家系统出现，每年节约4000万美元	辛顿提出了深度学习的神经网络	深度学习算法在语音和视觉识别上有重大突破，识别率分别超过99%和95%

反思发展期　应用发展期

低迷发展期　稳步发展期　　　　　　蓬勃发展期

1990—1991年	1997年	2011年	2012年	2016年
人工智能计算机DARPA没能实现，政府投入缩减，进入第二次低谷	IBM的Deep Blue战胜国际象棋冠军	苹果的Siri问世，技术上不断创新	Google的无人驾驶汽车上路	DeepMind团队的AlphaGo运用深度学习算法战胜围棋冠军

图 6-1　人工智能的发展历程

（1）起步发展期（1956 年至 20 世纪 60 年代初期）。人工智能的概念提出后，相继取得了一批令人瞩目的研究成果，如机器定理证明、跳棋程序等，掀起了人工智能发展的第一个高潮。

（2）反思发展期（20 世纪 60 年中期至 70 年代初期）。人工智能发展初期的突破性进展大大提升了人们对人工智能的期望，人们开始尝试更具挑战性的任务，并提出了一些不切实际的研发目标。然而，接二连三的失败和预期目标的落空（如无法用机器证明两个连续西数之和还是连续西数、机器翻译闹出笑话等），使人工智能的发展陷入低谷。

（3）应用发展期（20 世纪 70 年代中期至 80 年代中期）。20 世纪 70 年代中期出现的专家系统，可以模拟人类专家的知识和经验解决特定领域的问题，实现了人工智能从理论研究走向实际应用、从一般推理策略探讨转向运用专门知识的重大突破。专家系统在医疗化学、地质等领域取得了成功，推动了人工智能走向应用发展的新高潮。

（4）低迷发展期（20 世纪 80 年代末期至 90 年代中期）。随着人工智能的应用规模不断扩大，专家系统存在的应用领域狭窄、缺乏常识性知识、知识获取困难、推理方法单一、缺乏分布式功能、难以与现有数据库兼容等问题逐渐暴露出来。

（5）稳步发展期（20 世纪 90 年代末期至 2010 年）。网络技术，特别是互联网技术的发展，加速了人工智能的创新研究，促使人工智能技术进一步向实用化发展。1997 年国际商业机器（IBM）公司的"深蓝"（Deep Blue）超级计算机战胜了国际象棋世界冠军卡斯帕罗夫（G. Kasparov），2008 年 IBM 提出了"智慧地球"的概念。以上都是这一时期的标志性事件。

（6）蓬勃发展期（2011 年至今）。随着大数据、云计算、互联网、物联网等信息技术的发展，感知数据和图形处理器等计算平台推动了以深度神经网络为代表的人工智能技术飞速发展，使之大幅跨越了科学与应用之间的"技术鸿沟"，诸如图像分类、语音识别、知识问答、人机对弈、无人驾驶等人工智能技术实现了从"不能用、不好用"到"可以用"的技术突破，人工智能迎来了爆发式增长的新高潮。

二、人工智能的主要技术

（一）机器学习

机器学习（Machine Learning）是一门涉及统计学、系统辨识、逼近理论、神经网络、优化理论、计算机科学、脑科学等诸多领域的交叉学科，研究计算机如何模拟或实现人类的学习行为，以获取新的知识或技能。重新组织已有的知识结构使之不断改善自身的性能，是人工智能技术的核心。基于数据的机器学习是现代智能技术应用中的重要方法之一，研究从观测数据（样本）出发寻找规律，利用这些规律对未来数据或无法观测的数据进行预测。根据学习模式、学习方法及算法的不同，机器学习存在不同的分类方法。

根据学习模式的不同，可以将机器学习分为监督学习、无监督学习和强化学习等。监督学习是利用已标记的有限训练数据集，通过某种学习策略或者方法建立一个模型，实现对新数据、标记的分类或者映射，最典型的监督学习算法包括回归和分类；无监督学习是利用无标记的有限数据描述隐藏在未标记数据中的结构或者规律。最典型的非监督学习算法包括单类密度估计、单类数据降维、聚类等；强化学习是智能系统从环境到行为映射的学习，以使强化信号函数值最大。由于外部环境提供的信息很少，强化学习系统必须依靠自身的经历完成学习。

根据学习方法可以将机器学习分为传统机器学习、深度学习、迁移学习、主动学习等。传统机器学习从一些观测（训练）样本出发，试图发现不能通过原理分析获得的规律，实现对未来数据行为或趋势的准确预测；深度学习是建立在深层结构模型基础上的学习方法，典型的深度学习算法包括深度置信网络、卷积神经网络、受限玻尔兹曼机和循环神经网络等；迁移学习是指当在某些领域无法取得足够多的数据进行模型训练时，利用另一领域数据获得的关系进行学习；主动学习通过一定的算法查询最有用的未标记样本，并交由专家进行标记，然后用查询到的样本训练分类模型来提高模型的精度。

（二）深度学习

深度学习是机器学习研究中的一个新领域，其目的在于建立、模拟人脑进行分析学习的神经网络，它模仿人脑的机制来解释数据，如图像、声音和文本。同机器学习方法一样，深度机器学习方法也有监督学习与无监督学习之分。不同的学习框架下建立的学习模型有显著不同。深度学习的概念源于对人工神经网络的研究，包含多隐藏层的多层感知器就是一种深度学习结构。深度学习通过组合低层特征，形成更加抽象的高层表示属性类别或特征，以发现数据的分布式特征。深度学习已成功应用于多种模式分类问题，但它仍存在某些不适合处理的特定任务，如语言辨识，生成性预训练提取的特征仅能描述潜在的语音变化，不包含足够的不同语言间的区分性信息。虹膜识别等每类样本仅包含单个样本的模式分类问题也无法良好完成任务。深度学习目前仍有待开展深入研究。在模型方面是否有其他更为有效且有理论依据的深度模型学习算法，以及探索新的特征提取模型等都是值得深入研究的问题。此外，有效的可并行训练算法也是一个值得研究的方向。在深度学习应用拓展方面，如何充分合理地利用深度学习，以增强传统学习算法的性能仍是目前各领域的研究重点。

（三）知识图谱

知识图谱本质上是结构化的语义知识库，是一种由节点和边组成的图数据结构，以符号形式描述物理世界中的概念及其相互关系，其基本组成单位是"实体-关系-实体"三元组，以及实体及其相关"属性-值"对。不同实体之间通过关系相互联结，构成网状的知识结构。在知识图谱中，每个节点表示现实世界的"实体"，每条边为实体与实体之间的"关系"。通俗地讲，知识图谱就是把所有不同种类的信息连接在一起而得到的一个关系网络，提供了从"关系"的角度去分析问题的能力。

知识图谱可用于反欺诈、不一致性验证、识别组团欺诈等公共安全保障领域，需要使用异常分析、静态分析、动态分析等数据挖掘方法。特别是，知识图谱在搜索引擎、可视化展示和精准营销方面有很大的优势，已成为业界使用的热门工具。但是知识图谱的发展仍面临很大的挑战，如数据的噪声问题，即数据本身有错误或者数据存在冗余。随着知识图谱应用的不断深入，还有一系列关键技术需要突破。

（四）自然语言处理

自然语言处理是计算机科学领域与人工智能领域中的一个重要方向，研究能实现人与计算机之间用自然语言进行有效通信的各种理论和方法，涉及的领域较多，主要包括机器翻译、机器阅读理解和问答系统等。机器翻译技术是指利用计算机技术实现从一种自然语言到另外一种自然语言的翻译过程。基于统计的机器翻译方法突破了之前基于规则和实例翻译方法的局限性，翻译性能得到了巨大提升。基于深度神经网络的机器翻译在日常口语等一些场景的成功应用已经显现出了巨大的潜力。随着上下文的语境表征和知识逻辑推理能力的发展，自然语言知识因谱不断扩充，机器翻译将会在对话翻译及篇章翻译等领域取得更大进展；语义理解技术是指利用计算机技术实现对文本篇章的理解，并且回答与篇章相关问题的过程。语义理解更注重对上下文的理解及对答案精准程度的把控。随着 MCTest 数据集的发布，语义理解受到更多关注，取得了快速发展，相关数据集和对应的神经网络模型层出不穷。语义理解技术将在智能客服、产品自动问答等相关领域发挥重要作用，提高问答与对话系统的精度；问答系统分为开放领域的对话系统和特定领域的问答系统。问答系统技术是指让计算机像人类一样用自然语言与人交流的技术。人们可以向问答系统提交用自然语言表达的问题，系统会给出关联性较高的答案。尽管问答系统目前已经出现了不少应用产品，但大多是在实际信息服务系统和智能手机助手等领域中的应用，在问答系统鲁棒性方面仍然存在着问题和挑战。

（五）人机交互

人机交互主要研究人和计算机之间的信息交换，主要包括人到计算机和计算机到人的两部分信息交换，是人工智能领域重要的外围技术。人机交互是与认知心理学、人机工程学、多媒体技术、虚拟现实技术等密切相关的综合学科。传统的人与计算机之间的信息交换主要依靠交互设备进行，包括键盘、鼠标、操纵杆、数据服装、眼动跟踪器、位置跟踪器、数据手套、压力笔等输入设备，以及打印机、绘图仪、显示器、头盔式显示器、音箱等输出设备。人机交互技术除了传统的基本交互和图形交互外，还包括语音交互、情感交互、体感交互及脑机交互等技术。语音交互是一种高效的交互方式，是人以自然语音或机器合成语音同计算机进行交互的综合性技术，结合了语言学、心理学、工程和计算机技术等领域的知识。情感是一种高层次的信息传递，而情感交互是一种交互状态，它在表达功能和信息时传递情感，勾起人们的记忆或内心的情愫。体感交互时，个体不需要借助任何复杂的控制系统，而是以体感技术为基础，直接通过肢体动作与周边数字设备装置和环境进行自然的交互。脑机交互（又称为脑机接口），指不依赖外围神经和肌肉等神经通道，直接实现大脑与外界信息传递的通路。脑机接口系统检测到中枢神经系统活动，并将其转化为人工输出指令，能够替代、修复、增强、补充或者改善中枢神经系统的正常输出，从而改变中枢神经系统与内外环境之间的交互作用。

（六）计算机视觉

计算机视觉使用计算机模仿人类视觉系统，让计算机拥有类似人类提取、处理、理解和分析图像及图像序列的能力。自动驾驶、机器人、智能医疗等领域均需要通过计算机视觉技术从视觉信号中提取并处理信息。近年来，随着深度学习的发展，预处理特征提取与算法处理渐渐融合，形成了端到端的人工智能算法技术。根据解决的问题，计算机视觉可分为计算成像学、图像理解、三维视觉、动态视觉和视频编解码五大类。计算成像学是探讨人眼结构、相机成像原理及其延伸应用的科学。图像理解是通过用计算机系统解释图像，实现类似人类视觉系统理解外部世界的一门科学。三维视觉即研究如何通过视觉获取三维信息以及如何理解所获取的三维信息的科学。动态视觉即分析视频或图像序列，模拟人处理时序图像的科学。视频编解码是指通过特定的压缩技术，将视频进行压缩。

总而言之，计算机视觉技术发展迅速，已具备初步的产业规模。未来计算机视觉技术的发展主要面临三个方面的挑战：一是如何在不同的应用领域与其他技术更好地结合，计算机视觉在解决某些问题时可以广泛利用大数据，其技术已经逐渐成熟并且可以超过人类，而在某些问题上却无法达到很高的精度；二是如何降低计算机视觉算法的开发时间和人力成本，目前计算机视觉算法需要大量的数据与人工标注，需要较长的研发周期才能达到应用领域所要求的精度与耗时；三是如何加快新型算法的设计开发，随着新的成像硬件与人工智能芯片的出现，针对不同芯片与数据采集设备的计算机视觉算法的设计与开发也是难点之一。

（七）生物特征识别

生物特征识别技术是指通过个体生理特征或行为特征对个体身份进行识别认证的技术。从应用流程上看，生物特征识别通常分为注册和识别两个阶段。注册阶段通过传感器对人体的生物表征信息进行采集，如利用图像传感器对指纹和人脸等光学信息、麦克风对说话声等声学信息进行采集，利用数据预处理以及特征提取技术对采集的数据进行处理，获取相应的信息并进行存储。识别过程中采用与注册过程一致的信息采集方式对待识别人进行信息采集、数据预处理和特征提取，然后将提取的特征与存储的特征进行比对分析，完成识别。从应用任务看，生物特征识别一般分为辨认与确认两种任务，辨认是指从存储库中确定待识别人身份的过程，是一对多的问题；确认是指将待识别人的信息与存储库中特定单人信息进行比对，确定身份的过程，是一对一的问题。生物特征识别技术涉及的内容十分广泛，包括指纹、掌纹、人脸、虹膜、指静脉、声纹、步态等多种生物特征，其识别过程涉及图像处理、计算机视觉、语音识别、机器学习等多项技术。目前生物特征识别作为重要的智能化身份认证技术，在金融、公共安全、教育、交通等领域已得到了广泛的应用。

（八）虚拟现实与增强现实

虚拟现实（Virtual Reality，VR）与增强现实（Augmented Reality，AR）是以计算机为核心的新型视听技术。结合相关科学技术，在一定范围内生成与真实环境在视觉、听觉、触感等方面高度近似的数字化环境。用户借助必要的装备与数字化环境中的对象进行交互，获得近似真实环境的感受和体验，这主要通过显示设备、跟踪定位设备、触力觉交互设备、数据获取设备、专用芯片等实现。

虚拟现实与增强现实从技术特征角度，按照不同处理阶段，可以分为获取与建模技术、分析与利用技术、交换与分发技术、展示与交互技术以及技术标准与评价体系五个方面。获取与建模技术研究如何把物理世界或者人类的创意进行数字化和模型化，难点是三维物理世界的数字化和模型化技术；分析与利用技术重点研究对数字内容进行分析、理解、搜索和知识化方法，难点在于内容的语义表示和分析；交换与分发技术主要强调各种网络环境下大规模的数字化内容流通、转换、集成，面向不同终端用户的个性化服务等，其核心是开放的内容交换和版权管理技术；展示与交换技术重点研究符合人的习惯、数字内容的各种显示技术及交互方法，以期提高人对复杂信息的认知能力，其难点在于建立自然和谐的人机交互环境；标准与评价体系重点研究虚拟现实与增强现实基础资源、内容编目、信源编码等规范标准及相应的评估技术。

目前虚拟现实与增强现实面临的挑战主要体现在智能获取、普适设备、自由交互和感知融合四个方面。在硬件平台与装置、核心芯片与器件、软件平台与工具相关标准和规范等方面存在一系列科学技术问题。总体来说，虚拟现实与增强现实呈现虚拟现实系统智能化、虚实环境对象无缝融合、自然交互全方位与舒适化的发展趋势。

三、人工智能的应用案例

随着人工智能技术的发展，人工智能已经在工业、家居、金融、零售、交通、安防、医疗等各个领域开展了深入的应用与实践，推动相关领域逐步迈向智能化和智慧化。

（一）工业制造 4.0

随着工业制造 4.0 时代的发展，传统制造业对人工智能的需求开始爆发，众多提供智能工业解决方案的企业应运而生，如智航无人机、祈飞科技等。如图 6-2 所示，人工智能在制造业的应用主要有三个方面：首先是智能装备，包括自动识别设备、人机交互系统、工业机器人及数控机床等具体设备；其次是智能工厂，包括智能设计、智能生产、智能管理及集成优化等具体内容；最后是智能服务，包括大规模个性化定制、远程运维及预测性维护等具体服务模式。虽然目前人工智能的解决方案尚不能完全满足制造业的要求，但作为一项通用性技术，人工智能与制造业融合是大势所趋。

图 6-2　工业制作 4.0

（二）智能家居

智能家居主要是基于物联网技术，通过智能硬件、软件系统、云计算平台形成一套完整的家居生态圈，如图 6-3 所示。用户可以远程控制设备，设备间可以互联互通，并进行自我学习等来整体提升家居环境的安全性、节能性、便捷性等。值得一提的是，近两年随着智能语音技术的发展，智能音箱成为一个爆发点。小米、天猫、百度等企业纷纷推出自己的智能音箱，不仅成功打开了家居市场，也为未来研发出更多的智能家居用品培养了用户习惯。但目前家居市场智能产品种类繁杂，如何打通这些产品之间的沟通壁垒，以及建立安全可靠的智能家居服务环境，是该行业下一步的发展难点。

图 6-3　智能家居

（三）智慧金融

人工智能在金融领域的应用主要包括智能获客、身份识别、大数据风控、智能投顾、智能客服、金融云等，如图 6-4 所示，该行业也是人工智能渗透最早、最全面的行业。未来人工智能也将持续带动金融行业的智能应用升级和效率提升。例如，第四范式公司开发的一套 AI 系统可以精确判断一个客户的资产配置，做清晰的风险评估，并将智能产品推荐给客户。

图 6-4　智慧金融

（四）智能零售

人工智能在零售领域的应用已经十分广泛，无人超市、智慧供应链、客流统计、无人仓、无人车等都是热门方向（如图 6-5 所示）。京东自主研发的无人仓采用大量智能物流机器人进行协同与配合，通过人工智能、深度学习、图像智能识别、大数据应用等技术，让工业机器人可以进行自主判断，完成各种复杂的任务，在商品分拣、运输、出库等环节实现自动化。图普科技公司则将人工智能技术应用到客流统计中，通过人脸识别完成客流统计功能，门店可以从性别、年龄、表情、新老顾客、滞留时长等维度建立到店客流用户画像，为调整运营策略提供数据基础，帮助门店在增加客流量等方面提升效率。

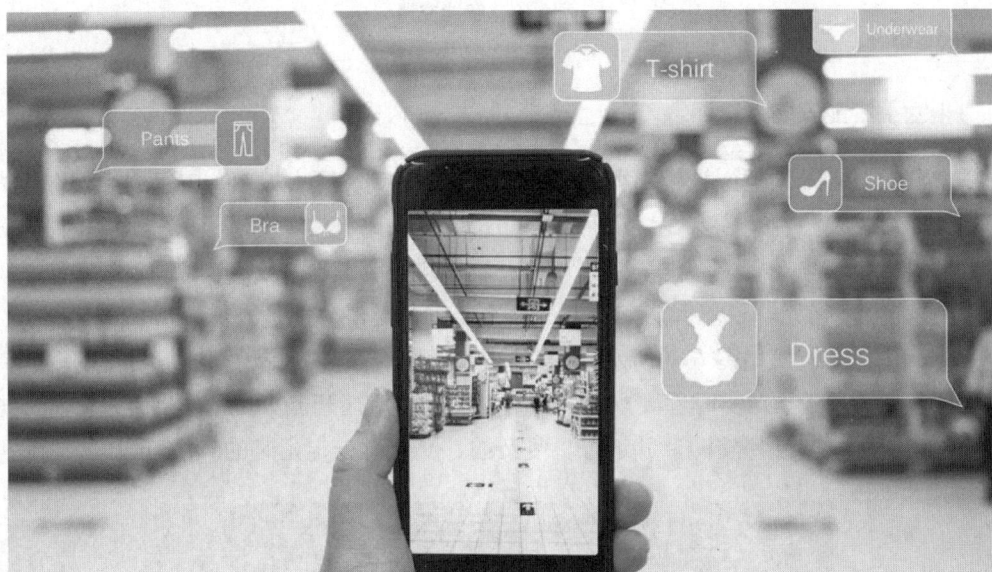

图 6-5　无人超市

（五）智能交通

智能交通系统（Intelligent Trattic System，ITS）是通信、信息和控制技术在交通系统中集成应用的产物，如图 6-6 所示。ITS 应用最广泛的是日本，其次是美国、欧洲部分国家等。目前，我国在 ITS 方面的应用主要是通过对交通中的车辆流量、行车速度进行采集和分析，以便对交通实施智能监控和调度，有效提高通行能力、简化交通管理、降低环境污染等。

图 6-6 　智能交通

（六）智能安防

安防领域涉及的范围较广，小到个人、家庭，大到社区、城市、国家安全，都与之息息相关。智能安防也是国家在城市智能化建设中投入比重较大的项目，赛迪顾问 2020 年的数据显示，未来 3 年，智能安防市场将会迅速增长。截至 2021 年底，我国智能安防市场规模达 4000 亿元。目前智能安防类产品主要有四类，分别是人体分析、车辆分析、行为分析、图像分析（如图 6-7 所示）。智能安防行业现在主要受硬件计算资源的限制，只能运行相对简单的、对实时性要求不高的算法，随着后端智能分析的发展，未来将根据需求匹配足够强大的硬件资源，并运行更复杂的、允许有一定延时的算法。

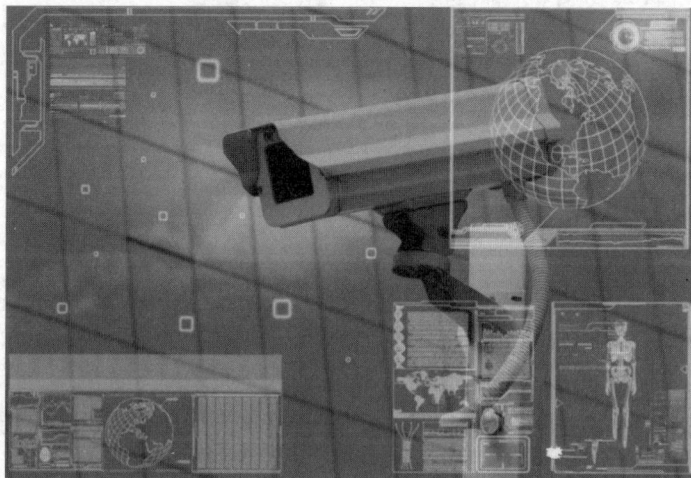

图 6-7 　智能安防

（七）智能医疗

目前，垂直领域的图像算法和自然语言处理技术已可基本满足医疗行业的需求，市场上出现了众多技术服务商，如提供智能医学影像技术的德尚韵兴、研发人工智能细胞识别医学诊断系统的智微信科、提供智能辅助诊断服务平台的若水医疗、统计及处理医疗数据的易通天下等。尽管智能医疗在辅助诊疗、疾病预测、医疗影像辅助诊断、药物开发等方面发挥着重要作用，但各医院之间医学影像数据、电子病历等信息不共享，因此出现了企业与医院之间合作不透明等问题，使得技术发展与数据供给之间存在矛盾。

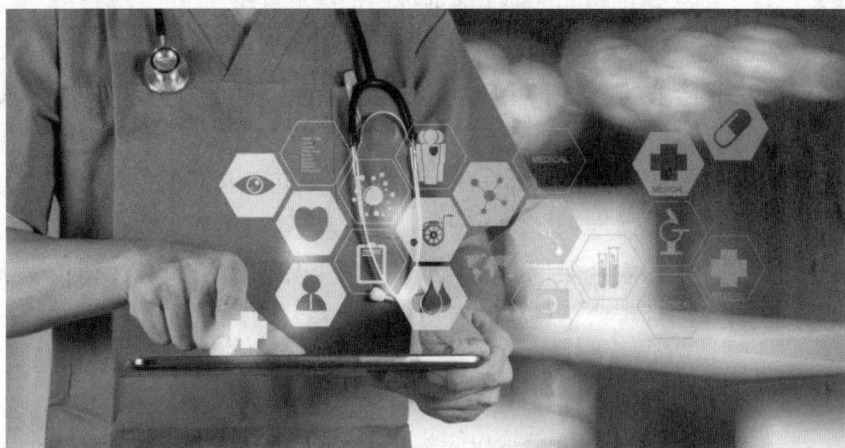

图 6-8　智能医疗

第二节　农业保险的人工智能应用

一、农业保险人工智能应用的意义和现状

（一）农业保险人工智能应用的意义

1. 人工智能应用顺应保险科技时代潮流

保险科技，是指以人工智能、物联网、区块链等为核心的新兴技术被广泛应用于保险营销、产品创新、信息咨询、企业运营等方面，从而解决保险行业痛点、改善生态环境、重塑保险价值链的科技手段。人工智能作为保险科技的一项重要技术，是引领未来保险业的战略性技术，世界主要发达国家都把人工智能发展作为维护国家安全、提升国家竞争力的重大战略，并加紧出台规划和政策。我国《新一代人工智能发展规划》提出培育高端高效的智能经济，通过推动人工智能与金融的融合创新，创新智能金融产品和服务，发展金融新业态。保险科技是未来保险业发展必由之路，人工智能和农业保险融合创新，符合保险科技时代需要，是顺应保险科技时代潮流的举措。

2. 人工智能应用支撑农业保险转型升级

人工智能作为保险业变革的核心驱动力，对促进保险业升级转型起着重要支撑作用。人工智能是促进农业保险升级转型的关键，能深化农业保险供给侧改革，提高农业保险服务效率，解决行业痛点，提高保障水平。在农业保险产品研发、售前、承保、理赔、售后、再保、财政补贴资金运用等各个环节，人工智能通过重塑农业保险的底层逻辑，对整个农业保险生态进行了创新和重构，推动了农业保险的转型升级。

3. 人工智能应用培育农业保险发展新动能

进入新时代，保险业的主要矛盾已经演进为不平衡、不充分的保险供给与人民群众日益迸发、不断升级的保险需求之间的矛盾。将人工智能运用于农业保险，可以有效做好场景服务，通过对农业场景的挖掘，将农户、保险标的、可保风险等保险要素细分，将以往低频的传统农业保险产品转变为高频的智能保险产品，可以为农户提供个性化服务与风险解决方案。"人工智能＋农业保险"将不断挖掘农业保险新的增长点，创新发展新模式，让智能农险成为我国农业保险市场新的增长动能。

（二）农业保险人工智能应用的现状

2007 年政策性农业保险开始实施后，农业保险市场得到了快速发展，各地区经营农业保险的主体逐渐增多，但市场竞争也日益激烈。在农业保险市场竞争加剧的情况下，综合费用率及简单赔付率也有所增加，导致保险公司面临运行成本与赔付支出同时增加的双重挤压困境。此外，农业保险承保理赔中存在虚假承保、虚假理赔等道德风险，给保险公司的合规经营带来了较大风险。因此，当前我国部分保险公司将人工智能运用到核保、理赔、风控等环节，既能缓解农业保险查勘定损难、道德风险管控难等问题，进一步降低保险公司的经营成本，又能提升经营效率，优化客户体验，如表 6-1 所示。

表 6-1　部分农业保险公司经营环节运用人工智能情况

保险公司	应用内容	应用环节	应用险类	应用效果
人保财险	利用人工智能技术，启动了猪脸识别系统项目，并以此为试点开展了牲畜身份智能识别认证工作	理赔	养殖险	解决定损难、理赔难和道德风险管控难等问题
中华联合财险	引进 AI 智能点数、脸部识别、智能测量尸重、尸长等	承保理赔	养殖险	承保数量真实、理赔结果合规、服务效能提升
太平洋财险	e 农险的智慧农业模块和标的库系统应用人工智能自动分析作物种类、面积、长势、损失程度等结果	承保理赔	种植险	为验标、查勘提供高效、自动化解决方案
国寿财险	对大牲畜（牛、驴、马）利用面部 3D 建模，建立唯一身份标识，确保承保、理赔真实性	承保理赔	养殖险	降低重复理赔的道德风险，实现多方联动的理赔机制

续表

保险公司	应用内容	应用环节	应用险类	应用效果
平安财险	客户信息管理系统通过智能化技术手段做好农户智能识别；标的信息管理系统能够识别唯一承保标的，智能确定损失；风险管理系统构建智能定价、智能运营等模块	承保理赔	种植险养殖险	实现农户和风险筛选的精准化管理；实现标的精细化管理；提高风险管控能力
太平财险	"e 农保"基于深度学习算法，依托移动端 App，在养殖险场景中，用户通过手机对死亡猪进行拍照，即可得到猪体测量结果	理赔	养殖险	简化查勘方式，有效降低查勘成本；实现快速赔付，为投保农户提供优质的理赔服务
阳光财险	"向日葵农险"App 应用人工智能测长估重、智能点数、OCR 识别等技术，实现农险线上查勘功能	理赔	养殖险	农业保险承保理赔的时效性、有效性及精准化

数据来源：根据各大保险公司官网及其他网上资料整理。

由此可见，当前人工智能在农业保险中的应用还处在初级阶段，主要集中在承保理赔等业务环节，尚未形成体系化、规模化应用。为了最大限度地发挥人工智能的效能，亟需对农业保险的人工智能应用规划路径。

二、农业保险人工智能应用的路径分析

从体系结构上看，人工智能可全面赋能农业保险业务系统的前端、中端和后端，进而优化农业保险公司内部的经营过程，增强农业保险公司的经营能力，如图 6-9 所示。

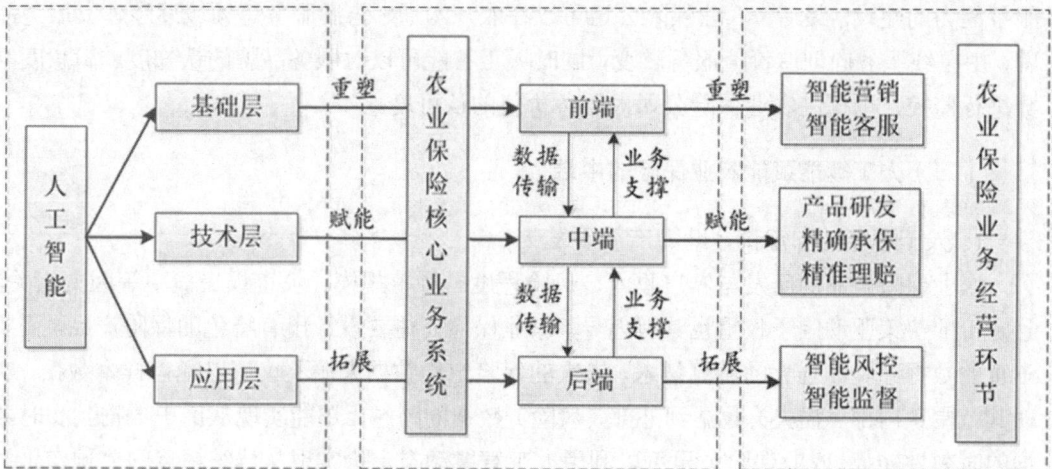

图 6-9　农业保险人工智能的应用路径

（一）人工智能重塑农业保险的前端

1. 人工智能赋能智能营销，创新应用场景

保险交易中，无论是被保险人还是保险标的，在信息化技术高度发展的环境中都会产生大量数字、文本、图像和视频数据。人工智能中的知识图谱技术是一种利用图模型来描述知识或建模事务之间关系的大规模语义网络，在智能搜索、产品推荐、智能对话、决策支持等方面实现了广泛的实际应用。

在保险交易数据处理层，人工智能基于知识图谱技术，汇聚农产品信息、风险信息、农户风险偏好、气象信息、农业信息等多源信息。同时利用知识图谱分析与客户相关的关系、事件、行为等因子，在整个业务周期对客户属性进行动态描绘，构建农户多维画像和标签体系，以推荐相应的农业保险产品。

在问答层，人工智能可以优化产品服务智能问答系统，提升对农户咨询的回复效率和效果，构建"农户—产品—农户"的图谱库。

在应用层，知识图谱为保险公司引入农户属性和产品属性的潜在关系，整合用户信息和偏好，帮助发现用户深层次兴趣，为农户推荐相似产品或关联服务。同时运用人工智能对农险销售效果进行评价，从农户角度分析销售效果和交易转化率。从客户角度出发，评估的主要内容为行为路径、断点环节，通过挖掘客户退出农业保险的原因，实现产品优化和销售方案创新。

2. 人工智能提升客户服务，增强农户体验

首先，利用人工智能语言系统拓展线上服务触点，突破时间和空间的限制，并基于客户的场景诉求提供即时、主动的服务，在服务意识上，将传统的被动服务转变为主动服务。其次，通过智能化服务，结合线上和线下服务，为农户提供多元的服务体验，并且通过人工智能建立农户评价指标体系，有利于农业保险公司及时收到农户服务满意度反馈。再次，利用人工智能、云计算等技术对农户行为进行数据分析，准确描绘农户画像，加快个性化服务能力的建设。最后，农业保险公司可以在农户沟通、售后服务等领域逐步建立服务品牌，由单纯服务向创造价值服务转变，同时人工智能可以对服务品牌的认知度、满意度指数进行监控，以提高农业保险公司对服务价值的认可度。

（二）人工智能赋能农业保险的中端

1. 人工智能动态定价，助力产品研发

农业保险产品的研发与农户收入、风险程度、种植规模、灾害损失概率等因素相关，且定价的决策驱动因子权重也具有差异。农业保险公司要设计出有特色的保险产品，需要丰富的数据经验和强大的精算技术。未来的保险定价数据来源不仅可以涵盖样本数据，实现其范围从内部（损失）数据到外部（风险）数据的跨越，还能实现从历史数据到实时数据的时效性转换。农业保险公司可以利用人工智能动态定价实现从传统精算的"预定价"到"后定价""预定价+后定价"等动态定价模式的转变。人工智能动态定价可以增加保险产品定价的灵活性，也有助于降低引入新定价框架的时间成本。

2. 人工智能识别承保风险，实现精确承保

我国农业生产的分散性对农业保险的承保工作提出了较高要求，加上农业保险逆向选择和道德风险问题相对突出，承保工作更加严格。人工智能可以通过赋能核保数据识别系统、核保输出系统来提高农业保险的承保技术。人工智能的图像识别功能，使保险标的数据采集的准确性得到提升。

在养殖业方面，农业保险公司可以利用深度学习技术识别保险标的身份，提高承保的精确度。目前，人工智能的深度学习在生物身份识别上的应用主要有两种方式：一是主要采用深度分类网络进行身份信息识别，二是采用"目标检测+分类网络"两者结合的方式进行身份信息识别。生物行为识别方法主要有躯体关键点识别和目标检测结合行为识别、行为分类等。农业保险公司采用多模式生物特征识别技术与 3D 人脸识别、声纹识别和唇部识别三大识别引擎结合的方式，来提高认证识别过程的准确性、安全性，并基于卷积神经网络对牲畜进行识别，以获得牲畜唯一性标签，保证保险标的的唯一性。

在种植业方面，将人工智能技术广泛应用于遥感技术，以快速识别出作物的种植结构、作物地块等监测数据，并通过云端方式嵌入农业保险公司的 App 中，供承保验标使用，以提高承保精确度并识别违规投保行为。在核保系统输出方面，人工智能的深度学习技术可以设置核保算法，并在算法领域范围内完成核保工作，提高核保效率。

3. 人工智能识别风险损失，实现精准理赔

农业保险理赔中容易出现虚假申报数据、理赔欺诈等行为，因此要更加注重对道德风险及欺诈行为的识别。在查勘定损方面，以人工智能和 3S 技术为支撑，分别建立种植业"天空地"联合的定损体系和养殖业被保牲畜智能识别体系，实现按图理赔和识别理赔的精确理赔模式。

基于现有的农业保险理赔技术，人工智能可以从两个方面进行结合。

一是对于种植业理赔，利用"人工智能+3S 技术"构建作物损失和产量估算模型，该模型可以加强对种植业/林业受灾后的损失情况分析，确定赔付金额。对于养殖业理赔，若保险标的已通过人工智能识别系统建立标签形成识别码，保险公司在理赔过程中则可利用识别技术与死亡的保险标的进行比对，实现精准理赔。

二是利用人工智能的专家系统技术建立理赔评定知识对比库。该系统一端连接农业保险公司理赔评定数据，另一端连接农业专家评定结果，将保险公司自身的评定结果与农业专家的评定结果进行比对，以更好地确定损失。

（三）人工智能拓展农业保险的后端

1. 人工智能助力风险防控体系

农业保险公司可以围绕"人工智能+大数据+区块链"等技术集成建立自动化、链条化、智能化的风险管控体系。智能风控体系包括但不限于以下三个方面内容。

第一，在智能风险系统中输入已有风险与潜在风险并设置风险预警界限。利用人工智

能的深度学习技术对风险进行分类和识别，在超过人工智能设定的风险阈值时进行提示。农业保险公司在利用地理信息系统对各类区域降雨量、天气温度、土壤情况、病虫害等进行实时动态监测的同时，引入人工智能的风险预测技术，以进一步提高灾害风险预警的准确性和及时性。

第二，通过知识图谱建立风险数据库，以智能分析计算实现更有效的风险评估。知识图谱可以通过整理农业保险公司的财务数据、核保数据和理赔数据来增强风险评估数据基础支撑能力，最终结合人工风险审核，选择最优解决方案。

第三，在智能风险系统中反馈应对措施的效果并积累风险管理数据。在风险防范上，多数金融机构已经采用以大数据和人工智能为主的新技术来化解风险。例如，互联网企业构建以人工智能驱动的智能风险识别体系为核心的智能风控引擎，对农户信息进行更深层次的分析，找出异常数据，从而增强保险公司反欺诈工作能力。

2. 人工智能协助建立内外监督体系

人工智能协助公司建立内部监察、外部公开的大数据监督平台。从公司内部监察来看，人工智能发挥以下两个功能：一是动态监控，人工智能通过嵌入各种具有挖掘分析功能的模型，全面挖掘分析农业保险公司的财务状况（保险收入、赔款支出等）和业务指标（承保率、费用率、补贴杠杆率、理赔率等），监测农业保险公司的发展状况；二是智能稽核，通过对结构化和非结构化数据的采集和集成，运用人工智能核心技术（如数据挖掘、自然语言处理、机器学习）开发和建立各种模型，增强风险预测和分析能力，实现从风险审计向注重风险预警的转变，推动风险向前审查。从外部公开来看，保险公司的业务经营受到中国银行保险监督管理委员会的监管及消费者的监督。为了高效配合监督，农业保险公司不仅可以利用人工智能、大数据等技术优化文件查阅、法律检索、案件预测、档案监测等协助外部监督，而且可以通过人工智能整合经营过程中积累的大量数据，及时更新运营动态信息，以配合外部的动态监控。

三、农业保险人工智能应用存在的困难

虽然人工智能正在逐步与农业保险融合，但进一步提升仍存在困难。农业保险公司在向人工智能经营转型过程中存在差异性大、技术条件不成熟等困难。

（一）人工智能应用的战略布局差异大

农业保险公司要突破传统的经营理念与思维，掌握数字化战略并成功向人工智能经营战略转型不会一蹴而就。头部保险企业和互联网保险公司的科技布局不断加速，大型保险机构将"保险+科技"提升到战略高度，并积极投资设立保险科技子公司。头部保险公司也专注人工智能、区块链、大数据、云计算、物联网等前沿科技的投入，而中尾部保险公司将技术投资重点仍然放在信息化建设上，不同规模的保险公司人工智能的战略布局差异较大。从公司内部经营来看，以人工智能为核心的数字渠道在各经营环节的渗透程度不同。

人工智能在保险行业各领域渗透最快的环节为核保、理赔。人工智能能为保险公司的核保、核保环节降低人力成本，尤其是在客户服务环节，降低成本的效益最大，而在其他环节降低成本的效益仍有待提高。与此同时，人工智能对保险业的渗透有一定的时间跨度，农业保险企业的整体转型也需要一定的周期，对中小型农业保险公司而言，更需要合理布局和明确战略方向。

（二）人工智能应用的技术条件未成熟

农业保险公司人工智能应用的限制主要体现在两个方面：一是数据的基层支撑体系较弱，二是会有存在触发数据隐私的风险。数据的基础支撑体系包括数据的来源、整理、建设三方面。农业保险公司的数据基础支撑体系仍以头部公司为主，中小型公司处于追赶的状态。目前保险公司数字化建设兴起时间不长，许多公司自身的 IT 能力薄弱、数据基础较差且缺乏整体规划，由此导致了系统模块复用性差、技术应用零散化，再加上农业保险数据分散的特点，就要求农业保险公司具有较强的数据处理能力。同时人工智能带来的数据所有权和使用权的冲突，即数据隐私的泄露是业界的热门话题。人工智能的高效运用以大数据为支撑，要想获取全面的数据，必然涉及客户的隐私，在各国重视隐私保护的趋势下，农业保险公司在运用人工智能的过程中需要遵循隐私保护的原则，高度关注客户的隐私风险，正确认识数据共享背后的风险隐患并采取相应的隐私保护措施。

（三）人工智能应用的落地应用制约大

第三代人工智能可能是未来几年的发展方向，其发展方向是知识与数据的融合。为了构建由数据和知识驱动的人工智能框架，迫切需要新的突破和创新，这对人工智能人才提出了更严格的要求。对于农业保险公司而言，启动人工智能战略需要较高的资本投入，但回报收益的周期却是不确定的，这引发了商业盈利性与数字化收益周期模糊性之间的矛盾，因而部分公司轻视人工智能战略的投资。另外，农业保险公司缺少数字化转型的技术人才来引导数字化转型的方向，员工也缺乏致力于数字化转型建设和科技创新的精力。人工智能赋能农业保险公司的关键在于科技落地，如何提高农业保险公司的技术运作水平，促进科技落地是农业保险公司的重要任务。然而，人工智能在农业保险操作系统中应用的实践并不多，只集中在某些环节，相应的技术还不够成熟。在农业保险公司缺乏人才和技术支持的情况下，如何实现人工智能技术的创新需要进一步探索。

四、人工智能赋能农业保险的应对策略建议

面对农业保险中人工智能应用存在的困难，农业保险公司应做好人工智能融合农业保险公司经营的建设，全面提升人工智能数字化转型变革的能力，具体的策略建议如下。

（一）注重人工智能的战略布局

对于农业保险公司来说，有必要对"人工智能"应用做战略布局。一是重新审视人工智能的技术设施架构、客户管理体系和服务场景生态，从而推动内部经营管理模式的创新。二是需要加强人工智能转型目标的内部宣传，将转型思路和标准落实到各部门、经营方案中，如建立内部技术风控部门、收购潜在保险科技公司及与业内领先的研究机构建立合作关系。人工智能驱动农业保险公司的经营结构不仅是技术部门的任务，也需要领导和管理团队投入精力。农业保险公司管理层需要深入了解人工智能技术，关注各环节与人工智能结合带来的成本和效益，掌握运营和职能层面的战略决策，制订参与大规模科技网络生态系统的战略。

（二）注重人工智能的支撑建设

人工智能技术的卓越表现必须有海量数据的支撑，因此农业保险公司需要建立一个全面的数据基层支撑体系，以确保人工智能在农业保险经营中具备高效运作的能力。在数据源获取方面，需制订多层次的数据获取策略，包括直接收购数据资产和数据供应商、数据源授权的获取及与数据经纪商使用数据应用程序接口对接等，充分获取外部数据。在数据整理方面，农业保险公司数据分散的特点离不开技术的处理，以人工智能为核心结合大数据、区块链、云计算等技术开展全面的数据整理工作，可以有效提高数据处理能力。在数据建设方面，要完善数据标准规划、编制、评审发布、落地执行、维护增强等建设流程；要加强公司的技术工具、互联网设施的建设，为搭建信息平台提供基础支撑。在数据隐私安全方面，农业保险公司和其他部门可以利用联邦学习等人工智能技术，构建一个互相合作的生态系统，在整个生态系统中，各方作为各自领域的服务对象，在不泄露用户信息、不影响数据规范的前提下实现利益共享。

（三）注重人工智能的技术创新

鉴于人工智能技术尚未成熟，农业保险公司可以选择内部自主创新和联合创新。实力雄厚的大型保险公司可以充分利用资金、技术基础、人才等资源，自主创新掌握科技优势。例如，一些保险公司可以利用自身优势联合科技公司共同研发人工智能，形成集团内部科技的联动。中小型公司需形成人工智能研发联盟，并根据资金的投入承担风险和分配收益，在联盟里形成风险共担和利益共享的局面。科技机构也是大多数保险公司联盟的主体，但是农业保险公司与科技机构合作需要建立一个开放、平等的信息交流平台和业务平台。平台通过业务合作、孵化加速等环节和投资方式为保险公司与科技创新企业搭建供需匹配的桥梁。目前一些保险公司采用科技公司专业的云平台、数据中间平台、业务中间平台和金融科技产品，重构新一代核心业务系统。该合作推广了保险公司的业务场景，实现了线上、线下相融合，提升了保险公司的精细化管理和智能化运营水平，使科技创新更好地在保险公司内部联动、落地和验证。

（四）注重人工智能的人才培养

从产业上看，人工智能可分为基础层、技术层和应用层，在人才类型上，分为基础研究人才、技术研发人才和应用实践人才。人工智能的教育层次存在差异，一是高水平大学的目标是培养基础研究型人工智能人才，并与研究生教育接轨，其他本科高校则着力培养技术研发型和应用实践型人工智能人才。二是学科优势明显的学校侧重于培养技术型人工智能人才，着眼于模拟人工智能构建技术路径，而其他高校则侧重于培养应用实践型人工智能人才，为特定应用场景提供产品或解决方案。农业保险公司应明确与人工智能技术的融合层次，从而确定需要的人才类型，并根据需求选择不同的大学合作。目前多数农业保险公司侧重于人工智能技术层和应用层的开发，所需要的人才多为技术型和应用型，该类公司可以与学科优势明显的一般本科高校合作，共同培养人才。除高校外，农业保险公司、科研机构、科技企业甚至行业监管部门也可以加强联盟合作，实现跨行业合作。同时加强政府、企业、科研等多元化人才交流，开辟跨学科交流渠道，从不同学科的问题引导创新。

第三节　农业保险的人工智能应用案例

一、养殖业保险人工智能应用案例

（一）应用背景

作为中央直属金融保险集团中国人寿的下辖专业财险子公司，中国人寿财险公司（以下简称"国寿财"）积极响应乡村振兴战略，充分发挥保险保障优势，围绕农业保险"数字化、智能化"建设，在养殖业保险中大力发展人工智能技术，解决了养殖业保险中存在的各类问题，取得了良好成效，得到了地方政府和农户的认可。

1. 养殖业保险发展迅速，已成为农业保险第二大险种，发展空间巨大

实施乡村振兴战略，产业兴旺是重点。养殖业的现代化发展，是产业兴旺的重点之一，是农业农村经济发展的"重头戏"，是农民收入的增长源。为保障养殖业的快速发展，国家将育肥猪、能繁母猪、奶牛、牦牛、藏系羊五个品种纳入中央财政保费补贴范围；各级地方政府则对肉牛、家禽等其他品种进行了保费补贴试点。经过近几年的快速发展，2019年，我国养殖险保费规模达 202 亿元，保费占比达到 31%，养殖险已成为我国农业保险的第二大险类，仅次于种植业保险。未来随着国家政策的持续落地，养殖业仍有巨大的市场空间可供挖掘。

2. 传统模式问题多，面临道德风险大、风险管控难、人力成本高、信息联动不通畅等困局，亟待转型升级

虽然我国养殖业保险已经取得了长足进步，但是在发展中仍面临一系列问题。一是农户道德风险难以防范。由于牲畜保险数量巨大，在未建立有效身份管理系统的情况下，部分投保、虚增保险数量、同一保险标的重复理赔及对非保险标的进行理赔等问题频繁出现，特别是在养殖标的价格下跌周期，问题更加突出。二是传统耳标佩戴过程不规范。为了识别牲畜身份标志，传统的做法是给牲畜佩戴耳标。但传统耳标佩戴工作十分烦琐、耗时耗力，且耳标容易脱落，容易造成保险牲畜身份不明等问题。此外，部分牲畜佩戴耳标时容易发生感染，农户往往不愿配合，导致养殖险风险难以有效管控。三是电子耳标不利于食品安全。为解决耳标脱落等问题，电子耳标技术应运而生，其将直接植入牲畜体内，更加先进。但是电子耳标可能在牲畜体内破损，随牲畜脂肪游离残留在动物体内，这将严重影响食品安全。同时电子耳标的采购成本高（每只 5～6 元），佩戴过程也费时费力（每头佩戴费用 10 元左右），会直接推高公司经营成本。四是动检处理联动机制不通畅。保险公司未与动检部门建立良好的信息联动机制，业务系统没有与动检部门信息系统实现无缝对接，使得保险公司的业务流程手续烦琐，增加了保险公司养殖险处理时效与人力、物力、财力的投入。

（二）应用技术与模式介绍

1. 生物特征 AI 识别技术

生物特征 AI 识别技术是基于人工智能的一项新技术，相比人脸识别，由于牲畜近亲繁殖，牲畜的相似度也比人脸高得多，识别难度更大。该项技术深度融合牲畜特性，使用卷积神经网络技术识别牲畜面部特征，在大数据的支撑下进行深度学习，赋予每头牲畜唯一的身份标识，助力养殖险提高工作效率、降低运营成本和加强精细化管理。

该项技术可助力养殖险实现六大功能：一是利用面部采集方式快速为承保标的创建 3D 特征数据库，建立身份识别管理系统，确保承保标的的真实性、唯一性。二是通过 AI 智能识别技术，快速清点标的数量，破解虚增、虚减标的数量等问题。三是通过将死亡标的影像与特征库影像进行比对、精准识别，防范重复理赔和非标的理赔等道德风险。四是利用该技术实现智能称重、智能测量体长，以此作为理赔依据，降低人工成本，实现快速理赔。五是利用该技术动态监测牲畜的健康状况，为养殖户监测牲畜生产过程提供增值服务。六是通过该技术的应用推广，与动检部门形成线上联动机制，实现养殖险全流程线上化。

目前，国寿财已在大牲畜、小牲畜中试点应用了生物特征 AI 识别技术。利用面部 3D 建模，对大牲畜（牛、驴、马）建立唯一身份标识，确保承保、理赔真实性（如图 6-10 所示）。把智能清点数目与死后面部建模相结合，对小牲畜（仅限猪）进行精准承保、精准理赔（如图 6-11 和图 6-12 所示）。

图 6-10　大牲畜（牛）面部识别技术

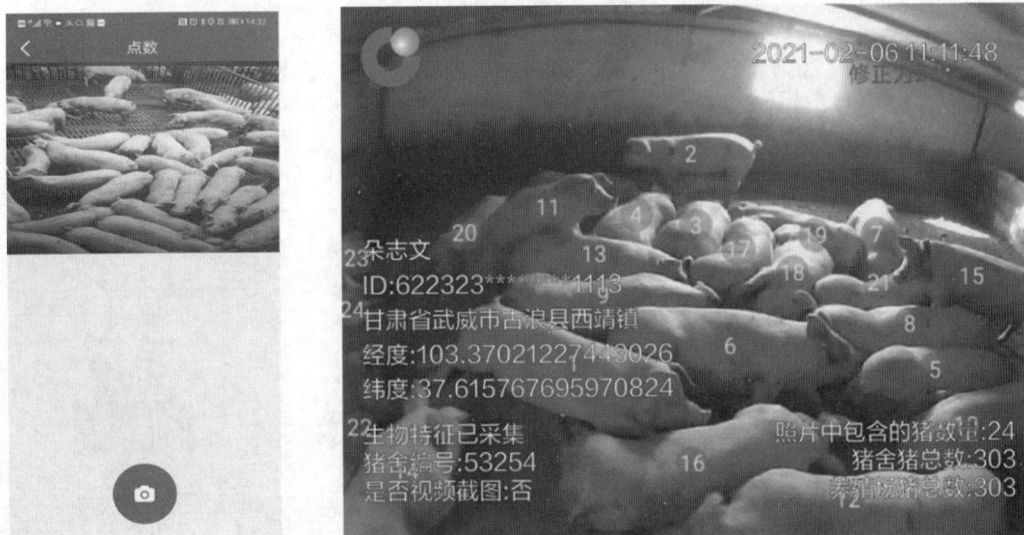

图 6-11　生猪 AI 点数技术

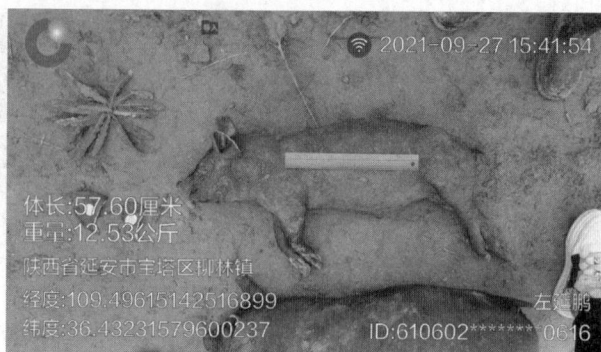

图 6-12　死亡生猪的智能测长侧重技术

2. 养殖险承保理赔全流程线上封闭运营模式

国寿财养殖险承保理赔全流程线上封闭运营模式是在生物特征 AI 识别技术的基础上，建立养殖企业、保险公司、无害化处理厂、动物卫生监管机构四方联动的"智能化、数字化、去中心化线上共享运营平台"，能实现食品安全管控、保险服务、防疫监管等领域的线上实时、数据化、真实动态数据闭环管理。该模式将传统的线下、被动获取资料方式转变为全线上、全自动的获取方式，并利用区块链技术存证相关数据，有效解决了养殖险业务高质量发展中存在的实际问题，将加速推进养殖业生产经营线上化、精准化和管理服务智能化（如图 6-13 所示）。

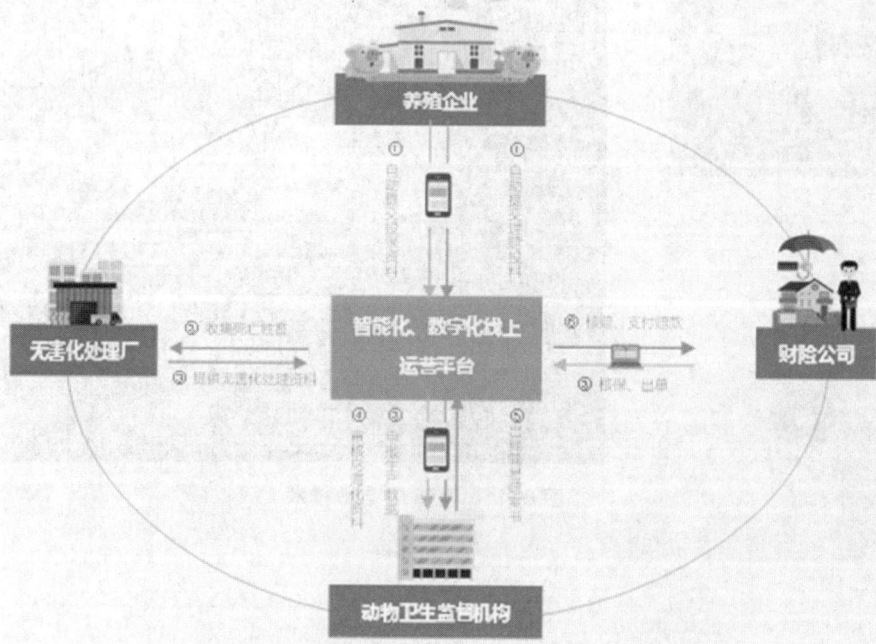

图 6-13　国寿财养殖险承保理赔全流程线上封闭运营模式

在养殖企业端，一是通过生物特征 AI 识别技术的应用，自助进行投保、理赔资料的采集，防止了人员接触引起的交叉感染，降低了养殖风险。二是全线上的操作流程使养殖企业快速完成投保并及时获得赔款，有助于养殖企业快速恢复生产。三是采集数据快速上链，保证了数据的真实性。

在保险公司端，一是通过生物特征 AI 识别技术的应用，赋予了每头牲畜唯一的身份标识，能确保养殖企业承保、理赔资料真实有效，实现精准承保、精准理赔，在确保合规的同时，减少了道德风险，降低了赔付成本，为拓展养殖险业务提供了有力支撑。二是全线上操作流程不仅提高了工作效率与服务时效，还大幅降低了公司经营成本。三是全过程数据上链，保证了数据的真实性；利用区块链防篡改技术向关联方展示保险数据的真实性，加强了关联方的信任，降低了风险。

在无害化处理厂端，一是通过线上平台及时响应养殖企业提出的无害化处理需求，提升了服务能力与处理效率的同时降低了经营成本。二是通过运营平台获取真实、有效数据，有助于获取无害化处理补贴资金。三是通过区块链智能合约的功能确保了相关数据真实有效。

在动物卫生监管机构端，一是全线上审核流程，有效提高了工作效率与处理时效。二是实时线上监控无害化处理厂处理全流程，确保了每头死亡牲畜可溯源检验，保障了食品安全。三是及时、精准监测养殖经营数据，能帮助监测预警动物疫病、疫情的发生。四是相关数据全部网上存证，确保了流通信息的真实有效性。

国寿财养殖险承保理赔全流程线上封闭运营模式为养殖企业、无害化处理厂、动物卫生监管机构提供了线上实时共享运营平台，大大加速了养殖业保险各节点的线上化、智能化进程（如图 6-14 所示）。

图 6-14　国寿财养殖业保险智能化运营平台

（三）应用推广成效总结

2018—2019 年，国寿财首先在山西、广西的分公司试点使用生物特征 AI 识别技术，山西分公司通过应用生物特征 AI 识别技术承保肉牛、能繁母牛、驴、能繁母猪、育肥猪共 165 万头。广西分公司在崇左市天等县宁干乡将该技术应用到当地扶贫保险项目中，共承保 5 万头牛。在 2019 年山西分公司的试点中，利用生物特征 AI 识别技术大大降低了养殖的赔付率，其中肉牛下降了 9.59%，能繁母牛下降了 150.19%，驴下降了 0.38%，能繁母猪下降了 18.62%，育肥猪下降了 54.28%，成效十分显著。截至 2021 年上半年，全国已有山东、新疆、广西、四川等 23 家国寿财分公司使用生物特征 AI 识别技术承保肉牛、能繁母牛、驴、能繁母猪、育肥猪共 397 万头，公司整体使用率超过 51%。

在养殖险承保理赔全流程线上封闭运营模式方面，国寿财山西分公司首先实现了与畜牧部门联动，并在部分区域实现了线上无害化处理审核，不仅加快了养殖险处理时效，还有效地降低了人工成本，真正意义上实现了猪养殖保险的"闪赔"。通过该项技术的应用，有效节约了 50% 以上的人力成本。

二、种植业保险人工智能应用案例

（一）应用背景

利用卫星遥感技术进行地块识别、作物分类、灾害定损和产量预估是当前农业保险精确承保、理赔的一个重要方向。卫星遥感技术具有快速、大范围监测农作物的先天优势，采用遥感技术识别农作物种植地块可作为评估承保数据真实性与合理性的客观依据。同时卫星遥感技术具有广覆盖和及时性的特点，可以为灾后提供快速、全域、客观、可靠的定损和产量结果，便于保险公司迅速掌握灾情范围和程度，实现快速理赔。

但卫星遥感数据是一种时空大数据，传统利用软件手动处理遥感大数据，不论是在工作成本上，还是在工作效率上都无法满足当前农业保险对遥感分析结果经济性和及时性的要求。2017 年 7 月 20 日国务院在《新一代人工智能发展规划》中提出借助大数据、云计算等尖端科技，将人工智能与其他学科的知识相结合，整合出不同行业的解决方案，尤其是在金融保险行业。实践证明，人工智能作为一项重要技术，与卫星遥感大数据相融合，能够为提升农业保险的服务质量提供新的解决路径。

北京佳格天地科技有限公司（以下简称"佳格"）是第一家将目标智能识别技术和机器学习技术应用于高分辨率遥感影像领域，将卫星遥感、气象、物联网等大数据进行收集、融合、处理、分析及可视化展现，为农业提供高效率的时空大数据应用服务的科技创新公司。同时佳格一直致力于将人工智能、卫星遥感、大数据分析等前沿新技术应用与保险业务深度融合，重点在卫星遥感的作物识别、产量预估和灾害定损等方面开展人工智能的应用，并将应用成果快速融合到保险业务流程中，进而提升遥感服务农业保险的精准性和高效性。

（二）关键技术与应用

1. 作物 AI 识别

对于种植险而言，其标的就是地上种植的作物。因农作物种植的季节性，农作物分布的广泛性和分散性，农作物承保的主要风险源于作物类型不确定、作物面积不确定、作物位置不确定和作物权属不确定等。作物标的库就是利用遥感技术进行种植作物识别，通过作物标的库的建立，保险公司可以了解作物整体分布情况，为应保尽保、杜绝虚假投保提供数据支撑，同时还能有效降低上述不确定因素产生的风险，为理赔阶段提供赔付依据。

作物空间格局信息提取是一个复杂过程，分类方法的选择对最后的结果至关重要。目前，针对大面积作物的提取方法包括传统的目视解译、监督和非监督分类，近些年又发展了决策树、支持向量机（SVM）和随机森林等很多分类算法，但是主要挑战在于在广域面积下的可扩展性、迁移能力不够好。随着深度学习研究的深入，该方法的准确率较传统的分类方法有明显提升，同时有望开发出具有可扩展能力的模型。应用人工智能方法，佳格采用了 Transformer 架构发展时间序列影像的分类和分割算法模型，其具有较高的分类精度和泛化能力，在跨年度、跨区域及作物迁移应用上有着巨大潜力。

以玉米识别为例，在玉米植被信息最强的 8 月，根据玉米的物候期及影像的光谱特征确定 8 月玉米的学习标志，为机器学习提供先验知识和样本标识，玉米学习标志如表 6-2 所示。在玉米学习标记的基础上，通过对山东省某乡镇的玉米进行人工智能自动分类识别，获得该地区玉米的种植分布情况（如图 6-15 所示）。

表6-2　学习标志（标注）

序号	地物类型	影像特征
1	玉米学习标志	

2. 灾害 AI 定损

卫星遥感技术具有快速、大范围监测农作物的先天优势，同时遥感技术因其时间维度的可追溯性，可以为灾后定损评估提供快速、全域、客观、可靠的事实依据，便于保险公司客观且迅速地掌握灾情范围和程度。其主要思路是：根据灾害概况筛选合适时间和分辨率高的遥感影像；基于作物识别空间分布信息，确定灾前灾后评估影像；根据灾前灾后影像确定受灾范围、面积和程度等信息，建立定量监测模型与灾损程度评估模型。

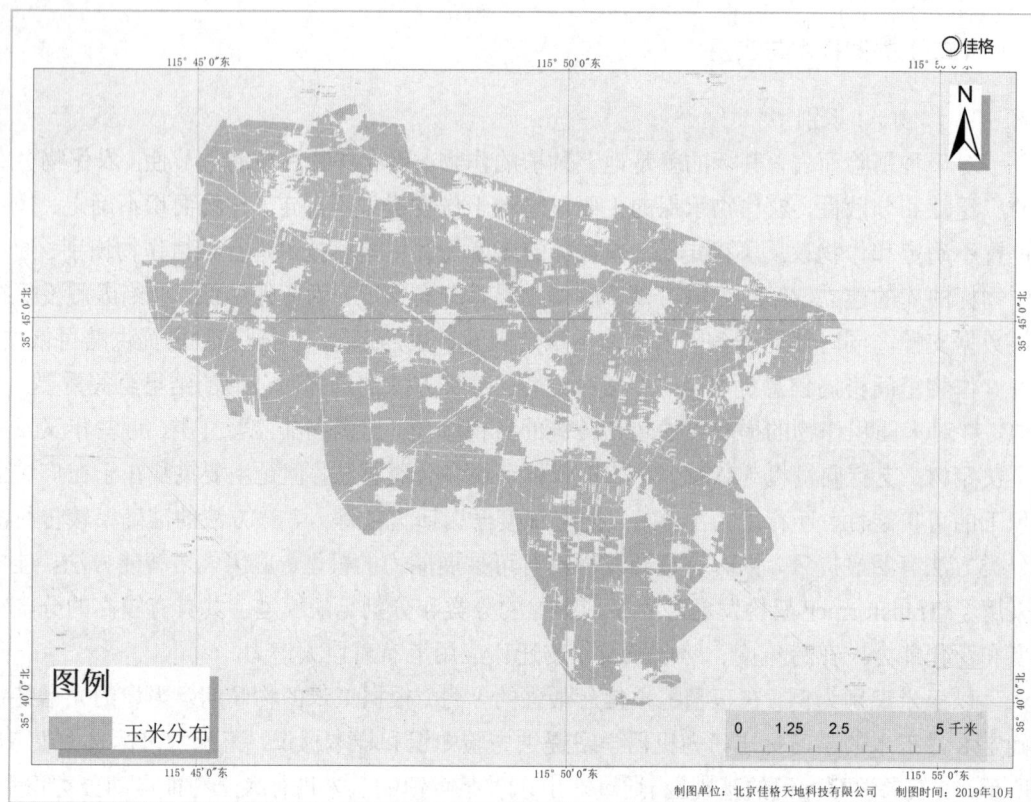

图 6-15 基于人工智能的山东某乡镇玉米分布识别结果

佳格应用计算机视觉方向的语义分割问题，构建基于卫星/无人机影像的损失等级评估体系，采用一种端到端的多阶段、多尺度 Transformer 模型，即结合了计算机视觉中源于 PSPNet 金字塔结构的 Transformer 变种模型，作为主要农作物定损的技术方案。该方案可以利用遥感数据开展二维语义分割任务，提取出特定区域内农作物的受灾分布，制作出受灾等级和等级分布图，其能自动兼顾各种区域（比如浅山区、平原、洼地等），制作出适用于各季节遥感影像。不同于传统语义分割模型，该方案重点关注区域边缘信息。相比技术人员目视解译，该方案节省了大量的成本。相比传统地理学数据处理算法，该方案的遥感影像精度更高，更加快速精准。

2019 年 8 月 10 日，台风"利奇马"严重影响了辽宁省鞍山市与山东省寿光市，部分地区出现暴雨、大暴雨，给农作物生产造成了巨大损失。保险机构为了更好掌握各地区受灾情况并启动快速理赔，特委托佳格公司对辽宁省鞍山市台安县与山东省寿光市玉米受灾情况进行了遥感评估。佳格公司通过实地采样，建立了不同受灾程度的玉米标记（如图 6-16 所示），并在多源卫星遥感数据和人工智能算法的支撑下，快速制作出了该地区玉米不同受灾程度等级的分布图（如图 6-17 所示），为保险公司的理赔提供了重要依据。

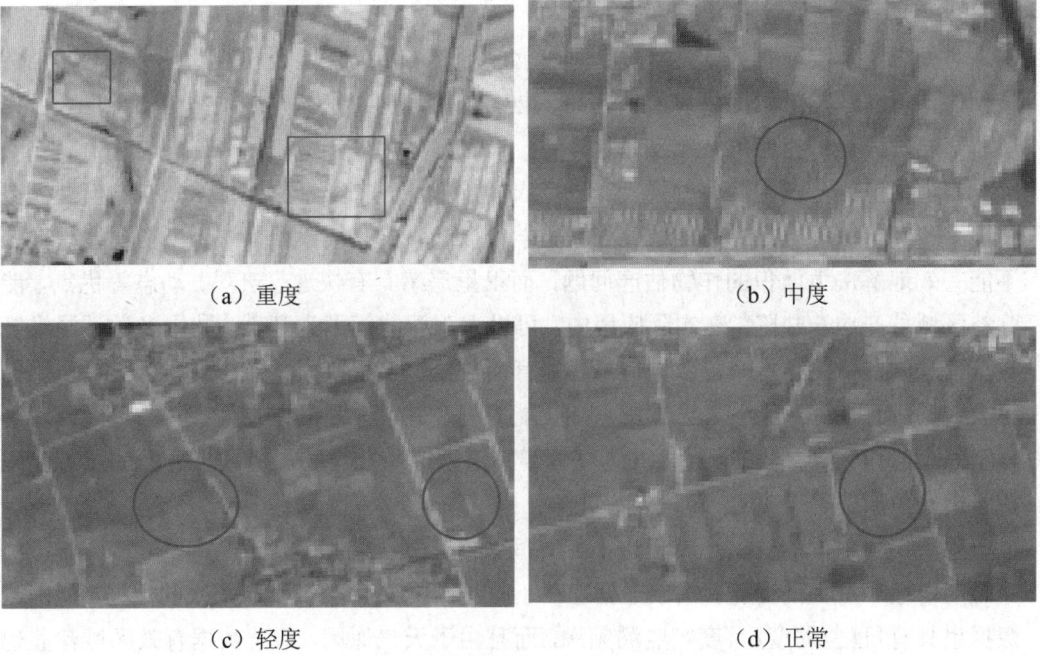

（a）重度　　　　　　　　　　　　　　　　（b）中度

（c）轻度　　　　　　　　　　　　　　　　（d）正常

图 6-16　不同受灾程度的玉米标记

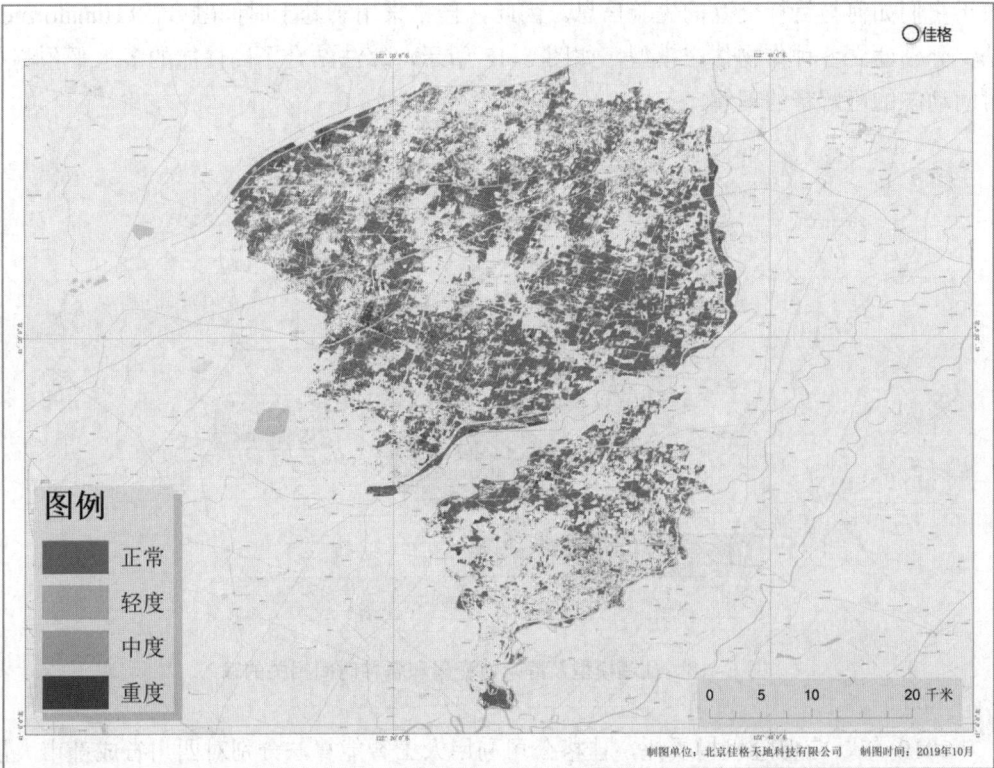

图 6-17　玉米不同受灾程度等级的分布图

3. 产量 AI 预估

对于农业保险而言，历史产量反演在承保阶段可帮助保险公司判断业务规模，当前产量预估则可在理赔阶段提供可靠的理赔依据。因此，建立作物产量预估分布地图，可为承保和理赔阶段提供相应的数据支持。

作物估产的方法主要有抽样调查法、农学预报法、农业气象预报法、作物模型模拟法和遥感预测方法等。其中抽样调查法、农学预报法、农业气象预报法、作物模型模拟法都不能有效地解决大面积的作物估产问题，而卫星遥感具有快速、宏观、动态等优点，能够弥补区域估产这一缺陷。在实际应用中，可以人工智能模型为基础，利用多种不同维度的数据信息，如相关样本产量数据信息、生育期数据、土壤数据、气象数据及卫星遥感数据等大数据进行挖掘与学习，尝试构建泛化能力好、适用性强的作物估产模型，以在连续地理空间上对作物产量进行预估，并为高分辨率遥感产品在作物产量预报方面的业务化应用探索出一条新路径。

用于作物估产的数据通常包含多种时间频次，如土壤质地数据往往是类似静态数据，短时间内很少有大的变化；气象数据存在小时级/日级/月级等不同频次的数据；遥感监测数据也具有日度/周度/月度等监测频次，而且由于天气原因，遥感数据有效区域覆盖也存在差异。这与多水平预测问题有相似之处，通常包含复杂的输入组合，包括静态（即时不变）协变量、已知的未来输入和其他只能在历史上观察到的外生时间序列，以及没有任何关于它们如何与目标交互的先验信息。因此，佳格采用了基于时间融合的 Transformer 算法，分别建立各种作物估产模型，如图 6-18 所示，算法结合了高性能的多水平预测和对时间动态的可解释的理解。

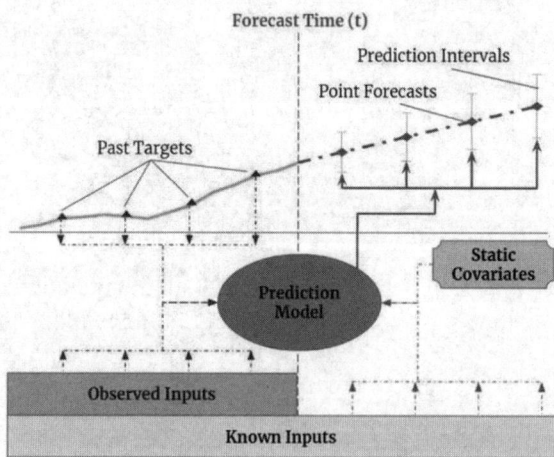

图 6-18　预测模型及静态协变量和各种时间相关的输入

2019 年，应保险机构委托，佳格公司利用人工智能算法分别对四川省成都市大邑县小麦和宜宾市南溪区玉米进行了产量预估，得到了较为精准的产量评估结果，并应用到了保险机构的理赔中（如图 6-19 和图 6-20 所示）。

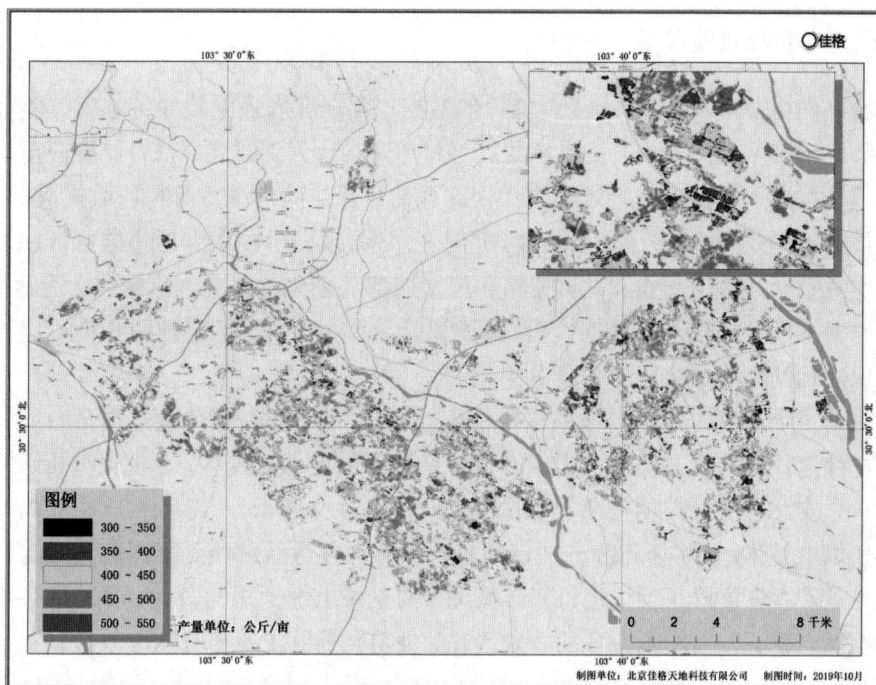

图6-19 基于人工智能的小麦产量预估案例

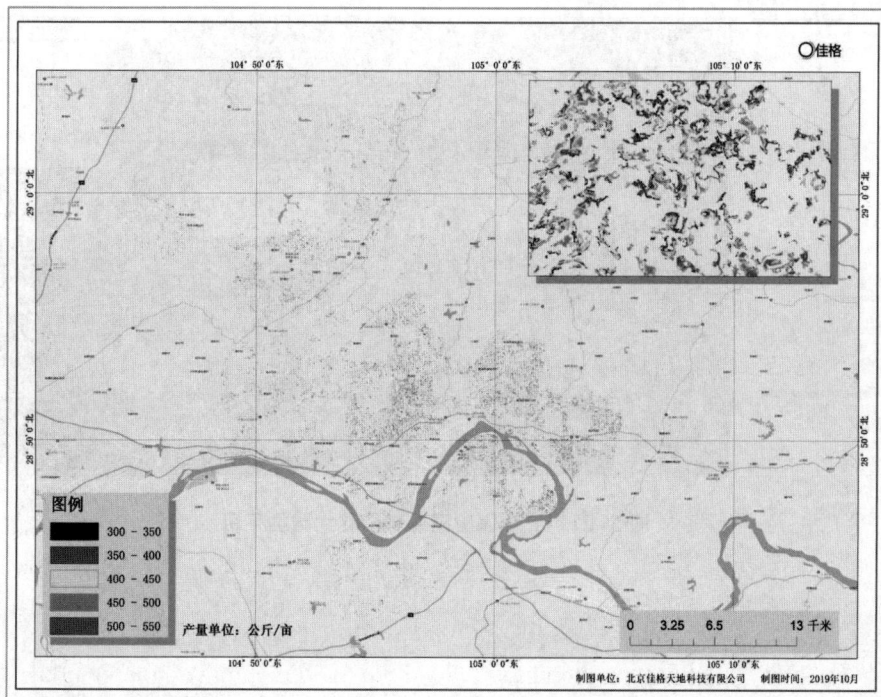

图6-20 基于人工智能的玉米产量预估案例

（三）综合应用情况

目前，佳格公司"遥感+人工智能"的数据产品已在农业保险业务承保、验标、理赔等各环节广泛应用。以多源卫星遥感数据为核心，结合人工智能算法，佳格公司为保险机构提供了"按图承保""灾害定损""快速理赔""风险地图"等特色数据服务，提高了业务人员的工作效率，降低了业务成本，同时在承保、理赔阶段做到了有据可依、心中有数。

基于大数据与人工智能算法，佳格种植险服务还创建了包含气象数据、遥感数据、作物物候等多维度数据输入的数据模型，其能智能计算和推演目标产地的长势、产量等数据，快速将保险标的生成数字化对象存入系统。

同时基于全球领先的国产可视化控件，佳格公司的遥感智能化大数据平台能够对大量数据进行快速计算和实时渲染，实现海量时空数据的展示、共享、可视化分析，将数据转化成可指导实际业务操作的信息（如图 6-21 至图 6-22 所示）。

依托以上技术，佳格公司和一些保险机构的核心业务系统做到了深度集成互联和无缝融合，实现了业务数据在手机端、平台端及核心系统上端到端的数据打通，促进了全流程业务数据融会贯通，为农险业务的合规操作、业务创新、效率提升及成本控制提供了坚实的基础。

图 6-21　农业保险遥感智能化大数据平台

图 6-22　移动端的标的管理（左图）与现场勘查（右图）

（四）应用成效总结

自 2015 年以来，佳格公司打造了以"卫星遥感+人工智能"的技术体系赋能农业保险全业务流程，为服务的保险公司节省了大量的经营成本。截至目前，佳格已经为中国人民财产保险股份有限公司、中国太平洋财产保险股份有限公司、中国平安财险股份有限公司等多家农业保险公司提供了遥感大数据服务。基于"知农保"移动作业平台，佳格公司与各保险机构联合打造了"粤农保""福农保"等多款产品，共同探索数字农险发展新模式。

2017 年，佳格公司与太平洋财险公司建立了深度合作，双方共同开发、打造了 e 农险智慧农业保险平台，大数据支撑的"AI 承保、理赔"全线上化流程服务在新冠疫情期间的农业保险服务中发挥了巨大作用。秉承着"隔断病毒、不隔断服务"的工作要求，通过线上引导农户通过 e 农险 App 完成全流程自助投保，佳格真正实现了新冠疫情期间 24 小时服务不中断，为农产品稳产保供和农业生产提供了持续稳定的保险保障。

2018 年，佳格公司与人保财险广东分公司联手打造了"粤农保"农业风险管理项目，并于广东全省上线。"粤农保"通过利用大量高分辨率卫星遥感数据资源，结合人工智能算法，打造了"按图承保""按图理赔"的高效精准农险承保理赔服务模式，构建了"天空地"一体化的农业保险服务体系。2020 年新冠疫情期间，"粤农保"展现出了领先的线上管理能力，实现了 1795 万亩水稻、水果、蔬菜的按图承保，为农户提供了 414.27 亿元风险保障。

　　基于人工智能的农业保险应用模式不仅节省了大量的时间及人力成本，还能在很大程度上避免人为误差的出现，信息获取较人工更加高频可靠。公开资料显示，基于作物模型、气象及遥感数据建模，佳格公司可在 2 小时内实现省级尺度数亿网格的产量预估运算。产量预估能在收获前 1 个月完成，准确率可达 98%，极大地提升了保险公司的测产理赔效率。在灾害定损方面，2019 年受"利奇马"台风影响，台安县出现了暴雨、大暴雨，平均降水 67.2mm。为了更好地掌握台安县的受灾情况，佳格公司在收到台安县的定损需求后，通过调用多种卫星数据源，获取台安县不同时间的遥感影像，以及灾前与灾后的作物长势数据，结合地面样点调查、技术计算、模型分析，准确地区分了不同灾害类型造成的玉米损失情况。传统保险机构完成全县玉米定损任务大约需要 1 个月，佳格公司仅在 10 天内就完成了台安县近 80 万亩玉米的灾害评估工作，定损精准度超过了 95%，真正助力了保险公司快速完成损失评定和理赔工作。

第七章 农业保险科技分论：物联网科技

第一节 物联网

一、物联网的定义

物联网自诞生以来，就引起了巨大关注，被认为是继计算机、互联网、移动通信网之后的又一次信息产业浪潮。目前国内外对物联网还没有形成一个统一的标准定义，但从物联网的本质分析，物联网是现代信息技术发展到一定阶段后出现的一种聚合性应用技术，它将各种感知技术、现代网络技术和人工智能与自动化技术集成应用，能够使人与物智慧对话，创造一个智慧的世界。物联网技术的发展几乎涉及了信息技术的各个方面，因此被称为信息产业的第三次革命性创新。

"物联网"（Internet of Things，IoT）是通过射频识别、红外感应器、全球定位系统、激光扫描器等信息传感设备，按约定的协议，把物体与互联网连接起来，进行信息交换和通信，以实现对物体的智能化识别、定位、跟踪和管理的一种网络。如果说互联网实现了人与人之间的交流，那么物联网可以实现人与物体的"沟通和对话"，也可以实现物体与物体相互间的连接和交互。物联网的概念模型如图7-1所示。

物联网包括感知层、网络层、应用层。

（1）感知层。这是物联网架构体系中最基础的一层，也是最核心的一层，要实现物与物和人与物的通信。感知层的主要功能是实现对物体的感知和信息的采集，通过传感器对物质属性、行为态势、环境状态等各类信息进行大规模、分布式获取与状态辨识，采用协同处理的方式，针对具体的感知任务对多种感知到的信息进行在线计算与控制。

（2）网络层。网络层是物联网的神经系统，主要功能是完成通过感知层获取的信息的传输和实现各设备间的互联。网络层要根据感知层的业务特征，优化网络特性，更好地实现物与物、物与人，以及人与人之间的通信，这就要求必须建立一个端到端的全局物联网络。网络层关键长距离通信技术主要包含有线、无线通信技术和网络技术等，以3G、4G、5G等为代表的通信技术为主。

（3）应用层。应用层是物联网和用户（包括人、组织和其他系统的接口），实现物联网的信息处理和智能应用，最终根据不同的需求提供智能化的应用服务，包括信息的存储、数据的挖掘、涉及海量信息的智能处理、分布式计算等多种技术。

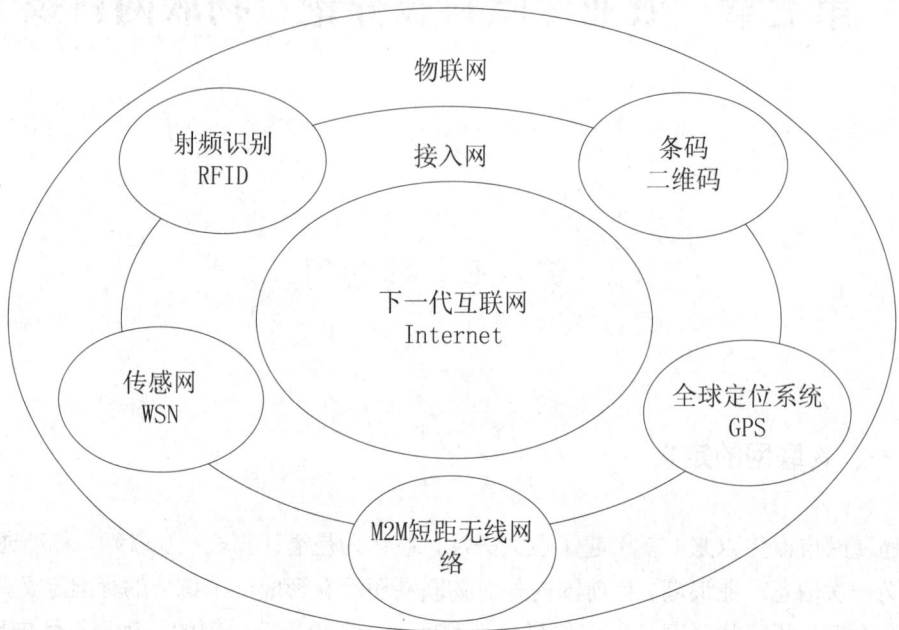

图 7-1　物联网概念模型

二、物联网的关键技术

物联网指的是将各种信息传感设备，如射频识别装置、红外感应器、全球定位系统、激光扫描器等各种装置与通信技术结合起来形成的一个巨大网络。当前各项技术发展并不均衡，射频标签、条码与二维码等技术已经较为成熟，传感器网络相关技术尚有很大发展空间。物联网关键技术结构如图 7-2 所示。

（一）射频识别技术

射频识别技术（简称 RFID 技术）是一项利用射频信号通过空间耦合（交变磁场或电磁场）实现无接触信息传递并通过所传递的信息达到识别目的的技术。RFID 技术是一种非接触式的自动识别技术，通过射频信号自动识别对象并获取相关数据。RFID 为物体贴上 RFID 标签，具有读取距离远（几米至几十米）、穿透能力强（可透过包装箱直接读取信息）、无磨损、非接触、抗污染、效率高（可同时处理多个标签）、信息量大等特点。RFID 技术是物联网最关键的一项技术。

| 支撑应用 | 高性能计算 | 数据挖掘 | 专家系统 | 模型 | 预测 | 内容 | 人机交互 | 服务 |

| 设计验证 | 仿真 | 设计 | 试验床验证 | 半实物验证 | 检验监测 |

| 网络接入 | GSM | TD-SCDMA | INTERNET | 无线网络 | 异构网络 |

| 安全 | 数据安全技术 | 数据安全协议 | 密钥建立及分发机制 | 数据加密算法设计 | 认证技术 |

| 管理 | 能量管理 | 拓扑管理 | Qos及移动控制 | 网络及远程管理 | 管理系统及数据库 |

| 协议 | MAC协议 | 组网技术 | 网络跨层优化技术 | 自适应优化通信协议 | 轻量级和高效能协议 |

| 信号处理 | 多物理量检测 | 信号提取 | 信号调理 | 信号变换 | 信号分析 |

| 采集 | 传感器技术 | 嵌入式系统技术 | 操作系统 | 各类设备 | 核心芯片 |

右侧纵列：信息处理　数据融合｜智能交互　协同感知

图 7-2　物联网关键技术结构图

（二）传感器技术

传感器负责物联网信息的采集，是实现对现实世界感知的基础，是物联网服务和应用的基础。传感器是指那些对被测对象的某一确定的信息具有感受与检出功能，并按照一定规律转换成与之对应的有用信号的元器件或装置，通常由敏感元件和转换元件组成。如果没有传感器对被测的原始信息进行准确可靠的捕获和转换，一切准确的测试与控制都将无法实现，即使是最现代化的电子计算机，没有准确的信息或有不失真的输入，也将无法充分发挥其应有的作用。

近年来，随着生物科学、信息科学和材料科学的发展，传感器技术飞速发展。由于微电子技术和微机械加工技术发展，传感器有向微型化、多功能化、智能化和网络化方向发展的趋势。一些典型的物联网传感器如图 7-3 所示。

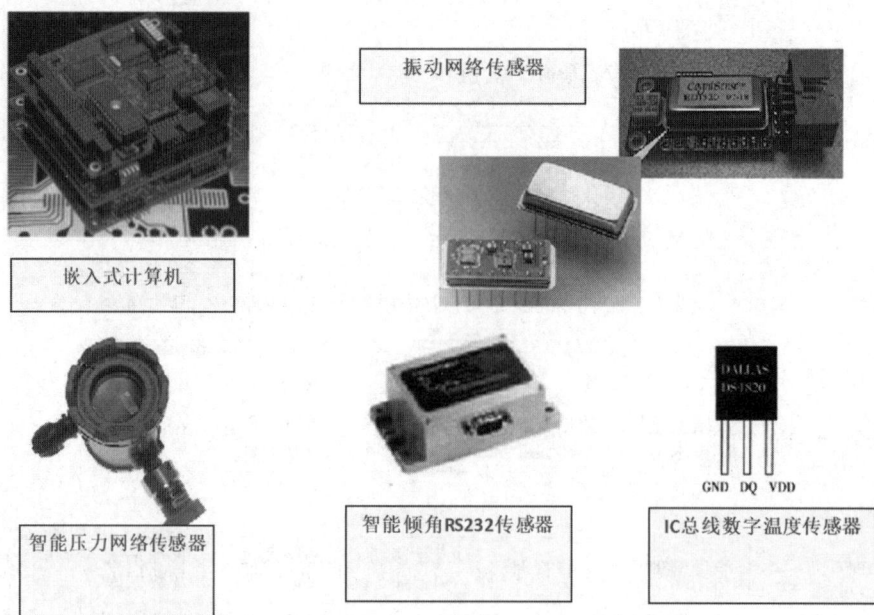

图 7-3 智能传感器设备

（三）通信技术

物联网通信技术不同于传统互联网通信技术，物联网通信对带宽及功耗要求不高，但对传输距离和连接量要求很高，以无线通信技术为主。物联网通信技术按传输的方式分为两类：一类以低功耗广域网为主，即广域网通讯技术，如 NB-IoT、LoRa、Sigfox 等；另一类则以 ZigBee、Wi-Fi、蓝牙、Z-wave 等短距离通信为主的物联网通信技术为代表。同时，广域网又分为授权频段技术和非授权频段技术，授权频段为获得授权使用的频段。

（四）支撑与应用

物联网以终端感知网络为触角，深入物理世界的每一个角落，获得客观世界的各种测量数据。同时物联网战略最终是为人服务的，它将获得的各种物理量进行整合、分析，并根据自身智能合理优化人类的生产、生活活动。物联网的支撑设备包括高性能计算平台、海量存储，以及管理系统和数据库等。这些设施能够支撑物联网海量信息的处理、存储、管理等工作。

物联网的应用需要智能化信息处理技术的支撑，主要是对大量的数据进行深层次的数据挖掘，并结合特定行业的知识和前期科学成果，建立针对各种应用的专家系统、预测模型、内容和人机交互服务。专家系统利用成熟的某领域专家知识库，从终端获得数据，比对专家知识，从而解决某类特定的专业问题。预测模型和内容服务等基于物联网提供的对物理世界精确、全面的信息，可以对物理世界的规律（如洪水、地震、蓝藻）进行更加深入的认识和掌握，以做出准确的预测预警，以及应急联动管理。人机交互与服务体现了物联网"为人类服务"的宗旨，也提供了人与物理世界的互动接口。物联网能够为人类提供的各种便利也体现在服务之中。

三、物联网的基本属性与特征

物联网是互联网向物理世界的延伸和拓展，互联网可以作为传输物联网信息的重要途径之一，而传感器网络基于自组织网络方式，是物联网中一类重要的感知技术。物联网实现了任何物体、任何人在任何时间、任何地点，使用任何路径/网络及任何设备的连接。因此物联网的相关属性包括集中、内容、收集、计算、通信及场景的连通性。这些属性表现的是人们与物体之间或者物体与物体之间的相互连接，上述属性之间的关系如图 7-4 所示。

物联网中的物体根据其具有的能力发挥作用，这些能力包括计算处理、网络连接、可用电能等，还包括场景情况（如时间和空间）等影响因素。根据物联网组成部分的特性、作用及包含关系，其特征包含如下五个部分。

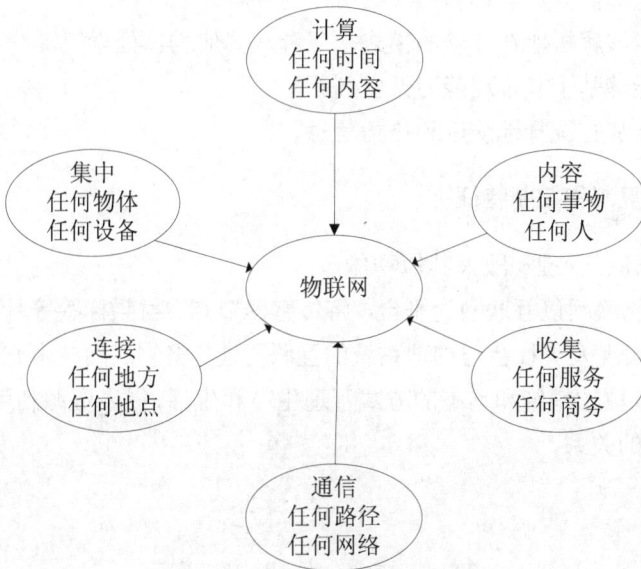

图 7-4　物联网基本属性

（一）基本功能特征

（1）物体可以是真实世界的实体或虚拟物体。

（2）物体具有标识，可以通过标识自动识别它们。

（3）物体是环境安全、可靠的。

（4）物体及其虚拟表示对与其交互的其他物体或人们是私密的、安全的。

（5）物体使用协议与其他物体或物联网基础设施进行通信。

（6）物体在真实的物理世界与数字虚拟世界间交换信息。

（二）物体通用特征

（1）物体使用"服务"作为与其他物体联系的接口。

（2）物体在资源、服务、可选择的感知对象方面与其他物体竞争。

（3）物体附加有传感器，能够与环境交互。

（三）社会特征

（1）物体与其他物体、计算设备及人们通信。

（2）物体能够相互协作，创建组或网络。

（3）物体能够初始化交互。

（四）自治特征

（1）物体的很多任务能够自动完成。

（2）物体能够协商、理解和适应其所在的环境。

（3）物体能够解析所在环境的模式，或者从其他物体处学习。

（4）物体能够基于其推理能力做出判断。

（5）物体能够有选择地演进和传播信息。

（五）自我复制和控制特征

物体能够创建、管理和毁灭其他物体。

综上所述，物联网以互联网为平台，将传感器节点、射频标签等具有感知功能的信息网络整合起来，实现人类社会与物理系统的互联互通。将物联网技术充分运用到各行各业之中，可以实现以更加精细和动态的方式管理生产和生活，提高资源利用率和生产力水平，改善人与自然间的关系。

第二节　农业物联网

一、农业物联网的定义

农业物联网是物联网工程技术在农业生产、管理、经营与服务中的具体实施，主要利用不同类别的传感器构成监控节点，通过数据采集实现对农业生产的实时监控，实现物联网与农业生产的紧密结合。近年来，我国政府高度重视农业物联网建设，并取得了明显的成效，促进了农业的高产、集约、高效、优质、生态和安全。

当前，物联网技术在农业生产中的应用几乎贯穿于农业生产的全过程，其应用领域包括但不限于农村水利灌溉控制、环境资源监测、农业生产精确管理、农产品溯源及农产品物流等，覆盖的产业包括但不限于设施栽培、畜牧养殖、大田种植、水产养殖等。

二、农业物联网的特点

农业物联网通过信息感知、传输和处理，把农业传感器技术和现代信息技术集成整合应用，实现了集约化、规模化、社会化管理。

1. 采集设备布点稀疏

农业物联网设备成本低，节点稀疏，布置面积大，节点与节点间的距离较远。对实际农业生产而言，目前普通农作物收益并不高，农田面积大，投入成本有限，这决定了大面积农田较难密集布置传感节点。农田环境复杂，监测指标多，对传感器田间适应性要求较高。

2. 节点数据传输距离大、功耗低

对于较大规模的农田，物联网信息采集节点与节点间的距离较大，且较多无人维护。因此，节点不仅需要传输距离远，更需要节能低耗，在较低成本太阳能供电情况下，实现不断电工作要求。

3. 设备面临环境恶劣

农业物联网设备基本布置在野外，在高温、高湿、低温、雨水、灰尘等环境下连续不间断运行，而且作物的生长会影响信息的传输，需要对环境有较强的适应能力。此外，农业从业人员的文化素质不高，缺乏设备维护能力，设备需要稳定可靠，具有自维护、自诊断能力。

4. 农作物监测全周期

农田种植结构复杂，作物种类繁多，农作物播种到收获周期性强，设备需要监测和感知生命体信息，从作物生长信息（如水分含量、苗青长势）到动物的生命信息（如生理参数、营养状态）等，这些信息都与周围环境息息相关，随时可能发生改变。实时数据的监测与记录是一个海量数据积累的过程。

三、农业物联网的关键技术

在实践中，农业物联网采用的技术一般面向特定应用领域（如大田、设施、动植物等），随需而变，其关键技术主要包括信息感知、射频识别、信息传输、信息处理四个方面。

（一）信息感知技术

信息感知指通过感测技术获得农业信息，农业物联网中的感知环节就是部署大量传感器获取农业信息，而传感器包括用于农业生产环境、动植物生命及质量安全与追溯等的各种传感器。在农业物联网中应用较为广泛的传感器有 3 类：物性型传感器、生物传感器及微机电传感器。其中微机电传感器具有一些适用于农业物联网的明显优势，如体积小、功耗低、质量轻、可靠性高等。随着感测技术的进步，一些元器件出现了集成，如气敏元件与温度元件的集成等。传感器的光学感知机制主要有荧光淬灭效应、分光光度法等，用于土壤检验、叶绿素含量测定等，具有较大的应用潜力；根据应用原理，电学传感器包含较多的种类，如电容式、电阻式、电感式、电涡流式等，在农业物联网中用于感测土壤墒情、温室温度等；光电传感器用于农作物播种与移植、农药喷洒及地形监测、土壤构造分析等；而电化学法则是基于溶液中物质的电化学性质及其变化规律进行测定，可以用于土壤化学成分分析、农作物生长发育等。非接触式土壤含水率测量方法包括时域反射法和频域法，基于时域反射法的土壤含水率测量在国外较为流行，国内学者们已越来越重视对其的研究。对动植物生命体信息进行感测显然是较为困难的，现有方法主要借助光学、电磁学等。

（二）射频识别技术

射频识别利用无线信号识别与感知特定目标，并读写相关信息，具有抗污染、扫描速度快、可重用性好、数据存储容量大、安全性高等特点。与传统的条码、磁卡相比，射频识别的效率更高、传输的信息量更大，能够更好地满足农业物联网的规模化识别需求。从 RFID 技术衍生的产品大致可以分为有源 RFID、无源 RFID 及半有源 RFID，其中有源 RFID 依靠节点本身供电，可以实现远距离自动识别，非常适用于农业物联网，能实现对农业相关对象的实时监测。RFID 的主要农业应用领域是农产品质量安全与追溯，特别是在食品安全领域。在国外，RFID 技术在农产品监督领域的应用已相当成熟，如对禽畜实现了全程监测（从成长到屠宰再到肉食品零售）；在国内，RFID 的农业应用也已非常广泛，主要包括农产品流通、农作物生长、禽畜养殖及肉食品供应等。基于 RFID 进行标识的研究一直在拓展中，定位、导航是其应用的热门领域。RFID 信号在不同相对高度下具有特定的信号衰减规律，有学者对果树树冠形状与天线的相对高度对信号传输的影响进行了研究，探讨了农作物种植密度对无线信号损耗的影响。

（三）信息传输技术

农业物联网中的信息传输不能够简单地选择通信技术，需要针对具体的农业项目选择信息传输技术。农业现场总线是在农业物联网中应用最多的总线技术，具有显著的优势，具备保障系统运行的高可靠性与实时性，能在复杂的环境中运行。信号传输模型的建立需要多参数，如天线高度、果树生育期、传输距离等。在农业物联网中，多类型数据并存，如传感器信息、遥感信息、动植物生命信息等，因此存在不同类型数据信息整合的问题，而如何提高多类型信息传输效率也需要解决。

（四）信息处理技术

农业物联网连接着若干个节点，在初始部署时，需要确定每个节点的位置与独特功能，但是节点异构性、数据类型多样性给信息处理带来诸多难题。如何提升网络信息处理能力和网络性能受到关注，与组网、路由及信息机制相关的方法得到重视与研究。海量的农业数据需要抽象数据对其描述，大数据技术成为有效选择，它能起到信息挖掘、全产业链评价的作用，也能对农业对象描述、关系确定等的量化起到引导作用。农业大数据的主要处理技术是 MapReduce 编程模型与 Hadoop 架构，云计算为用户提供了有效、便捷、按需的网络访问，为农业海量数据存储、计算、处理与服务提供了有效解决路径。动态贝叶斯网络、粗糙集理论等人工智能理论为农业数据的处理、挖掘提供了方法，为实现感知预测、提供农业决策提供了参考。进化算法、遗传算法、人工神经网络等为农业物联网应用提供了非线性、机器学习方法，解决了现存的农业数据处理问题，是实现农业自动决策的必要选择。

四、农业物联网的典型应用

（一）在精准农业中的应用

我国幅员辽阔，各地气候差异较大，作为一个农业大国，我国目前农业的现代化发展还面临着很多问题。精准农业是现代农业较为重要的一个组成部分。从字面意思上来看，精准农业可以被视为一种农业管理系统，该系统以农业信息为基础运行。在系统运行的过程中，数据主要通过传感器等监测技术获取，系统在获取数据之后，会对各种影响因素（如环境因素）做出合理的监测和计算，从而对农业生产做出优化和调整。精准农业不仅能够从量化角度进行作物投入，实现投入成本的最小化，而且在环境保护、提高单位产量及收入水平方面，也有较大的贡献。在农业现代化发展过程中，物联网技术对信息的精准采集和处理能力是不可或缺的。一方面，物联网技术对于作物生产条件的持续性优化，为精准农业的发展提供了较大的助力；另一方面，信息化管理系统可以进一步降低农业生产成本，并在最小成本下获得最大的收益。就目前我国对精准农业的试验结果来看，在示范区应用精准农业之后，农作物的产量及经济效益都有了显著提升。与此同时，在人力资本及成本支出方面，较未应用精准农业前有了明显下降。我国目前主要在农产品物流运输、农产品溯源、气象监测等方面应用精准农业。从具体内容上来看，我国在应用精准农业的时候，主要分为两个方面：一是从精细化控制的角度进行应用；二是从农情监测的角度进行应用。在精细化控制中，主要是通过物联网技术对作物生长地区的各种类型信息进行采集和处理，通过构建动态数据框架并分析这些信息来进行定量施肥灌溉。精准化控制的最大优点是能够在保证作物健康生长的前提条件下降低总投入，缺点是对突发事件的反应速度较为缓慢，且主要用于高度集约化的农业产区中。在农情监测中，农业机械设施和现代信息技术的结合，能够帮助生产方对数据进行动态的采集分析，并形成有效的生产技术方案。农情监测的成本投入较精细化控制更高，但是其对突发事件的应对能力也更强，更适合应用到大型的农业生产中。

（二）在农产品安全中的应用

近年来，社会大众对食品安全的关注度越来越高。与此同时，对食品价格稳定性的关注度也在不断上升。食品安全关乎群众的生命健康，也关乎社会的稳定和经济的发展。因此，各级政府加强了对食品价格的调控和对食品安全的监管。

目前我国对食品安全的监管形成了一个闭环。从种植、养殖环节开始到餐饮消费环节结束，多个部门依据权责分工对各个环节进行针对性监管，如食品药品监管部门、卫生部门、工商部门分别监管对应的环节。但是过多的监管部门在一定程度上也会引起权责划分模糊的问题，此时部门与部门之间的协调合作就显得尤为重要。一旦部门与部门之间出现了沟通不畅的问题，那么整个食品安全监管就可能出现漏洞，因此建立以物联网技术为基础的食品安全溯源系统，不仅能够让监管的效率得到有效提升，还能够彻底打破监管部门之间的沟通壁垒，达到监管高效的目的。

在食品安全监管系统中，食品安全溯源系统尤为重要，该系统通过对整个食品的供应链进行监管来降低食品安全风险。另外，该系统在食品安全监管出现问题的时候，可以迅速定位问题环节，并追溯问题的根源，在短时间内快速对问题进行补救和解决。这样不仅大幅降低了食品安全监管的处理难度，还能有效提升受食品安全困扰的个人及企业的信心。以动物食品为例，该安全溯源系统可以对从动物出生到动物制品被消费的整个过程进行监督管理，消费者可以通过识别码在系统中查询到与该制品有关的所有信息。物联网技术在农业中的多环节应用，实现了农产品的精准溯源，同时也为农产品的价格调控奠定了较为坚实的数据基础。

（三）在农产品物流中的应用

一方面，物联网是物和物之间相互联系而形成的网络；另一方面，它也是以互联网作为基础，借助其强大的信息传递功能来实现的货物运输。物流包括多个环节，如储存、装卸、包装、配送、运输等。简单来说，物流就是由供应地将相应的物品运输到接收地的整个流程。

在物联网技术应用到物流领域之后，新型物流行业得到了快速发展，并且凭借价格更低、便捷程度更高、效率更高等优势，成为更多人的选择。物流的智能化是依靠物流业务的网络集成而形成的，传感网络技术、信息交互技术、射频识别技术的广泛应用，使得物流管理系统更加高效，提高了物流的智能化程度。物联网技术在物流中的应用存在显著的优势。

物联网可以使物流具备信息发展的功能。借助高效的物联网技术，能够针对不同的货物实现实时的追踪与识别，及时获取物流变动的信息。大量智能设施的应用能够实现全天候的货物监控与货物管理，极大地提高了物流的传送效率，减少了各种成本支出。

物联网使繁杂的物流管理环节得到大大简化。借助物联网技术，能够精准地定位货物，避免了中间环节的成本支出与资源浪费。

物联网技术可以减少物流仓储的成本。通过物联网技术能够有效整合企业的仓库，进而构成虚拟仓库，实现货物良好的协调与管理，提高统一化程度和管理效率，在时间最短与成本最低的情况下调配货物或原材料。传统的模式往往是单一仓库，存在灵活度低、库存量大等问题，且仓储成本较高。

物联网能针对物流开展高效实时的监督管理，大大提高了监管的效率。物联网的应用提高了精确度与准确度，规避了许多人为导致的问题，能够对数据进行及时更新，并完善数据库系统。

物联网促进了物流整体效率提升与成本下降。物联网使得物流的整个体系与系统得到了优化与整合，强化了渠道优势与效率优势。物流的信息化程度、智能化程度及网络化程度的提高，离不开物联网技术的应用。对农业而言，生产的农产品存在总量大、保质期较短、运输要求严格、储存环境标准高等特点。例如，蔬菜的保存时间较短，如果无法在较短的时间内出售，不仅会增加储存和运输的成本，而且会造成农产品腐坏，产生大量经济损失。对猪肉、鱼肉等肉类产品而言，冷冻运输尤为必要，这也对冷冻运输条件提出了较高要求。

第三节　农业保险物联网应用

一、农业保险物联网应用的价值分析

随着物联网及大数据等技术的不断发展与普及，农业保险也在积极使用各类新兴技术，以达成降低成本、优化产品和改善服务等目标。为了推进农业保险的高质量发展，保险公司需要掌握更多农业保险相关数据，充分利用物联网和大数据等技术，实现标的个体识别、保险标的风险特性、行为习惯和差异的监控，进而为农业保险的精准承保理赔、产品创新开发、个性化定价与服务等提供支撑，不断推动农业保险业务创新。

（一）物联网能让农险承保理赔可规范

将物联网技术引入农业保险承保、理赔等环节中，可以大大减弱甚至有效控制养殖业长期存在的道德风险问题，让农业保险承保与理赔更加规范。在承保阶段，养殖业标的数量不清、权属不明的问题是产生虚假投保的根本原因。引入智能耳标或电子项圈技术，通过植入或外挂方式为每个保险标的进行佩戴，有助于间接核实保险标的数量和权属，大大

减少虚假承保事件的发生；在理赔阶段，因为承保时为每个标的个体佩戴了耳标或项圈，所以只需通过识别出险标的的耳标或项圈就能快速判断该个体的身份，是否属于保险标的、是否重复理赔的判断也变得容易，这有助于遏制虚假理赔事件的发生。同时物联网技术还具备远程监控的功能，能让保险公司远程监测每个标的的风险状况。一旦出险，保险公司可通过风险监测数据，远程判断事故情况，甚至进行远程定损，无须屡次前往现场验标和查勘，大大简化了工作流程，降低了成本。

（二）物联网能让农险标的风险可计算

将物联网技术引入农业保险承保、理赔等环节中，可以利用传感技术对各类保险标的动植物的风险情况（包括标的个体风险或标的环境风险）进行详细的识别、预警、定位、追踪、监测等，实时采集保险标的物的风险情况，精确地反映和测算各类标的物的风险程度，使得保险公司能够有针对性地设计出个性化的产品，制定出差异化的费率，从而使风险可计算。如此一来，可以帮助解决农业保险风险大、定价难的问题。例如，可以在规模化农场架设田间气象观测站，对农作物的光、温、水等气象数据进行监测，采集风险的实时状况，帮助保险公司实现真正基于标的物的风险程度来计算保险费率。

（三）物联网能让农险标的风险可监控

保险公司可以通过物联网技术对投保标的物的风险事故进行动态监测，将实时监测数据远程汇总传输到监控中心，从而有效控制和预防标的物的潜在风险事件，降低风险事故的发生概率。例如，可以为养殖标的（如奶牛）佩戴电子项圈，通过电子项圈监控奶牛的健康状况，一旦发现健康监控异常信息，电子项圈便会自动报警。接到报警，保险公司便可以提前告知养殖户，及时采取救治措施。同时还可以借助物联网技术对环境数据进行监测，以便对灾害事故原因和责任做出快速、准确的判断，提高查勘定损精度，减少查勘定损时间，节约理赔成本，使保险理赔成本最小化。

（四）物联网能让农险保险产品可创新

经过近几年的发展，农业保险虽然在覆盖面上取得了较大突破，但存在保险产品种类少、保障水平低、保障水平单一等问题，特别是对于新型经营主体，当前保险产品并不能完全满足保障需求。将物联网技术应用到农业保险中，可以帮助保险公司对种植、养殖标的物进行实时动态监测，有助于对标的物的风险状况、偏好和行为特征进行全方位分析，从而针对标的物设计出个性化的保险服务和产品，提高保险产品和客户的匹配性。同时可以利用物联网技术连接保险公司和经营主体，根据实时监测数据对经营主体进行精准分类并对责任进行划分，以实现风险保障服务的按需定制。

二、农业保险物联网的应用路径分析

随着农业保险的规模化发展，进一步提升管理水平、降低经营成本、提高服务质量成为农业保险高质量发展的重要目标。为加快构建农业保险高质量体系，物联网技术可以被广泛运用在种植业保险、畜禽养殖业保险、渔业保险和林业保险等分领域中，并发挥出不同的效用，如图 7-5 所示。

（一）种植业保险物联网应用

在种植业中，物联网技术可以运用到农业生产环境的监测中，可在种植业保险风险监测、灾害预警和气象保险产品开发等方面发挥重要作用。在承保的露地农田或温室大棚内布设气象环境物联网监测设备，实时采集光、温、水等农业气象环境数据。由气象环境监测服务终端定时将采集到的气象环境数据进行数字化处理，并上传数据到物联网监控管理平台和保险公司人员的手机上，实现对农业气象灾害的监测、预报、预警和估损，为减少灾害损失、提高理赔效率、减少理赔纠纷提供支撑。此外，长时间的物联网气象监测数据还可以被用于开展农业天气指数保险产品的开发，其数据精度更高。当然，还可以通过加设气象环境物联网监测点来减少基差风险。

（二）畜禽养殖业保险物联网应用

在畜禽养殖业中，物联网技术主要应用在畜禽个体识别、行为监控和食品安全追溯上，在养殖业保险的精确承保理赔、疫病提前防控、食品安全保险产品创新开发等方面发挥重要作用。

在畜禽养殖业中，最常见的个体识别技术是电子标签。畜禽养殖业常见的电子标签类型有颈圈式、耳标式、注射式和药丸式等。早期非电子化标签是印制条形码或者二维码，如今则是使用射频识别技术。射频识别电子耳标由射频识别芯片和线圈组成，通过射频原理实现数据的非接触式读写与识别，且无须内置电池。通过射频识别耳标可以对畜禽养殖进行个体标记和全程跟踪，还可以对养殖场名称、地点等信息进行记录。在电子标签技术支持下，畜禽养殖保险的承保理赔工作变得更容易了，承保时通过电子标签对保险标的进行逐一确认，出险时通过电子标签对出险标的进行逐一比对，可以达到精确承保理赔的目的，有助于减少虚假承保理赔的道德风险发生频率。

农业保险+物联网

种植业保险
- 风险监测
- 灾害预警
- 辅助灾害损失评估
- 气象保险产品开发
- ……

畜禽养殖业保险
- 精确承保理赔
- 疫病提前防控
- 保险产品创新开发
- ……

渔业保险
- 精确承保理赔
- 指数理赔依据
- 保险产品创新开发
- ……

林业保险
- 灾害预警（火灾、病虫害）
- 防灾减损
- ……

大田气象监测设备　设施内气象监测设备

电子耳标　电子围栏　追溯设备

水产养殖机器人　水产养殖环境监测设备

火灾（病虫害）传感器

图 7-5　农业保险物联网的潜在应用

为大牲畜佩戴颈圈式电子标签（又称"电子项圈"），不仅能满足牲畜个体识别的需要，还能对牲畜个体的生理和行为进行监控。通过在电子项圈内埋植芯片和其他传感采集装置，可以实时采集牲畜个体的生理状况指标，如体温、心跳、血液细胞及酶的变化等，并实时传入计算机系统分析牲畜健康状况，有助于对疫病进行早期判断。此外，还可以通过在电子项圈内植入 GPS 定位芯片，实现牲畜个体的行为轨迹监控，并将采集的轨迹信息实时传入计算机，系统分析牲畜的行为特点，对异常行为（如反常步态、不合群行为等）进行识别，及时发现疾病前兆，发出报警信号。接到疾病的报警信号，保险公司可以及时通知养殖场，让养殖户对发病牲畜进行救治，最大限度地避免牲畜因疾病死亡等保险事故发生。

食品安全是社会和谐稳定发展的基础，与人们的身体健康息息相关。但近年来，食品尤其是畜禽农产品和加工食品安全问题频发，人们开始高度重视食品安全管理，保险公司也纷纷开展畜禽农产品质量安全保险等保险创新。但由于缺乏对畜禽农产品质量有效监控手段，保险公司面临的风险较大，产品创新无法持续。通过引入二维码、GPS 定位系统、射频识别和激光扫描等物联网技术，可以对畜禽养殖、屠宰、加工、运输、销售等各个环节的数据信息进行采集与记录，并通过刷卡识别其信息，实现畜禽产品的全流程追踪和溯源。通过建立畜禽食品安全溯源体系，保险机构则可以在风险管控基础上积极创新研发相关的食品安全保险产品，有效保障畜禽产品消费者的切身利益及人身健康安全，分散畜禽产品的经营风险，充分发挥保险支农惠农作用。同时畜禽产品具备保险公司的品牌背书，审核流程严格，能从源头保障农产品食品质量安全，切实维护消费者利益。

（三）渔业保险物联网应用

在渔业养殖中，物联网技术主要运用于水下作业和养殖环境监测，能在渔业保险的精确承保理赔、指数理赔依据和保险产品创新开发中发挥重要作用。

在现代水产养殖过程中，越来越多的智能化设备开始代替枯燥、繁重的体力劳动。水产养殖机器人和设备可以很好地辅助人工完成投饵、喷药等作业任务。具体说，可在水产养殖机器人中安装水下摄像头或声呐探测设备，实时获取鱼群目标的视频图像或声呐图像，并传输到中心计算机系统，系统对视频或声呐图像进行分析处理后获取养殖水产的特征信息，包括但不限于水产种类、数量、活动轨迹和健康状况等。其中水产种类和数量信息可被较好地运用在渔业保险投保数量和灾害发生后水产损失数量的核实中，这有望解决渔业保险中长期存在的投保数量和损失数量无法核实、道德风险严重问题，实现渔业保险的精确承保和精准理赔。

在近海养殖过程中，气象灾害是水产养殖损失的主要原因之一。对于海洋渔业保险，天气指数保险是最常见的保险方式。其中海面风速和海浪高度两个指标经常被用于衡量气象灾害发生，并作为天气指数保险的理赔依据。然而，当前由官方在海上设立的气象观测站因覆盖区域范围有限，无法完全满足被保险区域的要求，因此可以在保险区域内架设小型的海上气象监测设备，同时对海面的风速和高度进行实时监测，并将信息实时传输到中心计算机系统中，由系统对天气指数进行动态计算，一旦指数超出理赔阈值时，便可通知保险公司和养殖户触发理赔。这些气象监测设备的监测数据也将成为保险公司理赔的客观依据。

鱼类的产量和品质与养殖场的环境状况有着紧密的联系。不管是淡水养殖还是海水养殖，都可以通过安装物联网水体环境探测设备实现对养殖场水体环境的全面监测，包括但不限于盐度、pH 值、溶解氧、氨、亚硝酸盐、硫化氢、水位、水温及光照度等指标的实时监测，进而建立起水体环境要素与水产品产量和品质之间的关系。保险公司可以利用这种关系，创新开发出指数型保险产品，用于保障渔业产量和品质安全，并且通过水体环境探测设备发来的实时数据开展保险产品的风险监控、险情预警和出险理赔等相关工作。

（四）林业保险物联网应用

物联网技术应用在林业监督管理中，可以为林业保险的灾害预警、防灾减损提供重要的技术支撑。

森林火灾是林业最严重的灾害，会给森林带来巨大损失，是林业保险最为关注的灾因。预防火灾，是林业保险中防灾减损的一项重要工作。借助物联网技术，可以在林场选择有代表性的地段放置火灾探测传感器，自动监测温度、湿度、干燥度、风向、风力等气候因子，并定期对监测点周围的环境进行扫描，实现对森林火灾的自动监测、自动分析，一旦发现异常，便可报警通知保险公司和林场管理员（或林农），提前预防火灾的发生。

森林病虫害是一种频发的林业灾害，也是林业保险的一大关注点。借助物联网技术，可以利用红外感应器、全球定位系统、360 度监视器等信息传感设备，对在林场内发生的病虫害情况和受灾范围进行动态跟踪和监控，及时发布监测动态，制定出有效的预防和防治措施，并通过手机发送短信等及时提醒保险公司和林场管理员（或林农），从而预防病虫害大面积发生，避免给森林造成巨大的损失。

三、农业保险物联网应用的问题剖析

当前，我国农业保险的物联网应用还处于初步发展阶段，应用的广度和深度还远远不够，究其原因，存在如下几方面问题。

（一）投入成本亟待压缩

物联网设备及配套系统的成本高是制约农业保险物联网应用技术大范围推广的主要问题之一。从投入产出的角度上看，保险公司需要预先支出各类物联网设备及系统的费用，但从农业保险自身服务的角度上看，其产出效益并不匹配。例如，一头牛的保费为 700～800 元，但牛电子项圈的成本投入就要 80～100 元，接近保费的 10%～13%，再加上后续的理赔支出，保险公司可能需要支付更多的费用。同时一些物联网设备（比如电子耳标等）无法重复利用，每次都需要重新购置，增加了一定的设备维护和维修费用，这也是保险公司无法持续推进物联网应用的重要原因。

（二）核心技术有待解决

低功耗、短距离的组网技术和低功耗的广域网，是"农业保险+物联网"领域重要的组网技术，但目前存在技术标准不统一、模块产品功能单一、价格昂贵等问题，亟需研发出标准化、规模化、低成本的组网技术产品。此外，物联网系统可靠与否是影响"农业保险+物联网"规模化应用的决定性因素，安全问题是"农业保险+物联网"面临的主要问题之一，如物联网技术应用过程中可能存在信息泄露风险。

（三）应用深度有待拓展

当前，物联网技术在农业保险中的应用主要集中在畜牧业，其核心功能是确认保险标的，进而控制承保理赔风险。与车险、健康险等其他种类的保险相比，农业保险的物联网技术应用深度还远远不够。在其他保险中，物联网技术可被进一步应用在保险标的的风险监测中，并针对不同保险标的风险特性进行精准定价，提供精准服务等。农业保险在物联网技术的应用场景和应用模式上还有待进一步拓展，才能充分发挥物联网技术优势。

（四）专业人员较为匮乏

由于物联网技术具有较强的专业性和复杂性，"农业保险+物联网"在发展过程中亟需大量复合型人才，其既要深谙物联网科技，又要把握农业保险特性，还要精通行业情况。但专业人才的匮乏目前仍是阻碍农业保险应用物联网技术的一个痛点，专业人才的匮乏使得基层保险公司在开展业务时缺乏主动权和创新意识，在一定程度上制约了"农业保险+物联网"的发展。

四、农业保险物联网应用发展的建议

物联网技术在农业保险业中应用还有一系列问题亟待解决，只有在投入成本、安全机制、技术、创新和人才培养等方面取得突破，"农业保险+物联网"才能有序、持续发展。

（一）设法降低物联网的投入成本

降低物联网系统设备的投入成本是"农业保险+物联网"可持续发展的关键。为解决物联网的成本问题，可以从如下两个方面开展积极应对措施。第一，降低物联网元器件的组装费用，一是通过技术创新，研发出费用较低的元器件，组装出价格更优的设备；二是积极拓展物联网设备在相关领域的应用，通过量产方式整体降低设备的费用。第二，推动多主体合作共同分担物联网系统设备的费用，间接降低农业保险端的费用支出。通过与政府、金融、担保和经营者多方主体合作，使物联网技术在服务农业保险的同时，也服务政府监管部门、金融信贷和经营者自身，建立起多方费用分担的机制。

（二）积极应对物联网的安全问题

面对"农业保险+物联网"面临的安全问题，积极采用技术手段对物联网信息实行安全保护。一方面，加强数据传送功能信号的安全性。针对黑客攻击物联网数据的攻击事件，可采取云计算技术在黑客全球攻击节点进行信息搜集，对黑客的这些具体信息进行互联网物流系统共享，以防御木马病毒的感染及网络攻击。另一方面，加强数据传送功能信号的安全性。物联网中的重要环节之一是信息交换节点，要想获取物流信息的可靠数据，就需要具备安全、合法、有效的交换节点。可以加强节点与汇聚节点或是网络与节点之间认证功能，确保认证节点的合法有效性。

（三）勇于挖掘物联网的创新应用

支持保险公司、科技公司和科研机构三方联合开展"农业保险+物联网"的深度创新应用，挖掘出更多物联网的应用场景。尤其在产品创新方面，保险公司应该加大研发投入，结合现有保险业务区分产业差别，不断推出创新的"农业保险+物联网"业务产品。鼓励保险公司、科技公司和科研机构三方联合实施"农业保险+物联网"应用试点项目，推动"农业保险+物联网"创新应用落地，打造"农业保险+物联网"的业务高地，使"农业保险+物联网"发展成具有强大生命力的新型产业，为农业产业发展保驾护航。

（四）加快培养复合型的专业人才

物联网在农业保险业中的创新应用才刚刚起步，考虑到物联网技术的专业性和复杂性，以及农业保险业务本身具有的特性，我国当前亟需大量既懂物联网又懂农业保险知识和行业知识的复合型人才。需要加大对物联网与保险的复合型人才培养的力度，进一步实现科技与金融的跨界沟通，从而更好地推动"农业保险+物联网"的创新发展。

第四节　农业保险物联网应用案例

一、生猪电子标签应用案例

（一）背景介绍

安华农业保险股份有限公司（以下简称"安华保险"）成立于 2004 年，是在国家重视"三农"发展，提出健全农业风险保障体系，探索建立政策性农业保险制度的大背景下，由原中国保险监督管理委员会批准成立的综合性经营、专业化运作的全国性农业保险公司。安华保险北京分公司（以下简称"安华北分"）成立于 2006 年，立足首都，着力打造专业农业保险公司。安华保险非常重视科技创新，率先在北京房山区试点了生猪电子耳标技术应用。

在养殖理赔工作中，安华北分发现采用防疫部门发放的动物检疫用的耳标号牌来鉴别死亡标的并不准确，由此引发的重复报案、同一死亡标的重复使用、同一耳标号牌重复使用的情况较为普遍，给保险公司业务管理带来了很多不确定性风险。同时为加强食品卫生安全的管控，为百姓餐桌安全负责，北京市农委和房山区农委、农业局、保险公司联合成立了专项领导小组，大力组织实施 RFID 电子植入式标签试点工作，在 2014 年分别在房山区的长阳、石楼、霞云岭、周口店、琉璃河、良乡、韩村河、城关、河北、大安山 10 个乡镇开展试点。

从 2012 年开始，安华保险下属的研究院工程所着手研究应用电子化信息技术来对保险标的进行管理，实现了植入电子标签对活体动物的跟踪、监控、追溯，进而提供及时、详细、可靠的数据以确定其归属关系，确保了房山区试点项目的顺利开展。

（二）技术体系与流程介绍

1. 技术装备

安华保险生猪电子标签系统由射频识别电子标签、电子标枪、电子标签扫描器、移动终端设备及配套 App、数据库五部分组成（如图 7-6 所示）。

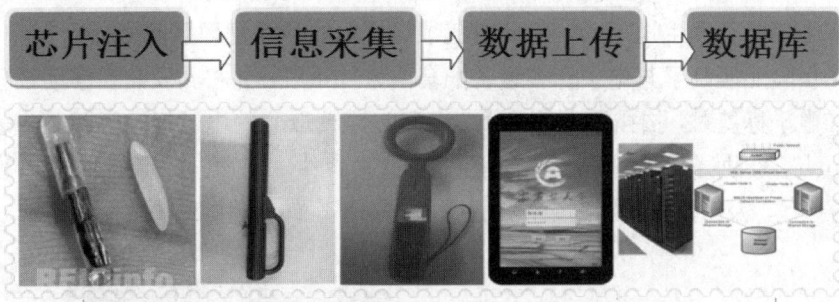

图 7-6　生猪电子标签的技术框架

其中射频识别电子标签是该系统中的最核心部件（如图 7-7 所示）。标签外观采用生物玻璃封装，表面带有防滑动生化涂层，属于 LF 低频段无源射频标签产品。出厂即做了严格消毒处理，能抗菌和抗过敏，且体积小，重量轻，注射过程简单。标签内部由耦合元件及芯片组成，每个标签具有唯一的电子编码，像米粒一般大，事先通过电脑将编码信息植入芯片内部。芯片上的信息很丰富，由所在省市+区县+乡镇+村组+养殖场+耳号等内容组成，每个信息对应一组数据，类似身份证号码，比如北京市房山区某乡镇某村组某养殖厂。同时芯片上还有承保保险公司的编码信息。与条码相比，电子耳标签的读写速度更快，无须对准扫描，而且拥有唯一序列号，很难复制。

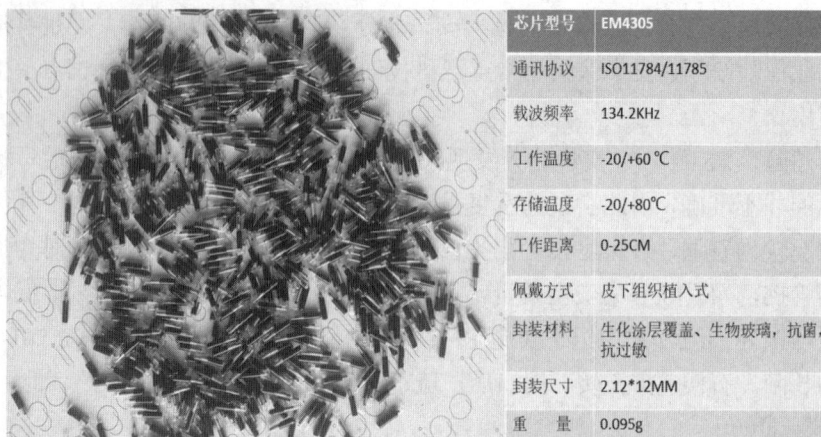

芯片型号	EM4305
通讯协议	ISO11784/11785
载波频率	134.2KHz
工作温度	-20/+60 ℃
存储温度	-20/+80℃
工作距离	0-25CM
佩戴方式	皮下组织植入式
封装材料	生化涂层覆盖、生物玻璃，抗菌，抗过敏
封装尺寸	2.12*12MM
重　　量	0.095g

图 7-7　射频识别电子标签

为了方便植入操作，安华保险自研了电子标枪。电子标枪类似一把长步枪，在枪后端装入射频识别电子标签后，可长距离、无接触式地将射频识别电子标签植入生猪耳根部，其不仅操作方便，降低了电子标签的注射难度，还保证了注射员在病死猪体电子标签注射过程中的卫生安全。

此外，安华保险还为查勘业务员配备了手持式的电子标签扫描器。该扫描器类似一个"探雷器"，利用射频识别技术可快速识别出植入在生猪耳朵上的电子标签，并读出唯一标签码。标签码主要有两类识别用途：一是识别该生猪是否是本机构承保的保险标的，二是识别该生猪是否发生过理赔，由此避免了虚假标的和重复理赔问题。

安华保险还研制了与电子标签设备配套的软件系统，并将其安装在移动设备上。查勘员在扫描电子标签时，扫描器上的蓝牙设备可以将读取到的电子标签码即时传输到移动设备的 App 上。查勘员便可在 App 上处理生猪的查勘案件，比对电子标签码与后台数据库中的信息是否一致，及时反馈比对结果，由此大大提升了案件查勘办理的效率（如图 7-8 和图 7-9 所示）。

图 7-8　电子标签、扫描器、移动终端、App 与数据库

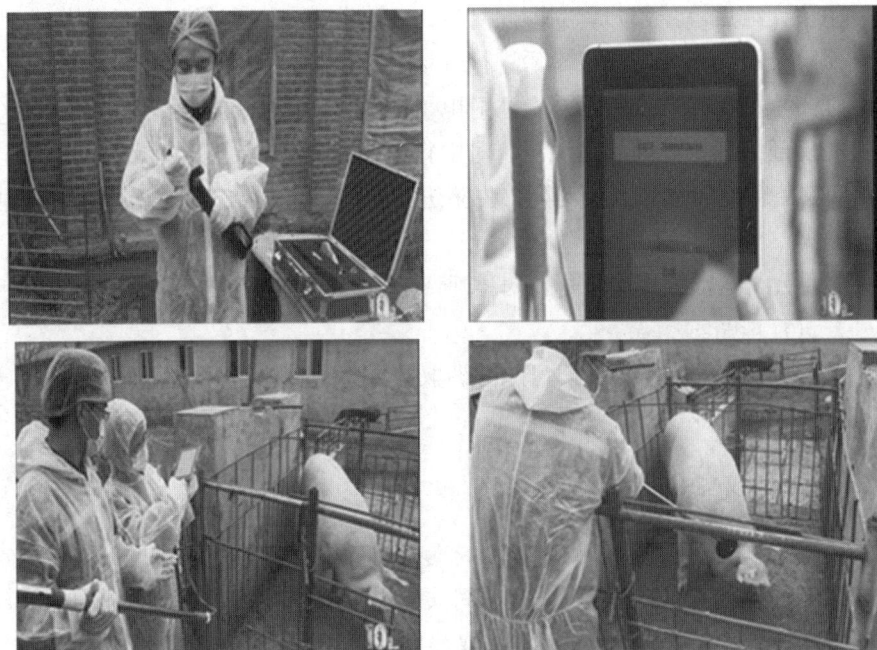

图 7-9 生猪电子标签操作的实务场景

安华保险总部信息部还架设了专用于电子标签的高性能后台数据库服务器，数据库专门存储并处理查勘员上报的电子标签码，并以毫秒级的速度完成比对并反馈给前端查勘员。

2. 业务流程

运用生猪电子标签系统，安华保险病死生猪查勘理赔与无害化处理联动的业务流程如图 7-10 所示。

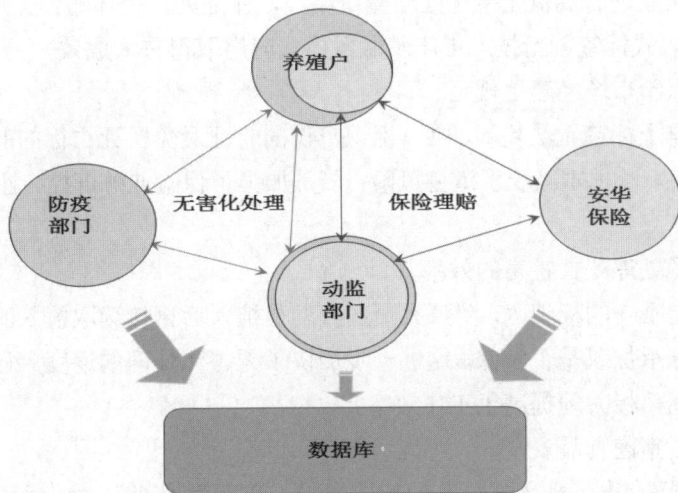

图 7-10 病死生猪查勘理赔与无害化处理联动的业务流程

（1）生猪死亡后，养殖户可立即向防疫、动物监管部门和保险公司报案。

（2）保险公司接到养殖户报案后进行现场查勘，先扫码确认死亡生猪是否重复理赔。如无重复理赔，则在死亡生猪耳根上注射电子标签并扫码上传数据库。

（3）防疫部门工作人员到达现场，对生猪进行防疫处理，扫码上传数据库。

（4）动物监管部门工作人员对死亡生猪进行扫码并上传数据库，同时监督无害化处理过程。

（5）保险公司在数据库中进行比对，确认保险标的已进行防疫与无害化处理后，再对投保养殖户进行理赔。

（6）政府防疫、动物监管部门可随时调取数据库数据，对死亡生猪防疫、无害化处理情况进行统计和核对。

（三）应用成效总结

自 2014 开始，在房山区农委、农业局支持下，安华保险开展了近三年的试点。经过三年多的试运行，系统运转正常，试点期间共应用电子标签查勘理赔和无害化处理死亡标的 103 928 头，赔付金额 8588.93 万元，取得如下工作成效。

1. 建立电子标签与无害化处理联动创新模式

2014 年开始，国务院、农业部，保监会、北京市农委、农业局、保监局分别下发了《关于建立病死畜禽无害化处理机制的意见》等相关文件，要求积极构建科学完备、运转高效的病死畜禽无害化处理机制。2017 年，安华保险再次下发了《关于进一步加强养殖业保险与无害化处理联动工作的通知》，强调进一步加强养殖业保险与无害化处理联动工作，与畜牧动检部门加强合作，真正建立起区域保险与无害化处理联动的长效机制。在电子耳标签的试点推广期间，北京市农委、农业局、保监局和环卫集团，以及房山区农委、农业局多次组织会议讨论并现场观摩，联合推动在全市范围内将应用电子耳标签与无害化处理工作紧密结合起来，进而规范无害化处理操作流程，保证死亡个体赔付无遗漏。

2. 电子植入式标签创新技术推广及服务模式应用取得重大成效

（1）促使保险市场经营更规范

一是由于电子标签无法复制，唯一标识身份的验证避免了死亡标的的重复利用，保证了赔付的真实性，从根本减少了道德风险；二是加强了保险业务管控，杜绝了协议赔付等违法违规行为。

（2）提高了处理死亡牲畜的效率

每个标签是唯一的标识码，防疫人员在查勘员植入后直接读取植入的电子标签，即可确认标的由哪家承保或是否参保，这进一步加快了无害化处理的速度，缩短了取得无害化处理证明的时间，极大地提高了工作效率。

（3）保证了猪肉食品安全

从运行效果看，电子植入式标签的使用加强了政府管理部门对病死畜禽防疫和无害化处理工作的信息化管理，从根本上杜绝了病死猪流入市场和餐桌的可能性，真正建立起了保险理赔和病死猪无害化处理的联动机制，为保证猪肉食品安全起到了重要作用。

（4）建立了科技创新管控模式

运用新的科技手段对养殖险进行查勘理赔和风险管控，与政府部门联合查勘和保证无害化处理，确实起到了避免死亡标的重复利用、互相利用问题，保证了赔付的真实性。

3. 电子植入式标签创新技术得到了监管机构和政府部门的肯定

2016 年 11 月，北京市农业局出台了《北京市动物无害化处理工作流程与操作规范（试行）》充分参考了安华保险关于电子植入标签与无害化处理的联动方案。2016 年 12 月，房山区农业局召开了"病死畜禽无害化处理推广应用射频识别植入式电子耳标签技术"专项培训工作会议，房山区农业局畜牧科、动监所全体、23 个乡镇的防疫站人员、驻各乡镇的官方兽医室人员，以及在房山区经营政策性农业保险业务的五家保险公司代表参加了会议。房山区政府对此项工作的开展投入资金，推广应用从 2017 年 1 月 1 日开始。射频识别电子植入式标签创新技术试点工作开展以来，一直备受政府各部门的关注，并得到了北京市农委和监管部门的充分肯定。北京保监局在 2017 年 9 月召开了专项工作会议，详细介绍了安华保险电子标签技术应用与死亡生猪无害化处理联动机制运行情况，并鼓励在北京市农业保险行业内推广。

二、"鱼探仪"在渔业保险中的应用案例

（一）背景介绍

从全球范围看，我国是全球最大的渔业产量国。2010—2019 年，我国水产品总产量由 5000 万吨以上增至近 6500 万吨，产量世界领先。2019 年，我国水产养殖总量超过 5000 万吨，占全国水产品总产量的比重超过 78%，我国已成为世界上唯一养殖水产品总量超过捕捞总量的主要渔业国家，水产养殖产量占世界水产养殖总产量的 2/3。

水产养殖是全世界公认的高投入、高风险产业。近年来的水产养殖统计数据反映，水产养殖容易因遭受洪涝、台风、风暴潮等自然灾害，以及人为破坏和污染而产生损失。渔业统计资料显示，在有记录的年份中，中国渔业因灾造成的直接经济损失超过 200 亿元人民币。其中灾情最严重的年份为 2013 年，水产品产量损失达 162.26 万吨，水产品和渔业设施总直接经济损失达 399.74 亿元。因此，开展渔业保险，尤其是水产养殖保险，在弥补渔民因灾损失、促进渔业生产、巩固和发展渔业经济等方面发挥着重要的作用。

然而，相较其他农产品保险，水产养殖保险的验标和定损难度较大。首先，传统的验标普遍采用旋网计数法和标志计算法，这两种方法主要依靠养殖户的经验，受养殖户的捕鱼方式、鱼的规避本能、时间的选择等因素影响，验标精度较低，同时验标实时性和可操作性较差，对水产养殖资源也有一定的破坏。其次，因为水体的天然遮挡与隔离，所以滥"鱼"充数、以次充好的道德风险问题时有发生。最后，发生灾害后，由于水产养殖环境和条件非常不利于勘查，难以评判受损原因和受损程度。

随着信息技术的发展和成熟，互联网+、物联网、智能终端、大数据、传感器技术、机器人技术等逐渐融入了渔业领域，水产科学养殖、养殖保险精确投保定损、水产品溯源等成为现实。中联智科高新技术有限公司（以下简称"中联智科"）成立于2014年，是一家专注于物联网行业解决方案的高新技术公司。中联智科凭借自身在渔业领域的专业技能和在物联网领域的技术技能，为水产养殖保险成功定制研发了"鱼探仪"物联网设备，为解决水产养殖保险的精准验标和精准查勘提供了解决方案。

（二）技术体系与功能介绍

1. 研发背景

声呐（英文缩写"SONAR"的音译，中文全称为"声音导航与测距"）是一种仿生学的产物，海豚、鲸类在海中的定位和捕食就是通过声呐实现的。声呐是利用声波在水下的传播特性，通过电声转换和信息处理，完成水下探测和通信任务的电子设备。声呐技术被广泛应用于军事和海底勘探，如图7-11所示。其中主动式警戒声呐的探测距离可超过50公里。

（a）军用声呐探测潜艇、鱼雷、水雷　　　　　（b）利用声呐进行海底地形、资源勘探

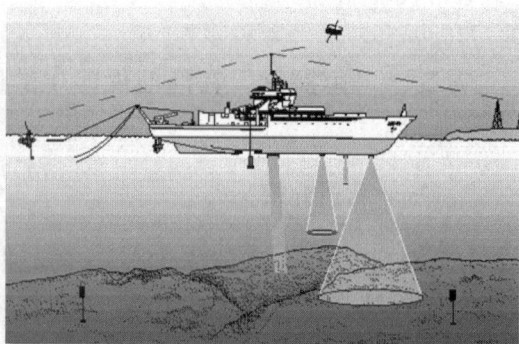

图7-11　声呐技术的应用

为了解决水产养殖保险验标与查勘难题，可借鉴声呐技术在军事方面的应用对标的物进行探测。然而，在利用声呐设备进行相关研发时发现，声呐技术在渔业养殖保险中的应用存在以下几个技术难点：一是养殖水域小、环境复杂，反射噪音明显；二是目标体积小，且鱼类天生的聚集性、规避性和游动性导致探测难度高；三是天气、时间等因素对鱼群的行为有较大影响；四是验标、查勘定损等业务场景对探测设备的便携性和易用性提出了较高的要求；五是要求具备完善的信息化能力，支持保险行业电子化业务管理流程。

经过近3年的研发和反复的测试论证，中联智科在整合仿生学技术、军用技术民用化、通信与GPS技术、数据可视化技术和渔业养殖险软件定制技术等多项技术的基础上，成功研制了水下声呐探鱼器产品"渔探仪"，并在保险机构的渔业养殖中成功推广应用。

2. 系统构成与工作原理

渔探仪主要由换能器、载具、控制系统、网络传输设备和电池构成，并以载具水线为界分为干端部分和湿端部分。干端部分有控制系统、网络传输设备和电池，实现了数据采集、算法处理、仪器操作、船体控制、网络传输等功能；湿端部分主要为换能器，实现了将电能转化为声能，发送高频声波和接收回波以判断鱼群养殖数量的功能。

从形态上看，渔探仪分为走航式和固定式两种，如图 7-12 所示。其中走航式是以半充气式遥控无人艇为载具的水下声呐探鱼设备，适用于水域较大、形状不规则、池底环境复杂的养殖场所，多用于淡水养殖；固定式是以充气浮圈为载具的水下声呐探鱼设备，适用于水域较小，形状规则，鱼种巡游特性较好的养殖场所，多用于海水围网养殖。

图 7-12　鱼探仪的走航式和固定式两种形态

从系统构成上看，渔探仪由探测设备（走航式/固定式水下声呐探鱼器）和上位机（笔记本电脑/移动设备）构成，可适应场地环境、广泛进行远程控制、远程探测、实时数据传输，如图 7-13 所示。

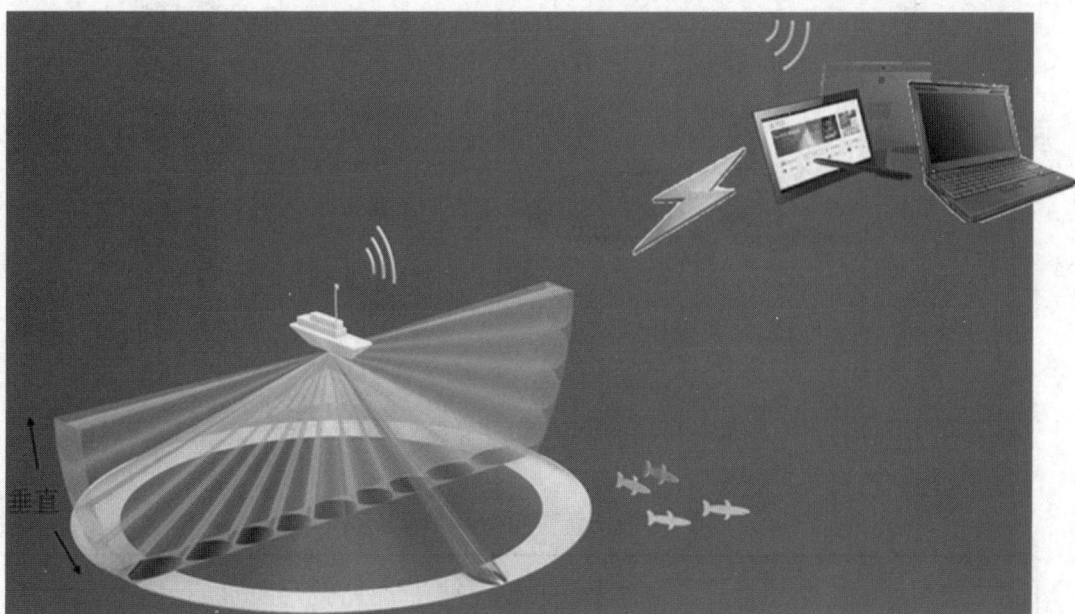

图 7-13　鱼探仪的系统构成

在工作原理上，鱼探仪采用单波束逐步扫描探测的工作模式，利用大区域取样法对鱼群数量进行探测，如图 7-14 所示。大区域取样法是指渔探仪在养殖水域内设定连续长距离的走航路线（航线尽量均匀分布全水域），多次按照航线航行，扫描探测过程中不断累积的取样数据，得到在一定体积下的鱼平均密度，最后结合整个养殖水域的体积，得到养殖水域鱼的总数量。

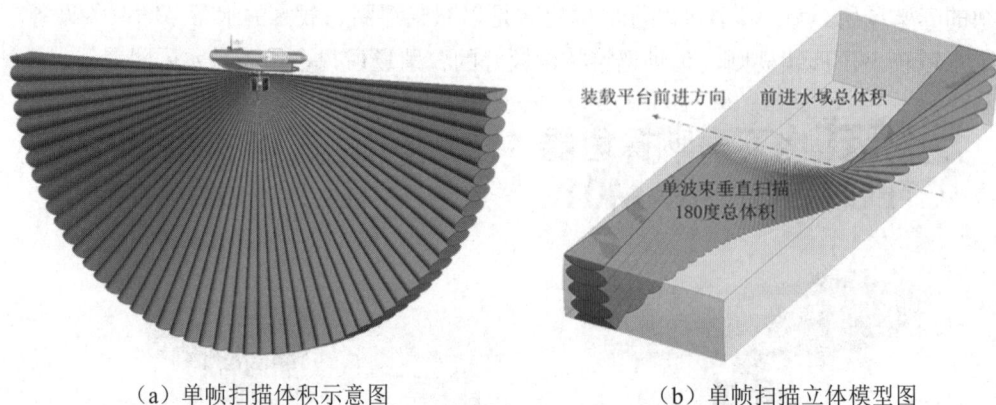

（a）单帧扫描体积示意图　　　　　　　　（b）单帧扫描立体模型图

图 7-14　鱼探仪的工作原理

中联智科的走航式鱼探仪（又称半充气式无人艇，如图 7-15 所示）的主要参数如表7-1 所示。此外，该艇还配备失联保护装置，一旦艇与地面上位站失联，便可自动回航至指定位置（如原出发点）。

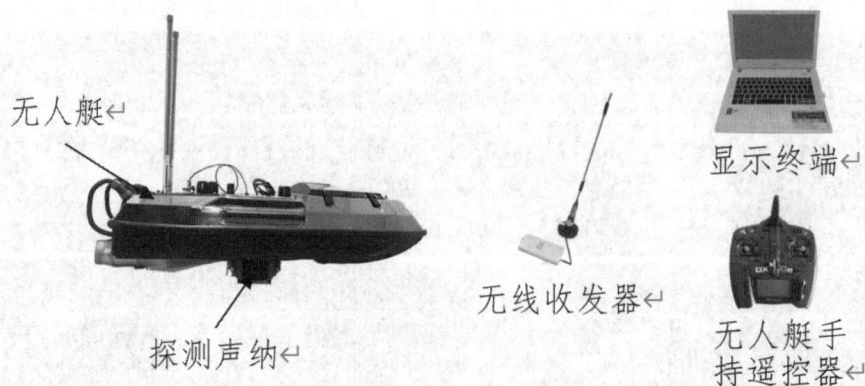

图 7-15　半充气式无人艇鱼探仪及配套设备

表 7-1　半充气式无人艇的主要参数

体积	1047mm×550mm×190mm（长×宽×高）			
参数	续航时间	最大航速	抗风浪等级	导航模式
	2h	4.5m/s	2级	手动/自动

3. 配套 App 与功能

在鱼探仪设备的基础上，中联智科与中船工业集团共同打造了一款集渔业养殖险客户信息采集、验标、投保、勘损及信息查阅功能的一体化渔险系统"易渔险"。该系统紧密结合了渔业养殖险业务流程与规范标准，优化、简化、标准化了渔险保险受理、验标、定损流程与环节，能有效帮助保险机构及协保员提升效率、开拓保源、降低风险。

"易渔险"App 是渔业养殖险保险业务员及协保员的应用端（如图 7-16 所示），可在配套的移动三防设备、苹果 IOS 及安卓移动端设备上使用。同时"易渔险"App 与保险公司业务流程联动，能实现渔业养殖保险线上化、电子化、便捷化的投保、定损、理赔全流程服务。

图 7-16　"易渔险"App 的主操作界面

从业务流程上看，"易渔险"App 应用包括如下 4 个步骤（如图 7-17 所示）：第一，设备调试，保险业务员携带鱼探仪设备前往投保地点，对设备进行检测与调试，并入水测试；第二，五定一拍，在 App 端连接鱼探仪设备后，按照 App 界面导航依次完成"五定一拍"操作，具体为定投保人、定保险时间、定养殖地点、定养殖环境、定标的物和拍摄实景照；第三，单据上报，填写完毕后，点击上传单据，实时查看单据状态（包括待审核、待投保、已投保、待定损四种）；第四，确定费用，人工核保与核赔完毕后，将收到缴纳保费金额及理赔金额。

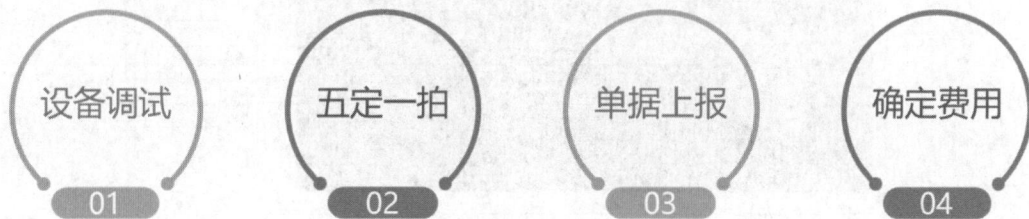

| 设备调试 | 五定一拍 | 单据上报 | 确定费用 |
| 01 | 02 | 03 | 04 |

图 7-17　"易渔险"App 的操作流程

与其他种植保险与养殖保险不同，"易渔险"App"五定一拍"中的定养殖地点、定养殖环境和定标的物具有较大的特色。

定养殖地点可以采用"手动标定"和"走航标定"两种方式，手动标定是利用手动采集的方式在地图上进行位置采集，而走航标定则是用鱼探仪设备绕养殖区域走航一圈，如图 7-18 所示。标定完毕后，自动生成可视区域地图，自动标记经纬度并计算水域面积，经度和纬度误差小于 5 米，水域面积误差小于 5%；走航时可视水域边缘，走航速度平均0.5 米/秒，满电状工作时长可达 2 小时，标定完毕后 1 分钟内输出水域面积。

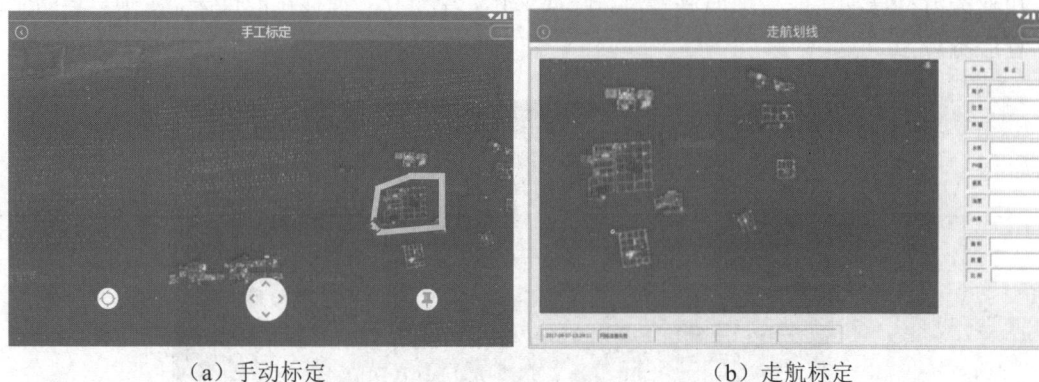

（a）手动标定　　　　　　　　　　　　（b）走航标定

图 7-18　"易渔险"App 的养殖地点标定

定养殖环境是利用鱼探仪设备对水下养殖环境进行探测，输出养殖环境参数，具体包括温度、深度、浊度、叶绿素 a、溶解氧、pH 值、氧化还原电位（ORP）、电导率（盐度、总溶解固体、电阻）、蓝绿藻、若丹明 WT、铵/氨离子、硝酸根离子、氯离子、环境光、溶解性总固体、水位等，如图 7-19 所示。具体养殖参数的探测需要根据鱼探仪上安装的监测设备和养殖保险对环境的具体要求而定。

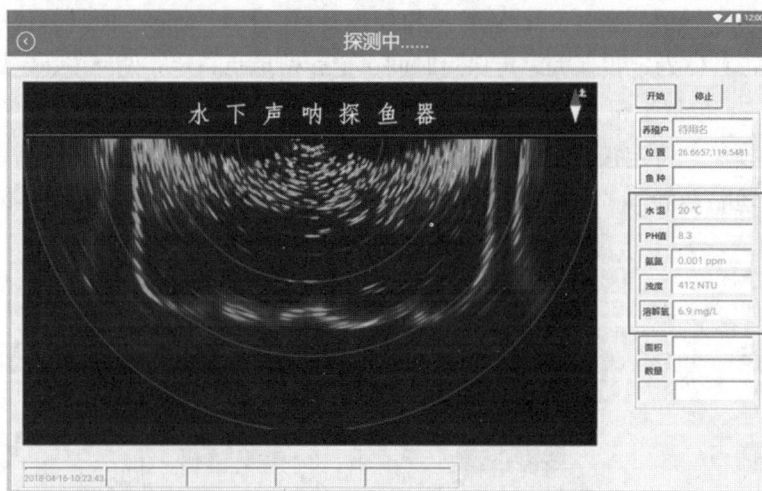

图 7-19　"易渔险"App 的养殖环境探测

定标的物是利用鱼探仪设备对养殖水产的具体情况进行探测，统计并输出保险标的的信息，其中包括水产数量、水产种类和水产生命状态，如图 7-20 所示。其中水产数量的探测精确度超过 90%，并可鉴别绝大部分被广泛养殖的水产种类，同时探测出水产的生长周期及存活度。

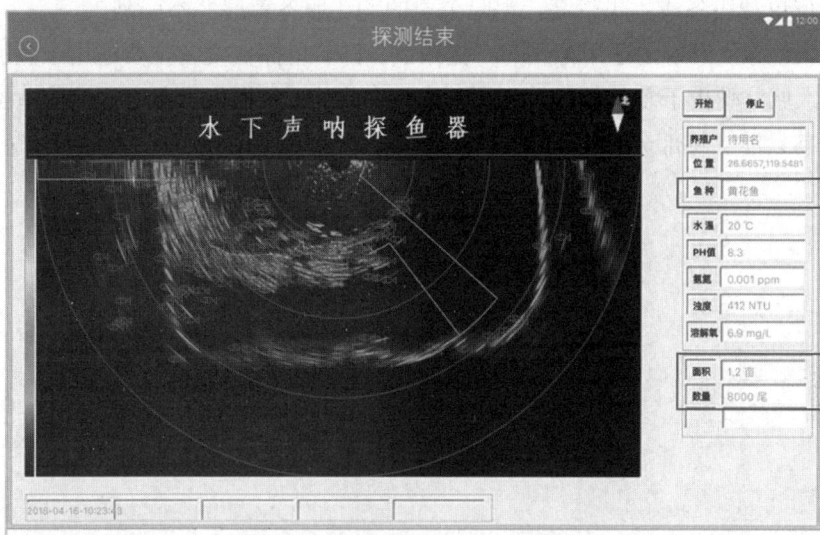

图 7-20 "易渔险" App 的标的物探测

（三）成效与不足总结

鱼探仪自研发以来，在多家保险公司和养殖企业中得到了应用，获得了用户的一致好评。

2018 年和 2019 年，应中国人民财产保险股份有限公司广东省分公司（以下简称"人保广东分公司"）的邀请，中联智科运用鱼探仪先后在广州市、佛山市等地区开展渔业养殖保险的验标探测服务，共完成了 3500 亩养殖水域、4 种鱼种（包括鳜鱼、皖鱼、鲢鱼、鲫鱼）的探测，为人保广东分公司实现渔业养殖的精确承保提供了技术支撑。

2019 年，应青海省民泽龙羊峡生态水产养殖公司邀请，中联智科在青海省共和县开展了探测业务，共完成了 80 亩水库网箱养殖探测，合计 8000 吨养殖量，准确核定了水库网箱渔业数量，为开展后续保险与信贷提供了支持。

随着应用的深入，鱼探仪设备得到了进一步的升级与完善，在保险公司中发挥了重要的作用。

一方面，通过声呐技术与水产养殖行业的结合，探索出一种全新的水下渔业养殖数量核查方式。与传统定点捕捞方式相比，使用鱼探仪进行验标、查勘定损的方式，探测高效性、科学性和准确度得到了大幅度提升。

另一方面，通过网络技术与水产养殖行业的结合，鱼探仪探测水下渔业养殖数量信息，并通过互联网及时发送到后台服务器，破解了信息不对称、人工记录易出错、人为道德风险等难题，确保了养殖信息的对称性、时效性。

然而鱼探仪在应用过程中，也暴露出以下不足。

第一，鱼探仪设备售价较为昂贵，虽然能解决保险验标查勘的一些问题，但从成本-收益的角度出发，保险公司购买的意愿较小。目前大部分保险公司都是通过委托的方式开展服务，但单独服务成本也较高，保险公司的购买服务意愿并不强烈。

第二，鱼探仪设备的适用范围有一定限制。目前鱼探仪设备主要适用于鱼塘或网箱养殖，自然水域养殖由于复杂的环境尚无法支持。此外，鱼探仪设备对探测的鱼类也有一定限制，目前只能支持部分常见的鱼类，对于虾、蟹等尚无法支持。

第八章 农业保险科技分论：区块链科技

第一节 区块链

一、区块链与区块链技术

源自 2008 年出现的比特币（Bitcoin）所创造的全新技术范式，区块链技术被认为是继计算机、个人计算机、互联网和移动互联网之后信息技术的第五次颠覆式创新，有着彻底重塑人类社会活动形态的潜力。从数据管理的角度出发，区块链技术是一种分布式的公共账簿管理技术；从网络协议的角度出发，区块链技术是一种在去信任环境中进行可信计算的网络协议；从社会经济的角度出发，区块链技术是建立提升合作效率的价值互联网。近年来，区块链技术已逐渐从为加密数字货币量身定制的专用技术，发展成了一个有机融合了信息技术与经济学原理等多学科的，可用于数字世界中构建自治理、可信赖、可溯源系统的通用的庞大技术集合。与此同时，各行各业也对区块链技术的潜力抱有巨大期待，积极探索各种"区块链+"的行业应用创新模式。

区块链技术的显著特征是使用区块链这一特殊的数据结构，但区块链技术的内涵远超区块链数据结构。因此，要想学好区块链，首先要知道什么是区块链，其次要知道什么是区块链技术，最后还要了解区块链技术的发展迭代情况。通过这样的学习，就可以了解到区块链技术的基本逻辑架构，在未来进一步深入了解区块链技术中各项具体技术原理时，明确其在区块链技术体系中的位置与作用，从而在发展或应用区块链技术过程中，能够以一种系统化的视角看待问题，避免因为"只见树木，不见森林"的局限性，造成对技术的误解与误用。

（一）区块链

区块链，正如其名，是按照特定的密码学规则所构造出的，由数据区块所形成的逻辑上的链状结构。事实上，尽管区块链技术首次出现于中本聪所发表的关于比特币的论文之中，但论文中只使用了"数据项的区块"和"形成一条链"这样朴素的说法。"区块链"

（Blockchain）这种说法则是后来才出现的，并因梅兰妮·斯万《区块链：新经济蓝图》一书而逐渐变得广为人知。

图 8-1 示意了区块链的逻辑结构。可以看到，图中的"项目"示意了数据项。区块由数据项打包而成，而区块通过哈希函数（Hash Function）联结成链。区块链每联结一个新的区块，需要将新的区块与原区块链末端哈希值通过哈希函数结合起来，形成新的哈希值，作为增加了一个区块后区块链新的末端哈希值。按照这样的方式，就可以将一个个区块联结成链，形成区块链。

哈希函数，又称散列函数、杂凑函数，是一种将任意长度的消息（Message）压缩到某一固定长度的消息摘要（Message Digest）的数学函数。其特点是，一方面，相同的消息必然可以得到相同的消息摘要，即哈希值；另一方面，不同的消息，除非发生哈希碰撞，否则会得到不同的消息摘要。理想的哈希函数还应具有以下特性：一方面，消息摘要的长度越长，发生哈希碰撞的可能性越低；另一方面，两个不同消息间的差异越小，发生哈希碰撞的可能性越低。

区块链使用哈希函数联结区块成链，其作用在于只要拥有值得信任的对应未篡改数据项的区块链的末端哈希值，就可以通过重算某个区块链哈希值的方式，验证这个区块链上的数据项是否发生过篡改。并且如果哈希值验证一致，则区块链上越靠前（即越早被联结在区块链上）的区块中的数据项，越不可能发生篡改。

简单来说，区块链结构构造了一个数据项（即信息）的防篡改机制。由于哈希函数的特性，只要将信息作为数据项打包进区块链，篡改已经存在于区块链上的信息就会变得非常困难。

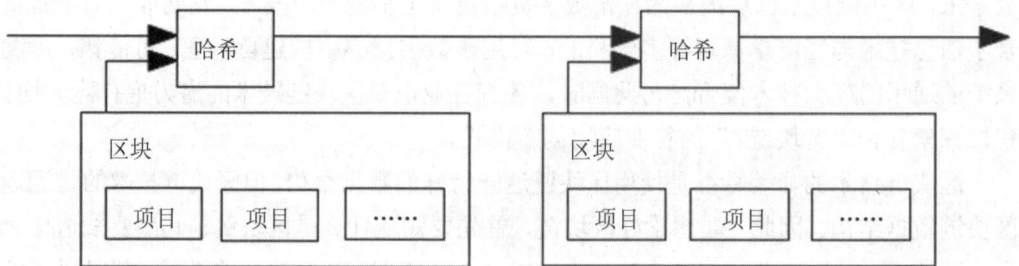

图 8-1　区块链示意图

（二）区块链技术

区块链技术是以使用区块链结构为显著特征的一类构造可信的、不可篡改的数据证明及应用系统的技术体系统称。区块链技术，其内涵具有包容性，其外延具有多样性。

谈及区块链技术，首先应当意识到区块链技术并非特定的技术体系，而是所有具有使用区块链这一技术特征的技术体系统称。完全有可能出现两套不同的区块链技术体系，而这两套区块链技术体系的共性甚至可以仅在于使用了区块链数据结构，而两套区块链技术体系在区块链结构的具体构造模式上却存在巨大差异。

通过逻辑抽象，大多数具体的区块链技术体系都可以被解析为一个技术栈。就目前区块链技术的发展情况来看，一个区块链技术栈通常具有数据层、网络层、共识层和应用层四个层次，如图 8-2 所示。

图 8-2　区块链技术栈示意图

一个区块链技术体系并不一定需要完整的四层技术栈体系，并且每个层次中所使用的技术项也具有很大的选择与组合自由性。目前应用较为广泛或影响力较大的区块链技术实际所使用的区块链技术栈通常都是完整的四层技术栈体系，并且每个层次中所使用的具体技术项也是经过科学选择与搭配的。

首先，数据层是区块链技术栈的底层基础。数据层通常包括的技术项有区块链构造模式与数据项签名模式等，其中区块链构造模式这一技术项是不能省略的。而数据项签名模式，对于面向多用户应用的区块链应用场景，作为用户行为的验证手段，通常也不能省略。

其次，网络层是区块链技术构造分布式应用环境的基础。网络层通常包括的技术项有链接组网机制和消息传播机制等。链接组网机制明确分布式应用环境中的各分布式节点如何联系与组织。消息传播机制明确用户及节点的各类具体应用操作消息如何在分布式应用环境中传播。

再次，共识层是区块链技术构建分布式信任机制的关键。随着区块链技术的发展，目前常见的共识机制主要有工作量证明（PoW，即 Proof of Work）和权益证明（PoS，即 Proof of Stake）等。通常情况下，一个具体的区块链技术应用案例只使用一种共识机制。共识机制将明确区块链末端哈希值的可信来源。

最后，应用层是区块链技术与具体应用场景的桥梁。应用层通常包括的技术项有用户界面、编程接口和智能合约等。用户界面帮助用户在某个具体的区块链应用系统上进行应用操作；编程接口帮助程序接入某个具体的区块链应用系统中并进行操作，从而使得区块链应用系统的功能和用户界面可以不断扩展。智能合约是可编程性与不可篡改性结合的产物，能帮助区块链应用系统实现传统系统无法实现的全新功能。

（三）区块链技术的发展迭代

区块链技术于 2008 年随着首款加密数字货币比特币的发明而出现，在过去的十多年间，其被越来越广泛地关注和研究，其技术外延和应用场景已逐渐超越了加密数字货币，成为继计算机、个人计算机、互联网和移动互联网之后信息技术的第五次颠覆式创新，其彻底重塑人类社会活动形态的潜力也逐渐显现。

到目前为止，已经发展出三代区块链技术，《区块链：新经济蓝图》的作者梅兰妮·斯万称之为区块链 1.0、区块链 2.0 和区块链 3.0，如图 8-3 所示。虽然三代区块链技术中的后一代都是对前一代技术的重大拓展和改进，但从目前的情况来看，区块链技术的应用实际上处于"三者并存"的状态下。对于不同的应用场景，人们会选择最适合的区块链技术，从而实现所需功能和实施难度间的平衡。

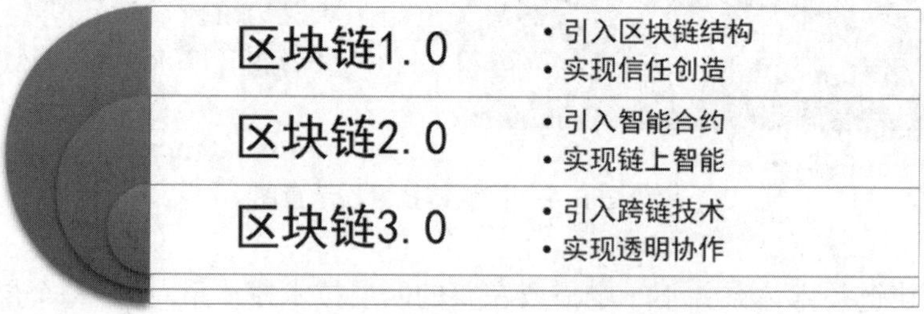

区块链1.0	· 引入区块链结构 · 实现信任创造
区块链2.0	· 引入智能合约 · 实现链上智能
区块链3.0	· 引入跨链技术 · 实现透明协作

图 8-3 区块链技术的发展迭代

区块链 1.0（即第一代区块链技术）的产生以 2008 年比特币的出现为标志。区块链 1.0 的主要创新在于，引入区块链结构（即公共账簿）及其去中心化的维护机制，解决了无公信第三方条件下数字货币的重复使用问题，被认为是一种基于算法的去信任环境中的信任创造机制。区块链 1.0 的产生带动了各种加密数字货币如雨后春笋般地出现。

区块链 2.0（即第二代区块链技术）的产生以 2013 年以太坊（Ethereum）的出现为标志。区块链 2.0 的主要创新在于，在区块链 1.0 的基础上引入了智能合约技术，为建立去中心化的链上智能提供了技术基础。区块链 2.0 的产生催生了初创项目进行链上融资和治理的全新金融模式，带动了首次代币发行（ICO，即 Initial Coin Offering）的盛行。

区块链 3.0（即第三代区块链技术）的产生由梅兰妮·斯万于 2015 年预见。从近几年的发展趋势来看，区块链 3.0 所需的主要创新是在区块链 2.0 的基础上引入跨链技术，从而将区块链技术发展为一种超越加密数字货币和金融应用场景，可以用来建立安全、透明的信息共享和社会协作的技术。当前，区块链 3.0 仍在发展之中，并带动了区块链技术在各种领域的应用探索。

（四）区块链技术的特点

区块链技术具有不可篡改、信息共享、信息保护和自动执行四大特点，使得区块链技术成为构建可信、透明、安全和高效的分布式跨主体协作应用平台的理想技术。

1. 不可篡改

区块链技术的核心特点就是所保护数据项的不可篡改性。区块链技术通过数据层的区块链数据结构配合共识层的共识机制，构建出一套完整的数据防篡改机制，为各种区块链技术应用场景提供了建立信任的基础，成为更多应用的根基。

2. 信息共享

区块链技术通常具有信息共享的特点。区块链技术通常旨在建立可信的分布式应用系统，因此应用所需的相应信息必须在分布式系统各节点间实现共享。正是基于区块链技术信息共享的特点，使得区块链技术应用系统具有较高的透明性。

3. 信息保护

区块链技术通常具有信息保护的特点。区块链技术可通过用户匿名化、数据加密化及新兴的零知识证明等方式，确保信息只对目标客户具有可识别性，而不会被其他方轻易地识别和利用。正是区块链技术具有信息保护的特点，使得区块链技术具有安全性，能满足更为广泛的应用需求。

4. 自动执行

区块链技术通常具有自动执行的特点。利用智能合约技术这一区块链技术的子技术，基于区块链技术构造的分布式应用系统可以将众多业务逻辑通过编写相应的智能合约代码部署在区块链系统上，实现众多业务的自动执行，进一步减少人为干预，提升多主体协作的效率。

（五）区块链的类型

按照节点的加入退出规则和节点参与共识机制权限，区块链技术通常被分为公有链、联盟链和私有链三类。

1. 公有链

公有链的各个节点可以自由加入和退出网络，并参加链上数据的读写，运行时以扁平的拓扑结构互联互通，网络中不存在任何中心化的服务端节点。

2. 联盟链

联盟链的各个节点通常有与之对应的实体机构组织，通过授权后才能加入与退出网络。各机构组织组成利益相关的联盟，共同维护区块链的健康运转。

3. 私有链

私有链（也称专有链）的各个节点的写入权限收归内部控制，而读取权限可视需求有选择性地对外开放。专有链仍然具备区块链多节点运行的通用结构。

二、区块链的核心技术原理

（一）哈希函数

哈希函数，又称散列函数、杂凑函数，是一类具有特定特征的数学函数。首先，哈希函数必须具有信息压缩的特性，即哈希函数的定义域必须是任意长度的消息的集合，而哈希函数的值域必须是某一固定长度的消息摘要的集合。其次，哈希函数必须是确定性的数学函数，即一方面，相同的消息通过一个哈希函数计算后必须得到相同的消息摘要，即哈希值；另一方面，不同的消息通过一个哈希函数计算后不必得到不同的消息摘要。不同的消息如果得到了相同的消息摘要，则称这些不同的消息之间发生了哈希碰撞。最后，好的哈希函数需要具有好的抗哈希碰撞能力，因为构造哈希碰撞在计算上成本极高。

基于哈希函数的特性，利用哈希函数生成的消息摘要，即哈希值，具有非常重要的作用，其中重要的一个作用就是判断一条消息是否被篡改。对于一条消息，如果知道其未篡改情况下对应的哈希值，则可以比较这个哈希值与待检验消息的哈希值，如果哈希值不一致，则可以确认消息已经发生了篡改；如果哈希值一致，则可以提升对消息未被篡改的信心。

（二）公钥数字签名

公钥数字签名，又称非对称加密数字签名技术，是一种基于非对称加密技术的数字签名技术。非对称加密技术是一类成对使用密钥进行加密和解密的加密技术。一对密钥其实就是一对小段信息，其中可以向安全边界外公开的为公钥，而仅在安全边界内使用的为私钥。非对称加密技术中，加密与解密信息需要分别使用这对密钥。非对称加密技术的关键特性在于，即使加密解密算法是公开的，一方面，缺少解密密钥时，通过密文和加密密钥破解原文极其困难；另一方面，缺少加密密钥时，伪造密文和解密密钥相符的原文极其困难。

公钥数字签名一般包括以下步骤。第一步，签名人（称作 Alice）对签名数据原文（称作 m）应用哈希函数生成对应的消息摘要（称作 d）。第二步，Alice 使用其私钥（称作 k）对 d 进行加密，得到的密文即为数字签名（称作 s）。第三步，Alice 将自己的公钥（称作 p），以及 m 和 s 发送给接收人（称作 Bob）。第四步，Bob 使用 p 对 s 进行解密，得到 d。第五步，Bob 使用所收到的可能被篡改的数据原文（称作 m'）应用哈希函数生成对应的消息摘要（称作 d'）。第六步，Bob 比较 d 和 d'，如果不一致则数字签名验证失败，说明 m' 是被篡改的；如果一致则数字签名验证成功，说明 m' 未被篡改，且 Alice 无法主张 m' 与 m 不同，即不可抵赖。

公钥数字签名之所以可以用于验证 m'是否被篡改，其原因在于：第一，非对称加密算法中使用配对的密钥对任何信息加密再解密，都必然复原信息；第二，相同信息通过哈希函数生成的消息摘要必然相同。经公钥数字签名验证通过的数据之所以具有不可抵赖性，是因为缺少加密密钥时，伪造密文和解密密钥相符的原文极其困难，因此公钥数字签名验证若能通过，数字签名必然是由签名人签发的。

（三）电子交易模型

比特币系统是区块链 1.0（即第一代区块链技术）的代表，其设计目标是建立一个无需可信任第三方（即去中心且去信任）的电子支付系统，便可实现任意双方的直接交易。

比特币系统定义了一种电子支付交易模型。该模型中，各种支付交易均可被统一描述为比特币资产从若干支出账户流向若干接收账户的转移。图 8-4 示意了这种电子交易模型的逻辑结构。

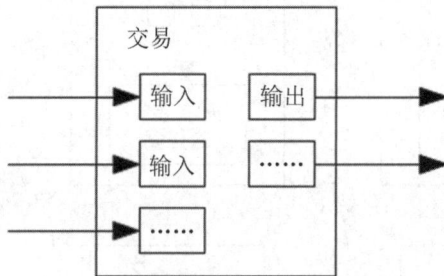

图 8-4　比特币电子交易模型示意图

事实上，这种对支付交易的抽象，与银行为其客户账户转账的会计逻辑完全相同。每一笔支付交易，对应到银行转账模型中就是一笔记载了各相关转入转出账户资产增减情况的会计分录。值得注意的是，比特币电子交易模型是面向支付动作而非面向账户余额的，因此用户需要汇总一个账户的所有支出与收入交易记录以计算其余额。这项工作因为比特币账户的初始余额为零及比特币电子交易完全公开共享而变得可能。再借由比特币钱包程序，比特币用户就可以获得与银行用户相同的账户余额查询体验。

与银行账户相同，比特币账户也需通过账号来识别。比特币账户的账号通常被称作账户地址。不同于银行账户的开户，比特币账户不通过机构集中登记管理，用户通过一个特定的密码学算法得到一组随机生成配对的公钥和私钥，就等同于开设了比特币账户。用户通过账户对应的公钥生成账户地址，以接收来自其他账户的比特币资产转入。用户通过账户对应的私钥对由该账户转出比特币资产的电子交易进行签名，从而行使账户所有者对账户的控制权。

这种去中心化的开户方式，尽管可能发生账户碰撞，即不同用户生成同一组密钥，从而同时对该账户拥有控制权，但密码学研究表明，这种碰撞的可能性极低。此外，将比特币资产分散存放到多个账户，就可以降低单个账户碰撞可能带来的经济损失。

银行转账发生时，银行通常需要通过支付密码等方式确认转账操作人确为账户户主本人。比特币系统通过公钥数字签名（亦称非对称加密数字签名）判断转账操作是否来自对账户具有控制权的户主。

比特币系统中,电子交易只要由其支出账户利用账号对应私钥进行签名,便不可抵赖,因此这种公钥数字签名可以被看作是一种户主对从自身账户转出资产的授权行为。接收转入资产的用户,只需对电子交易签名链条溯源,就可以确认转入的比特币资产是否真实有效,从而避免被"空头支票"欺诈。图8-5示意了比特币电子交易的公钥数字签名链条。

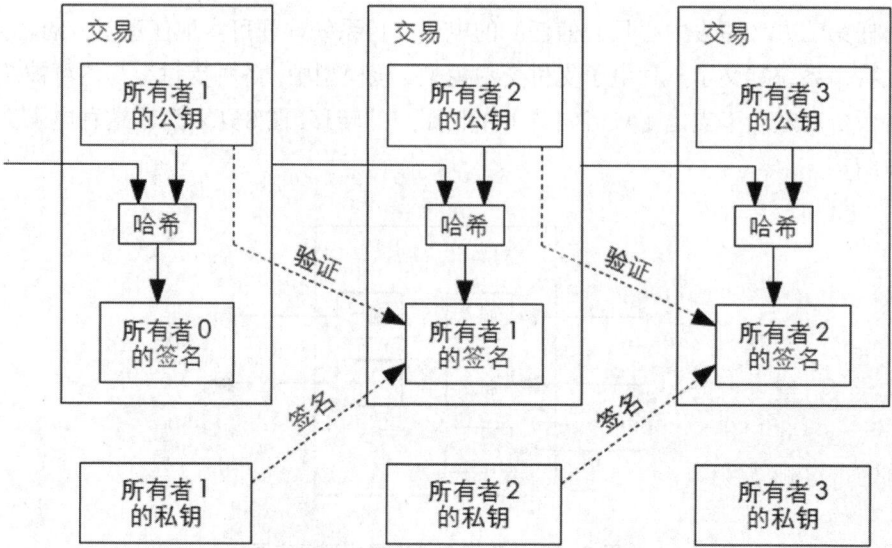

图8-5 比特币系统电子交易的公钥数字签名链条示意图

在比特币系统中,为了解决账户初始余额为零与系统所需流通比特币资产不为零的矛盾,约定了一种可原始新增比特币资产的特殊的电子交易,这是所有比特币电子交易签名链条的起点。

(四)默克尔树

为了提升区块链作为公共账簿的效率,许多区块链系统会将数据项以默克尔树的方式进行组织,并且在构造区块链的时候用区块头替代原始区块构造成链,而将原始区块另行保存。由于哈希函数的特性,即使仅使用区块头构造成链的方法,区块链的不可篡改特性依然可以被很好地延伸到整个默克尔树上。

图8-6示意了区块及其中的默克尔树。

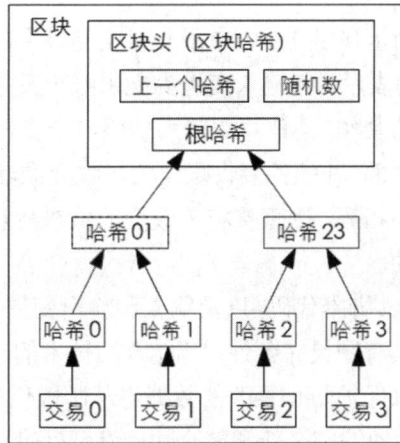

图 8-6 区块中默克尔树示意图

由于使用了默克尔树，公共账簿可以将由区块头构成的区块链和原始区块结合使用。要验证一个区块中的一个电子交易是否是未被篡改的电子交易，只需从可信来源获得由区块头构成的区块链，再从任意来源获得与要被检验电子交易相关的原始区块中的该电子交易信息即可以触及该电子交易的被剪枝后的默克尔树。这种检验方式为精简交易检验，如图 8-7 所示。

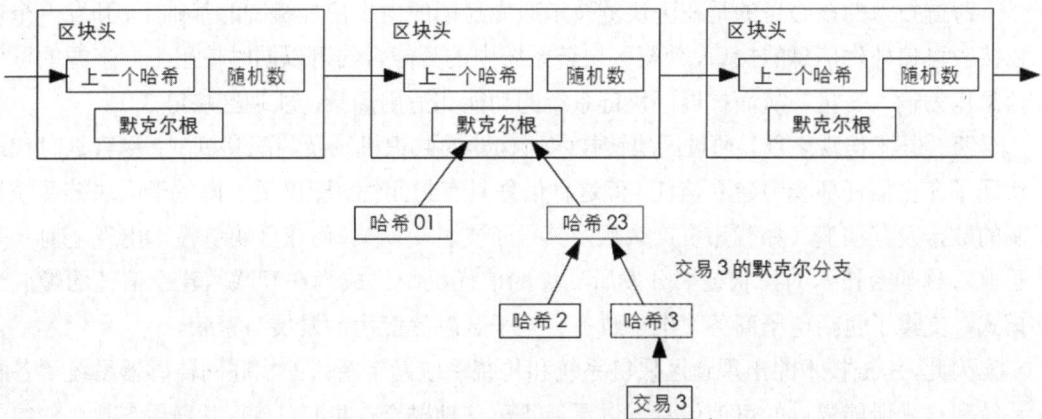

图 8-7 精简交易检验示意图

（五）智能合约

智能合约技术的出现标志着区块链技术进入了区块链 2.0 时代，首次将智能合约技术整合进区块链技术应用的是以太坊。所谓智能合约，并不是法律意义上的合约，其本质是由区块链系统的用户提交受区块链共识机制保护的可由区块链系统自动执行的程序脚本。智能合约的一般功能为根据输入变量和程序脚本所定义的计算逻辑获得相应的输出变量结果。

智能合约可以看作是对区块链 1.0 中电子支付交易模型的再抽象与扩展。电子支付交易模型，如果使用智能合约表示，其输入变量为支出账户及接收账户交易前的余额，其输出变量为上述账户交易后的余额，其计算逻辑为按照电子支付交易模型中各支出账户的支出金额削减对应支出账户余额，并按各接收账户的接收金额增加对应接收账户余额。当然，如果总支出额与总接收额不相等，则直接将未改变的输入变量作为输出变量输出，即无效交易时不发生账户金额变动。

智能合约的特点在于，其脚本代码，以及输入和输出变量均受区块链不可篡改性保护，并且其脚本代码编程语言具有图灵完备性。智能合约技术的加入，使得区块链系统更具通用性，区块链共识机制可以保护防止篡改的数据也从制式化的交易数据扩展为任意数据。不仅如此，用户只要创造性地编写全新智能合约，就可以建立全新的交易模式，这使得区块链系统的链上功能可以不断得到丰富。

（六）跨链技术

跨链技术（Cross-chain），或称作区块链交互性（Blockchain Interoperability）技术，其出现为区块链技术进入区块链 3.0 时代提供了关键契机。跨链技术实际包含了众多分支且仍然处在快速发展之中，因此难以找到像比特币对区块链 1.0 或者像以太坊对区块链 2.0 那样一个应用了跨链技术的区块链 3.0 的代表性应用。

跨链技术的核心目的是在区块链技术原先封闭的内生信任机制的基础上，开发一个可以接驳可信外生信息的接口，使得区块链系统中的智能合约可以同时使用不同来源的可信信息作为输入变量，从而扩展区块链系统的功能和适用场景，实现区块链 3.0。

跨链技术出现之前，通过区块链技术所构建的共识机制及其配套机制，尽管划时代地实现了在去信任环境中建立信任，但这种信任具有封闭性，即仅限于内生于区块链系统机制的数据及其演变（如代币资产余额及其电子支付交易）。而在区块链技术出现之前，基于非对称加密技术的树状证书分发所支撑的信任机制已成为在互联网建立信任的最广泛模式，支撑了包括电子商务、电子政务、电子金融等应用的发展与繁荣。

因此，跨链技术的出现让区块链系统和传统系统乃至新兴的物联网传感器系统等各种系统和技术所能提供的可信信息得以灵活且可信地融合，并汇总到区块链系统上，使得包括分布式记账网络、智能合约等区块链特色技术赋能应用场景，为建立基于信任的人类社会协作模式形成了全新的全面技术支撑。

三、区块链的行业应用案例

区块链技术具有不可篡改、信息共享、信息保护和自动执行等特点，可以用来解决许多领域之前未能解决的问题，是推进该领域优化与变革的重要技术驱动力。下文将从金融服务、供应链服务和社会公益服务三个典型行业应用案例来说明区块链所起的作用。

（一）金融服务

金融服务是区块链技术的第一个应用领域。从比特币出现所引发的加密数字货币浪潮，到首次代币发行（Initial Coin Offering，ICO）众筹模式的兴起，再到稳定币和去中心化金融（DeFi），无一不透露着民间资本试图利用区块链技术探索去信任环境下建立去中心化金融体系的雄心。当然，区块链技术并不与正规金融服务相对立。相反，区块链技术为正规金融服务带来了许多可以利用的技术便利及值得尝试的技术视角。

首先，区块链技术所带来的公共账簿模式对跨机构金融联动服务具有参考价值。从基于区块链技术的数字票据交易平台和中国人民银行贸易金融区块链平台，到带有"支付即结算"特性的数字人民币上线，公共账簿的价值已得到了中国人民银行的充分认可。

其次，区块链技术中的智能合约技术对提升金融服务效率具有重要意义。在保险行业，利用智能合约技术实现快速自动理赔的案例已不在少数，带有智能合约特征的智能埋单功能在证券交易中也日益丰富，这表明金融服务行业正在不断将以区块链技术等为代表的新兴技术用在提升服务中。

最后，区块链技术发展所带动的众多分支及相关技术的出现与进步，去中心化金融兴起所带来的服务理念与模式创新，对改革金融服务模式、提升金融服务效果均具有长期性的激励作用。

（二）供应链服务

供应链是一个由物流、信息流、资金流共同组成的，并将行业内的供应商、制造商、分销商、零售商、用户串联在一起的复杂结构。而区块链技术作为一种大规模的协作工具，天然地适用于供应链管理。

供应链由众多参与主体构成，不同的主体之间必然存在大量的交互和协作，而整个供应链运行过程中产生的各类信息被离散地保存在各个环节的系统内，信息流缺乏透明度。这会带来两类严重的问题：一是因为信息不透明、不流畅导致链条上的各参与主体难以准确了解相关事项的状况及存在的问题，从而影响供应链的效率；二是当供应链各主体间出现纠纷时，举证和追责均耗时费力，甚至在有些情况下变得不可行。随着经济全球化的快速推进，企业必须在越来越大的范围内拓展市场，因此供应链管理中的物流环节往往表现出多区域、长时间跨度的特征，使得假冒伪劣产品这样的难题很难根除。

首先，区块链技术使得数据在交易各方之间公开透明，从而在整个供应链条上形成一个完整且流畅的信息流，有助于参与各方及时发现供应链系统运行过程中存在的问题，并针对性地找到解决问题的方法，进而提升供应链管理的整体效率。

其次，区块链所具有的数据不可篡改和时间戳存在性证明的特性能很好地运用于解决供应链体系内各参与主体之间的纠纷，实现轻松举证与追责。

最后，数据不可篡改与交易可追溯两大特性相结合，可从根本上减少供应链内产品流转过程中的假冒伪劣问题。

（三）社会公益服务

公益机构要想获得持续支持，就必须具有公信力，而信息透明是获得公信力的前提。公众既要知道公益机构做了什么，也要知道花费了多少，成本有多高。这种公信度的高低和公益的成效决定了公益机构能否获得公众的认同和持久支持。区块链技术可以被看作是一种利用共识算法重新构造信任的信任创造机制，是用共信力助力公信力。区块链上存储的数据不会丢失、不可篡改，天然地适用于社会公益场景。

首先，公益流程中的相关信息，如捐赠项目、募集明细、资金流向、受助人反馈等，均可以存放于区块链上，在满足项目参与者隐私保护及其他相关法律法规要求的前提下，有条件地进行公开公示。

其次，为了进一步提升公益透明度，公益组织、支付机构、审计机构等均可加入，作为区块链系统中的节点，以联盟的形式运转，方便公众和社会监督，助力社会公益的快速健康发展。

最后，区块链中的智能合约技术在社会公益场景也可以发挥作用。对一些更加复杂的公益场景，比如定向捐赠、分批捐赠、有条件捐赠等，就非常适合用智能合约来进行管理。这使得公益行为完全遵从预先设定的条件，更加客观、透明、可信，能杜绝过程中的违规行为。

第二节 农业保险的区块链应用

一、区块链在农业保险的应用现状

（一）政府对区块链相关政策的引导

我国政府对区块链技术助力金融行业发展颇为重视，从宏观层面出台了相关政策文件对区块链技术发展予以引导，如表 8-1 所示。

表 8-1 金融部门关于区块链技术出台的相关文件

时间	部门	文件	内容
2017 年 6 月	中国人民银行	《中国金融业务信息技术"十三五"发展规划》	加强区块链技术在金融领域的应用研究
2017 年 9 月	中国银保监会	《偿二代二期工程建设方案》	探索区块链、人工智能等金融科技在保险监管的落地应用

续表

时间	部门	文件	内容
2020 年 7 月	中国人民银行	《推动区块链技术规范引用的通知》《区块链技术金融应用评估规则》	鼓励区块链技术在银行、保险等金融机构的应用，建立区块链技术的风险防范机制

可以看出，中国人民银行、银保监会等重要部门发布政策文件，鼓励加快区块链技术在我国适用该技术的金融行业落地应用。政府在重视和引导区块链技术发展的同时，也着重强调了该技术对保险行业发展的重要性，鼓励发展"区块链+保险"的运营模式。在2017 年 9 月，探索区块链、大数据等金融科技在保险监管的应用这一提议，被当时的保监会在关于偿付能力二期的建设方案中明确提出。2020 年 7 月，中国人民银行发布的《推动区块链技术规范引用的通知》，主要是关于规范引用区块链技术的规定。与其一起发布的《区块链技术金融应用评估规则》，主要是关于加大区块链技术在金融业的应用，鼓励区块链技术在各类银行、保险等金融机构中的大力应用，建立区块链技术的风险防范机制。各类政府部门的政策文件为我国保险行业的监管、风控、研发等提供了创新路径，加速了行业对新型科技的研究和运用，为保险业的发展进一步注入了科技力量。对农业保险而言，区块链技术也具有适用性，在国家相关政策文件的推动下，将让农业保险的痛点问题解决获得科技助力。

（二）农业保险行业区块链的应用现状

现阶段，区块链在我国农业保险中的应用尚处在初级阶段。农业保险的区块链应用主要集中在养殖业保险中，表 8-2 列举了几个典型的养殖业应用案例。这些典型案例的共同点是充分利用了区块链技术不可篡改和互信机制的特性。

表 8-2　区块链在养殖业保险中的应用案例（部分）

时间	保险机构	应用产品	具体应用情况
2017 年	中国人保财险	区块链养牛保险	结合生物特征、耳标等技术，在互联网场景下设计的区块链养牛险
2017 年	众安保险	区块链养鸡"步步鸡"	利用区块链技术数据共享、信息溯源特征，实现养殖险转型升级
2018 年	安华财险	区块链肉鸭养殖保险	运用区块链技术分布式记账和智能合约的特征，化解肉鸭养殖数据难题
2018 年	华农财险	区块链鸡蛋价格保险	运用区块链技术链接多方主体，实现信息共享，构建信用机制、智能合约等

中国人保财险公司开展的养牛保险项目，结合区块链技术的特性，记录了从幼牛的日常饲养、防疫，到最后的成长、出栏等养殖环节的整个养殖过程的数据。这一项目真正做到了养殖个体的全生命周期饲养记录和信息共享识别，实现了保险标的全生命周期的"唯一性识别"和数据溯源，达到了对养殖个体的验证。

众安保险利用区块链养殖推出的"步步鸡"项目在安徽省寿县茶庵镇成功落地,其为我国第一家基于区块链技术的扶贫养殖基地。该项目成功部署了"区块链+养殖业保险"系统,在这一系统的区块链平台中,纳入了参与保险的养殖户、养殖场、保险公司三方主体。养殖户的进雏数量、养殖场鸡的生长环境和鸡的健康情况、保险公司的承保情况均被上传到区块链上,对其他参与方(如屠宰场)的屠宰数量也会如实记录。与此同时,在该项目中,区块链的智能合约系统能够帮助保险公司实现自动报案、理赔。保险公司的相关部门可依据区块链上的数据信息进行自动估损,快捷赔付。

安华农业保险公司运用区块链技术推出了肉鸭养殖险。这一项目不仅帮助保险公司提高了交易效率,还为养殖户在风险保障的基础上打通贷款融资渠道提供了助力。这一肉鸭养殖险项目应用了区块链技术,由保险公司的相关工作人员引导投保的养殖户与上游订单企业完成区块链系统连接,双方可以在线提交肉鸭的进雏数量,并可以审查双方签订的进雏合同。在此之后,安华农业保险公司成功与养殖户签订了区块链肉鸭保险,保险交易过程中整个核保出单流程只用了十多分钟。

华农财产保险公司以改造后的鸡蛋价格"保险+期货"产品为载体、以区块链技术为纽带、以互联网金融公司和养殖服务企业为推动,综合发挥多种金融工具在促进产业发展方面的作用,建立金融支农的综合服务体系。利用该项目借助区块链技术分布式账本、信息高效传递及不可篡改、智能合约等特性,有效链接多方参与主体,解决主体之间的信息不对称及信息互信等问题,并通过智能合约实现自动化理赔。

综上所述,当前区块链技术在农业保险中的应用主要局限于养殖保险,种植保险较少。从应用案例中可以看出,利用区块链技术的信息溯源和无法篡改的技术特征可以有效解决农业保险查勘理赔和构建双方互信水平过程中的痛点,对未来农业保险行业的发展应用极具推广意义。

二、区块链在农业保险中的应用路径与模式

(一)前景分析

传统农业保险的一大困境是由信息不对称所导致的道德风险和逆向选择问题,而区块链与农业保险的融合发展,可以在一定程度上解决这个痛点,进而实现农业保险的价值提升。

区块链技术具有的去中心化、去信任化、不可篡改等多种技术特性,可以与农业保险进行有效契合。第一,区块链具有去中心化特征,可以帮助突破互助性农业保险的局限性,实现保险公司与投保农户之间的自主连接。第二,区块链具有去信任化特征,能帮助农业保险公司通过授权可以获得农业经营主体的个人信息,减少保险公司与农业经营主体之间的信息不对称,进而解决道德风险和逆向选择问题。第三,区块链具有不可篡改性,可以保证农业保险交易数据的安全性和可靠性。第四,区块链具有自治性,可以促进农业保险

合同智能化升级，实现农业保险赔付的自动化，提高赔付效率，降低受理的人工成本。第五，区块链具有可追溯性，可以增强农业经营主体对农业保险公司的信任感，破解保险标的唯一性难题，减少农业保险骗保、欺诈等行为。

由此可见，区块链技术应用于农业保险，可以获得突破农业保险发展瓶颈的有效方法，减少农业保险业务的信息不对称问题，提升农业保险业务的安全性和运行效率，推动农业保险的转型和升级。

（二）潜在路径

区块链技术在"助力互助保险、重构信用体系、提高运营效率、提升客户满意度、减少欺诈索赔"方面与农业保险有着很高的契合度，其在农业保险中的应用存在五个方面的潜在路径，如图 8-8 所示。

1. 区块链技术助力农业互助保险运行

互助保险是西方国家农业保险的主要形式，其运作模式是农户和农业经营主体预先缴纳风险补偿分摊金，如果其中一个成员提出索赔，则由共同的风险补偿资金池进行赔付。区块链技术为发展农业互助保险提供了新机遇。首先，区块链能够记录互助保险成员的信用信息、交易记录和赔付情况等，能够保证资金的透明性。其次，区块链去信任化的特征可以增强互助保险成员之间的信任感，吸引更多的成员加入。最后，农业互助保险依靠智能合约，能够实现自动赔付，提升相互保险的理赔效率。

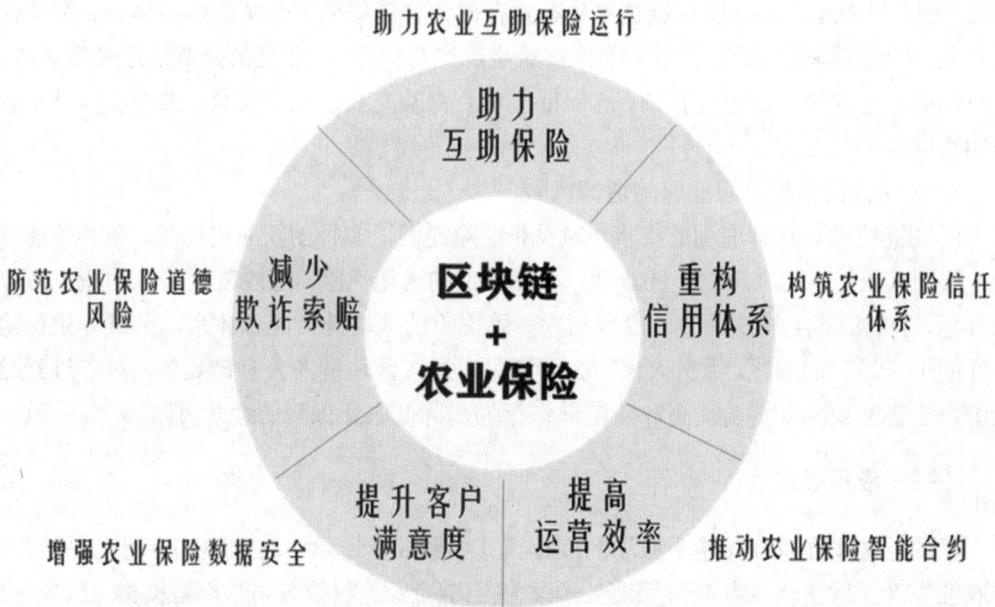

图 8-8　区块链+农业保险的应用路径

2. 区块链技术构筑农业保险信任体系

信用是农业保险发展的基石，目前我国还没有较为完善的农业生产经营主体信用查询系统，农业保险公司需要耗费巨大的成本来获取农业经营主体的信用信息。此时，区块链技术去信任化和消除信息不对称的应用场景，为农业保险重构信用体系提供了一条新路径。区块链技术依靠公开透明的分布式存储机制，能够将农户和农业经营主体的信用状况、投保数量、标的情况等信息上传至区块链，减轻保险公司与所有农业经营主体之间的信息不对称。此外，保险公司和农业经营主体均可以登录区块链信息系统查看所有农业保险数据，数据完全公开透明且不可篡改，有助于提升农业经营主体与保险公司之间的信任度。

3. 区块链技术推动农业保险智能合约

农业保险机构以往基本都采用纸质合约，不仅成本高，而且运行效率低。基于区块链技术的智能合约，能够很好地完成这项工作。农业保险采用智能合约技术，在农户和农业经营主体购买保险产品后，智能合约按照既定的合约条款，转化为计算机中相应的代码，如果发生对应的农业风险，相应数据库的风险数据就会触发智能合约的自动执行程序，农户和其他农业经营主体就能快速获得理赔。农业保险与智能合约相结合，能够实现农业保险从承保到赔付全过程自动化，大大压缩承保、查勘、赔付的时间，提高农业保险的运行效率。

4. 区块链技术增强农业保险数据安全

区块链技术具有不可篡改的特点，能够有效保障数据安全。在农业保险成交后，交易信息一旦被其他节点验证通过，就会被加盖时间戳永久地存储起来，任何单个节点对数据库的修改都是无效的，需要掌握全网 51% 以上的节点才能够有效修改信息，显然修改信息的成本是巨大的。此外，区块链技术分布式存储为客户提供了全新的购买体验，客户在购买农业保险之后，全网所有的节点都保存着全部交易信息，即便是部分节点遭受黑客攻击，客户仍可通过其他节点进行查询，这保证了农业保险交易信息的安全，进一步提升了客户的满意度。

5. 区块链技术防范农业保险道德风险

区块链技术具有可追溯的特点，为农业保险提供了多种创新应用场景。在养殖业保险中，长期存在"标的唯一性"的难题，存在骗保的道德风险。区块链可溯源的特点可以借助耳标、DNA 等生物识别的手段，构建养殖保险的区块链可溯源体系，破解养殖保险中"标的唯一性"的难题。此外，保险公司还可以通过区块链的公有链数据，对有过索赔记录的农户进行识别，提前侦查和防范欺诈行为，降低农业保险的经营风险。

（三）应用模式

区块链技术在农业保险中应用的运行模式如图 8-9 所示。这种模式运用区块链技术，将农业生产经营主体（农户）、保险公司、供应链企业、科技公司、价格机构、气象部门、期货公司、金融机构等多个主体联结起来，其运行流程如下。

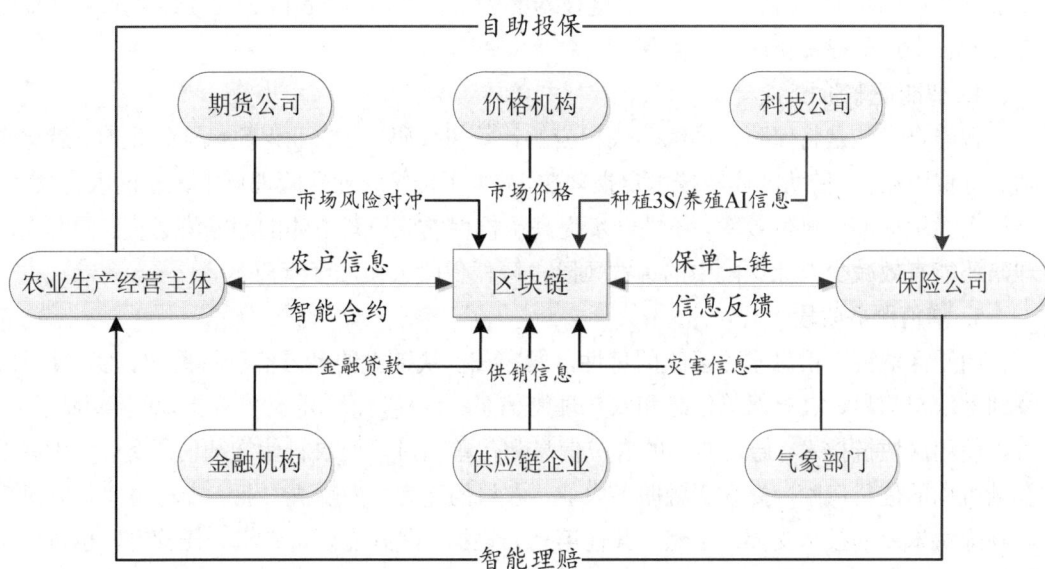

图 8-9　区块链在农业保险中的应用模式

1. 多方主体入链

农业保险涉及多方主体，多个部门间的信息往往不能有效对接，存在着非常明显的"数据孤岛"现象。传统农业保险中保险公司和农业经营者（农户）之间存在着严重的信息不对称问题，区块链正好可以为化解农业保险困境提供新的机遇。保险公司将相关信息添加到区块链中，同时气象部门、市场机构、供应链企业、期货公司、金融机构等第三方机构也加入区块链中，各个机构之间能够实现相关信息数据的共享，进而提高农业保险的运行效率。

2. 自助投保阶段

农业生产经营主体可在区块链技术的支持下，通过互联网自助购买符合自身需求的农业保险产品，其相应信息会通过区块链技术汇集到相应的平台，区块链数据库能够将农户的相关信息集中存储在区块链中。在农业经营主体缴纳保费购买了农业保险之后，保险公司将保险合同的内容上传到区块链中，通过区块链技术将保单设置成智能合约，农业经营主体可以通过互联网查看相关的保单信息，全网所有节点都能确保农业保单的真实性。

3. 风险保障阶段

第三方科技公司可加入区块链中，为农业保险提供强有力的风险保障。种植业保险可以通过应用 3S 技术，让种植业保险的承保和理赔业务更加精细化和智能化。养殖业保险则通过人工智能、生物识别技术，如 DNA 和虹膜、耳标等技术手段实现保险标的唯一性，确保农业经营主体的收益。气象部门还可以将气象预报与预警信息发布到区块链上，为农业保险公司抵御气象灾害、提前采取防灾减灾措施提供支撑。在市场风险的分散上，保险公司还可以通过区块链与期货公司进行信任链接，及时将市场价格风险通过期货公司在期货市场上进行对冲。此外，通过区块链技术的应用延伸，农业保险公司还能为农业产业链上下游各个环节提供相应的风险保障。

4. 智能理赔阶段

智能合约就是将保险合同编写成相应的计算机代码，当农业保险风险发生时，就会自动进行保险赔付。借助区块链技术定损理赔，减少了传统农业保险理赔中大量的人力投入，不仅大大地提高了赔付效率，还进一步提高了投保农业经营主体的理赔满意度。同时自动理赔还能有效减少农业保险中的道德风险，降低保险公司的经营成本。

5. 增值服务阶段

由于区块链上信息不可篡改的特性，发布在区块链上的多方信息将更加真实、可靠，特别是农户信息、农户保单信息和农户理赔信息。这样，银行、信贷、担保等金融机构也可以使用区块链技术，通过链上的农户信息和保单信息开展农村信贷征信服务，大大降低金融机构的信贷风险，提升金融服务农业、农村的能力，为解决农业、农村中"贷款难"问题提供重要的技术支撑。当然，其他第三方机构，包括农资、农机、托管等，也可使用区块链技术，为广大农业生产经营主体提供更多的增值服务。

三、区块链在农业保险中应用存在的困境

虽然区块链技术在农业保险发展中有着广阔的应用前景，但由于区块链技术是一项新型科技，其技术手段、法律法规、监管手段都有待建立和完善，目前区块链技术与农业保险融合发展还存在以下困境亟待解决。

（一）区块链法律法规制度缺乏

一方面，区块链技术在近几年才引起广泛关注，相应的法律法规和监管都存在明显的滞后性，当前我国并没有关于区块链技术方面的法律法规，只能在实际应用中参照现有的法律体系，如《侵权责任法》《物权法》《反洗钱法》等处理问题。随着区块链技术与农业保险的融合发展，必然会产生新的法律问题，亟需更新的法律法规。另一方面，要想在农业保险行业中实现区块链技术的大规模应用，必须明确区块链中诸多概念，以完善的法律制度作为保障，如目前智能合约的应用难以大规模推广，原因在于智能合约转化成的计算机编码不被法律条款认可，因此智能合约不具备法律效力。

（二）区块链监管体系相对滞后

目前，我国区块链监管体系尚未建成，监管技术相对区块链技术发展有所滞后。一方面，区块链技术去中心化的特征，将使监管层级向下覆盖到单个的应用终端，而目前的监管技术仅能覆盖到平台，这使得监管难度大幅提升。在监管缺失的情况下，区块链可能会被用于洗钱、金融诈骗、非法集资等违法犯罪活动。另一方面，区块链技术与农业保险的融合发展，将会形成区块链与保险业的跨界监管，可能会导致监管主体的不明确，容易造

成监管的交叉性与复杂性，这也给传统监管带来了巨大的挑战。未来如何将区块链技术置于保险监管框架之内，是迫切需要解决的问题。

（三）区块链行业标准尚未制定

行业的健康发展需要制定明确的行业标准和基本规则，目前区块链没有统一的国际制度标准，区块链国家层面的行业规范标准尚未出台。区块链行业标准的缺失，导致其发展方向、路径和目标不明确，不利于长期发展。如果有缺陷的区块链应用上线，不仅会对农业保险行业自身可信度和安全性造成不良影响，还会对区块链的其他应用造成负面影响。区块链行业标准的制定，能够为区块链技术应用和发展提供必要的规范，也将引导区块链技术应用趋向成熟。

（四）区块链产品设计难度较大

目前，农业保险的区块链技术应用多数处于初级阶段，区块链产品的设计仍然存在较大的难度。一是效率问题，区块链去中心化设计，需要全网所有节点共同验证，随着网络节点的增加，共识速度也会减慢，每次所需要验证的时间也会延长，这将导致区块链运行效率变低。二是存储容量问题，由于共识机制、验证机制的存在，区块链中每一个节点都需要保存区块链的所有交易记录，随着数据信息不断增加，区块链中的存储信息将会与日俱增，这就需要足够强大的储存硬件的支持。

（五）区块链前期研发投入较大

长期来看，区块链技术的应用能够有效提升农业保险公司的经营效率，显著降低经营成本，但其作为一项新兴技术，农业保险公司在前期研发阶段需要投入大量的人力、物力和财力。随着农业保险智能合约在区块链上运行，必将耗费大量的流量、运营和维护成本。目前区块链技术在农业保险中的应用尚处于早期阶段，技术应用类型相对单一，保险公司很难在短期内从中获利。因此，对目前大多数农业保险公司来说，区块链技术前期投入较高，而短期内很难见到成效。

（六）区块链安全问题有待解决

一是数据安全风险。当个体使用密钥访问区块链数据时，就面临着被黑客盗取密钥的漏洞，一旦密钥被盗，那么整个区块链上的信息都将面临被盗风险。二是技术应用风险。区块链的交易规则多是由计算机程序和编码来实现的，由于代码错误、设计不当等，容易产生技术性、操作性风险。例如，智能合约完全使用计算机代码进行编写，使得合约更易产生漏洞，可能引发合约执行错误或失效等。随着区块链技术的大规模开发与应用，安全问题将是区块链亟待解决的问题之一。

四、区块链与农业保险融合发展的建议

（一）完善区块链法律法规，制定相应行业标准

一是从法律法规来看，目前我国区块链技术相关的法律法规尚不够清晰，应借鉴美国等的立法经验，尽快完善区块链相关的法律法规。二是尽快参照国际标准，制定我国的区块链行业标准，为区块链在我国的应用和发展奠定良好基础。在保险行业，建议中国银行保险监督委员会联合农业农村部明确区块链技术在农业保险上的发展方向、实施路径及制度规范。

（二）建立有效监管体系，提升监管水平

首先，区块链技术尚处于监管真空，应尽快将区块链技术纳入已有的信息监管体系，规范区块链技术的发展。其次，随着区块链技术应用的不断深入，有必要成立专门的监管部门，将区块链技术纳入合适的监管框架之内实施全面监管。最后，在未来区块链技术发展中，要做到监管手段与技术发展同步，利用区块链的技术特性进行监管，创新区块链技术的监管模式，在不同的发展阶段有侧重地进行监管，提高监管效率和服务水平。

（三）加大区块链研发投入，增强专业人才储备

一是保险公司应加大研发投入力度，紧跟区块链技术的国际前沿，做好企业内部自身的技术突破。二是保险公司应增加人才储备，企业内部要挑选有基础、条件好的员工，对他们进行区块链技术的短期培训，增强技术应用能力。保险企业还应加强与高校、科研院所的人才交叉培养，可以由保险公司投入部分资金，高校根据企业需求确定区块链的人才培养方案，为保险公司提供专业人才。

（四）注重区块链场景应用，深化与农业保险业务融合

农业保险公司在区块链技术应用的初期阶段，应选取代表性农业主产区，进行区块链技术与农业保险融合发展的前期探索，在此基础上循序渐进地将成功经验向全国推广。同时农业保险公司应大胆运用区块链技术创新农业保险产品，深化区块链技术与保险业务的融合，提升农业保险的覆盖面。

（五）做好区块链专利保护，加强保险企业之间合作

区块链技术在农业保险领域应用形成了一种新型的业务模式，相应的区块链技术也就成为保险技术成果和专利。从保险公司角度来看，研发阶段投了大量的人力、物力和财力，必须及早申请专利和做好知识产权保护。从保险行业层面来看，需要加强保险企业之间的合作，成立专利技术共享联盟，联盟内部可以授权使用彼此的专利技术。在条件合适的时

候，整个农业保险行业可以制定相应的行业技术标准和发展规范，树立区块链技术在农业保险行业的标杆，为各家保险公司应用区块链技术创新农业保险产品提供试验示范场景。

第三节　农业保险的区块链应用案例

一、区块链肉鸭养殖保险案例

（一）背景介绍

2018 年 9 月，全国首个"区块链+"肉鸭养殖保险由安华农业保险公司推出，并在山东省济宁市兖州区完成首次签单。安华农业保险公司工作人员指导养殖户和上游订单企业即济宁市绿源集团在线提交了肉鸭进雏数据并核验了绿源集团出具的养殖户进雏合同，之后保险公司向养殖户发放了区块链肉鸭养殖险首个保单，承保了该养殖户的 14 400 只鸭苗，整个核保出单过程仅耗时十多分钟。

安华农业保险公司为养殖户的该批次肉鸭提供的承保金额为每只 20 元，每只肉鸭需缴纳保费 0.1 元，保险费率为 0.5%，承保期限最长不超过 45 天，自保险肉鸭入栏时起至出栏时止。

安华农业保险公司推出的区块链肉鸭养殖保险对由以下风险造成的保险标的死亡承担赔偿责任：一是暴雨、洪水、雷击、暴风、暴雪；二是爆炸、空中运行物体坠落、因非人为故意造成停电引发的肉鸭养殖相关设备故障；三是因非人为故意造成的惊吓、药物等产生的应激反应；四是疾病和疫病。

在投保肉鸭养殖期间，养殖户通过安华农业保险公司开发的区块链系统实时上传死亡肉鸭数量、死亡肉鸭图片、养殖用料和用药状况等信息。该批次肉鸭到期出栏后，保险公司通过比对验证区块链系统记录的数据，共计核损死亡肉鸭 200 余只，通过区块链智能赔付系统向养殖户赔付保险金 980 元。

（二）应用场景

养殖业保险承保难、勘损理赔难等问题长期阻碍着养殖业保险业务的开展，这些问题在肉鸭养殖行业尤为突出。肉鸭等家禽养殖活体数量多，难以精准计数量化；生长周期短，仅需 42~56 天即可出栏，年出栏批次达 7 次，保险标的因疫病等原因死亡具有持续性，因此保险公司无法及时、准确查勘定损。由于无法对承保标的进行准确计数，保险公司通常以上一年度养殖户累计出栏量为依据，以年度为期限，对养殖场的养殖流量进行承保。养殖户可能因客观或者主观人为因素无法告知准确数量，保险公司同样无法以当年的准确数量为依据进行承保，由此带来的不确定性与模糊性就造成了信息不对称，为农场主不足额投保行为留下了余地。养殖户以低于实际的养殖数量进行投保，而保险公司只能按照名义的标的数量收取保费，以不足额的保费来保障超量的风险，这就导致了保险公司往往面临着超赔的风险。

区块链技术本质上是一种信息储存方式，区块链中各方都可以互相知晓和验证对方信息的真实性，这样就能消除信息不对称问题。而肉鸭养殖保险中的不足额投保和信息不对称问题是由保险公司无法对养殖数量进行准确核算造成的，这是保险公司自身技术原因造成的客观结果。保险公司通过区块链技术的应用，构建了一个公开的、不可篡改的数据验证系统"区块链保险系统"来准确记录养殖场的进雏、用药、防疫、饲料、出栏数据等信息，再将这些数据与养殖户提交的病死标的物数量等数据进行对比，形成数据闭环，来实现对养殖场内标的物的精准承保、精准理赔。区块链技术的应用让保险公司通过区块链数据验证的制度设计颠覆了传统的承保方式，确保了肉鸭承保数量的准确性，从根本上解决了不足额投保的难题。

（三）应用流程

区块链肉鸭养殖保险将承保对象锁定为"公司+养殖户"的订单化养殖模式。在这种订单养殖模式中，由龙头企业发放鸭苗给养殖户，养殖户按照要求进行日常养殖，待肉鸭达到出栏标准后交给与龙头企业合作的屠宰场进行屠宰，最后龙头企业按照合同进行回购，形成经营闭环（如图8-10所示）。

第一，保险公司核实肉鸭养殖户保险投保资格。为了确保区块链肉鸭养殖保险模式的有效应用，保险公司需要在接到投保需求后对投保人进行核保工作，确保投保人符合以下条件：一是投保人必须符合"公司+养殖户"的订单养殖模式；二是上游订单企业的经营管理方式必须是"产-供-销一体化"经营模式，按照"统一进雏、统一用药、统一防疫、统一用料、统一销售"的方式对接养殖户；三是区块链肉鸭养殖保险的参与主体，即养殖户和上游订单企业需要与保险公司签订协议，保证在区块链系统中记录真实的数据。

第二，保险各参与方必须在区块链系统进行日常数据维护。安华农业保险公司开发的基于区块链技术的肉鸭养殖保险业务系统要求参与该商业性养殖保险的保险公司、养殖户、养殖户的上游订单企业各自在该系统上传相关养殖数据。上游订单企业应当首先上传养殖户的进雏数量至区块链系统，保险公司以该数量为依据确定养殖户的投保数量，在肉鸭养殖期间养殖户须每天上传肉鸭死亡数量、饲料用量、免疫接种数量等数据至区块链系统；肉鸭达到出栏标准后，上游订单企业回购养殖户饲养的肉鸭，同时记录肉鸭回购屠宰数量并上传至区块链系统。至此，区块链系统中各方上传的数据形成了完整的数据闭环。

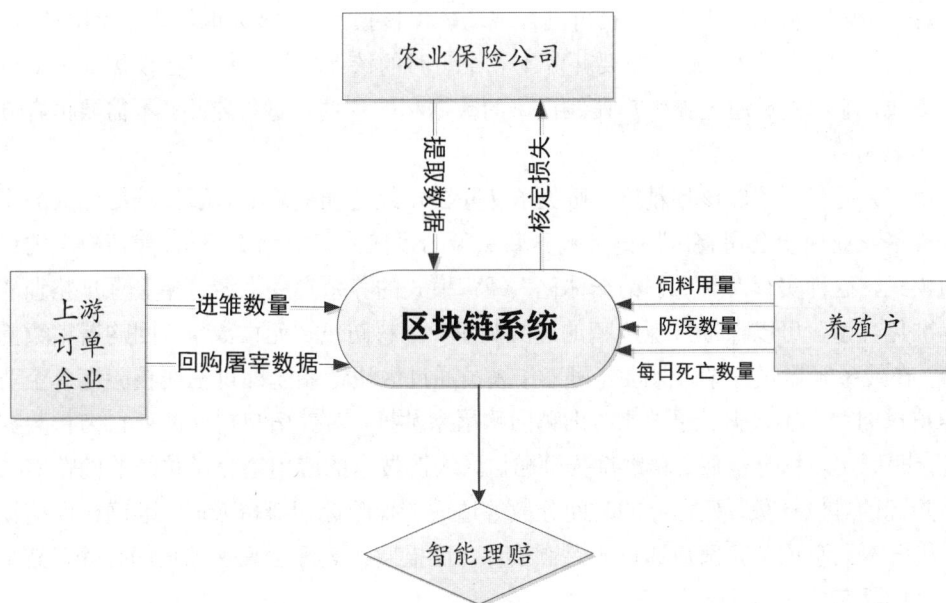

图 8-10　区块链肉鸭养殖保险流程示意图

　　第三，保险公司在保单到期后履行赔偿保险金的义务。在完成上述养殖过程后，保险公司对区块链系统中各方上传数据进行处理，通过多方数据计算、比对、验证获得肉鸭每日实际死亡数量，并以此数据处理结果为赔偿依据。在这个数据闭环中，通过对养殖户的进雏数据和上游订单企业的回购屠宰数据进行比对可以得到承保标的的死亡数量，再通过养殖户每日上传的死亡标的数量和图片，以及免疫接种数量对得到的死亡标的数量进行验证。在保险公司核定应赔责任后，须在 10 日内通过区块链智能合约技术进行赔付，智能合约的设置可以避免保险公司惜赔、拖赔或者拒赔的违规行为，保障投保人的合法权益。

（四）应用成效

　　区块链肉鸭养殖保险是对保险科技应用在农业保险领域的一次大胆创新，利用区块链技术实现了对参保肉鸭的精准承保、精准勘损、快速智能理赔，有效地解决了由信息不对称造成的长期困扰养殖业保险的投保难、勘损理赔难问题，取得了积极成效。

　　第一，为养殖户提供了更高的保障水平，激发了他们的投保积极性。在区块链肉鸭养殖保险业务开展过程中，每只承保肉鸭仅需缴纳保费 0.1 元，即可获得 20 元的保险金额保障，保险费率仅为 0.5%，相较其他农业保险公司开发的肉鸭养殖保险具有较高的价格优势。通过对比其他农业保险公司的同类保险可以发现，农业保险公司通过应用区块链技术降低了经营成本，提高了经营效率，为投保人提供了更高的风险保障水平。养殖户可以以更低的保险费率享受更高的保障金额，投保积极性显著提升。

　　第二，极大地优化了保险公司业务流程，降低了经营成本。通过区块链系统，养殖户和上游订单企业可以在线提交相关的进雏数量、肉鸭死亡数量、饲料和防疫信息、回购屠宰信息,不需要保险公司工作人员再进行现场核保核损工作,极大地优化了保险业务流程,减少了人力、物力投入。原本需要耗费 4~6 个工时的核保核损工作现在仅需要十多分钟就可以完成,工作人员通过养殖户在线提供的数据和图片便可进行定损,不需要再奔赴现场进行实地查验。

第三,提高了核保核损精度,避免了保险公司经营损失。不同于传统的分散的小户养殖,安华农业保险公司将区块链肉鸭养殖保险的投保人限定为"公司+养殖户"的订单式养殖模式,这种实行"产-供-销一体化"经营模式的养殖户受上游订单企业严格监管,实行标准化养殖,可以保证参保肉鸭的进雏数量、用料防疫、死亡数量、回购屠宰数量真实可查。在业务开展过程中,保险公司工作人员通过区块链系统即可在线核验订单企业提供的养殖户肉鸭进雏数据,通过比对肉鸭回购屠宰数据,对养殖户提交的死亡肉鸭数据进行验证,即可实现精准承保、精准勘损理赔。区块链技术的应用避免了传统的肉鸭养殖保险因保险标的难以计数、死亡标的时间分散等造成的保险公司难以及时、准确核保核损的困境,从根本上避免了养殖户通过不足额投保、谎报欺诈等理由骗保骗赔的行为,减少了保险公司的经营损失。

(五)存在不足

第一,保险公司与养殖户、上游订单企业之间存在信任成本问题。区块链技术虽然通过产品设计改善了保险公司与投保人之间的信息不对称现状,避免了投保人不足额投保和骗保骗赔等欺诈行为的发生,但是区块链技术无法解决保险公司、投保人及涉及的上游订单企业三方之间的信任问题。在实际业务开展过程中,保险公司必须通过一系列制度设计来确保投保人和上游订单企业提供的信息、数据真实有效。首先,在承保之前保险公司会同其他两方签订保险合作协议,以协议的形式约束投保人和上游订单企业,使其提供真实数据。其次,区块链系统自身形成的数据闭环可以起到检验数据真实性的作用。最后,保险公司还会不定期对养殖户提交的死亡肉鸭进行实地核验,以监督投保人如实提交数据。

第二,区块链肉鸭养殖保险推广存在规模问题。现阶段,区块链肉鸭养殖保险仍然处于试验阶段,没有进行大规模的应用推广,主要是因为产品在设计上设置了较高的门槛和资格限制。保险公司要求投保人必须是"公司+养殖户"的订单养殖模式,并且按照"产-供-销一体化"的模式进行经营管理。苛刻的参保条件可以筛选出低风险的投保人,这为区块链肉鸭养殖保险的低费率提供了必要条件,但是这也意味着这类保险产品无法面向中小规模养殖者,无法为中小规模养殖者提供风险保障。较高的门槛和资格限制使区块链肉鸭养殖保险产品的推广规模受到限制。

第三,农民对区块链肉鸭养殖保险存在接受程度问题。农民对农业保险的认知程度较低,对区块链肉鸭养殖保险这种科技类农业保险的接受程度则更低。一方面,农民对科技类农业保险的认知薄弱,容易因不了解产生抗拒心理;另一方面,农民对区块链系统的操作存在障碍。养殖户在投保时需接受工作人员的技术指导学习区块链系统的日常数据维护,但是这对养殖户来说无疑会有一定的操作难度。在日常上传肉鸭死亡数量和照片等信息的时候，存在数据上传迟滞、图片中死亡肉鸭堆放无法验证数量的问题。

第四，区块链存在技术风险问题。现阶段，区块链技术不仅仅在农业保险领域发挥了重要的作用，在其他金融行业及更广阔的范围内都进行了积极的实践应用。区块链技术应用的发展已经远远超出区块链技术标准制定的速度，这必将导致不同公司、不同行业间的不同区块链系统的技术标准迥异，各系统的适用性和准入性将会受到极大挑战，最终使数据无法共享利用。同时区块链技术的应用还面临着交易速率的限制，现阶段通过区块链可以达到每秒处理 3 笔交易记录的交易效率，而交易结算中最常用到的银联则可以达到每秒处理 1000 笔的交易速率。当区块链技术的应用在保险行业达到一定规模后，较低的交易速率可能会限制其发展。

二、区块链鸡蛋价格保险案例

（一）背景介绍

我国是蛋鸡养殖和鸡蛋消费大国，蛋鸡产业规模每年高达 4700 亿元，鸡蛋产量全球占比 40%，连续多年实现世界排名第一。一方面，蛋鸡养殖户作为生产者，关注饲养管理水平的提高；另一方面，他们作为经营决策者，关注市场行情变化，由此获得合理生产利润的预期心理较高。2017 年上半年鸡蛋价格最低一度跌至 1.6 元/斤且在底部维持数月，面对鸡蛋价格远低于成本的不利行情，养殖户深切期盼拥有鸡蛋价格风险保障。

保险公司独立经营农业价格保险，面临价格巨灾风险问题，风险难以运用大数法则在空间上予以分散。"保险+期货"借助期货市场的价格发现和风险对冲功能，建立有效、创新性风险分散机制，实现政府、农户、保险主体、期货公司共赢的农业风险管理模式。各机构积极响应号召，仅三大商品期货交易所 2017 年发起并支持的"保险+期货"项目资金就达到了约 1.2 亿元，支持的深度和广度空前。2018 年中央一号文件进一步指出"稳步扩大'保险+期货'试点，探索'订单农业+保险+期货（权）'试点"。

2018 年，华农财产保险股份有限公司（以下简称"华农保险"）以改造后的鸡蛋价格"保险+期货"产品为载体、以区块链技术为纽带、以互联网金融公司和养殖服务企业为推动，综合发挥多种金融工具在促进产业发展方面的作用，建立了金融支农的综合服务体系。该创新模式得到了农业农村部的高度肯定，成功入选了"农业农村部 2018 年度金融支农服务创新试点"项目。

当鸡蛋的实际价格低于预期价格时，保险公司对参保养殖户予以赔偿，赔付金额为预期价格与实际价格的差额。蛋鸡养殖户投保华农保险区块链鸡蛋价格保险要满足以下条件：符合当地蛋鸡养殖规划要求；养殖蛋鸡品种在当地饲养 2 年（含）以上；投保时存栏数量达 1 万只（含）以上；账册齐备，能够提供规范的养殖档案或饲养记录；投保后，被保险人须持续饲养蛋鸡 5 个月（含）以上，且蛋鸡生长和管理正常。华农保险区块链鸡蛋价格保险的实际价格和预期价格根据理赔时和投保时相应鸡蛋期货合约的平均结算价确定。

该试点项目承保鸡蛋 1325 万公斤，为蛋鸡养殖户提供 9099 万元价格风险保障，支付赔款 470 万元，受益农户 56 户次，得到了养殖户的认可，取得了良好的效果。

（二）服务体系

华农保险鸡蛋价格保险项目是一个建立在互联网和区块链上的创新服务体系，它通过互联网与区块链技术连接多个参与主体进行协作推进，具体主体包括江苏省农业农村工作委员会（以下简称"江苏省农委"）、华农保险、保险产品技术支撑单位、蛋鸡养殖经营主体、互联网销售平台、期货公司、互联网金融服务公司、养殖技术服务公司等，具体如图 8-11 所示。

华农保险是整个服务体系的构建者与服务者，联合保险产品技术支持单位（中国农科院农业信息研究所）设计基于期货的鸡蛋价格保险产品，筹划基于互联网与区块链鸡蛋价格保险服务平台（以下简称"服务平台"）的研发与运营，通过平台发布保险产品并通过互联网承保与理赔。

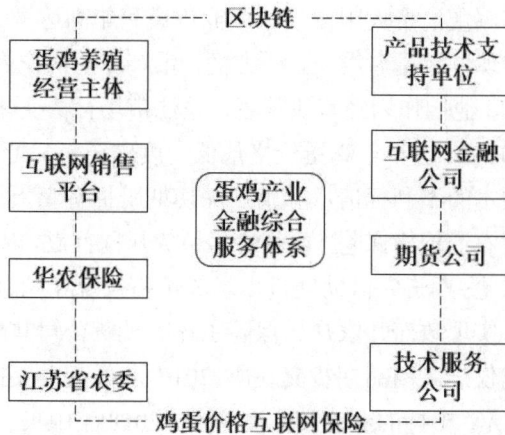

图 8-11 区块链华农鸡蛋价格保险的服务体系

作为金融支农服务创新试点项目，江苏省农委对该保险产品的实施提供了大力支持，向省内的蛋鸡养殖经营主体宣传并推广该产品，并通过服务平台上各项数据监督项目的运行情况。

保险产品技术支持单位（中国农科院农业信息研究所）为产品设计及动态费率计算与发布提供重要的技术支撑。在产品前期，该单位为华农保险设计鸡蛋价格期货保险产品。在产品实施阶段，该单位定期（每月）为保险产品精算动态费率和期货价格后，形成新一期的产品方案，并在服务平台上发布。

华农保险通过互联网进行鸡蛋价格保险的销售。蛋鸡养殖企业可以通过微信进行鸡蛋价格保险的自助投保，同时可享受服务平台带来的金融支持和技术支持（如图 8-12 和图 8-13 所示）；而鸡蛋的互联网销售平台则可以通过互联网连接服务平台，并直接在互联网销售平台上购买鸡蛋价格保险产品。

保险公司可以与多家期货公司在服务平台上进行鸡蛋价格产品期货对冲方案询价。期货公司在看到保险产品方案后可在平台上发布期货对冲方案报价，华农保险可选择一家或多家下单进行对冲（如图 8-14 所示）。

在保单期满后，服务平台将利用区块链智能合约自动对各保单进行保险赔付计算和期货赔付计算，并将赔付结果通过互联网通知被保险人和期货公司。在确定理赔后，服务平台将通过互联网对被保险人进行快速赔付，期货公司则可以在服务平台上进行收益结算（如图 8-15 所示）。

为满足蛋鸡养殖企业在金融贷款和养殖技术方面的需求，服务平台还提供了金融与技术增值服务。互联网金融机构可以进入服务平台，利用平台上保单的增信功能为农户提供无担保、无抵押的信贷服务；技术服务公司也可以进入服务平台，利用其产品与技术服务能力，提升养殖户的养殖水平。

在整个服务体系中，区块链技术得到了深度运用。一是区块链链接了参与各方主体，各方可以实时获取真实数据，提高协作效率；二是利用区块链具有分布式账本信息不可篡改的特性，提升参与主体之间的互信；三是通过区块链智能合约实现自动化理赔，为农户提供公开、透明、便捷的保障服务；四是互联网保险也让鸡蛋价格保险承保与理赔的效率更高、成本更低、体验更优。

图 8-12　鸡蛋价格保险的互联网投保

图 8-13　产品技术支持单位的鸡蛋产品（保障价格、纯费率和期权执行价格）发布

图 8-14　期货公司的询价方案（权利金阶梯表）发布

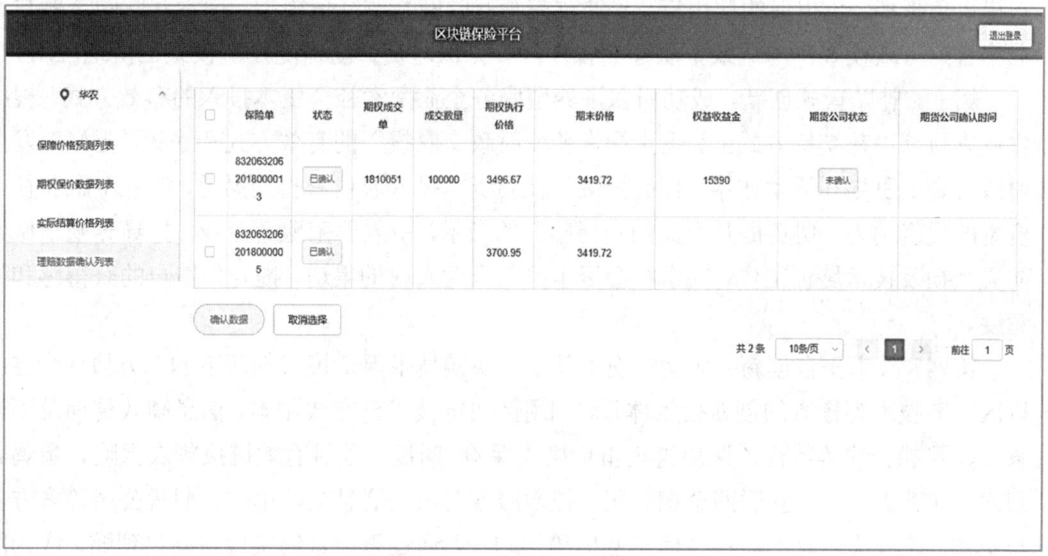

图 8-15　保险公司对理赔数据的确认

（三）应用成效

作为农业农村部金融支农服务创新试点，华农保险区块链鸡蛋价格"保险+期货"取得了如下四方面的创新成效。

第一，保险模式创新，推动了"保险+期货"由期货市场优先向保险市场优先转变。此前的"保险+期货"试点通常以期货公司设计的以期货动态对冲支持型场外期权为基础，由保险公司批发购入后，拆分成适合农户规模的价格保险零售给农户。这种期货市场优先模式尽管拉近了普通农户与期货市场的距离，克服了传统期货市场门槛过高的问题，但也带来了一些新的问题。其中最为突出的一个问题就是保险所对标并提供保障的价格与实际的交割价格相关性低，未能为农户提供充分的价格风险保护。

出现这一问题的主要原因在于期货公司为了最大化实现动态对冲的有效性和经济性，通常选择采用流动性最好、成交最为活跃的主力合约进行对冲交易。相应的，由此开发出的"保险+期货"模式下的价格保险产品对标的也是主力合约价格。但由于期货市场中主力合约往往会在合约到期交割前发生轮替，这就导致以期货市场优先的"保险+期货"与农户所需的保护交割价格甚至是当地现货价格的风险管理需求产生较大偏离。

华农保险区块链鸡蛋价格"保险+期货"项目，采取保险市场优先的理念，以保险到期时鸡蛋现货价格作为对标价格，优先满足保险端参保农户的价格风险管理需求。期货端以每个保险保障期限到期时交割的期货合约的期货价格作为对标价格，能有效减小对标价格与参保农户在保险期限到期时出售鸡蛋的现货价格间的基差风险。基差风险由保险公司承担，期货对冲风险由期货公司承担。

第二，信贷模式创新，"保险+信贷"探索解决农村金融难题。利用保单增信，为农户提供免抵押、免担保的信用贷款；通过完善互联网金融征信模型，探索互联网金融与产业结合的有效模式；与蚂蚁金服建立合作，"见保即贷、随借随还"模式已落地应用。

第三，补贴模式创新，成功引入了养殖服务企业探索社会资本投入的有效方式。根据农业农村部"在支持方式上，重点探索转变财政支农投入的有效方式和途径，更好地发挥财政资金的引导和撬动作用，打通金融和社会资本投入农业农村的渠道，增强金融和社会资本的投资动力，切实提升农民的获得感"的指示，引入养殖服务企业，指导养殖户做好防灾减损及技术培训工作，探索社会资本投入农业农村的渠道，提升养殖户的获得感和满意度。

第四，技术平台创新，成功实现了基于区块链技术保障模式创新下的多方协作。借助以区块链技术为核心的创新技术体系，利用区块链技术分布式账本、信息高效传递及不可篡改、智能合约等特性，区块链鸡蛋价格"保险+期货"项目有效链接华农保险、蛋鸡养殖户、江苏省农委、互联网金融公司、技术服务公司、信息支持单位、期货公司等多方参与主体，能解决信息不对称及信息互信等问题，并通过智能合约实现自动化理赔，成为区块链技术应用于农业保险领域的一个典型案例。

（四）案例总结

华农保险区块链鸡蛋价格"保险+期货"项目是一个颇具代表性的区块链技术综合应用案例。从农业保险的角度分析，该案例中对保险模式的创新对农业保险的影响最为显著，推动了"保险+期货"由期货市场优先向保险市场优先转变，而正是区块链技术的深度应用让案例中的多种模式创新得以实现。如果离开区块链技术所带来的互信与透明的信息共享与协作方式，区块链鸡蛋价格"保险+期货"项目中这种需要承担一定的基差风险的非传统意义上的"保险+期货"模式将给华农保险带来不可控的风险敞口。

从另一个角度来看，正是因为华农保险区块链鸡蛋价格"保险+期货"项目将区块链技术融入项目设计，才促使项目设计者可以创新出具有示范意义的农业保险模式。与其他农业保险科技一样，本项目对于提升农业保险从业人员，特别是农业保险产品设计人员，对区块链技术的了解，充分发挥区块链技术的优势，激发农业保险创新具有积极意义。

参考文献

[1] 陈强. 现代信息技术应用与我国劳动力需求结构研究[D]. 湖南大学，2019.

[2] 姚庆海，许闲，江崇光. 中国保险科技发展报告[M]. 北京：科学出版社，2018.

[3] 许闲. 保险科技创新运用与商业模式[M]. 北京：中国金融出版社，2018.

[4] 任柏桐. 保险科技创新的路径选择研究[D]. 西南财经大学，2018.

[5] 张立新. 保险科技在我国保险行业应用研究[D]. 对外经贸大学，2020.

[6] 周雷，蔡佩瑶，刘婧. 我国保险科技发展现状、问题与对策——基于保险科技赋能高质量发展视角[J]. 苏州市职业大学学报，2020，31（02）：41-48.

[7] 农业农村部农村经济研究中心，清华大学金融科技研究院，清华大学五道口金融学院中国保险与养老金研究中心，中国平安财产保险股份有限公司. 科技助力农险高质量发展白皮书（2022）[R]. 2022.

[8] 李舒，赵思健，张峭. 智慧农险——农业保险信息化发展的展望[J]. 江苏农业科学，2016，44（1）：7-12.

[9] 赵思健，张峭，陈敬敏. 大数据视角下的农业保险创新与提升[J]. 保险理论与实践，2017，（12）：22-42.

[10] 赵思健，张峭. 科技助推农业保险高质量发展研究[J]. 保险理论与实践，2020（8）：7-19.

[11] 张峭，赵思健. 中国农业保险科技发展意义、挑战及建议[J]. 科技中国，2022（3）：45-49.

[12] 张峭，赵思健. 中国农业保险科技应用的进展与成效[J]. 科技中国，2022（2）：43-47.

[13] 张志鹏. 保险科技在农业保险领域的应用研究[D].山东农业大学，2020.

[14] 张志鹏，陈盛伟.保险科技在农业保险领域的发展现状与应用前景分析[J].对外经贸，2020（05）：107-110.

[15] 李笑晨. 保险科技驱动我国智慧农险体系构建研究[D].广西大学，2020.

[16] Snijders, C., Matzat, U., Reips, U.-D. "Big Data": Big gaps of knowledge in the field of Internet[J]. International Journal of Internet Science, 2012, 7: 1-5

[17] Kitchin, Rob, McArdle, Gavin. What makes Big Data, Big Data? Exploring the ontological characteristics of 26 datasets[J]. Big Data & Society, 2016, 3 (1): 20539517 1663113.

[18] 维克托·迈尔-舍恩伯格，肯尼斯·库克耶.大数据时代：生活、工作与思维的大变革[M]. 周涛，译. 杭州：浙江人民出版社，2013.

[19] 康宪芝，陈静，滕岳，等. 探究物联网核心技术在现代农业领域的应用[J]. 农业与技术，2022，42（17）：38-41.

[20] 潘胜莲. 大数据时代背景下农业保险发展的新路径[J]. 决策咨询，2016（03）：86-88；93.

[21] 王文生，郭雷风. 农业大数据及其应用展望[J]. 江苏农业科学，2015（09）.

[22] 吴学明，何小伟，刘怡鑫. 我国农业保险科技创新的方向与路径[J]. 金融纵横，2022（07）：80-86.

[23] 张普宁，吴大鹏，舒毅，等. 移动互联网关键技术与应用（第 2 版）[M]. 北京：电子工业出版社，2019.

[24] 崔勇，张鹏，吴建平. 移动互联网原理、技术与应用（第 2 版）[M]. 北京：机械工业出版社，2018.

[25] 苏迪. 保险移动技术应用及发展前景探讨[J]. 福建金融，2018（02）：61-65.

[26] 聂润桓. 互联网推进农业保险模式转型升级的路径及支持政策研究[D]. 华中师范大学，2018.

[27] 李景昱. 国寿财险移动展业平台应用研究[D]. 郑州大学，2017.

[28] 李刚. 中国移动互联网保险发展探讨[D]. 广西大学，2015.

[29] 沙兴濛. 移动互联网环境下保险发展问题研究[J]. 科技经济市场，2016（05）：177-178.

[30] 张康聪. 地理信息系统导论（第 9 版）[M]. 陈健飞，胡嘉骢，陈颖彪，译. 北京：科学出版社，2019.

[31] 陈述彭. 地理信息科学[M]. 北京：高等教育出版社，2007.

[32] 刘明皓. 地理信息系统导论[M].重庆：重庆大学出版社，2009.

[33] 范文义，李明泽，毛学刚，等. "3S" 理论与技术[M]. 哈尔滨：东北林业大学出版社，2016.

[34] 赵英时，等. 遥感应用分析原理与方法（第 2 版）[M]. 北京：科学出版社，2013.

[35] 常允艳. 土木工程测量[M]. 成都：西南交通大学出版社，2012.

[36] 刘基余.GPS 卫星导航定位原理与方法（第 2 版）[M]. 北京：科学出版社，2008.

[37] 李征航，黄劲松. GPS 测量与数据处理（第 3 版）[M]. 武汉：武汉大学出版社，2016.

[38] 冯学智，王结臣，周卫，等. "3S" 技术与集成[M]. 北京：商务印书馆，2016.

[39] 陈新义. 北斗卫星导航系统在海警舰艇中的应用[J]. 船舶物资与市场，2021（4）：67-68.

[40] 周定银，杨占东，钟佩. 3S 技术在第二次土地调查中的应用[J]. 地理空间信息，2009，7（S1）：30-32.

[41] 仇大海.3S 技术在第二次全国土地调查中的应用[D]. 中国地质大学（北京），2008.

[42] 谢明军. 土地调查中 3S 技术的应用探讨[J]. 华北自然资源，2020（06）：100-102.

[43] 沈芳，程东，黄润秋，等.3S 技术在国土资源调查、环境保护及地质灾害评价与预测中的应用展望[J]. 成都理工学院学报， 2000（S1）：235-238.

[44] 廖粤祁，杜娟. 论信息技术在环境保护中的应用[J]. 大众科技， 2014，16（03）：62-64.

[45] 吴文斌，胡琼，宋茜，等. 农业土地系统遥感制图[M]. 北京：科学出版社，2020.

[46] 张伏，王俊，邱兆美，等. 一本书明白 3S 农业实用技术[M].郑州：中原农民出版社，2019.

[47] 王路. 我国种植业保险精准理赔问题研究[D]. 辽宁大学，2021.

[48] 孙华. 浅谈 3S 技术在农业保险中的应用[J]. 农业与技术，2018，38（15）：59-61.

[49] 葛瑞华. 农业保险中信息技术的应用现状与问题研究[D]. 成都理工大学，2014.

[50] 姚雪，程立君，尚红英，等. 基于"3S+ABC"技术的智慧农业保险系统设计与应用研究[J]. 保险职业学院学报，2020，34（05）：53-62.

[51] 连文威，付强，程立君，等. 农村土地承包经营权确权在智慧农业保险中的应用探讨[J]. 中国保险，2020（09）：49-55.

[52] 冯文丽，郑昊宇. 遥感技术在农业保险领域中的应用分析[J]. 农村金融研究，2021（07）：3-8.

[53] 刘忠友.遥感技术在农业领域中的应用分析[J]. 现代农机，2022（01）：58-59.

[54] 郭清，何飞. 应用遥感技术的农业保险业务模式创新[C]//北京大学中国保险与社会保障研究中心（CCISSR）. 全面深化改革：战略思考与路径选择——北大赛瑟（CCISSR）论坛文集（2014）. 2014：453-465.

[55] 刘振功. 基于遥感技术的农业保险业务模式创新研究[D]. 山东大学，2016.

[56] 于烨堃，王京虹. "3S"技术在黑龙江省农业保险中的应用现状及建议——以阳光农业相互保险公司为例[J]. 中国市场，2019（35）：22-25.

[57] 陈洪萍，韩涛，段应元，等. 森林保险灾害定损遥感应用探析[J]. 保险理论与实践，2017（03）：41-47.

[58] 陈爱莲， 赵思健，朱玉霞，等. 遥感技术在种植收入保险中的应用场景及研究进展[J]. 智慧农业（中英文），2022，4（01）：57-70.

[59] 陈爱莲，李家裕，张圣军，等. 卫星遥感估产技术在大豆区域收入保险中的应用[J]. 智慧农业（中英文），2020，2（03）：139-152.

[60] 曾玉珍，穆月英. 农业风险分类及风险管理工具适用性分析[J].经济经纬,2011(02)：128-132.

[61] 张峭，王克，张希. 农作物灾损风险的评估方法研究[J]. 上海农业学报，2010，26：22-26.

[62] 王克，张峭. 农业生产风险评估方法的评述及展望[J]. 农业展望，2013：38-43.

［63］赵思健,张峭,王克. 农业生产风险评估方法评述与比较［J］. 灾害学,2015,30（03）:131-139.

［64］邢鹂. 中国种植业生产风险与政策性农业保险研究［D］. 南京农业大学,2004.

［65］张峭,徐磊. 中国农业风险管理体系：一个框架性设计［J］. 农业展望,2007,7: 3-5.

［66］张峭,王克. 农业自然灾害风险管理工具创新研究［C］//中国灾害防御协会风险分析专委会年会,中国农学会,2008.

［67］张蕾,张峭,董启. 创新风险管理应对农业灾害［N］. 农民日报,2009-09-02（003）.

［68］张峭,等. 中国农作物生产风险评估及区划理论与实践［M］. 北京：中国农业科学技术出版社,2013.

［69］张峭,等. 中国农业风险综合管理［M］. 北京：中国农业科学技术出版社,2015.

［70］Bates, P.D., De, Roo, A.P.J. A simple raster-based model for flood inundation simulation［J］. Journal of Hydrology, 2000, 236(1-2): 54-77.

［71］Horritt, M., Bates, P. Predicting floodplain inundation: raster-based modeling versus the finite element approach［J］. Hydrological Processes, 2001, 15(5): 825-842.

［72］Horritt, M., Bates, P. Evaluation of 1D and 2D numerical models for predicting river flood inundation［J］. Journal of Hydrology,2002, 268: 87-99.

［73］Batts, M. E., Simiu, E., Russell, L. R. Hurricane wind speeds in the United States［J］. Journal of the Structural Division, 1980, 106(10): 2001-2016.

［74］Shapiro, L. J. The asymmetric boundary layer flow under a translating hurricane［J］. Journal of the Atmospheric Sciences, 1983, 40(8): 1984-1998.

［75］Georgiou, P. N. Design wind speeds in tropical cyclone-prone regions［M］. London: The University of Western Ontario, 1985.

［76］Chow, S. A study of the wind field in the planetary boundary layer of a moving tropical cyclone［M］. New York: New York University, 1971.

［77］Thompson, E. F., Cardone, V. J. Practical modeling of hurricane surface wind fields［J］. Journal of Waterway, Port, Coastal and Ocean Engineering, 1996, 122(4): 195-205.

［78］Vickery, P. J., Twisdale, L. A. Wind-field and filling models for hurricane wind-speed predictions［J］. Journal of Structural Engineering, 1995, 121(11): 1700-1709.

［79］Vickery, P. J., Skerlj, P. F., Steckley, A. C., et al. Hurricane wind field model for use in hurricane simulations［J］. Journal of Structural Engineering, 2000, 126(10): 1203-1221.

［80］周成虎,骆剑承,杨晓梅,等. 遥感影像地学理解与分析［M］. 北京：科学出版社,1999.

［81］汪金花,张永彬,孔改红. 谱间关系法在水体特征提取中的应用［J］. 矿山测量,2004（4）: 30-32.

［82］李科, 王毅勇. 改进 TM 图像水体自动提取模型的研究［J］. 水资源与水工程学报,

2007，18（6）：20-22.

[83] Mcfeeters, S.K. The use of the Normalized Difference Water Index (NDWI)in the delineation of open water features[J]. International Journal of Remote Sensing, 1996, 17 (7): 1425-1432.

[84] Xu H. Modification of Normalised Difference Water Index (NDWI)to enhance open water features in remotely sensedimagery[J]. International Journal of Remote Sensing, 2006, 27 (14): 3025-3033.

[85] 邓劲松，王珂，李君，等. 决策树方法从 SPOT-5 卫星影像中自动提取水体信息研究[J]. 浙江大学学报（农业与生命科学版），2005，31（2）：171-174.

[86] 毛先成，熊靓辉，高岛勋. 基于 MOS-1b/MESSR 的洪灾遥感监测[J]. 遥感技术与应用，2007，22（6）：685-689.

[87] Gonzalez-alonse, F., Cuevas, J., Calle, A., et a1. Spanish vegetation monitoring during the period 1987-2001 using NOAA-AVHRR images[J]. International Journal of Remote Sensing, 2004, 25(1):3-6.

[88] 陈乾. 用植被指数监测干旱并估算冬麦产量[J]. 遥感技术与应用，1994，9（3）：12-18.

[89] 张军涛，李哲，郑度.东北农牧交错区水分条件及其对植被分布的影响[J]. 地理科学，2001，21（4）：297-300.

[90] 郭铌，管晓丹.植被状况指数的改进及在西北干旱监测中的应用[J]. 地球科学进展，2007，22（11）：1160-1168.

[91] 管晓丹，郭铌，黄建平，等. 植被状态指数监测西北干旱的适用性分析[J]. 高原气象，2008，27（5）：1046-1053.

[92] 姬菊枝，安晓存，魏松林. 利用卫星遥感技术进行干旱监测[J]. 自然灾害学报，2005，14（3）：61-65.

[93] 李星敏，刘安麟，张树誉，等.热惯量法在干旱遥感监测中的应用研究[J]. 干旱地区农业研究，2005，23（1）：54-59.

[94] 纪瑞鹏，班显秀，冯锐，等. 应用 NOAA/AVHRR 资料监测土壤水分和干旱面积[J]. 防灾减灾工程学报，2005，25（2）：157-161.

[95] 高峰，王介民，孙成权，等. 微波遥感土壤湿度研究进展[J]. 遥感技术与应用，2001，16（2）：97-102.

[96] 李震，郭华东，施建成. 综合主动和被动微波遥感数据监测土壤水分变化[J]. 遥感学报，2002，6（6）：481-483.

[97] Nelson, C. H., Preckel, P. V. The conditional beta distribution as a stochastic production function[J]. American Journal of Agricultural Economics, 1989, 71: 370-378.

[98] Tirupattur, V., Hauser, R. J., Chaherli, N. M. Crop Yield and Price Distributional Effects on Revenue Hedging[J]. Office of Futures and Options Research, 1996: 1-17.

［99］ 吴利红,娄伟平,姚益平,等. 水稻农业气象指数保险产品设计——以浙江省为例［J］. 中国农业科学, 2010, 43（23）: 4942-4950.

［100］ Gallagher, P. U.S. Soybean yields: Estimation and forecasting with nonsymmetric disturbances[J]. American Journal of Agricultural Economics, 1987, 69: 796-803.

［101］ Moss, C. B., Shonkwiler, J. S. Estimating yield distributions with a stochastic trend and nonnormalerrors[J]. American Journal of Agricultural Economics, 1993, 75: 1056-1072.

［102］ Sherrick, B. J., Zanini, F. C., Schnitkey, G. D., et al. Crop insurancevaluation under alternative yield distributions[J]. American Journal of Agricultural Economics, 2004, 86: 406-419.

［103］ 娄伟平, 吴利红, 陈华江, 等. 柑橘气象指数保险合同费率厘定分析及设计［J］. 中国农业科学, 2010, 43（9）: 1904-1911.

［104］ Turvey, C., Zhao, J. H. Parametric and nonparametric crop yield distributions and their effects on all-risk crop insurance premiums[D]. University of Guelph, Ontario, 1999.

［105］ Ker, A. P., Goodwin, B. K. Nonparametric estimation of crop insurance rates revisited[J]. American Journal of Agricultural Economics, 2000, 83: 463-478.

［106］ Goodwin, B. K., Ker, A. P. Nonparametric estimation of crop-yield distributions: implications for rating group-risk crop insurance contracts[J]. American Journal of Agricultural Economics, 1998, 80: 139-153.

［107］ Ozaki, V. A., Goodwin, B. K, Shirota, R. Parametric and nonparametric statistical modeling of crop yield: implications for pricing crop insurance contracts[J]. Applied Economics, 2008, 40: 1151-1164.

［108］ 徐磊, 张峭. 中国农业巨灾风险评估方法研究［J］. 中国农业科学, 2011, 44（9）: 1945-1952.

［109］ Bruce, J. Sherrick, Fabio, C. Zanini, Gary, D. Schnitkey, et al. Crop Insurance Valuation Under Alternative Yield Distributions[J]. American Journal of Agricultural Economics, 2004, 86(2): 406-419.

［110］ 方伟华, 王静爱, 史培军, 等. 综合风险防范——数据库、风险地图与网络平台［M］. 北京: 科学出版社, 2010.

［111］ 姚庆海, 李宁, 刘玉峰, 等. 综合风险防范——标准、模型与应用［M］. 北京:科学出版社, 2010.

［112］ 李京, 陈云浩, 唐宏, 等. 自然灾害灾情评估模型与方法体系［M］. 北京:科学出版社, 2012.

［113］ 程仕标. 灾害风险评估模型在保险风险管理中的作用［J］. 上海保险, 1998（7）: 39-41.

［114］ R 语言. https://baike.baidu.com/item/R%E8%AF%AD%E8%A8%80/4090790?fr= Aladdin.

[115] Python 语言. https://baike.baidu.com/item/Python/407313?fromModule=lemma_search-box.

[116] MATLAB. https://baike.baidu.com/item/MATLAB/263035?fr=aladdin.

[117] 王卫，赵思健，聂谦. 农业气象指数保险服务系统的设计与实现[J]. 农业展望，2022，18（03）：80-87.

[118] 许佳炜，胡众义，张笑钦. 人工智能导论[M]. 北京:清华大学出版社，2021.

[119] 李云红. 人工智能导论[M]. 北京:北京大学出版社，2021.

[120] 蔡恒进. 论智能的起源、进化与未来[J]. 人民论坛·学术前沿，2017（20）：24-31.

[121] 莫宏伟. 强人工智能与弱人工智能的伦理问题思考[J]. 科学与社会，2018，8（01）：14-24.

[122] 蔡曙山，薛小迪. 人工智能与人类智能——从认知科学五个层级的理论看人机大战[J]. 北京大学学报（哲学社会科学版），2016，53（04）：145-154.

[123] 刘智慧，张泉灵. 大数据技术研究综述[J]. 浙江大学学报（工学版），2014，48（06）：957-972.

[124] 王万良，张兆娟，高楠，等. 基于人工智能技术的大数据分析方法研究进展[J]. 计算机集成制造系统，2019，25（03）：529-547.

[125] 郭毅可. 论人工智能历史、现状与未来发展战略[J]. 人民论坛·学术前沿，2021（23）：41-53.

[126] 何清，李宁，罗文娟，等. 大数据下的机器学习算法综述[J]. 模式识别与人工智能，2014，27（04）：327-336.

[127] 杨剑锋，乔佩蕊，李永梅，等. 机器学习分类问题及算法研究综述[J]. 统计与决策，2019，35（06）：36-40.

[128] 余凯，贾磊，陈雨强，等. 深度学习的昨天、今天和明天[J]. 计算机研究与发展，2013，50（09）：1799-1804.

[129] 黄恒琪，于娟，廖晓，等. 知识图谱研究综述[J]. 计算机系统应用，2019，28（06）：1-12.

[130] 奚雪峰，周国栋. 面向自然语言处理的深度学习研究[J]. 自动化学报，2016，42（10）：1445-1465.

[131] 董士海. 人机交互的进展及面临的挑战[J]. 计算机辅助设计与图形学学报，2004（01）：1-13.

[132] 卢宏涛，张秦川. 深度卷积神经网络在计算机视觉中的应用研究综述[J]. 数据采集与处理，2016，31（01）：1-17.

[133] 郑方，艾斯卡尔·肉孜，王仁宇，等. 生物特征识别技术综述[J]. 信息安全研究，2016，2（01）：12-26.

[134] 周忠，周颐，肖江剑. 虚拟现实增强技术综述[J]. 中国科学：信息科学，2015，45（02）：157-180.

［135］冯舒杰，王赛，朱海波，等. 人工智能背景下农业保险机制创新研究［J］. 保险职业学院学报，2019，33（02）：68-70.

［136］胡芳，何逍遥. 人工智能赋能农业保险公司数字化经营研究［J］. 金融理论与实践，2022（04）：99-108.

［137］李刚. 人工智能时代智慧农业保险的发展路径研究［J］. 求知导刊，2019（9）：147-148.

［138］郑军，冯舒杰. 人工智能与农业保险创新发展研究［J］. 青岛农业大学学报（社会科学版），2018，30（3）：20-27.

［139］张瀚樱. 人工智能赋能农业保险公司数字化经营研究［J］. 传奇故事，2023（4）：123-125.

［140］郑昊宇. 河北省农业保险科技发展调查报告［D］. 河北经贸大学，2022.

［141］游学杭，马钦，郭浩，等. 奶牛身份识别和行为感知技术分析与展望［J］. 计算机应用，2021，41（S1）：216-224.

［142］孙爽，李晓会，刘妍，等 . 不同场景的联邦学习安全与隐私保护研究综述［J］. 计算机应用研究，2021，38（12）：3527-3534.

［143］王志丰. 人工智能人才培养探索与思考:基于国内 7 所高校培养方案的分析［J］. 中国高校科技，2021（4）：67-71.

［144］Neil, G. When things start to think[M]. NewYork: Henry Holt, 1999.

［145］ITU Strategy and Policy Unit(SPU). ITU internet reports 2005: The internet of things[R]. International Telecommunication Union (ITU), 2005.

［146］Buckley J. From RFID to the Internet of Things-Pervasive networked systems[R]. European Commission,DG Information Society and Media,Networks and Communication Technologies Directorate, 2006.

［147］Ono R., Aokik. Convergence and new regulation frameworks: A comparative study of regulatory approaches to internet telephone[J]. Telecommunication Policy, 1998, 22(10): 817-838.

［148］Pereiram. EU Competition law, convergence, and the media industry[R]. Paper for Law Society of England and Wales, 2002.

［149］李广乾. 中国物联网发展战略的误区和困境［N］.中国经济时报，2010-8-9.

［150］邬明罡. 物联网技术体系初步成熟［N］.人民邮电报，2010-7-29.

［151］胡向东. 物联网研究与发展综述［J］.数字通信，2010（2）.

［152］武明虎，张宇. 试论物联网引入带来的机遇与挑战［J］. 信息技术，2010（5）.

［153］邬贺铨. 物联网的应用与挑战综述［J］. 重庆邮电大学学报（自然科学版），2010，22（05）：526-531.

［154］张云霞. 物联网商业模式探讨［J］.电信科学，2010（4）.

［155］孙其博，刘杰，黎羴，等. 物联网：概念、架构与关键技术研究综述［J］. 北京邮电

大学学报，2010，33（03）：1-9.

[156] 刘强，崔莉，陈海明. 物联网关键技术与应用[J]. 计算机科学，2010，37（06）：1-4，10.

[157] 李德仁，邵振峰，杨小敏. 从数字城市到智慧城市的理论与实践[J]. 地理空间信息，2011，9（06）：1-5，7.

[158] 钱志鸿，王义君. 面向物联网的无线传感器网络综述[J]. 电子与信息学报，2013，35（01）：215-227.

[159] 葛文杰，赵春江. 农业物联网研究与应用现状及发展对策研究[J]. 农业机械学报，2014，45（07）：222-230，277.

[160] 赵春江. 智慧农业发展现状及战略目标研究[J]. 智慧农业，2019，1（01）：1-7.

[161] 于杰平，王丽. 趋势观察:数字经济背景下物联网发展态势与热点[J]. 中国科学院院报，2022，37（10）：1522-1527.

[162] 郝运. 智能物联网技术及应用的发展新趋势[J]. 科技创新与应用，2022，12（26）：153-156.

[163] 刘奇旭，靳泽，陈灿华，等. 物联网访问控制安全性综述[J]. 计算机研究与发展，2022，59（10）：2190-2211.

[164] 李峰，陈亮，李凯，等. 物联网安全标准体系框架研究[J]. 电子技术应用，2022，48（07）：8-12.

[165] 姚丽娜，边宏宇. 基于物联网技术的保险产品创新探究[J]. 上海保险，2016（2）：36-39.

[166] 张勇，屈振江，刘璐，等. 农业保险气象服务关键技术的应用与展望[J]. 陕西气象，2022（5）：65-71.

[167] 李德升. 物联网在保险领域的应用展望[J]. 金融电子化，2015（11）：25-28.

[168] 陈书义. 物联网技术在保险业中应用的实践、不足及建议[J]. 金融纵横，2019（10）：57-61.

[169] 李灏，任涵玮，阚峥，等. 渔业物联网的研究现状及发展趋势[J]. 农家科技（下旬刊），2019（2）：265.

[170] 赵多银. 物联网技术在林业中的应用分析[J]. 网络安全技术与应用，2022（4）：114-115.

[171] 杨晓勇. 物联网安全问题及其对策研究[J]. 数字技术与应用，2013（8）：175-175.

[172] 杨谊兴. 打造智慧渔业保险行业利器中联智科为乡村振兴赋能下好"先手棋"实践"渔探仪"[J]. 食品安全导刊，2018（32）：20-21.

[173] 袁勇，王飞跃. 区块链技术发展现状与展望[J]. 自动化学报，2016，42（04）：481-494.

[174] 邵奇峰，金澈清，张召，等. 区块链技术:架构及进展[J]. 计算机学报，2018，41（05）：969-988.

[175] 何蒲,于戈,张岩峰,等. 区块链技术与应用前瞻综述[J]. 计算机科学,2017,44（04）:1-7, 15.

[176] 沈鑫,裴庆祺,刘雪峰. 区块链技术综述[J]. 网络与信息安全学报,2016,2（11）:11-20.

[177] 袁勇,倪晓春,曾帅,等. 区块链共识算法的发展现状与展望[J]. 自动化学报,2018,44（11）:2011-2022.

[178] 蔡维德,郁莲,王荣,等. 基于区块链的应用系统开发方法研究[J].软件学报,2017,28（06）:1474-1487.

[179] 朱兴雄,何清素,郭善琪. 区块链技术在供应链金融中的应用[J]. 中国流通经济,2018,32（03）:111-119.

[180] 贺海武,延安,陈泽华. 基于区块链的智能合约技术与应用综述[J]. 计算机研究与发展,2018,55（11）:2452-2466.

[181] 曾诗钦,霍如,黄韬,等. 区块链技术研究综述:原理、进展与应用[J]. 通信学报,2020,41（01）:134-151.

[182] 张亮,刘百祥,张如意,等. 区块链技术综述[J]. 计算机工程,2019,45（05）:1-12.

[183] 杨慧琴,孙磊,赵西超. 基于区块链技术的互信共赢型供应链信息平台构建[J].科技进步与对策,2018,35（05）:21-31.

[184] 张夏恒. 基于区块链的供应链管理模式优化[J]. 中国流通经济,2018,32（08）:42-50.

[185] 许闲. 区块链与保险创新:机制、前景与挑战[J]. 保险研究,2017（05）:43-52.

[186] 王和,周运涛. 区块链技术与互联网保险[J]. 中国金融,2016（10）:74-76.

[187] 付豪,赵翠萍,程传兴. 区块链嵌入、约束打破与农业产业链治理[J]. 农业经济问题,2019（12）:108-117.

[188] 周雷,邱勋,王艳梅,等. 新时代保险科技赋能保险业高质量发展研究[J]. 西南金融,2020（02）:57-67.

[189] 刘如意,李金保,李旭东. 区块链在农产品流通中的应用模式与实施[J]. 中国流通经济,2020,34（03）:43-54.

[190] 孙志国,李秀峰,王文生,等. 区块链技术在食品安全领域的应用展望[J].农业网络信息,2016（12）:30-31.

[191] 唐金成,杜先培. 论区块链技术在保险行业的应用[J]. 西南金融,2018（09）:58-64.

[192] 洪涛. 区块链在我国农产品电商领域的应用研究[J]. 中国市场,2016（39）:65-68.

[193] 唐金成,杜先培. 区块链技术驱动养殖业保险发展研究[J]. 金融理论与实践,2019（05）:26-31.

[194] 王海巍,周霖. 区块链技术视角下的保险运营模式研究[J]. 保险研究,2017(11): 92-102.

[195] 杨洋,贾宗维. 区块链技术在农业物联网领域的应用与挑战[J]. 农业网络信息, 2017(12): 24-26.

[196] 孙忠富,李永利,郑飞翔,等. 区块链在智慧农业中的应用展望[J]. 大数据,2019, 5(02): 116-124.

[197] 康春鹏. 区块链在农业中的6大应用场景与挑战[J]. 农业工程技术,2016,36(33): 62-63.

[198] 宋蔚,李佳颖. 金融创新背景下"区块链+保险"业务发展模式探讨[J]. 商业经济 研究,2018(08): 163-166.

[199] 周雷,薛雨寒,刘露. 区块链技术助力互联网保险高质量发展[J]. 金融理论探索, 2018(06): 61-69.

[200] 张正平,刘云华. 区块链技术在我国农村金融中的应用及完善[J]. 武汉金融,2019 (05): 67-71.

[201] 王成. 基于区块链的保险行业信息系统架构及关键技术研究[D]. 中国铁道科学 研究院,2017.

[202] 郑熙. 区块链技术在农业领域中的应用前景与挑战分析[J]. 南方农业,2017,11 (26): 39-40,42.

[203] 王菲,吕可. 浅析区块链和农业物联网在养殖业中的应用——以众安科技"步步鸡" 为例[J]. 农村经济与科技,2020,31(01): 71-72,360.

[204] 董琳,何扬,孙佳佳. 面向小微企业的新型商用农业保险研究——以农业银行基于 区块链的"银行+保险+期货"风险分散模式为例[J]. 农村金融研究,2019(11): 55-60.

[205] 马向东. 对区块链技术应用于保险行业的思考[J]. 保险职业学院学报,2018,32 (06): 49-53.

[206] 张城城. 区块链技术在保险中的应用研究[D]. 贵州财经大学,2019.

[207] 丁春燕. 区块链电子数据的证据能力分析——以农业保险欺诈刑事诉讼切入[J]. 法学杂志,2021,42(05): 78-87.

[208] 张岗. 区块链技术应用于供应链金融的影响研究[D]. 兰州财经大学,2020.

[209] 郑琳青,郭雨鑫. 基于区块链食品安全溯源技术的可投资性分析——以众安科技 "步步鸡"为例[J]. 商场现代化,2019(04): 17-18.

[210] 黄杨晨,龚舒宇,关佳怡,等. 基于区块链技术的生鲜乳利润指数保险设计[J]. 商 业会计,2018(13): 32-36.

[211] 董琳,孙佳佳. 面向小微企业的新型商用农业保险研究——基于区块链的"银行+ 保险+期货"风险分散模式[J]. 农银学刊,2019(05): 42-48.

[212] 车晓曦,吕志界,徐海涛,等. 区块链+北斗导航技术应用在农业保险中的探索与

思考[J]. 农业展望，2021，17（02）：86-96.

[213] 王定祥，王华. 区块链技术与农业保险融合发展通道及机制研究[J]. 当代金融研究，2020（04）：11-19.

[214] 鲍韵昕，赵曦然，朱月娥，等. 区块链在农业保险领域的创新[J]. 纳税，2019，13（21）：176，179.

[215] 周晶晶. 区块链技术助力养殖业保险发展研究[D]. 辽宁大学，2021.

[216] 周鹏. 基于区块链技术的互助保障模式研究[D]. 北京交通大学，2020.

[217] 张嗣美. 金融壹账通助力生猪养殖主体融资案例分析[D]. 河北金融学院，2021.

[218] 宋知睿，郑玉秀，江洋，等. 区块链+肉鸭养殖保险：运行机制、存在问题与建议——基于山东省济宁市肉鸭养殖保险的调查[J]. 保险职业学院学报，2021，35（04）：9-14.

[219] 孟德才. 区块链破题家禽保险——安华农险创新肉鸭养殖保险模式[J]. 农产品市场周刊，2018（44）：44-45.